崔海天 15 岁时在国立一中

崔海天（前右）与战友魏兰佑（前左）、刘美光（站立者）合影

1955 年 6 月石油管理总局第三期安全训练班学员合影（第 2 排右 7 为崔海天）

1956 年施工的玉门老
君庙油田注水站

1958 年“克独管线”施工现场

“克独管线”4 号泵站

1959年新疆工程队团小组回到玉门后的合影（前左3为崔海天）

伊犁日報

1959年元月15日 星期四 第208號

以改建旧灌区为中心掀起水利建設高潮

区党委和州人委联合指示各地加强对水利建設运动的领导

继續苦战几年，为实現公社工業化而英勇奋斗
發揚敢想敢說敢干实干苦干巧干的共产主义風格

曾涤書記在自治區農業先進生產者代表會議上作重要報告

我國第一條最大的輸油管綫

克拉瑪依—独山子輸油管綫投入生產

1959 年 1 月 15 日伊犁日报报道了“克独管线”投产的消息

1965 年 11 月新疆农二师首长与大庆代表团全体成员合影（前左 5 为崔海天）

1966 年 5 月周总理观看油建工地并听取崔海天的汇报（前左 1 谢胡，左 2 周总理，左 3 崔海天）

1972 年崔海天与老战友在大庆油建指挥部合影（左起依次为张福禄、欧阳义、朱洪昌、周占鳌、崔海天）

1975 年建成的大庆油田喇二联合站

1961 年建成的大庆油田北二注水站

大庆油田北二注水站泵房内照

1976 年在辽河曙光油田崔海天（右 2）深入职工宿舍了解情况

崔海天（右 1）、王苏民（左 3）在曙光油田

曙光会战战歌嘹亮（前左 3 王苏民，左 4 朱鼎科，左 5 金毓荪，后右 1 施广仁，领唱者崔海天）

大庆油田队伍 1976 年建设的曙光油田曙一联合站

1977 年 4 月 19 日 华国锋同志（前中）在康世恩（前左 1）、宋振明（前左 2）陪同下，视察大庆油田杏十三联合站，华国锋同志身后为崔海天

1981年8月大庆油田领导(左起)薛国邦、王苏民、陈烈民、李虞庚、崔海天、林瑞峰在大庆儿童公园合影

崔海天（右）在乙烯工地

大庆乙烯工程一角

1985 年崔海天（前左 5）、郑耀舜（前左 3）、王瑛（前左 2）在日本与日方人员合影

崔海天在讲解大庆乙烯工程模型

1978 年 9 月 14 日崔海天（前左）陪同邓小平同志视察大庆乙烯工地

1982 年 8 月 18 日胡耀邦同志（前右 2）接见大庆油田干部群众时与崔海天（前左 2）亲切握手

1981 年 7 月赵紫阳同志（前右 2）接见石化总厂干部时与崔海天（前左 2）握手

1990 年 2 月 25 日 江泽民同志（前右）视察大庆时同崔海天握手

1990 年李瑞环同志（前右）视察大庆乙烯工程时与崔海天（中）握手

1984 年 11 月崔海天（前右）陪同郝建秀同志（前中）视察大庆乙烯工程

1984 年崔海天（左 2）、王瑛（右 2）陪同康世恩（右 3）视察大庆乙烯工程

1979 年黑龙江省省长陈雷（前左 2）听取崔海天（前左 3）汇报大庆乙烯工程总体规划

崔海天（前左 2）陪同原石油工业部部长唐克（前右 2）视察大庆乙烯工地

1984 年崔海天（左 1）、王瑛（前右 1）向石油化学工业部副部长孙敬文（前右 2）汇报工作

崔海天（前左 7）和大庆石化总厂领导合影（前左 5 为本书编委会常务副主任关绍明、前左 8 为本书编委会副主任王瑛、前左 9 为本书编委会副主任施广仁）

1986 年中国石油化工总公司经理盛华仁（左 1）到北京中医院看望崔海天

1988 年石油工业部副部长焦立人（右 1）、大庆市副市长张立中（左 3）、施广仁（左 2）与崔海天（右 2）合影

2010 年大庆油田原工委委员王炳诚（右 2）看望崔海天（左 2）夫妇

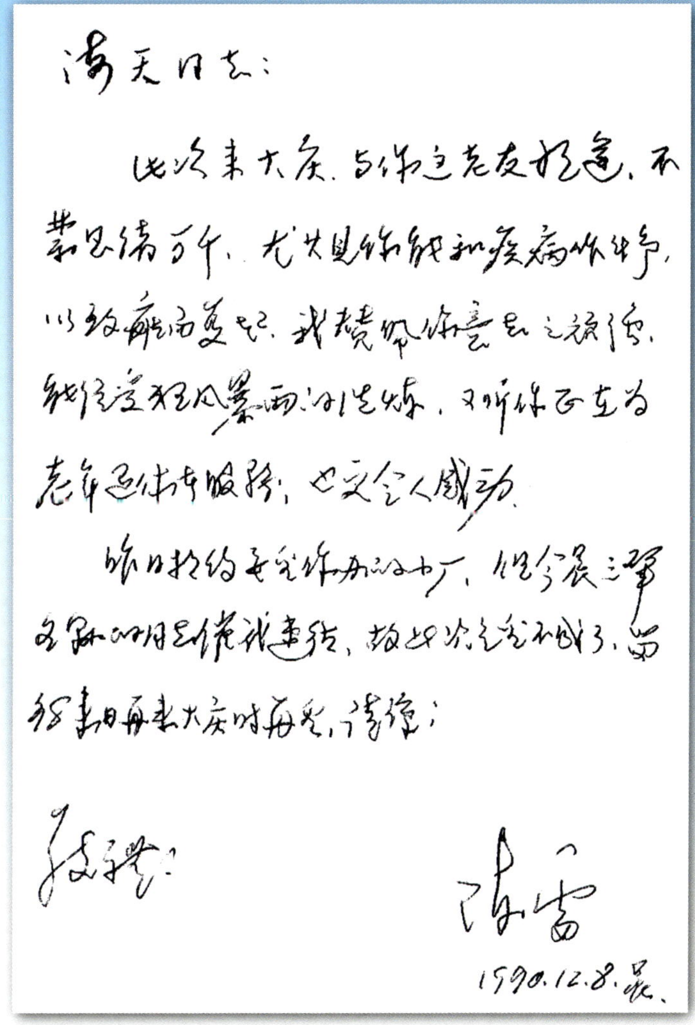

海天同志：

此次来大庆，与你这老友相逢，不胜感慨万千。尤其是你能和疾病作斗争，以致痊愈复起，我赞佩你意志之顽强，能经受狂风暴雨的洗炼，对你不忘当年迎送你我的服务，也更令人感动。

昨日拟约看望你办的工厂，但今晨三军急电明日已催我速归，故此次之望不能成行，留待来日再来大庆时再见，请谅！

敬礼！

陈雷

1990.12.8.晨.

1990 年黑龙江省省长陈雷写给崔海天的信

崔海天和原石油工业部部长宋振明（中）、大庆市原市长王苏民（左）在一起

1987 年崔海天（右 2）与石油工业部副部长、现本书编委会总顾问李敬（左 1）等在胜利油田

本书编委会副主任张福禄（左 2）、崔海天（左 3）、本书编委会副主任郝万春（右 2）1991 年在廊坊管道局

崔海天（右）和原大庆会战指挥部副指挥陈理中（左）、原石油工业部政治局主任吴星峰（中）在一起

1989年崔海天全力以赴致力于老年服务公司的经营

1985 年崔海天(后左 10)陪同季铁中夫人张英(后左 7)与少年儿童过“6.1”

2007 年春节团拜会，崔海天（左 2）与大庆市委书记韩学键（左 1）

2009 年国务院侨务办公室主任李海峰（前右 2）、大庆市市长夏立华（前右 1）在崔海天（前中）家中

2008 年崔海天（前左 5）和夫人韩德莲（前左 3）与本书编委会主任王苏民（前左 6）、
常务副主任郝万春（二排右 2）、常务副主任朱鼎科（前右 2）在大庆宾馆

1997 年崔海天夫妇谒胡耀邦陵（江西共青城）

崔海天与国立一中同学苗好廉（右）

崔海天　1953 年 6 月入党

1960 年 6 月份从玉门油田调来大庆参加石油大会战。在玉门时任油建三大队大队长。6 月底，成立了油建指挥部，提为油建副指挥，指挥是欧阳义，副书记是茹作斌。油建指挥部机关开始是住帐篷，后来住板房。当时，从玉门来的叫油建指挥部，负责油井、泵油、联合站的施工建设；从抚顺来的叫工程指挥部，负责东油库的施工建设；机电安装指挥部负责西油库的建设。

1964 年初这三个指挥部合并，称为油田建设指挥部，任第一副指挥。党委书记是赵海曙，指挥是欧阳义。1964 年底，欧阳义调山东油田，崔海天任指挥。

1965 年 5 月调 2 号院（会战总指挥部）任大庆油田会战总指挥部副总指挥、会战工委委员，主管油田的基本建设工作。

1971 年调大庆炼油厂（现石化总厂），主抓合成氨装置投产前的收尾工作。没多久的时间，被任命为炼油厂第二厂长，（厂长是军代表付金平，也称付二号，师政委。）负责基建工程工作。1972 年又调回二号院，任生产办副主任，主任是宋振明。

1973 年任大庆革命委员会副主任（主任是军代表丁继先，也称丁 1 号），仍是主管油田基本建设工[illegible]

1975 年底参加开发曙光油田大会战，石油[illegible]世恩提出要建第二个大庆油田，大庆出人、[illegible]备展开会战。去曙光油田参战的队全是先进集[illegible]单位，如 1202、1205 钻井队，油建十一中队、[illegible]下指挥部的标杆单位都去了。1976 年春节[illegible]万人的起步誓师大会，震动了辽宁省。曙光油田[illegible]苏民任政委、崔海天任总指挥，郝万春任副书[illegible]荪任第一副总指挥，朱鼎科任政治部主任，施广仁[illegible]总指挥。

1977 年 9 月从辽河回大庆任大庆油田副总[illegible]

1977 年底，党中央决定引进 4 套 30 万吨乙[illegible]工装置，并决定在大庆建 1 套。大庆油田党委[illegible]大庆乙烯石油化工工程会战指挥部，地点设[illegible]郑尧舜任党委书记，崔海天任总指挥，施广仁任[illegible]总指挥。

1978 年筹建大庆市，任副市长、石油管理[illegible]长、乙烯工程总指挥。

1985 年 8 月因身患疾病，住院两年多。

1989 年 7 月退休。

1955 年 26 岁

1963 年 33 岁

2005 年与爱人合[illegible]

1960 年冬，在大庆油田第一批干打垒房舍前的全家合影

1975 年在辽河曙光油田会战[illegible]主持召开电话会议

“大庆会战大庆人”（黑龙江人民出版社）中报道崔海天的摘录

崔海天有一个幸福和睦的家庭。1957 年他在玉门油矿工作时与韩德莲女士结为夫妻，膝下有二子二女，均已成家立业，除长女家住大庆外，其他三家均住外地。每逢周末，大女儿夫妇经常回家，帮助爸妈揉揉背，搓搓肩。遇黄金长假，全家 14 口人常团聚在大庆。

1957 年崔海天与韩德莲结婚照

崔海天与韩德莲夫妻金婚（2007 年）合影

拍摄于 2007 年 14 口人的全家福（前左 3 韩德莲、 前左 4 崔海天）

谨以此书献给崔海天老人、他的夫人韩德莲女士以及他们的 12 位子孙，衷心祝福好人一生平安。

本书编辑部

2012 年 12 月于大庆

海阔天高

——我们和崔海天在一起

《海阔天高——我们和崔海天在一起》编委会　编

石油工业出版社

图书在版编目（CIP）数据

海阔天高：我们和崔海天在一起/《海阔天高：我们和崔海天在一起》编委会编．—北京：石油工业出版社，2013.4
ISBN 978-7-5021-9550-2

Ⅰ．海…
Ⅱ．海…
Ⅲ．崔海天—传记
Ⅳ．K826.16

中国版本图书馆 CIP 数据核字（2013）第 064413 号

出版发行：石油工业出版社
（北京安定门外安华里 2 区 1 号　100011）
网　址：www. petropub. com.cn
编辑部：（010）64523535　发行部：（010）64523620
经　　销：全国新华书店
印　　刷：北京中石油彩色印刷有限责任公司

2013 年 5 月第 1 版　2013 年 5 月第 1 次印刷
740×1060 毫米　开本：1/16　印张：28.75
字数：455 千字

定价：98.00 元
（如出现印装质量问题，我社发行部负责调换）

《海阔天高——我们和崔海天在一起》

编 委 会

编 辑 部

贺《海阔天高——我们和崔海天在一起》一书出版

浪迹觅寻人生路，
革命熔炉铸丹心。
铁手劲舞克独龙，
热血点亮乙烯灯。
海到无边天作岸，
山登绝顶尔为峰。
油田建设丰碑立，
史书咏赞领军人。

——李　敬

序　言

本书讲述的主人公——崔海天，是原石油工程第一师（下文简称石油师）的一名青年战士，是与石油师一起成长，一起奋斗，一起完成光荣使命的一位杰出人物。

60年前的1952年，根据毛泽东主席的命令，中国人民解放军第19军第57师转业为石油师。这支从抗日战争、解放战争一路浴血奋战走来的英雄军队，放下枪支，换上工装，与石油战线广大职工一道，为新中国石油工业的崛起奋力拼搏。他们参加了多个大型油田的勘探开发和建设，彻底改变了石油、石化工业极端落后的面貌。在石油工业艰苦卓绝的创业中，石油师一直发挥了先锋、骨干作用，为国家经济建设建立了卓越的功勋。同时，也涌现出了众多优秀人才。崔海天在这一历史阶段中，书写下了自己辉煌的人生。

崔海天生于沈阳。在日寇侵略东北期间，成了一名流亡学生。为寻求救国的革命真理，他不辞艰辛，辗转数千里，在陕西汉中毅然加入了中国人民解放军。

转为石油工作者后，崔海天为实现强国的梦想，把全部身心都投入到石油工业的建设中。他善于学习，勤于思考，勇于探索，不怕艰苦，不求个人利益，只为祖国献石油。

1953年到玉门油矿后，这名刚刚拜师学艺的施工员，设计出了独具特色的油井总机关结构立柱图。1958年，他带领队伍到新疆，攻克了许多技术难关，组织建设了我国第一条长距离输油管道——“克独管线”。1960年后到大庆会战期间，他培育了油建队伍“最讲认真”的作风。1975年，在辽河油田会战中做出了突出业绩。在几十年的油田建设中，他英勇善战，指挥着队伍，创造了无数个施工奇迹，在玉门、克拉玛依、大庆、辽河，建设了一个又一个熠熠闪光的样板工程。

更加值得一提的是，20世纪70年代，在大庆进行二次创业、我国石化工业开始向高科技领域进军时，在崔海天的带领下，大庆成功建设了我国第三套30万吨乙烯工程。崔海天以“爱国创业，求实奉献”的精神，呕心沥血，克服重重困难，“十年磨一剑”，为我国石油化工事业的发展，做出了突出的贡献。

大庆30万吨乙烯工程，不仅仅是大庆石油化工产业的一个里程碑，也标志着我国在成为世界乙烯生产大国的道路上迈出了坚实的一大步，实现了一次飞跃。

大庆乙烯项目，为国家创造了巨额财富，同时，还为我国的大型石油化工企业的建设积累了宝贵的经验，为我国石油化工企业培养、输送了大批人才。

本书所刻画出的崔海天英雄形象，是石油师一名普通战士成长道路的缩影，是一名普通施工员成为油田建设领军人物的传奇，是石油人战天斗地、所向披靡的战歌，是一位中国共产党员浩然正气的写照。崔海天的事迹给了人们很多的启迪，尤其给了年轻人在人生道路上的许多昭示。其根本的一点就是：“青春不留白，一生不虚度，怎样把自己美好的青春献给祖国，使祖国变得更加青春美好”。

党的十八大绘就了祖国发展的蓝图，也提出了实现目标的措施，尤其对党的领导干部提出了更高的要求。崔海天身上所表现出的“爱国敬业、不违使命；刻苦学习，尊重科学；艰苦奋斗，创新进取；冲锋陷阵，身先士卒；艰苦朴素，无私奉献；一心为民，保持本色”的品质和精神，正是我们的党在当下大力彰显和提倡的优良作风。

这本书是石油师和石油人精神薪火相传的好教材，是引导有为的青年人成才的教科书。我们知道，1960年，我国需要原油500万吨，而当时全国的石油产量仅240万吨，经过拼搏，1964年实现了原油基本自给。我们也看到，现在，我国的最低原油需求量是3亿4000万吨，而我们的产量仅1亿6000万吨。历史的发展轨迹有了相似之处。我们需要千千万万个像崔海天那样的年轻石油人，把自己的一腔热血化作石油，再创祖国石油工业的辉煌。

李　敬
2012年12月于北京

目　录

披荆斩棘　南征北战

海阔天高　功丰业伟

亲情友情　情深义重

附　录

披荆斩棘　南征北战

家世和童年

林铁石[1]

1929 年 5 月 17 日，农历四月初九，在辽宁省沈阳市新城子区财落堡乡姚家庄一户人家里诞生了一个男婴。这个男婴就是后来大庆石油战线上颇具名气的崔海天。

19 世纪末，华东、华北一带，尤其是河南、山东地区，自然灾害频发，洪水、干旱、蝗虫等灾害连年不断，尤其是住在黄河中下游两岸的居民更是提心吊胆。面对这样民不聊生的残酷现实，人们不得不放弃自己祖祖辈辈赖以生息的土地和家园，背井离乡，到东北另谋生路。这就是发生在清朝年间的、历史上有名的人口大迁徙，俗称“闯关东”。

据崔海天的大姐崔慎言（生于 1923 年）回忆说，崔海天的曾祖父崔殿臣，就是在这样的背景下，于公元 1890 年前后，领着三个儿子崔玉庆、崔玉仑、崔玉昆和全家老少 20 多口人，离开了他们祖祖辈辈赖以生存的故土，推着木轮车、挑着扁担，一路上风餐露宿，经历了日晒雨淋，饱受千辛万苦，历经数月，来到了这块广袤无垠的东北大地。他们在离沈阳不远的一个名叫姚家庄的地方安顿下来。当时，这里只有几户人家，因第一个来到这里的人家姓“姚”，因而得名“姚家庄”。

[1] 大庆市谱牒研究会理事。

来到一个陌生的地方，一切都要重新开始。全家人在崔殿臣的带领下开始了新的创业。经过几十年辛勤劳作和不懈努力，到了20世纪20年代，已经家境殷实。其间，又有山东的同宗陆续来到这个村庄，崔姓便成为这个村子里的第一大姓了。

后来，因时局动荡，连年战乱不断，崔殿臣对社会失去了信心，加之年纪渐渐大了，他就把家务事全交给了他的长子、崔海天的祖父崔玉庆来打理，他自己到沈阳的一家寺院出家修行。据崔慎言回忆，曾祖崔殿臣活了100岁。过世时，村子里敲锣打鼓为老人办理了丧事，场面很大，很热闹。在东北农村，这个年龄过世算“喜丧”。

崔玉庆在三兄弟中排行老大，少年时代读过书，在农村属于识文断字的人。在他的带领下，崔家的日子在当地也算是有声有色。因崔玉庆有文化，办事干练，又有着忠厚的性格，谁家有困难，他都会伸手帮上一把，在村民当中极有威信。于是，当地村民公选他为农会会长，类似于今天的村委会主任，负责处理全村的事务。他领着七八个人，农忙时节组织生产，平时则负责处理村里的杂务，如照顾鳏寡孤独者的生活，张罗各农户家中的婚丧嫁娶、生老病死等杂务。大致上是一种农民互助组织，也是一种比较传统的乡绅制度与原始的农会组织的结合形式。久而久之，崔玉庆就成了乡亲们的主心骨了。

崔家一直注重子女的教育。崔慎言听老人说，闯关东时，别人离开家乡，木轮车上装的都是吃的和日常用的东西，而崔家在离开家乡的时候，车上装的除了生活和生产用的物品外，还有几大箱子书。当时有些人就感到奇怪：人都快累死了，崔家怎么还带这么多“累赘”。

这足以说明，崔家从祖辈起就非常重视后代的文化培养和教育。崔家一直遵循着先辈们的教诲，以《朱子家训》为治家理念：“祖宗虽远，祭祀不可不诚；子孙虽愚，经书不可不读”。

崔海天的祖父崔玉庆育有四子一女。四个儿子依次为：崔秀云、崔景云、崔祥云、崔峰云，女儿的名字没有留下来。崔海天的父亲是崔峰云，1900年生人，在五个兄妹当中排行最小。

无论以后家境如何变迁，崔玉庆要求四个儿子都要让孩子们上学读书，四个儿子也都商定，每家至少要供出一个大学生。令人敬佩的是，在崔家，女孩子和男孩子享有同等受教育的权利，最起码也要读到小学毕业。这在旧中国，尤其是在农村，是尤为难能可贵的。

在崔玉庆以及家族的共同努力下，家族不断扩大，财产越积越多。为了防止被“胡子”骚扰和抢劫，他们家不但修了高大的院墙，院墙里还修有炮楼。炮楼里24小时有人站岗值班。

当时的农村是以务农为主，但是，崔玉庆的思想是比较开放的。他在农忙的时候组织全家一起劳动，农闲的时候，他就弄一些农副产品让孩子们到城里去卖，一来可以贴补家用，二来让孩子们出去闯荡闯荡，见见世面。这样的想法在当时的社会还是比较超前的。崔玉庆让三个大的儿子务农，让最小的儿子崔峰云出外闯荡，做些小生意。

崔峰云开始念的是私塾，后来上了“新学”。他从小学习优秀，头脑灵活，在父亲崔玉庆眼里，崔峰云是个有出息的孩子，所以，崔玉庆就把跑外的事交给了他。崔峰云曾和他的侄子崔海涛（比崔峰云小一岁）先后考取了大学。遗憾的是，由于妻子患病，崔峰云最终未能完成学业。

1922年，经人介绍，崔峰云和当地的一个姓魏的女子结了婚。魏氏（崔海天的母亲），1900年生人，从小接受过几年的文化教育，能写会算，是一位知书达理、勤劳善良的农家妇女。婚后，崔峰云在外做生意，她在家操持家务，培养孩子。他们也算是门当户对，魏家几代人都以教书为生，在当地也是个书香之家。所以，崔峰云夫妇后来在对自己子女的要求和管教上更加严格。

崔峰云兄弟几人虽然都先后成了家，但按着旧俗，几十口人仍然共同生活在一个大院里。家里面所有的事都由父亲崔玉庆一个人掌管，属于封建大家长式管理。

1923年，崔峰云和魏氏的长女出生。因为从小话多，所以，到了上学的时候，父亲给她取名叫崔慎言（在家里有小名），意思是提醒女儿少说话，言多必失。

1926年，崔峰云的长子出生，按照崔家的排名规矩，取名海青。1929年5月17日，农历四月初九，崔海天出生了。崔海天从小就很聪明、伶俐、顽皮，长得天庭饱满，胖乎乎的，很讨全家人喜欢，尤其是讨大家长崔玉庆的喜欢，大家都说这孩子长大能有出息。有一次，崔海天的大伯母和母亲魏氏闲聊，讨论起小海天长大后做什么，魏氏半开玩笑地说：“我儿子长大后一定做一个顶天立地的男子汉。”果然，这话被母亲说中了。最近我们在采访崔海天的姐姐崔慎言时，她感慨地说：“如果妈妈真的在天有灵的话，也可以含笑九泉了。我弟弟这一辈子做的事，上对得起国家，对得起党，下对得起父母和崔家的列祖列宗了。”

1930年，也就是在崔海天刚刚一周岁多一点的时候，妈妈患上了肺结核，当时俗称痨病。由于当时的医疗水平低下，对这种病根本没办法治愈，得了这种病就等于被宣判了死刑。

随着时间推移，妈妈的病一天比一天重，到了1931年的春天，已经开始咯血了，于是，就去了沈阳的医院医治。住了几个月的院，病情有所缓解，她又回到家中静养。

转眼，秋天到了，不满三岁的小海天已经满地乱跑了。“儿童不解躬耕织，也傍桑阴学种瓜”，农村的孩子没什么可玩的，就跟着堂姐到场院去玩。崔慎言说，崔海天从小就勤快，大人们从地里劳动回来，他就跑上前去帮他们摆放工具。在他五六岁的时候，他接过大人手里的二齿钩子往墙上挂，结果没有挂牢，二齿钩子掉了下来，砸在了他的前额上，流了不少血。但是他很“皮实”，不一会儿，止住血，他就扭头跑去玩了。

一次，海天跟着堂姐，牵着一头小毛驴去场院打场，这头驴拉着滚子打黄豆，开始还听指挥。后来这头驴撒了一泡尿，把地泡湿了一小片，一些豆子经滚子一碾压就嵌入了地中。崔海天就找了个小木棍，去抠这些豆子。这时，这头小毛驴拉着滚子满场院乱跑起来，堂姐的年龄也小（当时只有13岁），控制不住这头驴。驴拉着滚子跑到崔海天身边时，小海天本想躲开，可是，脚下一拌摔倒了，头部正磕在石头滚子上，鲜血顿时流了下来。堂姐忙跑回家报信，这可吓坏了全家人，家人赶忙把他抱进屋，小海天满脸是血。看到这样的情景，妈妈当时就吓傻了，一屁股就坐在了地上。

还好，海天除了头上碰了一个口子之外别无大碍，时至80年后的今天，在崔海天的头部还依稀可见这个小口的痕迹。

经过这次惊吓，妈妈的病情更重了，又开始咯血。在艰难地熬过一个冬天后，第二年的春季，妈妈终于未能战胜病魔，抛下了三个年幼的孩子，遗憾地离开了人世。据崔海天的大姐回忆，妈妈临终前，把几个孩子叫到身边说：“不要哭，要坚强点。妈妈以后不在了，你们要听爸爸的话。”并嘱咐崔慎言，要照顾好两个弟弟。

接下来的几年时间，崔海天姐弟三人主要是在祖父及伯父伯母的照顾下成长的。崔峰云中年丧妻，一看到几个年幼的孩子，他就忍不住流泪，他一流泪，孩子们就哭得比他还凶，于是，他把孩子交给哥哥嫂子照看，自己外出找事做。

三个年幼的孩子，与三位伯父伯母一起生活，吃饭的问题好说，那时一大家子人都在一个大院里生活，一个大锅里吃饭。

崔海天那时刚 3 岁，吃饭穿衣还需要人照顾。姐姐崔慎言已经上学。她白天上学，放学回来，就要照顾两个弟弟吃喝拉撒，照顾弟弟晚上睡觉，早晨穿衣。

那个时代，很多家庭孩子都多，别人家也大多是这种情况，大人们白天劳动生产，大的孩子照顾小的。

白从妈妈去世以后，这个家就没有了欢乐，缺少生机，屋子里变得冷冷清清。经全家人商定，三个孩子被三个大伯家各负责一个，小海天归三大伯家照管。当时，三大伯家正好没儿子，平时三大伯两口子就特别喜欢海天，所以对他照顾得非常周到。

懵懵懂懂的两个孩子还不知道死意味着什么，时不时地问爸爸和姐姐：“妈妈上哪去了，什么时候回来呀？”这时，爸爸总是含着泪哄骗孩子说：“妈妈出门了，过几天就回来了，你们在家要听大伯和大娘的话。”两个孩子仰着稚嫩的小脸，用疑惑的眼神看着爸爸，微微点了点头。

偶尔，每到夜晚来临，小海天还是不停地问大伯和大娘：“妈妈上哪了，怎么还不回来呀？”大娘总是哄骗孩子说，“你快睡觉吧，等你睡醒了妈妈就回来了，你要是不听话妈妈就永远不回来了。”

日子就这样一天一天地过去了，三个孩子在伯父母的关心和照料下渐渐地长大。姐姐每天放学回来除了帮助家里做些力所能及的事外，还要照顾两个弟弟的生活起居。

转眼，三年过去了，家里的杂事越来越多，姐姐身上的担子也越来越重，没办法，在爸爸的劝说下，姐姐只好辍学了，全力肩负起了照顾两个弟弟的责任。然而，这样的事情也不是一个只有十几岁的孩子长期能做的，所以，在亲朋好友的建议下，海天的爸爸思前想后，终于决定续弦。

经人撮合，崔峰云与一位距离他家几千米远的孟家台村的一户姓魏人家的女子结婚了。这名女子叫魏淑兰，时年 21 岁，和崔海天的生母同姓，但没有亲属关系。魏淑兰曾有过一段婚姻，因没有生育而离婚。这样的条件也正符合崔峰云的要求。

魏淑兰过门后很快就融入到了这个家庭当中，洗洗涮涮，里里外外，每天从早忙到晚。据崔海天的姐姐回忆：“自从继母进到这个家以后，很多事情都不用爸爸操心了。过去几年，家里所有的事都要靠伯父伯母们帮忙。可毕竟人家也有一大家子人啊，即便对我们照顾得再好，也不可能面面俱到。继母进门后，不但减少了伯父伯母家的负担，而且，爸爸也能安心地到外面做生意了，终于又是一个像样的家了。”

孩子们在继母的细心关怀和照料下，又重新感受到了家庭的温暖和母爱。崔慎言说：“继母为了这个家付出了很多很多，她任劳任怨，像亲生母亲一样照顾着我们。这对我们姐弟三人后来的成长起到了至关重要的作用。”

1937 年，小海天 8 岁，进入了当地一所小学读书。

正是这一年，卢沟桥事变爆发，日本发动了全面的侵华战争。

关内关外读了4所小学

崔慎言[1]口述　王海群[2]整理

我叫崔慎言，1923年出生，今年已经90岁了。我有三个弟弟：海青、海天、海南。海南是我继母所生。1937年，日本鬼子发动卢沟桥事变，入侵关内，给整个中华民族带来沉重灾难的抗日战争全面爆发。

就在这一年的7月间，8岁的崔海天进入本村的小学上学了。一入学，崔海天的成绩就特别优秀。他的一些老同学回忆起当时的情形，半开玩笑地说："当时，因为他（崔海天），我们多挨了老师不少打。因为老师提问，一问他，他都会；一问别人，有的问题回答不上来，就要挨打了。"

在小学里崔海天听老师的话，每次老师家访时都表扬海天是名好学生，从不打架，不迟到，不早退，守纪律，按时完成作业，愿意帮助别人。

小海天不但学业优秀，而且也很有组织能力，在姚家庄也有点"威信"。每逢假期聚众玩耍时，他主动当个小头头，站在村外的高岗上，指挥一群小朋友爬上爬下。说也奇怪，小朋友们还真听他的话，他说集合就集合，他说回家就回家。有一次，俩小同学打架，家长去了都没劝开，崔海天知道了马上过去，他双手叉腰训斥了这两个小朋友，两人立即停止骂声，等待崔海天的"处罚"。

自1931年"九一八"事变的第二天起，沈阳的东北军政旧部以及一些知识分子、学生、工人、农民等就不断流亡关内。最高峰是在1934年，这一年逃往关内的学生就超过了3万人。由于我父亲崔峰云常年在外走南闯北，接触了一些进步思想。像绝大多数中国人一样，父亲不愿意当亡国奴，更不愿意让崔海天兄弟接受日本人的奴化教育，长大后去为日本人服务。在这样的局势下，父亲考虑举家进关，离开沦陷区。

---

❶ 崔海天的姐姐。

❷ 大庆市谱牒研究会理事。

机会很快就到了。1940年初，父亲崔峰云的外甥女出嫁到了天津，父亲前去送亲，随后他就在天津找了一份工作。安顿下来以后，父亲给家里写了信，让继母魏淑兰在这学期结束后，带着弟弟崔海青和崔海天来天津。

崔海天在姚家庄小学只念了三年书，1940年6月，年仅11岁的崔海天跟着继母和哥哥崔海青离开沈阳，经过山海关南下。崔海天不知道要去哪里，也不知道为什么要离开家乡，他也不愿意离开这些小朋友，只是听父亲和哥哥说日本人太坏，必须离开这个家去关内，他随父亲来到天津读书。从此，开始了他漂泊不定的读书生涯。

事隔70多年，今天我回忆起那时的情形，仍然忍不住泪水涟涟。我当时已经结婚，与继母和两个弟弟洒泪挥别后，就大病了一场。生逢乱世，骨肉分离，这一别，不知今生今世是否还能重逢。这次分别，也确实成了我与弟弟海青的永别。病好以后，我和丈夫王秉忠一商量，也离开了沈阳，去了河南省淇县投亲。

1941年，因时局动荡，父亲一家在天津生活了一年以后，便决定去河南省淇县和我会合。这次，年已15岁的崔海青独自留在了天津。他此时已经初中毕业，因学习成绩不大好，父亲决定不再让他继续念书，便把他送进了一家裁缝铺当学徒。此后，崔海青再也没有见到过家人。直到多年以后，家里人才知道崔海青后来参加了八路军的一支武工队，1945年，在抗日战争胜利的前夕，在一次战斗中牺牲了。至于他是哪年在哪里参的军、牺牲在哪里，家里人一直到现在都没有完全弄清楚，也无法弄清楚了。

我们在淇县见到了父亲、继母和弟弟海天。在战乱年代，一家人异地相见，那骨肉重逢的感觉，可谓是百感交集。随后，崔海天进入淇县小学读书。

这段时间，我们崔家人享受了短暂的幸福时光，这时，崔海天在学习上的进步让人高兴。继母魏淑兰一直勤俭持家，安守本分，待我们姐弟三人视同己出。按照中国人的传统说法，大概是她的真诚感动了上天吧，一直未能生育的她，在这一年生下了一个儿子，取名崔海南。

我们在淇县生活很困难，父亲担心影响海天的学习，于是又决定搬家，一年后的1942年6月，海天又随父亲和我到了河南省的孟县。孟县就是现在的孟州市，位于河南省西北部，北面是太行山，南面是黄河，当时属河南省第四行政督察区管辖，父亲把海天送进孟县的国立一中附属小学读书。我记忆很清楚，我们每到一地，第一件事就是安排好海天的学习。

尽管弟弟海天的小学读书连续换了几所学校，但并没有影响他的学习成绩，除了崔海天比较聪明外，学习一贯努力、尊师爱学也是他学习成绩优异的原因。另外父亲的教导也起到了鞭策的作用。父亲常告诉他："你年幼，是学生，一定要好好学习，有学问将来才能成为有用的人。"此时的崔海天还不十分懂得"有用的人"的具体含义，但他在内心深处却埋下了"将来一定成为有用的人"的坚定信念。他更加努力学习，他很喜欢学习国语，他用心学习课文，也很注意学老师的口才。他觉得语文老师朗读课文时声音优美，吐字清晰，下课后他便一遍又一遍地模仿这位老师的口气朗读课文。久而久之，他的讲话和朗读口才大有进步，多次受到老师的表扬。弟弟海天出生在辽宁，但他的口音多少带点河南腔，就是因为他当年模仿河南籍老师讲话口气的缘故。

那年，第四行政督察区下辖各县的小学，举办了一次演讲大赛。弟弟海天参加了比赛，并获得了一等奖，得到一张奖状，还有一枚长约30厘米、宽约20厘米、厚约0.5厘米的"银盾"和一个当时也算得上是贵重物品的马蹄表。在通知家属领奖的时候，教育部门专门请来了"锣鼓队"，敲锣打鼓，吹着唢呐，吹吹打打，喜庆劲十足地把崔海天获奖的喜报和"银盾"送到家里。锣鼓声引得看热闹的人塞满了整个巷子。在教育官员宣读喜报时，父亲崔峰云胸脯挺得特别高，打心底涌出的喜悦与自豪挂满了整个脸庞。前来围观的人脸上都充满了羡慕之情。

这次获奖，正正经经地让全家人高兴了好长时间。直到现在我回忆起这件事，那种自豪的心情仍然无法言说，那可是好几个县的比赛呀！送喜报的场面，那真是锣鼓喧天，人山人海。

此时，战火烧到了河南。因为战乱，1943年2月，弟弟海天又跟着父亲回到家乡沈阳，到财落堡乡小学读书直到小学毕业。这时的崔海天只有14岁，他曾多次问父亲，我们为什么总是关内关外跑来跑去？父亲说，这是国家大事，你这么小的年龄也不懂这其中的道理，你就记住一条，好好学习，长大了把小日本撵走。这使得崔海天明白了一个道理：我们家不得安宁，中国人不得安宁，就是小日本鬼子侵略中国造成的，我一定好好学习，长大了把小日本撵出中国。

连年的漂泊生涯，对崔海天性格的形成产生了深远影响。在沦陷区，他看到中国人成为亡国奴；在抗战区，看到战争留下的满目疮痍、哀鸿遍野。这种颠沛流离的经历，让崔海天从很小的时候起，就立志学好知识，报效祖国。这种漂泊生涯锻炼了崔海天的意志。后来崔海天在军队、在玉门、在大庆的工作中表现出的一贯吃苦耐劳不畏艰辛的品格与他年轻时期的艰苦生活有很大关系。

千里逐飘蓬——崔海天的中学时代

苗好廉[1]

我是1946年从国立汉中中学（原为洛阳进修班）分配到国立一中学习的，和崔海天同班共读4个年头。到现在，60多年过去了，回忆起学校的往事，回忆起与崔海天的同窗生涯，还是历历在目，不能忘怀。

进入国立一中

1944年2月，崔海天的父亲崔峰云决定，把崔海天送到国统区去继续求学。崔海天又一次随父亲南下到了河南。当时，要去国统区已经不太容易，要冒很大的风险。后来不知什么原因，在什么地方，什么时间，父子二人分别了。崔海天随几名流亡学生渡过黄河，先是进了洛阳青年训导所学习，后经考试，进入国立一中。

国立一中是国立第一中学的简称，是抗日战争期间国民政府教育部为接纳流亡青年而创办的一所学校。在全国20多所流亡中学中，国立一中建校最早，历史最长，学生学习成绩最好，高考升学率最高。同时，国立一中经受的苦难也最多。自进入国立一中，崔海天就与家人失去了联系，再见到继母和姐姐、弟弟，已经是十几年后的事了，而他再也没有见到对他寄予厚望的父亲和哥哥崔海青。后来崔海天转业到地方工作以后，他说不清楚，也不可能说清楚父亲下落不明这件事，这对崔海天在政治上造成很大的压力。

行千里路，读万卷书

1944年崔海天来到国立一中时，日寇正准备进攻洛阳。15岁的崔海天，

---

[1] 崔海天的同学、战友、大庆石化总厂原处长。

来到洛阳不久，就迎来了人生第一次艰苦的磨炼。国立一中的部分学生开始西迁，崔海天随着队伍，先是坐火车向西到了距离洛阳 160 千米的灵宝县。然后，这批流亡学生开始长途跋涉，一路向南步行 250 千米到了河南南部的淅川县。这 250 多千米路全部是步行，对于当时食不果腹的十几岁的学生来讲实在是艰难的周折。崔海天和很多人一样，脚上走出了血泡，疼痛难忍，大家谁也不叫一声苦，第二天早晨起来，又背着背包，带着干粮，随着队伍，唱着抗日歌曲，一跛一跛地上路，继续前进。一路上，越过了一道道高山深谷、悬崖绝壁。饿了，啃一口干粮，渴了，喝口山涧冷水。步行虽苦，但大家都咬牙坚持着，步行数百里，没有让一个人掉队。大家男帮女、女帮男，相互帮助，相互鼓励，让人感动的事情层出不穷。他们徒步翻越了伏牛山（河南省西南部山脉，为秦岭东段的支脉，为淮河与汉江的分水岭）来到淅川。来到淅川的学生只是国立一中的一部分，淅川成为国立一中的第一分校。

此时的崔海天，可能是注定了要经历磨难。1944 年夏天，崔海天到淅川不久，一天午饭后，他和同学魏蓝佑、王士龙一起，去淅水河游泳，没想到山洪突至，三人被大水冲散。魏蓝佑奋力挣扎，游到了河对岸。崔海天被冲到下游，抓住了河边的一棵树，后为高中同学救起。而王士龙则没有两位同学那样幸运，永远地失去了年轻的生命。崔海天在淅川县读书近一年的时间。

到了 1945 年春，日寇不甘心失败，还在做最后的垂死挣扎。三四月份，向豫西南进犯，南阳随后沦陷，崔海天所在的国立一中第一分校地址西距南阳 100 千米，危在旦夕，于是国立一中第一分校开会研究决定西迁。

这批西迁学生的路线是从淅川县出发向西到达陕西的商县（现商洛市），又继续向西行，经过陕西省的蓝田县、西安市，向西到达宝鸡，从宝鸡改向南方跋涉，最终到达陕西省汉中一带的城固县。当时认为这里是比较安全的地方。

这次迁徙最为艰苦，行程近千里，历时 3 个多月，让我和崔海天及同学们深受磨炼。“云横秦岭家何在，雪拥蓝关马不前。”唐代文豪韩愈，因谏迎佛骨获罪遭贬，在过秦岭时，他担心自己不能再活着回到长安，写下了这千古名句。而师生们当时的心情，与韩愈又不一样。他们遭遇的是国破家亡，被迫翻越秦岭。日本侵略者在中华大地上恣意妄为，蹂躏着大好河山和这片土地上的人民，令师生有家难回，有国难报。

在这次大迁徙中，学校把高低年级、男女同学混合编队，以便路上以长带幼，以男帮女，方便相互照顾。当时，不论在大路上还是小道上，到处都是逃难的人群。那种凄惨的情景让人终生难忘。

几天的急行军下来，一些体弱的同学拖垮了，有人生起病来。而且，此时大家身上带的干粮也吃完了。更大的困难是，师生身上没有钱，因物价飞涨，学校把钱都买成粮食储备了，出发时学校已没有钱发路费。

为了吃饭，一些体力好的同学，包括崔海天，结队上山砍柴，换些吃的。有的同学拿出仅有的一点衣物，换来食物。大家相依为命，有钱共用、有饭同吃、有衣同穿、有被同盖，不分彼此。

途中，每当到了宿营地时，崔海天等身体好的同学放下背包，立即回头去接应掉队的同学。

经过这次大迁徙，1945 年夏，国立一中全部师生都到达了城固。此时，许多同学，包括我和崔海天，只剩下一条薄棉被、一件薄棉大衣和随身穿的单衣，除此之外一无所有。这次长途跋涉，也让我们看到了许多以前从未见到过的山川景象，增长了不少见识。在迁徙的过程中，一路走来，崔海天及同学们不仅学到了很多书本上学不到的知识，同时对时局也有了一定的感触。

师生们从淅川出发，第一站是陕西的商县（现商洛市）。在商县境内，老师对同学们讲，这里就是商鞅变法的“商”。两千多年前，秦国通过商鞅变法，国力变得强大，最终灭掉六国，统一了全国。回想秦汉时期中华民族的强大，联想到眼下的中国，竟然被一个东瀛小国打得节节败退，崔海天思索着问题的根源。他和同学们探讨，找老师请教。

有时，在晚上宿营时，崔海天和同学们睡不着觉，大家开始探讨，这种流亡的日子什么时候才是个头？什么时候才能把侵略者赶出中国？中国什么时候才能强盛起来，不再任人宰割。

队伍经过蓝田，到了举世闻名的古都西安。在西安，城里的古建筑让崔海天着迷，他感受到了中国古人的勤劳智慧。然而，西安城里，一派歌舞升平、灯红酒绿的景象，让崔海天和同学们困惑了：沦陷区的父老乡亲正生活在水深火热中，前方的军民正在浴血奋战，而西安的情形，怎么像是一个“世外桃源”？崔海天想起了那首著名的古诗：“山外青山楼外楼，西湖歌舞几时休？暖风熏得游人醉，直把杭州作汴州。”

过了西安，一路上经过之地，到处是文化厚重的地区，然后就到了宝鸡。一位老师告诉同学们，宝鸡古称“陈仓”。汉楚相争时，大将韩信发动的第一战，就是“明修栈道，暗度陈仓”，师生们到此处心里别有一般滋味。“闻鼙鼓而思良将”，崔海天多么希望自己也能像古代的良将一样，指挥兵马，横扫日寇，把侵略者赶出我们的家园。

经过3个多月的长途跋涉，师生队伍到达了目的地——城固。这时国立一中的校本部已经先期到达这里，这样国立一中就全部迁到陕西汉中城固，自此，国立一中便在城固县办学直至1949年。

相濡以沫　患难与共

初到城固，崔海天感到新奇。这里的山川景象、气候等都不同于河南，民俗文化也不尽相同。崔海天在学习之余，也喜欢了解当地的文化，不断丰富着自己的学识和思想。

但有一点让新到的师生们不能适应。汉中气候潮湿，早晨起床被子都是潮乎乎的。初到汉中，因条件所限，大家又都是睡地铺，身上长疥疮的情况就越发严重。人说：“神仙难逃汉中疥”，“疥是一条龙，先从手上行，腰里转三圈，大腿板内扎老营”。同学们大多不能幸免。崔海天也是浑身长满了疥疮，流着脓水，又疼又痒。有时，晚上睡觉时，流脓的地方粘在被子上，早晨起来，就会把皮肤扯掉一块，血肉模糊，苦不堪言。幸好，有老师用土方，以硫黄为主，配了些药膏。每天晚上，长了疥疮的同学集中到一起，围着火堆，擦上药膏烘烤。

生活上，全靠着学校发的每月7元钱的生活费。大家每月都盼着月底分点伙食节余尾资，买点生活必需品。

衣服被褥都是自己拆洗。买不起肥皂，就自己淋草木灰水来代替；买不起牙粉，就以盐面代替，甚至有的同学用草木灰来代替牙粉使用。衣服没有替换的，夏天时，崔海天带领我们班的男同学一起，就趁着到河里洗澡时，顺便洗洗衣服，放在沙滩上晒干了再穿；冬天，衣服一穿就是一冬。同学们身上都生满了虱子，晚上，就在油灯下用大拇指甲挤虱子、虮子，一挤咔咔直响。

初到汉中时，吃的都是陈仓谷米，煮出来的饭一股霉味，吃在嘴里没有一点黏性。那时是用人工土办法加工稻米，米饭里夹杂着稻壳子、沙子、草籽，经常是一口嚼起来，就“嘎嘣”一声，被沙子咯了牙。菜是8个人一盆菜汤，基本是清水煮的，毫无滋味，真是难以下咽。但不管怎么说，终于能吃上饱饭了。

我和崔海天自1946年认识，就是那一条破旧的薄棉被、一件破旧的薄棉大衣，一身随身的单衣，陪着他度过了若干个春夏秋冬。

初到城固时，学校以庙宇、祠堂为教室、宿舍，用砖头、木板架起来当桌凳。那时，晚上教室里没有灯，同学们就自己找个破碗、搓根纸捻，放上桐油，就成了一个油灯。4个人一盏灯，学习到深夜，直到老师催促，才去睡觉。

冬天没有取暖设施，同学们就高声朗读着“天大寒，砚冰坚，手指不可屈伸，弗之怠”等励志的文句，相互鼓励。手冻僵了，就使劲搓一搓。许多同学手上生了冻疮，奇痒钻心，仍抄录不止。

同学中不管谁有了病，老师同学都来看护慰问。有的同学甚至卖了自己的破衣服，凑几个钱，给病号买点好吃的。男同学的衣服破了，女同学帮着补，老师家中有事，同学们争相帮忙。逢年过节，学生都到老师家中作客拜年。

回想那时候，生活条件虽苦，但谁都不叫一声苦，反以苦为乐，大家相濡以沫，相处得非常融洽。

我和崔海天就是在这样的情形下，同窗共读，以后又同时参军，同时转业到石油战线，所以，我们之间的感情是无法用语言表达的。

校风严谨　师德高尚

国立一中的校风是严谨的，学习空气是浓厚的。“不敷衍、不作弊”是学校的校训，师生都能百分之百不打折地去身体力行。有一位后转来的同学，期考时有一门功课考了59.6分，只差0.4分及格。按学校规定，不及格就要补考，补考不及格就要留级。这位同学找到了老师，想通融一下，改为60分，老师当即拒绝，并对他晓之以理、动之以情。最后这位同学心服口服，进行了补考并顺利及格。另有一位从国立汉中中学转来的插班生，对国立一中严格的校风不甚了解，考试时打了小抄，结果考卷被老师没收。这位同学非常羞愧，一度情绪低落并记恨老师。同班的崔海天知道后，耐心地做这位同学的思想工作，并向他介绍国立一中的校风情况，这位同学终于放下包袱，重新全身心投入到学习中，并且在以后的岁月里一直遵循校训，诚实做人。我记得崔海天的英语最好，他还经常帮助别人。

“卢沟月冷，大河无声，千里逐飘蓬。家仇国仇，遥指东瀛，悲愤总填膺。炼尔体魄，励尔学行，有志事竟成。诸君共勉，曷当有日，痛饮在黄龙。”这是学校的校歌。这首歌的词作者是国立一中第一分校的校长郝仲青，曲作者是义务兼任西峡口育德中学和国立一中第一分校音乐教员的杨绳武先生。

每年中秋，全校师生集合在操场上，面向北方，遥念沦陷区的父老乡亲，大家流着眼泪齐声合唱“我的家在东北松花江上”。在每次合唱“我的家在东北松花江上”这首歌时，崔海天成为当然的领唱人。几年前，我去他家看望他时，我们二人还哼了几句。

学校有一套严密的教学制度，决不轻易改动，严格执行。

学校要求学生出早操时要脱掉大衣和帽子，在三九严寒季节，很多学生不愿意脱，但一看到郝校长和老师们短衣光头出现在操场上时，学生们马上脱掉大衣，摘下帽子，参加早操。国立一中的教师团队都具有丰富的教学经验、灵活有趣的教学艺术。这个团队影响着、激励着、引导着她的学生，使学生都产生了为中华民族伟大复兴而献身的精神。国立一中这所大熔炉，在抗战时期，是陶冶抗日民族气节的熔炉；在解放战争时期，是陶冶青年思想进步、走向革命的熔炉。就是在这样的教师团队的教导下，崔海天和他的同学们在动荡的环境中，思想一直健康地成长，从少年到青年。

崔海天是我们同学中的一个优秀代表，是国立一中培养出了他这样的优秀人才。在以后几十年的工作中，崔海天作风正派，刚正不阿，从不拉帮结派、背后搞小动作。在下属面前，他以身作则，表里如一，言必行、行必果。他的这些优秀品格的形成与国立一中的良好教育不无关系。

国立一中就是在这国难当头、民族存亡、国破家亡、烽火连天的苦难中诞生的。直到 1949 年末，历时 11 个春秋，在苦难的环境中教书育人，共培养学生 4000 余人。

优秀的学业

崔海天的童年是在东北度过的，自打他记事起，过的就是亡国奴的生活。青少年时代，为了求学，他远离家乡，辗转千里，先后在天津、河南省淇县、孟县读小学，最终辗转来到国立一中这样的学校读书，实是难得，来之不易，所以他倍加珍惜。像许许多多的同学一样，他抱着“驱逐日寇，还我河山，还我家园，报效国家，振兴中华”的大志，自觉地发奋读书，几年来，从不浪费时间。除完成学校规定的课程外，他还阅读了大量的课外书籍。崔海天是图书馆借书的常客。

崔海天自幼天资聪颖，读书简直可以说是过目不忘，基础知识打得非常牢固，这对他以后的学习和工作起到了重要的促进作用。他在纪念母校建校 50 周年活动时说：“我在国立一中就学数年，是国立一中教给我知识。我工作有点知识，是国立一中打下的基础。”学校设有十几门课程，每次期考，崔海天的平均成绩都在 90 分以上，名列前三名。因崔海天品学兼优，同学们都不直呼其大名，而尊称他为“大海”。例如英语中的“鲁宾逊漂流记”，他背得滚瓜烂熟，而且能把每个句子的文法讲清楚。他经常到学校图书馆借英文原版书来读。后来由于工作原因，他需要接触外国专家，于是重新捡起了已扔下 30 多年的英语，很快就能直接与外国专家交流。退休后，他还订有一份英文原版报纸呢。

崔海天不仅自己学业优秀，还积极帮助同学。为了提高同学们的英文水平，他还在英文老师周子贞的指导下，组织几位英语好的同学编写了一本“英语会话手册”，赠送同班同学每人一册，这对于提高同学们的英语水平起到了重要作用。

我们做作业弄不明白之处，都去问他，基本上每次都能得到满意的解答。音乐方面，他学得也很好，一些新歌，他看着乐谱，自己就能准确地唱下来。而且他嗓子很好、声音洪亮，并且能唱出感情。后来参军，他进了团里的文宣队，每次来了新歌，都是由他先看着谱子唱熟了，再教大家唱。他还常给大家讲授乐理。每当演出节目，全队大合唱，分部轮唱，都是他任指挥。

体育方面，篮球、排球、垒球，他都是班队的成员。参军后，他还是我们团篮球代表队的队员兼教练。单双杠，曲身上、小车轮、前后游起、滚杠一周等等，崔海天都能来两下，双杠压起，一口气二三十个，面不改色，气不长出。

总之，崔海天在学校期间，德、智、体、美、劳各方面都得到了全面的发展。同学们对他是由衷地佩服、崇敬。

崔海天不仅学习成绩优异，在其他方面也很活跃。那时候，每次有新同学到来，班里都举办简单的欢迎仪式，派一名班里的老同学代表致欢迎辞。我是随原国立汉中中学一行十几人来到国立一中的，当时，代表老同学致欢迎辞的，就是崔海天。

接受进步思想

国立一中建校初期，受林伯渠委派，延安抗大毕业的王荫圃同志来到国立一中，开展学生运动，发展中共党员，并在学校建立了地下党支部。《新华日报》、"延安抗大"的招生简报公开贴在校门口的墙壁上，供人阅读。还有延安出版的《大众哲学》、《抗日民族统一战线》、《论持久战》、《政治经济学》等几十本进步书籍，在同学中间传阅。崔海天是阅读这些刊物的积极分子，他被这些新思想所吸引，积极参加了在党支部领导下建立的外围组织"读书会"、"老百姓社"、"文苑社"等开展的一系列活动，另外，他还参加了"歌咏团"演出的"黄河大合唱"、"义勇军进行曲"、"雷雨"、"放下你的鞭子"等进步歌曲和话剧的演出活动。

崔海天就是在这样的环境中，由少年成长为青年的。思想上，从无知到有知，从有知到成熟。在校期间，他一直积极参加各种活动，非常活跃，非常引人注目。

1946 年，崔海天在初中二年级时，还曾因带领同学罢考，挨了教务主任的棍子。

当时的英语老师是西北大学在校学生，教学经验严重不足，教学水平不高。同学们对他很不满意，要求学校换老师，但没有成功。于是，同学们私下讨论商定，在期末考试时，实施罢考行动，希望以此达到换老师的目的。大家一致推举崔海天、刘学智两同学组织实施，最终议定，考试时所有同学都不答卷，先由崔海天、刘学智站起来向教室外跑，其他同学跟着向教室外冲，以此方式进行罢考。但不知怎么搞的，消息泄露了，老师们知道了同学们的"阴谋"。

考试时，学校的教务主任吴冶民突然来到我们教室监考。同学们不知吴主任已经掌握了情报，仍按原计划进行。崔、刘两同学首先站起来向教室外跑，其他同学迅速跟进。吴冶民主任劝阻，同学不听。吴主任急了，举起手杖向带头的崔海天、刘学智两位同学打去，他们都挨了几棍子。并且，吴主任以取消公费、给予处分对同学们进行威胁，同学们不屈服。见此情景，吴主任软了下来，他答应，只要大家回去考试，绝对不给任何处分，且不论考得如何，都给及格。在这样的条件下，同学们同意考试。最后，没有人受处分，考试成绩均及格，这场由崔海天、刘学智组织的罢考事件结束。

内战带来的思考

学校迁入城固不久，1945 年 8 月 15 日，日本人宣布无条件投降并滚出了中国，给中华民族带来巨大灾难的日本侵华战争结束了。

消息传来，大家欢欣鼓舞，以为从此中国人民可以过上安生的日子了。可是，大家都想错了，抗战胜利不久，国民党又发动了内战，人民重新陷入到战火之中。

经过几次大迁徙，一路上所见所闻让同学们思考：为什么在反法西斯战争胜利在望时，中国又沦陷了大片国土？为什么沿途到处都是食不果腹、衣不遮体的难民，而西安、汉中街头却是灯红酒绿，一派歌舞升平的景象？为什么总是前方吃紧，后方却在“紧吃”？

对这一个个为什么，崔海天迫切地想找到答案，同学们迫切地想找到答案。

1948 年 2 月 4 日夜里，演出结束返校的师生走到城固县小东门城楼附近时，城楼上一声枪响，向人群中射来一颗子弹，高 36 班的苏增武同学应声倒在血泊中。经抢救无效，苏增武同学失去了他年轻的生命。

为什么要向手无寸铁的流亡学生开枪？凶手是谁？这事还要从头说起。

学校期考刚结束，为了过个愉快的春节和筹集开展文艺活动的经费，学生自治会组织的京剧团，业余时间排练了京剧《玉堂春》、《盗御马》、《棒打薄情郎》、《打渔杀家》等剧目，在城固县剧院售票演出。国立一中的师生凭校徽入场，在边上的座位入座，中间的座位留给买票入场的观众。

城固驻军某部的军官老爷们，每天酒足饭饱之后，就来到剧院门前寻衅滋事，侮辱殴打把门查票的同学。他们这么做，只不过是想免费观看演出，并且要位置好的座位。师生们没办法，做出妥协，把前三排中间的、原留给老师的座位让给了他们。谁知这些人得寸进尺，大批大批地强行挤进剧场抢占座位，把整个剧场搅得一片混乱，致使演出无法正常进行。同学们看不下去，与他们据理力争，但无果。

第三天正演出《打渔杀家》时，一个军官突然窜上舞台，气势汹汹地拔出手枪说："现在是什么时候，你们敢演这样的剧目，命令你们立即停演。"

崔海天和同学们与他理论，他朝天放了一枪，随即从台下蹿上来几十名手持马鞭、木棍的兵痞，没头没脸地向同学们打来，台下也乱成一团。手无寸铁的学生哪里是这群兵痞的对手，当场就有几十名学生和市民被打伤。演出是不能进行了，同学们只好返校。当同学们走到小东门城楼下时，惨案就发生了。

苏增武同学之死，促使全体同学觉醒，并开始了更进一步的思索和探求。一个读进步书，演进步剧，出墙报，写文章，出刊物，评时事的热潮再次掀起。图书馆门前挤满了人，大家都来借阅鲁迅、巴金、曹禺、高尔基、普希金等作家的作品。

课堂上，崔海天带头要求老师讲时局，有的老师干脆整堂课讲时局。老师们都毫无顾忌地抨击、揭露现实社会的黑暗。各文艺团体都联合起来，排演《棠棣之花》、《雷雨》等名剧，到汉中和城固的剧院演出。

后来我们总结，不仅仅是国立一中教育了崔海天和我们所有同学，国民政府的专治、腐败、黑暗、无能也教育了我们。国统区的人民处于水深火热之中，艰难度日，民不聊生的悲惨状况，更是在我们脑海中留下深刻印象，这种印象，一生都抹不掉。而与之形成鲜明对比的，是西安、汉中的歌舞升平景象，更是让人不能忘记。

这一切，让崔海天和同学们常常在一起讨论，最后认识到，国民党的政权已经腐朽到了极点，只有中国共产党，才能救中国；只有人民解放军解放下的人民，才能过上自由幸福的生活。

黎明前的黑暗

解放战争进行到 1949 年 4 月，百万雄师打过长江，解放战争到了关键时刻，国民党无暇顾及学校，地处巴山汉水的国立一中，经费早已断绝，生活极度困难。

此时，学校已无人主持正常校务工作。学校已经到了一无现金、二无粮食的地步，随着形势变化，借粮也愈发困难，越借越少。最后，只能保持每天两锅菜粥。想想看，千八百人，两锅菜粥，每人只能分到两口。在这种情况下，虽然同学们仍毫无怨言，可是伙夫不干了，他们一无工资、二又吃不饱饭，纷纷提出辞职。

学校没有了经济来源，老师断了薪，学生断了炊，于是，大家都去自谋生路，学校全面停课。同学们有卖衣服换食物的，有挎着盘子沿街卖香烟、肥皂的，有跑洋县、汉中去倒弄杂货的，真是八仙过海，各显神通。

不论是谁，赚到一点蝇头小利，都不忘同学。如谭允昌同学，每次往返于洋县回来，都带点吃的和几个铜板，与同学共享。

我们高 34 班同学们怎么办？大家把目光都投向了崔海天。因为他一向以头脑灵活办法多而著称，此时，他就是我们的主心骨。崔海天倡议，大家去汉中贩卖地瓜。

汉中的地瓜很有特点：它形如圆葱，外表颜色像白红薯，皮像香蕉一样，可以很容易扒下来，白色的瓤，生吃脆脆的、甜甜的，很好吃。炒着吃、煮着吃，味道都不错。

于是，同学们凑了些钱，又向当地同学借了点钱，做起了地瓜生意，由崔海天任“大掌柜”。参加的同学有：尹锦灿、刘学智、冯兆麟、成保生（比我们低一届）、我，还有其他十几人，可惜的是他们的名字我现在已经记不起来了，只记得一共 20 多人。

我们拉着一个双轮车上路了，由崔海天驾辕，前面两位同学一左一右拉帮套，我们几个在后面推。大家饿着肚子，从几十里外的地瓜地里拉回来一车，走街串巷叫卖。看着顾客甜甜地吃着刚买的地瓜，同学们都馋得直流口水，肚子也咕噜噜响得更欢了。但大家都强忍着饥饿，直到晚上收工回来才一起吃。

贩卖地瓜的过程中，崔海天一直嘱咐掌秤的同学一定给足分量，坚决不能缺斤少两；管账的同学把每笔账目记清楚；管钱的同学把钱看管好。

贩地瓜的生意做了约半个月，最后一算账，没赚没赔，闹了个保本，剩下了些货底子，也卖不出去了，于是同学们解了馋。虽然没赚到钱，但也没白干，那些天总算没饿着，赚了个填饱肚子。

郑板桥有诗：“咬定青山不放松，立根原在破岩中。千磨万击还坚韧，任尔东南西北风。”国立一中的学生经过几次大迁徙的磨炼、经过这种自寻生路的磨炼，养成了吃苦耐劳的精神，更养成了一种百折不挠的精神。正是这种磨炼，让崔海天在以后的社会主义建设中，不再感觉到苦和累，不再害怕困难，从而做出了不凡的业绩。正如崔海天在纪念国立一中建校五十周年的活动中所说的：“国立一中教会我艰苦奋斗，不怕苦、不怕累。由于在国立一中时，在破庙里上课，门板上睡觉，蹲着吃饭，练就了吃苦耐劳的本领。以后在部队、搞石油，长年累月在野外，那点困难好克服。”

五六月份，已经到了新中国成立前夕，国民党要把国立一中撤向四川，学校接到了西迁入川的命令。政府派出专人来到学校，在操场上摆了一张桌子，威逼利诱，让同学们报名南撤。

食堂门口立刻贴出了“要求复课、要求开伙、反对迁校”的倡议书，以示回应，同学们积极响应。师生们不愿当战争贩子的殉葬品，决心以实际行动抗争。

崔海天带领一帮同学，找别班同学谈话，鼓动他们拒绝签字，准备迎接解放。

最终的结果是，只有极少数同学因为家庭等各种原因，南迁入川。大部分留下来的同学纷纷走出校门，走上街头，走向农村，去打工、当小贩，挣钱糊口。

10 月 1 日，中华人民共和国宣告成立的那天（此时汉中还没有解放），一位物理老师将家中的一台破旧的老式收音机搬到校园的一张桌子上，亲自为同学们播放。

听着收音机播放开国大典的盛况，同学们心潮澎湃，大家嘴上不说，心里都明白，期盼已久的解放为时不远了。

1949 年 11 月中旬，一个阴沉的早晨，胡宗南部一师师长董剑，带着几十个全副武装的士兵，杀气腾腾地突然窜进学校操场，向全校师生训话，以威胁的口吻，要求一个不留地迁往四川。散会后，师生们互相串联，风趣地说：“天快亮了，大家起床吧。”

当时传言，“要在这里打大仗”，以及受学校停课停伙的影响，一些同学被迫离开学校、离开城固，另寻生路。留下来的一部分师生进山避难，还有的到当地同学家中躲避。

崔海天带着我们这部分同学，仍坚持守在学校，准备迎接解放。为了安全，我们都住进了比较隐蔽的、位于最后一栋的宿舍里，室内是粗大的木柱梁，比较坚固。宿舍里是木板打的双层通铺，大家约好，都睡在下铺，如果有情况，方便外逃。

走向人生新战场

1949 年 12 月 7 日，解放军从东岸渡过汉江，解放了城固。

这一天，人民解放军举行了庄严的入城仪式。同学们盼望已久的日子到来了，崔海天盼望已久的日子到来了。当地百姓敲锣打鼓，欢迎解放军入城。坚守在学校的同学们欢欣鼓舞，打着大红横幅标语，在崔海天的带领下，高喊着口号，欢迎人民解放军。同学们兴高采烈，充满激情。虽正值寒冬，但大家知道，精神上的寒冬已经过去，春天就要到来了。

城固解放了，摆在同学面前的道路一片光明：或是考大学，或是上军政干校，或是当地方干部。

崔海天早已想好，要加入人民解放军。他说："解放军流血牺牲，把我们这些穷学生从苦海里解救出来，我们应当知恩必报，为解放全中国尽一份力量。"

12 月 9 日，由崔海天带头，魏蓝佑、尹锦灿、刘学智、冯兆麟、成保生和我，还有其他一些同学，一共 20 多人，来到解放军驻地，报名参军入伍，成了光荣的解放军战士。

从此，我们告别了校园，走向了人生的新战场。

军旅生涯

苗好廉[1] 张福禄[2] 张信贤[3]回忆 王海群[4]整理

1949年12月7日，城固解放了，中国人民解放军举行了盛大的入城仪式。当天，崔海天带领着同学们，打着标语，热烈欢迎解放军入城。9日，崔海天带领着20余名同学，报名参加了中国人民解放军。

入伍之初，部队的一切对这些学生来说都很陌生。他们先学习军队纪律，学"三大纪律八项注意"。接下来，被集体分配到第19军第57师171团文艺宣传队。

队伍在城固休整了几天，就又踏上了征程。崔海天跟随队伍经过了汉中、勉县，在宁强县驻扎下来。宁强县地处陕西省西南部，与四川、甘肃两省接壤。一路上，每天晚上就借宿在老乡家里。部队要求搞"满缸运动"，就是每到老乡家，先看看他们家的水缸，如果水不满，要先把水缸挑满水；再就是看看院子是否整洁，如不整洁，马上动手打扫院子。不论行军多辛苦，这两点是必须要做到的。

部队在劳动的时候，有时会向老乡借工具，一定要好借好还，如有损坏，按价赔钱。

通过这些活动，让这些新兵切身体会到了军民鱼水之情，感受到了人民解放军与国民党军队的根本差别。

崔海天在文艺宣传队，会不定期搞些演出，有时唱些革命歌曲，有时演些小剧。有时为了演出需要，也会向老乡借衣服，都要求好借好还。

崔海天的音乐才华在这里有了发挥的空间。每次来了新歌曲，他就照着谱

---

[1] 大庆石化总厂原处长。

[2] 中国石油管道局原党委书记。

[3] 沈阳某厂党原总支书记。

[4] 大庆市谱牒研究会理事。

先自己唱上几遍，唱熟了，再教大家唱。他还经常下连队教战士们唱革命歌曲，战士们都爱听他唱歌，他教的歌很快就学会了。

在宣传队他是一名优秀的演员，那时，为配合部队形势任务，经常演出一些小歌剧、小话剧，他扮演的角色人物性格特点突出，塑造形象逼真，是深受战士喜爱的演员。

转眼到了1950年的春天。部队开展垦荒大生产。文艺宣传队包了一个黄土包，开始从事农业劳动。年仅21岁的崔海天积极参加生产劳动，一天到晚汗流浃背地苦干，年年被评为英模。有的同学虽然参了军，但对于吃这样的苦还是难以接受，崔海天就一边照顾他们的生活，一边做他们的思想工作，给他们讲社会主义建设，讲祖国的光明前途。那时候的崔海天年轻的心中有着一个美好的憧憬，躺在军营的床上，常常为美好的未来激动得夜不能寐，恨不能白天黑夜都为共产主义理想奋战。

这时，部队开始学习“南泥湾”，常演的剧有《兄妹开荒》等。

那时候，部队的生产生活也很艰苦，但崔海天这批学生军人都是经过了几次大迁徙考验的，这点苦对他们来说，根本不算什么了。

当时最累的活，要数上山砍柴。部队驻地附近就有山，可以砍柴。但是为了照顾附近的老百姓，领导要求上山砍柴的同志走的远一点，不要和老百姓“争嘴”。所以，每次上山，要走上几十里的路，回来时，身上还要背着七八十斤重的木柴。文艺宣传队有3个分队，每天砍柴，每队出2人，共6个人组队上山。崔海天吃苦耐劳的精神在这时又体现出来，他多次主动提出上山砍柴。

到了七八月份，玉米长得挺高了，山里的土匪也闹起来了。

在国民党溃败后，胡宗南有组织地潜伏了武装特务，收罗了一些恶霸地主、兵痞流氓、帮会头目，号称“十万地下军”，袭击地方政权，杀人越货，抢劫人民财产，破坏交通运输，造谣惑众扰乱社会秩序。

团里抽调了大部分力量去山里参与剿匪，文艺宣传队也跟着去做配合。文艺兵不参与战斗，只是跟着给战士们演节目。

剿匪工作很困难，因为这里的都是些小股土匪。这些土匪躲在山里，很难找到。有的时候，看到他们在山上行动，部队赶紧去追击，可是，俗话说“望山跑死马”，等部队到了，他们早逃得无影无踪了。

宣传队奉命参加了宁强县西部地区剿匪战斗，崔海天和战友们一道宣传“首恶者必办、胁从者不问、立功者受奖”的对匪政策，访贫问苦，收集当地群众遭受恶霸匪首残害的血泪事实和我军纪律严明的模范事迹，编成节目到各个山村演出，群众反响强烈。许多流窜在外的匪众纷纷回来缴械投诚，提供匪首活动线索。剿匪部队在短短几个月内，活捉了女特务刘芳及匪首张占伯，此后，这个地区的匪患基本平息。

秋天，开始“秋征”宣传。就是到山里，找农户，发动他们把粮食卖给政府。当时，当地的农户很分散，他们往往是独门独户地住在深山老林里，独自开荒种地。“秋征”活动要求两人一组，一个老兵，带一个新兵，进山找农户做宣传。因当时山里有土匪，为防备土匪，上山时，每人发一支步枪，几发子弹，几个手榴弹。崔海天跟着一个老兵进山搞过“秋征”，由于表现出色，崔海天不久后就被提升为文宣队的分队长，属于正排级。

在部队，崔海天还立了功，参加了全师举办的“群英会”。

1951 年，部队到了褒城县（后并入勉县），帮助地方政府进行土地改革。

这年的 3 月 8 日妇女节，白天，文艺宣传队在街上扭秧歌，晚上，在褒城西校场大舞台演出小歌剧《红布条》和《王二嫂纺线》。当时文艺宣传队没有女兵，都是些小伙子。他们在扮演女角的时候，唱腔粗犷、动作笨拙，引得观众捧腹大笑。

这种情形，引起了褒城一中的几位女学生的注意。当时尚不满 15 周岁的张信贤，第二天就来到宣传队，要求参军。她不顾家人的反对，几经波折，并虚报了年龄，于 4 月 3 日参军入伍，进入了文艺宣传队。几天后，受她的影响，同学王玉霞、于齐英、邹慧芹也加入了宣传队，至此，文艺宣传队有了女兵。5 月，文艺宣传队在黄关岭、刘坝演出时，又有宋素珍、首玉莲两位女同志入伍。

崔海天、魏蓝佑等人，对这些新入伍的女兵非常照顾，尤其是崔海天，他经常带领新战友学习各项条例、条令，使新同志尽快地适应了部队的生活。

当时，这些女兵都没有演出经验，对乐理知识掌握得也不够，而导演又是个特别严厉的人，对新同志要求非常严格，新同志都害怕被导演批评。演出中，新同志跟不上乐队的节奏，崔海天就想办法，让乐队适应新同志，以达到较好的演出效果。

那时，崔海天、刘国平多扮演正面角色，赵乃敏多扮演反面角色，王玉霞多扮演老年妇女，宋素贞多扮演中年妇女，张信贤多扮演年轻姑娘。

演出时，崔海天一直都是耐心地帮助新同志，把戏让给新同志。

那时，部队生活艰苦，有些战士开了小差。针对这种情况，崔海天写了一部短剧《归队》，讲述一名战士因吃不了苦开小差跑回了家。到家后，他的母亲忆苦思甜，对他讲述新中国与旧社会的差别，战士幡然醒悟，又回到了部队。

演出这部剧的时候，崔海天扮演战士，王玉霞扮演母亲，张信贤扮演妹妹。这是王玉霞、张信贤第一次演出，在崔海天的帮助下，演出很成功。

为了配合土改，表达农民的喜悦心情，演出《田园新歌》，崔海天和张信贤分演男女主角。其中一段对唱，张信贤至今印象清晰：

“我问你是干什么的？跑到我家乱动东西。”

“我是一个普通人，有事要找农会主席。”

“有公事给你倒茶吃，你的介绍信在哪里？”

“介绍信丢在家里，口头说是一样的。”

“趁早你回家去取，没有介绍信我爹不见你。”

“韩家庄离这几十里，来回一趟不容易。”

“防匪、防特、防奸细，谁知道你是干什么的。”

“我是个青年团员，我爹也是农会主席。”

在崔海天的帮助下，两人反复练习，演出时收到了良好的效果，每次演唱到这里，观众都会给予热烈的掌声。在57师集体转为石油师的会演中，这个剧目还获得了表演奖。

在崔海天的帮助下，新同志演技提高很快。有一次在刘坝演出《眼睛擦亮》，因演员饰演角色逼真，还闹出了一段惊险的插曲：戏里有一段情节，是村支书的儿子被地主坏分子拉拢腐蚀。台下观众里有个民兵，看到这段，情绪非常激动，冲动之下对着台上扮演村支书儿子的宋子文开了一枪。宋子文肩膀被打伤，血流如注。演出不得不中断，大家赶紧谢幕，把宋子文送去包扎。

1952年“八一”建军节，57师受中央军委、毛泽东主席的命令，集体转业为中国石油第一师。至此，崔海天结束了他近三年的军旅生涯。他和战友们一起，脱下军装换工装，奔赴玉门，开始了他在石油石化工业战线上的辉煌历程。

转业玉门建新功

石万福[1]

1953年党和国家为发展石油工业，决定在第一个五年计划期间，将玉门油矿建成为祖国第一个天然石油基地。当时，玉门油矿基本建设工程队伍只有430人左右，难以完成玉门这样一个油田地面工程和炼油工程建设任务。在这个关键时刻，中央军委命令中国人民解放军第57师改编为石油工程第一师，集体转业到石油工业战线上来。石油师二团主要领导和大部分指战员转业到了玉门油矿基本建设战线。崔海天当时是二团宣传队一名年轻宣传干事，只有22岁，风华正茂，雄心远大，志气凌云，决心在祁连山下树红旗，戈壁滩上建新功，在玉门油田大显一番身手。

玉门油田海拔2400米，自然环境恶劣，风吹石砂跑，地上不长草。人们经常用“春风不度玉门关”、“出了嘉峪关，两眼泪不干”来形容玉门这个地方。这里到了冬季，风雪交加，寒风刺骨；到了夏季，炙热的阳光照在沙滩上，人们就像进入了蒸笼一般。在这样的环境下，石油师二团的同志并肩战斗，发扬中国人民解放军的光荣传统，一切从头学起，一切从头干起，边学边干，积极学习和掌握油田基建技术和管理知识，很快投入到了玉门油田的建设高潮中。由于个人的天赋较高、组织的重点培养和本人的积极努力，崔海天很快成为油田建设的一名杰出代表。

崔海天刻苦努力，勤奋好学，很快掌握了油田建设的基本知识。

崔海天是高中文化程度，转业后，组织安排他到设计处实习。他在业余技术学校学了两个月后，就能绘出采油树总图，受到负责培训的于树椿等几名工程师的好评，说崔海天的学习和掌握科技知识“是一个奇迹”，并把他作为考

[1] 河南油田原党委书记。

核实习员参照的“标本”。他在设计院学习期间刻苦努力，勤奋好学，加上天资聪明，很快就能看懂简单的施工图纸。他虚心好学，不耻下问，经常在下班以后依然读一些油田基本知识方面的书籍，不明白的问题，他五次三番地去问一些老同志，直到搞懂为止。当时正在开展“反右”斗争，有一些老同志打成“右派”了，他并不疏远这些老同志，对于不懂的问题，他照样去虚心请教他们。他拼命学专业技术知识，通读了《采油工程安装》、《土木工程》、《机械制图》等专业技术书籍。在同一批转业军人当中，在技术方面成长最快的就是崔海天。

除了刻苦努力、勤奋好学书本知识和油田建设的有关技术外，崔海天还带着问题通过下工地了解实际情况，进一步掌握和扩充油田建设的知识。他下工地时，主动帮助老同志拿工具，从车上卸料，挖沟抬管子。在施工现场，他经常向老师请教，虚心向老工人学习，很快掌握了技术安装、质量标准、油田常用的设备材料等专业技术知识和管理知识。他经常提出一些问题，例如，沥青为什么可以防腐，钢材和焊条材料有啥不同，水泵的压力和管道的强度的关系等等。老实讲，这些问题并不是所有现场人员都清楚，崔海天提出来以后，通过别人的讲解，他明白了，对大家也是一个提高。当时正是中苏友好时期，崔海天还参加了俄语班，自学俄语，每逢休息日，年轻人都去玩了，他常常在看书，技术、文学、俄语、哲学书籍都看。他很快就掌握了油田建设的基本知识，为以后从事施工的领导工作奠定了基础。

崔海天很快成为领导的培养对象。

崔海天的成长引起油田新建工程队领导的重视，他们开始有计划、有意识地培养崔海天，手把手地教他，给他压担子。崔海天也不负重望，他腿勤、手勤，很善于动脑筋，做啥像啥，各样工作干得都很好，先后出任施工队的技术员、工地主任、工程大队副大队长职务。尤其是在当大队长期间，在他领导下，任务完成得很出色，受到广大职工的赞扬和组织上信任，多次被评为油田先进工作者，并荣获石油工业部劳动模范的光荣称号。崔海天从新疆完成“克独管线”任务返回玉门后，1959 年 3 月 11 日，公司派他陪同我到南充参加全国油田工程施工经验交流会。我们经兰州、宝鸡、成都、重庆，16 日到南充。在经验交流会上，他代表玉门油矿做重点发言。他的发言内容包括油井、泵站、管线、注水厂的工程特点和施工中遇到的各种问题，以及这些问题的处理办法等，实例具体，文字生动，有经验，有教训，有实践，有理论。他的发言里面还重点提到，今后我国的油田施工作业必须增加科技的含量，加强科研工作。与会代表给予这位年轻人的发言以很好的评价。

崔海天一向工作肯干，善于深入群众，和工人打成一片，勇于克服各种困难，出色地完成各项任务。在玉门油田各级领导们直接指挥下，崔海天带领油建公司三大队全体职工，在油田工程建设、炼油厂工程建设和油田生活配套建设上，写下了光辉的篇章，时至今日，历历在目，难以忘怀。当时的崔海天已经成为玉门油田基本建设战线上一位举足轻重的人物了，他领导队伍建设的井口、选油站、注水厂、各种管线、道路、供电工程、生活基地设施等遍布全玉门油矿。石油工程锻炼了崔海天，崔海天在这艰苦的条件下快速成长了起来。其中“克独长输管线”、“中罗友好热电厂”和“玉门油田综合机修厂”三项工程在他的组织下干得很出色，至今仍被传为佳话。

1956 年 5 月，新疆克拉玛依油田初建见效，为了尽快解决原油运输和原油加工之间的矛盾，石油工业部决定在克拉玛依至独山子之间敷设一条长达 147 千米的长途输油管线，这是当时我国石油史上第一条最长的输油管线。

这条管线建设的序幕是 1958 年 1 月 3 日拉开的，玉门石油管理局油建公司派出由崔海天为大队长、战斗英雄黄国潘为党总支书记的新疆工程大队担负此项重任。接受任务后，崔海天离开新婚不久的妻子，与 200 多名职工西进新疆克拉玛依油田，他吃住在地窝子和帐篷里，一干就是近一年时间。接受任务后，崔海天决定自己先到现场了解情况，以便掌握第一手资料。

1958 年 1 月 3 日从玉门出发，崔海天带了 3 位同志，坐着大卡车，一路颠簸。第一天直到下午 2 点才吃上午饭，因为他们在玉门出发时带的饼干放在汽油桶旁边，被撒上了汽油，不能吃了。晓行夜宿，一路西行，路过星星峡、安西、哈密，每天 400 千米，于 1 月 5 日到达乌鲁木齐，住进一座招待所。据说这原来是盛世才的别墅。白天在卡车上颠簸了 13 个小时，加上汽车烧机油，崔海天呕吐一夜未眠。第二天他们几人去街里理个发，每人理发费一元钱，比玉门贵二倍。1 月 10 日到独山子，路经 4 号、3 号、2 号三座泵站，他们做了详细的现场勘查。一路上满地厚雪，幸亏穿了毡靴，没有把脚冻坏。一路风尘，几个人互相看看对方，脸是黑的，牙也是黑的。到达克拉玛依后，1 月 15 日与甲方油矿谈判，双方谈判的焦点是工程材料的供应问题。甲方要求由玉门工程队自备车辆和材料，而崔海天认为玉门队伍包工包料必然要派很多车辆跋山涉水到新疆，困难太多。十多天的商谈，双方都做了让步，本着求大同存小异的原则，最终就工程的基本承包合同内容达成一致意见。后来崔海天了解到，新疆油田本想由自己的队伍搞这项工程，只是石油工业部方面不放心，指令玉门队伍施工，所以谈判中难免产生一些分歧，谈判也很艰苦，最终还是达成一致意见。崔海天认为，这次谈判之所以这样困难，主要原因是自己和另外三位同志的业务水平太低，对于合同基本内容很不熟悉，一问三不知，有些话说得不得体，简直是外行。他在回程前的会议上作了自我批评，他说："这次来新疆心理准备不足，没有对合同的细节进行通盘考虑，又没有对外谈合同的经验，技术和行政领导能力比起对方来相差甚远。"这件事对崔海天的触动极大，他深刻地认识到，以前在玉门油矿内搞施工，虽然也有甲乙方发生矛盾的时候，但上级人员召开一个会就解决了，因为那是一个大单位内部的问题。现在面对的是真正的"甲乙"方，工作中出现问题，没有"上级"来出面协调，只能是双方通过谈判和协商解决，而且是各说各的理，全按国家规范、规定作为根据来说服对方同意自己的意见。这次来新疆之前他认为，不就是搞一条管线吗，在玉门施工的管线多了，除了施工地点不同外，其他没啥两样的。他满以为凭自己的经验和能力搞这个工程绝没问题，可是这下子却碰了钉子，这次十多天的谈判证明，自己这两下子差老远了。他暗下决心提高自己，提高队伍的素质，尤其要大力提高机关工作人员的素质，真正做到"又红又专"，以红带专。

2月25日崔海天一行出发返玉门，途经哈密时他们停留半天专门为施工队的朋友们买些葡萄干。当时，这里规定每次每人只可买2千克葡萄干，他们反复排了几次队，为了不被发现，崔海天出个主意，每次排队他们四人就相互换一下上衣。

回到玉门，公司很快确定了去新疆的人员、设备和动身的时间，崔海天抓紧一切时间进行队伍教育，详细向有关人员讲述在新疆施工和在玉门本地施工不一样的地方和注意事项。3月5日，第一批先遣队38人动身赴新疆。4月7日崔海天和施工队机关人员出发去新疆。进入新疆后，他们继续勘察管线路径基本情况，7天后到目的地克拉玛依。经过近一个月的准备，5月2日，中国

第一条长距离输油管线工程正式开工，5 月 23 日，玉门油矿党委书记刘长亮和副局长陈宾到工地慰问和检查工作。这批队伍在新疆独立作战，崔海天经常勉励自己一定要兢兢业业搞好工作，凡事要三思而后行，坚决克服简单粗暴的毛病，不许胡乱发脾气，他让党总支书记黄国潘监督自己。

崔海天施工队的指挥部设在“9 公里”（克拉玛依以东 9 千米）。在新疆期间，除了 7 月 14 日玉门油矿让崔海天乘飞机回玉门开一个现场会和 12 月中旬又回玉门开党代会外，他的大部分时间一直住在这里。由于在外地施工困难较多，所以他经常到工地现场了解情况，并要求机关人员每周至少要到蹲点单位去两次以上，以便随时掌握情况。为了调动工人的积极性，工地每月开一次总结大会，表扬先进，敦促落后，工程进度基本按计划进行。为了加强工程的技术力量，石油工业部派出北京石油学院教授张英来到现场指导工作。工地里面有了张英这位知名专家，崔海天很是高兴。张教授既可解决技术难题，平时又是崔海天的老师，随时可以请教问题。

为了改善和甲方的关系，崔海天动了不少脑筋。该工程设计变更特别多，而且每次变更费时很长，影响工程进度。他经常去设计院，和设计人员一起研究修改措施，由于他了解工地情况，因此他的意见多半为设计人员所接收，从而大大缩短了设计变更时间。他和他的战友们在戈壁滩上，经受了飞砂走石的春天和炎热的夏天的磨难，经常跑现场，生活无规律可言，年轻的崔海天得了胃病。也正是因为年轻，他不在乎胃部的疼痛，有时是双手捂着胸口在工地里东跑西颠，一辆摩托车成为他的重要交通工具，也可能就是因为这辆摩托车，他的胃病越发严重了。经过一年的努力，在石油学院张英教授指导下，1958 年 12 月 26 日“克独管线”通油试车成功，克拉玛依油田的原油，通过这条管线源源不断地流进独山子炼油厂。1959 年 1 月 1 日，崔海天一行 5 人从独山子出发去南疆库尔勒、托克逊等地考察施工项目，11 日回到玉门。此时施工队伍已经全部回到玉门，玉门油矿召开欢迎大会，崔海天戴上大红花代表赴疆队伍做汇报，受到热烈的欢迎。

在 1957 年期间，崔海天领导三大队大部分职工参加了石油工业部下达的一项重要项目，就是在玉门油田建设中罗友好热电厂，工程关键设备来自罗马尼亚。当时中国和罗马尼亚同属社会主义阵营，两国关系很友好。施工中，崔海天和工程师们发现并证实罗马尼亚进口的一台设备有缺欠，于是通过外事部门正式向罗马尼亚专家提出了这一问题。开始，这位专家认为中方不可能提出这样的问题,未予理睬。后来,崔海天等人以大量事实证明我方的意见完全正确，罗方才同意更换这台有问题的设备。年轻的崔海天用自己的知识和勇气，维护了国家的利益，长了中国的志气。在局领导的关怀下，这项工程进展很快。

当时欧阳义是公司副经理，主管生产，我是副书记，我们两人经常和崔海天保持联系。我们一直认为，作为现场指挥，崔海天工作非常认真，指挥非常到位，认真负责，解决了工程中遇到的一系列问题，使热电厂按期完成任务，项项质量全优。1959 年 4 月 7 日，主体工程全部竣工，6 台锅炉、4 部电机经过满负荷运行，各项技术参数达到设计标准，热电厂正式投产运行。崔海天又为玉门油田自备热电厂建成和扩建贡献了一份力量。崔海天不但在油田工程上，又在电厂建设上积累了丰富的经验，在某种意义上讲，热电厂的工艺更复杂，施工技术要求更高。经过这项工程的锻炼，崔海天的施工技术、领导经验又上升了一个大台阶，为今后领导建设更大的工程奠定了基础。

1959 年，崔海天负责建设玉门油田综合机修厂，该工程技术复杂，工艺流程先进，质量要求很高，工期时间又短又急，在困难面前，崔海天组织技术攻关，让工程师高俊凯、张昭明负责组建攻关小组，制订出新施工工艺、新技术、新材料和预制化、机械化、装备化为内容的“三新三化”施工方案，采用大兵团作战、集中优势兵力打歼灭战的施工组织方案，仅用了一年多的时间，圆满地完成了任务。

现在回忆起来，在 1959 年时期，崔海天在施工组织方面已经开始实施了“三化”作业。尽管当时崔海天实施的“三化”还是小规模的，预制化、机械化、装备化的程度也不很高，但是，他在玉门油田实行的“三化”，开创了我国建设施工历史的先河，这种三化施工的雏形是我国的首创，意义十分重大。他组织新建的热电厂和综合机械厂两项工程受到石油工业部基建局的好评和表扬。

人们说:“崔海天像一只猛虎,总是冲锋在先”。在玉门油田建设、矿区建设、炼油建设的方方面面，都留下他的身影。例如，在 20 号选油站至桥头转油站的输油管线施工中，要跨越一条 15 米深、20 米宽的山沟，地势险峻，施工设备又简陋，困难很大。崔海天就和广大职工一起讨论，群策群力，共同拿出了一个安全可行的办法，和广大职工一起完成了施工任务。在建设油田16号选油站时，地形复杂，道路曲弯、车辆难行，运输不便。他发动群众提合理化建议，解决了在野外山区施工效率低的问题，提高工效40%，保证了工程质量和安全，他的施工经验受到领导重视，在公司全面推广。

崔海天在玉门油田油建公司工作的八年中，始终保持和发扬了人民解放军的光荣传统，他总是善于动脑筋，善于走群众路线，加上他善于不断总结经验，很快就成为油田战线的优秀基本建设领导者，他在玉门油田基本建设工作上起到了尖兵、骨干作用，为祖国第一个石油工业基地建立了功绩。1959年9月15日，崔海天领导的施工队被玉门油矿评为局级先进单位，他带领370名工人参加了玉门油矿万人大会。

1960年6月5日，崔海天率领玉门油矿油建公司三大队由玉门东站出发前往松辽石油勘探局。6月11日下午，他们到达萨尔图，全心全意地投入了轰轰烈烈的石油大会战中。

崔海天心直口快，性格直爽，也正是由于年轻，处世不深，往往会对一些问题直接提出自己的看法，在1959年全国开展“反右倾”运动期间，他对公司一些做法和全国“大跃进”中不科学的做法提出过意见。由于当时受“反右倾”运动扩大化的影响，崔海天被错误地定为“严重右倾思想”，并给予其党内警告处分。在一段时间内，他被批评、批判，说他有骄傲自满情绪，对人不尊重，乱发脾气，他也多次做过检讨。当时崔海天承认自己有骄傲思想，下决心改掉简单粗暴的作风，但他对于“右倾思想”的帽子想不通。我当时是党委副书记，我和崔海天的个人关系也很好，崔海天思想苦闷，我内心也不是滋味，在那个时期，我只能是正面鼓励他。好在他这个人是想法归想法，工作照样干，在这期间他做了大量工作。大约在1961年，我们公司主动派人去大庆，和大庆党组织商议撤销崔海天处分事宜。不久，他的处分被撤销了，玉门的同志很高兴，我心里的一块石头也落地了。后来，当我们留在玉门的同志听到崔海天成为大庆油田副总指挥、在油田建设方面取得一个又一个成绩时，我们感到欣慰和由衷的高兴。崔海天是玉门人。玉门造就了崔海天，崔海天在大庆建立了丰功伟绩。至今，我和我在玉门时期的战友们仍然十分想念崔海天同志。我们欢迎晚年的崔海天到玉门来，到河南油田来，到那时，我们还会听到海天的歌声。

大庆油田会战中的崔海天

张世琪[1]

经过半个世纪的耕耘，大庆已经从青天一顶、荒原一片、人迹稀少罕见的处女地变成了一座绚丽多彩的石油城。伴着共和国前进的脚步声，大庆在不断成长壮大。大庆油田是在共和国最困难的时期，最迫切需要石油的时候，以一种极其特殊的大会战形式开发建设的。因为有了石油才有大庆的欣欣向荣，日新月异的发展。总观大庆的历史，从中您可以看出油田施工建设者们以崇高境界、超人的毅力和智慧，建设了这美丽而富有诗意的大油田。今天，您看到的每一项成果，一口油水气井，一套生产装置，一座工厂，一个油气田，一座美丽而诱人的新兴城市，都是一首完美的赞歌。从 20 世纪 60 年代初期的几万人到今天的 280 万人；从铁人王进喜打的第一口油井到今天的 8 万多口油水井，从最初的地窨子、干打垒，到今天高楼大厦林立、交通四通八达的生态、文明百湖之城，这些都是大庆油田的建设者们创造的成果。而大庆油田建设者们的爱国、创业、求实、奉献的精神，又激励和鼓舞着大庆一代又一代的石油人继续把梦想变成现实。崔海天就是这支油田建设大军中的领军人物之一。他是油田建设队伍中众多的领导者、组织者之一，是创业人中杰出的精英之一。他是创造了一个又一个奇迹的带头人。

足迹遍布大庆油田

崔海天于 1929 年生于辽宁省沈阳市。抗日战争时期，他是流亡学生，曾就读于位处陕西省城固县的“国立第一中学”，1949 年 12 月刚刚毕业的崔海天选择了参加人民解放军的革命道路。1952 年，毛泽东主席亲自签署命令，把当

[1] 大庆油田原局长助理、计划规划部主任。

时崔海天所在的第19军第57师正式改编为石油工程第一师，他随团转业到玉门油田，从此开始了他的石油生涯。他所在的二团转业后，负责搞基本建设。当时57师的三个团，一团负责搞钻井，三团专门搞运输。有“一团钻，二团建、三团开着车轮转”之说。从那时起，崔海天同志就全身心地投入到石油工程建设中来。1958年崔海天主持领导了中国第一条原油长输管道，即克拉玛依油田到独山子炼油厂的“克独管线”输油管道的施工。从新疆回玉门油田后，领导了玉门热电厂二期工程和综合机械厂的建设施工。由于长期组织油田建设施工工作，居无定所，餐无定时，早在施工“克独管线”期间，崔海天就得了胃病，他依仗自己年轻，没有在乎胃的毛病，他没有治疗，也没有丝毫影响工作。

1960年6月5日，崔海天率领玉门油矿油建公司三大队由玉门东站出发前往松辽石油勘探局。在北京换乘去黑龙江安达的车，夜间车停在沈阳，崔海天立刻想到了老家就在这里，出发时也曾打算下车在这里停一天去老家姚家庄看一下，当时上下车的人很多，他打消了这个念头。6月11日下午，他们到达萨尔图。萨尔图就是大庆油田所在地，当时为了保密，大庆对外称为“农垦总场”。玉门油建队伍在欧阳义的领导下已经在这里的文化村安营扎寨，这就是老油建指挥部，对外称“农垦四场”。到达这里后第一件事就是盖干打垒，准备队伍住的地方。崔海天的轰轰烈烈的大庆油田大会战生涯就这样开始了。

1960年7月1日，松辽石油勘探局油田建设指挥部宣布成立。由欧阳义任指挥，郭生吉、吴衍君、刘万宝、崔海天任副指挥。崔海天分工主管施工。

1960年8月，大庆会战领导小组认定，在中区以西开辟西区生产试验区。8月7日，原玉门油建公司二大队成建制调来大庆的队伍抵达萨尔图后就立即投入建设中四转油站的施工中，他们的任务是建设两座1000立方米的油罐和一座锅炉房。当时大庆油田正处于大会战的初期阶段，工期紧急，人员和工具都很缺乏，施工队伍全靠人拉肩扛把设备和器材运到工地。搬运制作油罐的钢板十分困难，每块钢板有500多千克重，五六个工人抬起一块钢板，一步一步往前挪，队长用歌声当号子，整个工地歌声嘹亮，干劲冲天，仅用3天时间就完成了运料的任务。后来在进行罐体焊接组装时，没有起重设备，钢板的对缝工作全靠人力。进行高空作业，既没有踏板，也没有脚手架，大家用吊绳捆住焊工，把人悬在空中，一级一级地往上焊。他们一天干活16小时，终于提前两天完成任务。崔海天在生产会上表扬了这种吃大苦耐大劳的拼命精神，这支初战告捷的队伍为新成立的油建指挥部树立了榜样。

大庆会战初期，由于工作量太大，有时图纸和材料供应不及时，形成了边设计边施工的局面，队伍管理机构刚成立，经验也不足。这一年崔海天作为副指挥组织的第一批较大的工程项目有中一注水站、北一区油气集输工程。当时中一注水站是老式柴油机拖动柱塞泵，这种柴油机不能长时间连续运行，导致中一注水站投产很不正常。北一区工程也发生了法兰垫子漏油导致一口油井失火和两个加热炉爆裂的事故。崔海天下决心认真总结这半年在大庆施工的经验和教训，他利用这年冬训的时间亲自为基层干部讲课，开办技术训练班，以主要精力抓了队伍的作风建设、技术建设和工程质量问题。

1961 年 3 月，全油田共有 8 项重点工程，油建指挥部承担了其中的 4 项。一是北一区的注水工程，工地主任是油建指挥部的副指挥兼总工程师张家骐；二是中区的维修工程和注水系统工程，由工程指挥部和油建指挥部共同施工，工地主任是崔海天；三是完善和改造中区油气集输系统工程，由油建指挥部和安装指挥部分别施工；四是西油库的输油干线工程。这四项任务下达后，崔海天立即组织由中队长、大队长、指挥部全体技术干部参加的设计交底会议，他要求参加这 4 项工程施工的全体人员必须详细了解设计意图和工程的核心技术内容，实行定任务、定工期、定质量、定材料的“四定”措施，工地主任全部进驻工地，指挥部机关人员按照分工全部到每个工号蹲点，每天开一次调度会，一天一次对施工及安保进行分析总结，及时表扬先进。宣传部门把施工中的好人好事编写成文艺节目巡回到各工地演出。崔海天要求做到“四到现场”：工程材料送到现场、技术服务到现场、思想工作到现场、后勤保证到现场。在崔海天领导下的油建指挥部的队伍，千方百计克服困难，全部按期按质完成了任务，特别是油建三大队在施工通往西油库的 14 英寸输油管道期间，坚持晴天大干，雨天苦干，实际用了 58 天，提前一个月完成任务。

1961 年，在崔海天的组织下，大庆油建的施工工作开展得很有起色，时任油建公司总工程师的张家骐蹲点指挥的北二注水站成为大庆油田施工的样板工程，北二注水站经验在全大庆得以全面推广，在年底全战区的总结大会上，油建公司得了一面“一级红旗”，崔海天代表油建公司表决心，会后总部招待红旗单位代表会餐时，陈李中、宋振明还特意给崔海天敬了一杯酒。

1962 年和 1963 年间，油建公司所承担的油田建设工作量越来越大，崔海天和油建机关人员全年住在工地。这期间油建指挥部完成了萨尔图油田中区、北一区、北二区、南一区油田建设任务，这里的每一座转油站、注水站、变电站都留下了崔海天的足迹。为了做到心中有数，他都要亲自沿着注水井排的注水干线走一趟，详细了解管线沿途情况，他特别关注经过水泡子的管线，对水泡子的淤泥、水深等情况都要搞清楚。油建指挥部年年超额完成任务，工程质量提高了，多次获得总部的表扬。

1964 年 1 月，崔海天被任命为大庆油建指挥部指挥。1964 年 5 月，大庆会战工委召开了“五级三结合”会战动员大会，提出了“项项工程质量全优、事事做到规格化、人人出手过得硬”三条要求，以及施工中的一切措施都要“有利于质量全优、有利于提高效率、有利于安全生产、有利于增产节约、有利于文明生产和文明施工”的五项原则。会后，崔海天在油建指挥部对于在今年开工的项目中全面贯彻三条要求和五项原则做了认真部署。从 5 月 18 日开始，他对北一区一排和二排的工地进行检查，逐一核实每个工程开工前的生产任务、图纸、施工措施、材料、劳动力组织、施工机具“六落实”的情况。为了全面提高队伍的素质，油建指挥部开展了“大比武、大练兵”活动，充分发挥老工人传帮带的作用，与青年工人结成师徒对子，一帮一，一对红。工地热火朝天，事事做到规格化，沙石成方、管线排列整齐、红旗招展，这年完成的北十站、北十一站成为样板站，做到了建设工程一个比一个快，一个比一个好，建设一个站提高一步。

在这一年的时间里，崔海天着力在工程预制化、装备化、机械化的三化施工法下工夫，组建了油建公司管道预制厂、金属预制厂、混凝土预制厂、机修厂，实现了油田野外施工的预制化、装备化、机械化的三化施工法。同时他领导技术人员组织研制挖沟犁，改变了油田管道施工工艺，实现管道施工一条龙，提高了管道施工效率。1966 年 5 月 3 日下午，周总理陪同阿尔巴尼亚部长会议主席穆罕默德 · 谢胡一行参观挖沟犁现场施工表演，时任大庆油田副指挥的崔海天在现场向周总理作了表演汇报。

1964 年 2 月 28 日下午，油田建设指挥部委员会书记郭生吉和指挥崔海天，深入到机厂工区铸工车间施工工地检查，发现十根十米长的钢筋混凝土预制大梁少数地方比规定的质量标准宽出五毫米。为在新的一年起好步，开好头，认真贯彻落实会战工委“三条要求”和“五项原则”，两人商量后立即通知所属八个大队的大队长、教导员、中队长、指导员，工程师、技术员和工人代表604人，在十根大梁现场，召开了现场会。崔海天首先作了自我检查，他说：“我是抓生产的，由于我要求不严，检查不及时而出现的低标准产品，这是我的责任。”接着机厂工区大队长、副大队长分别争抢着发言检讨。会后，崔海天、郭生吉亲自动手，把这多出的五毫米铲掉磨平。后来这一事件在中央人民广播电台和人民日报以《大庆精神大庆人》为题作了报道，在全大庆乃至全国引起了很大反响。这就是大庆油田的“五毫米见精神”的来历。

1964年12月6日，遵照石油工业部党组关于成立一支具有综合施工能力的油田建设队伍的指示，以适应大庆石油建设发展的需要，大庆将原有参加松辽石油勘探局大庆会战的基建队伍中的油建指挥部、工程指挥部、机电安装指挥部和油田设计研究院合并调整为油田建设指挥部。当时已经担任会战总部副指挥、生产办副主任的欧阳义兼任油建指挥部书记，赵海曙任指挥兼政治部主任，崔海天先后任第一副指挥、指挥，主抓油田建设施工与管理。几个单位合并后，最需要注意解决的是加强团结克服派性的问题。崔海天在各种会议上都强调这一问题。在工作安排上，他也很注重轻重缓急，有意为老油建安排一些难重工程，避免产生老油建“占便宜”的嫌疑。他主持日常生产工作，把讲团结、讲质量列为工作的重点，并十分强调技术革新，扩大“三化”施工的范围和数量。大庆的油田建设工作进入了快速和高质量阶段。

1965年2月22日，崔海天去北京参加全国石油系统厂矿长会议时，见到了伟大领袖毛主席。

1965年5月，石油工业部成立大庆会战工作委员会，同时成立大庆石油会战指挥部，崔海天同志被任命为大庆会战工委委员和会战指挥部副指挥，这时的崔海天年仅36岁，就成为一名副厅级干部了，他分工主管大庆油田建设管理工作。他到总部工作后，结合学习油建十一中队的经验，重点抓了工程质量问题，连续开了几个现场会议，对于不合格的项目坚决“推倒重来”，这种说到做到的作风，在施工单位起到了强大的威慑作用。

1965年，萨尔图油田进入了全面开发建设阶段，油建二大队承担了北三联的建设任务。为了落实“三条要求”和“五项原则”，崔海天对这个站的施工提出了更高的要求。二大队职工以更高的标准为目标，用一分为二的观点，开展群众性的大讨论，从总结以前同类型项目的工作入手，共总结出39条需要克服的问题和差距，找出31条继续坚持和发扬的经验，提出10项技术革新项目。他们把这些内容编辑成册，印发全大队人手一册，并绘制成图表，贴在工地上，让职工们一目了然，经常对照检查，自觉遵守。施工前，二大队组织岗位练兵，实施专业考核，取得上岗证才可以上岗。对所有设备器材一件一件进行检查，做到砂石成方、钢材成线、工具成排，每批材料设备都有标签牌，名称、规格、数量等，并都标示清楚，负责人定期清点，做到心中有数。施工过程中，把整个工程细分成若干个阶段，采用综合流水作业方式，每个工种，每个小的工程量都必须正点到达，按照质量标准逐项进行检查，完成一项，实施内部验收一项，再进行第二项，环环相扣，有张有弛，劳逸结合。不但工程质量和施工效率得到了很大的提高，而且，实现了文明、安全、有序施工。

1965年4月8日，会战指挥部在北三联工地召开现场会议，全面肯定和推广了北三联的先进经验。崔海天抓住这个有利的机会，将二大队的经验在全指挥部推广，要求今后所有工程项目都要像北三联那样，一律做到“项项工程质量全优”。5月份，十一中队施工的北二区一排油气技术和注水工程，所有管线容器试压一次合格，投产一次成功，综合效率提高32%，创出大庆会战以来的高水平。油建六大队和八大队联合施工南2-1联合站时，他们先后派人11次到北三联合站等工地学习，学到256条经验，找到自己队伍的300多条不足之处。由于参战的职工各个自觉从严，一丝不苟，1800多道工序全部做到一次成功，经过55天的奋战，完成了南2-1站的施工任务。经过生产、设计、施工单位三结合验收小组检查验收，78个单项工程全部达到工程质量全优，工期提前10天，成本降低50%，创造了联合站施工的新水平。1966年5月，油建二大队在北1-1联合站改扩建施工中，充分发挥技术人员的作用，对全站每一条地下原有的管线全部开挖调查，逐一与设计图纸核实，提出了许多合理意见，首次实施了新旧管线连头不停油、不停气、不停产的创举，试运投产一次成功，成为扩改建工程又快又好的样板站。

这一时期，油田建设工程认真贯彻“三条要求”和“五项原则”，崔海天对全油田的施工提出了更高的要求，为以后油田年产油量能上5000万吨打下了坚实的基础。

1965年10月1日国庆节，同时是新疆维吾尔自治区成立10周年纪念日，国家成立了以贺龙副总理为团长的中央代表团前往乌鲁木齐市祝贺。大庆成立了分团，大庆会战工委书记徐今强为团长，崔海天、李云（钻井指挥部指挥）为副团长，朱鼎科为秘书，大庆团由18人组成。9月30日晚大庆团到乌鲁木齐，10月1日参加了在乌鲁木齐市人民广场上举行的盛大庆祝活动。崔海天工作一向认真，对人对事要求严格。一路上崔海天天天讲的都是艰苦奋斗，勤俭节约。出发前代表团成员呙冬英买了双新皮鞋，想到了新疆以后换上。可是，她听到崔海天的要求后一直没敢拿出来穿这双新鞋，就放在背包里背着。共出访了三个多月，这双鞋就背了三个多月。代表团于年底返回大庆。

1965年和1966年间，会战工委提出大庆油田要向科学技术进军，开展“两高两发展”活动后，崔海天多次组织油建公司、油田设计院研究大力开展设计革新和增加油田施工作业的技术含量的问题，在基本建设战线掀起了向科学技术要成果的热潮，取得了很大成绩。1966年油田上的“三小井口”、“四合一装置”等革新项目就是在他倡导下产生的。

1966年4月，大庆油田成立了“矿区建设办公室”，职能相当于规划局、建设局、土地局等部门，由崔海天出任主任。崔海天开始考虑大庆的居民点规划问题。他提出：大庆市城市规划的两大问题必须认真解决，一是目前的居住区布局过于分散，二是现有居民点建在油田上导致市政建设和油田建设争地的矛盾越来越突出。然而，谋事在人成事在天，崔海天刚刚想着手解决这两大问题时，“文化大革命”来了，他的这一思路推迟了15个年头才得以正式实施。直至15年后的1981年，在大庆市规划局成立时，他才正式部署从编制城市总体规划入手，合理解决大庆居住区布局过于分散的问题。

崔海天自从1960年6月来到大庆参加石油大会战，直到1985年因病从大庆乙烯工程指挥的岗位退居二线以来，他在油田领导组织油田建设施工长达25个年头之久，其中他在曙光油田战斗了19个月。大庆萨尔图、喇嘛甸、杏树岗油田，北至采油六厂喇三联合站，南至采油五厂的杏13联合站，在南北长

100千米、东西宽30千米的土地上都留下了他的足迹。在我们国家，一个油田级别的领导人能够一直在一线指挥油田建设，包括崔海天在内，屈指可数。

两年半的牛棚生活

1966年12月，崔海天开始在矿建办接受批斗，后来又被油建指挥部拉到让胡路批斗。1967年初大庆油田实行军管，为了稳定油田生产，1967年4月军管会解放了崔海天，他成为大庆生产一线班子成员。此时的崔海天虽然没有挂个领导头衔，但他凭借自己多年的经验和领导实力，继续领导油田建设工作。1966年底，为了躲避红卫兵的干扰，崔海天和大庆会战工委领导搬到采油二部图强村办公，这里被称为"前线指挥部"。1967年8月19日，油建公司的造反派将崔海天从采油二部的前线揪到让胡路油建指挥部。崔海天被关进"牛棚"，受到了残酷的批斗。由于新的油建指挥部是原来油田的机电安装、工程、设计院、老油建指挥部四个单位合并在一起的新单位，合并初期难免有一些派系的隐患，造反派把崔海天当做闹派系的头子进行批斗，把他亲手树立的典型经验说成是他捞取政治资本的稻草，给他挂上"吹破天"和"西霸天"的黑牌子，游街示众，还把他当时学习苏联先进经验、搞"托拉斯"、建"后四厂"的功劳批判成是典型的走资本主义道路，在大庆大搞修正主义。因为"文化大革命"前在让胡路地区只有油建指挥部这一个大单位，而且在大庆这一特殊环境下，又是企业办社会，从吃喝拉撒睡等日常琐事，到生老病死等人生大事，都要负责。油建指挥部占据了让胡路区这一块地方，造反派楞是给崔海天扣上了"西霸天"的罪名，说他"霸道"惹不起。

崔海天在接受批斗期间，从不揭发别人的问题，他用了大量时间学习毛主席著作，写了很多心得笔记。后来他被安排到油建六大队劳动改造。在这里他遇到了马世坤这位基层造反派小头头，马世坤看到老领导一心为了油田开发建设呕心沥血，反而挨批斗，心里很不是滋味。马世坤也是部队转业到大庆参加会战的老同志，在当时的情况下，他白天跟着崔海天一起劳动，晚上他就给崔海天单独准备一点好菜好饭，缓解一下崔海天的压力。对这一切崔海天看得清清楚楚，也得到了安慰，崔海天在这里的处境毕竟好过一些。

1968年3月，大庆造反派忙于"大联合"，崔海天、赵海曙和张福禄三人住在油建招待所，干些扫马路、烧炉子等杂活，批判会少了，三个人在一起干活，也不寂寞。1970 年 2 月底，崔海天被宣布“解放”了，油建六大队给崔海天做了一份“正确对待群众、正确对待‘文化大革命’”的鉴定结论，他走出牛棚，来到大庆炼厂工地帮助工作。

崔海天在“牛棚”期间有一件事值得一提。1967 年 9 月 9 日，大庆炼厂加氢车间发生爆炸，造成 72 人死亡的重大事故。根据炼厂革委会的要求，经造反派同意，崔海天于 9 月 11 日至 9 月 20 日去龙凤炼油厂协助处理事故。崔海天施工经验丰富，到炼油厂后提出不少合理建议，对加快事故处理、尽快恢复生产起了很大作用。接下来，他又回到油建公司接受批判。

还有一件事。1977 年 4 月 1 日，正在辽宁曙光会战的崔海天奉命回到大庆，立即奔赴大庆杏南前线，组织会战，准备迎接华国锋同志的到来。4 月 16 日晚，华国锋同志到达大庆油田。这期间，崔海天共 4 次见到华国锋同志：17 日晚间华国锋同志观看大庆家属演出“初升的太阳”，19 日下午华国锋同志到工地视察，崔海天向华国锋同志汇报大庆杏南油田建设情况，19 日晚间华国锋同志和大庆 450 人合影，20 日“全国工业学大庆会议”开幕式。

通过这两件事说明，崔海天确实了不起，连当时无法无天的造反派也不得不同意他去炼厂处理事故。另外，当年崔海天既然在曙光会战，当然管不了大庆油田的事，可他却千里迢迢回到大庆，向前来大庆视察的华国锋同志作汇报。

炼厂建设和油田建设一起抓

1970 年 2 月，崔海天被分配到龙凤炼厂施工工地。他原来是一位领导干部，现在来到这里，没有人明确他的职务和责任。他天天在硝酸铵和合成氨工地了解情况，发现工地组织不力，缺乏综合平衡，窝工现象十分严重，他积极以口头和书面形式向有关领导反映情况。一年后的 1971 年 2 月，他被任命为炼油厂革委会第二主任，仍然负责施工管理工作。他上任后，硝酸铵和合成氨工程进展很快。1971 年 7 月，崔海天成为大庆革委会生产办副主任，同时仍然负责炼厂的施工管理工作，重点负责建设大丙烯腈和小丙烯腈工程，与此同时，崔海天还必须兼顾油田产能工程，以确保 1971 年的原油产量达到 2700 万吨。1973 年 8 月崔海天被任命为大庆革委会副主任，这一年他几乎全部住在前线组织生产工作。1972年到1974年，崔海天住在喇嘛甸前线指挥新油田建设大会战，到1975年8月底，在崔海天的具体指挥下，喇嘛甸油田基本建成了年产800万吨的新油田，同时，他开始组织30万吨合成氨的建设工作。

崔海天被平反之后，在1970年至1974年间，他东西兼顾，炼厂建设和油田建设一起抓，为大庆做了大量有成效的工作。如果用马不停蹄来形容崔海天的工作，那么，他的下一次大的战斗就是参加曙光大会战。

崔海天于1975年12月率领大庆油田万人队伍参加曙光油田会战，1977年7月，参加曙光会战队伍返回大庆。8月初，由于曙光地区洪水淹没油田，崔海天协助沈阳军区在曙光指挥防洪。1977年8月7日，崔海天结束了曙光油田会战，他又率领大庆队伍回到大庆。

大庆市城市建设的奠基人

1977年8月8日，崔海天回到大庆当天，大庆油田负责人李虞庚通知他分工管地面建设一路的工作。他开始对油田设计院和油建公司的情况进行详细了解，着手为每年一度的技术座谈会作准备。1978年4月以后，崔海天的主要精力放在30万吨乙烯的建设上。

崔海天一直关注大庆市的建设和发展问题。他利用1979年9月至 1981年9月这两年乙烯缓建的时间，从大庆长远建设的高度考虑，协助时任大庆市市长（兼任大庆石油管理局局长）王苏民同志开始着手进行市政建设，开始组建城市建设方面的机构和开展城市规划、建设和管理工作。在大庆“政企合一”时期的1980年4月至1983年12月，崔海天任大庆市副市长、大庆石油管理局副局长，同时兼任大庆市第一任建设委员会主任。1979年4月，大庆成立了矿区基本建设处，开始盖楼房。1980年，市政府成立了园林局和房产局，1981年成立规划局。这四个城市建设管理机构的成立，标志着大庆这座新兴的城市开始从矿区型居住建设向城市型建设转变的开始。大庆建设的这一转变对大庆来讲具有极其重大的意义，崔海天高瞻远瞩，揭开了这座油田矿区进行市政建设的序幕，吹响了建设美丽大庆油田的进军号角。大庆油田和大庆市有今天这样令人瞩目的美好形象，崔海天的宏大功绩永远被人们称颂。

青松挺且直

自1981年9月国家批准大庆乙烯恢复建设直到1985年8月基本建成一期工程时为止，崔海天发挥了他高超的指挥才能，历尽千辛万苦，费尽心血，为国家、为人民立下了不朽的功勋。1986年6月，大庆乙烯第一期工程实现了“86.6”建成投产的预期计划。可是就在乙烯投产之前的1985年8月，他突然患病，经北京友谊医院紧急抢救，生命得以挽救，却落下腿残的后遗症。自1985年8月以后，他一直和病魔做斗争。正是崔海天战胜病魔的经历，让人对他肃然起敬。他用自己刚强的意志、坚定的毅力与死神抗争，经历了从倒下去又重新站起来的艰辛。崔海天艰难前进的每一步，都承受着常人难以想象的痛苦。在病床上，他仍然孜孜不倦地学习。这种精神，以及对大庆的建设和发展的思念，成为大庆油田后来建设者的楷模。

1989年，60岁的崔海天从工作岗位退休了。这是他的正式退休，他完全可以选择在家休闲安度晚年。这时他腿部有病，行走困难。但坚强的革命意志和强烈的为人民做事的责任心，促使他选择了继续奋斗的道路。他与老战友王锡清、李景荣等人一起，在大庆石化总厂办起了老年服务公司。这老年服务公司还真是了得，当年办当年赢利，还被黑龙江省评为先进单位。崔海天办老年服务公司的目的不是为了个人或小团体多得到一些收入，他把老年服务公司的利润作为生活补助发给了石化总厂全体退离休人员。1999年，年满70周岁的崔海天第二次退休了，他比常人多工作了10个年头。

宝贵的精神财富

长期以来，崔海天领导的油田建设队伍从小到大，施工速度逐年提高，工程质量年年进步，他为油田创造了无数物质财富，更可贵的是，他为大庆人留下的精神财富永远激励着这一代人和下几代人。

他是“工作狂”，心里装的全是工作

自从玉门油田开始，崔海天就是一位“工作狂”。在他的作息时间里没有休息时间，一天从早到晚工作安排满满的。给他开车的司机也时不时地向办公室主任提出“申请”：给崔海天配一台破车，我可以借修车的时间让他喘口气。

他更没有干家务活的安排。自1957年他和韩德莲结婚到1968年的11年中，他的家搬了12次，他却一次也没有参加过搬家的事。韩德莲说：“也真是怪事，一到搬家他总是有事，开会，现场，设计院，投产，接待客人，反正总有干不完的事，干工作有时间，搬家就是没时间。别人家每逢周末夫妻双双领着孩子去商店公园，我们家没有这种情况，习惯了。”

自1960年来到大庆以后，由于工作紧张，现场吃住条件较差，崔海天天天在工地转悠，他的胃病多次复发，每次发病，他咬牙坚持，别人也不易发现。可是欧阳义指挥对他太了解了，劝他进医院，他不去，欧阳义就下命令，必须放下工作，立即去医院。1961年1月和1961年10月，崔海天先后到哈市住院治胃病，后来崔海天又于1961年12月初至1962年5月末到北戴河住院疗养。住院的时间虽然干不成活了，但他的大脑里还是考虑着工作，他用大部分时间思考今后施工工作的改革问题。他每周给欧阳义或其他领导写一封信，一是对工作安排提出他的建议，二是汇报自己的病情。他还经常给大队长们写信，十分具体地提出工作思路。

他在治病和疗养期间通读了《毛泽东选集》第四卷，读完了艾思奇的《哲学原理》。他说领导干部要坚持学习《毛泽东选集》和哲学书籍，很有用。他经过思考写完《1960年施工总结和今后的施工规划》大纲。他在大纲中提出，今后的工作应在健全指挥系统、细化计划两个方面加大力度。必须健全班组、小队、中队、大队各级的统计机构和人员；加强施工的技术指导工作，开工前，所有作业人员必须完全明了图纸内容和设计意图；建立“三配一调”制度，把材料、运输、调度有机结合在一起。他第一次提出：工程施工的基础是班组，不但要做到年月日有计划，而且，每班组也必须有计划，班组每个小时也应该有计划；还有，今后油田的建设必须走“预制化、装配化、机械化”的“三化”施工道路。他的这些思路，后来在大庆油田、曙光油田和大庆的乙烯工地用上了，收到了很好的效果。

崔海天要求机关工作人员脑海里要装满活。有一次他领着十位机关人员到工地转了一圈，回到办公室立即开会，他问大家：“你们谈谈今天检查工地的体会。”这一问，大多数人答不出来，因为出发前他并没有交代今天下工地的具体任务，大家以为只是陪领导检查工作，没有考虑更多的事。有几位同志在检查工地时没有注意观察，没有发现什么问题，当然也说不出来什么体会。他十分严厉地批评了这几位人员，他说:“什么叫‘机关’？‘机关’就是搂火的，你一搂，子弹就射出去了，你连目标都没找准，你的子弹往哪里射？”崔海天这里说的“目标”就是工地存在的问题，他要求机关工作人员时时刻刻做到心里有活，才能有的放矢，才能有效地解决问题。

建设“后四厂”，打造专业施工队伍

大庆油田的基本建设是一个庞大的系统工程。在20世纪60年代初期，大庆油田建设经历了从无到有、从无序到有序，从低速发展到高速发展的过程。正是在这段时间，崔海天成为油田基本建设系统的主要领导者之一。

崔海天同志自接任欧阳义同志任油建指挥部指挥以后，针对当时松辽石油勘探局组织石油大会战的具体情况，就一直在认真构想如何建设好油田建设指挥部这支队伍，完成油田建设施工这项艰巨而又复杂的任务问题。他根据自身的经历，把大庆的油田建设施工分成了三个阶段：

第一阶段是会战初期的现场施工阶段，1960年4月到1962年底。这一时段大庆的条件是异常艰苦的。当时的自然条件是头顶蓝天、脚踏荒原，经济条件是国家处在最困难的时期。会战队伍处于一是吃不饱，二是穿不暖的困难状况，粮食定量是“五两保三餐”。住的是帐篷、地窨子。当时的自然条件也是极其恶劣，夏季阴雨连绵，蚊虫叮咬；冬季冰天雪地，寒冷异常。施工的条件就更是十分艰苦，只有用人拉肩扛的办法，把需要的器材设备一点一点、一件一件地运到施工现场。当时的施工效率是非常低的，一个施工小队，四五十号人，搞一套油井装置施工，至少要干上10天或半月以上才能完工。井口房是用红砖大泥砌起来的，防腐管道是现场用热沥青浇、用玻璃布缠。当时的艰难情景至今难以忘怀。当时的施工技术落后，一个人背上几块红砖到现场进行钢管除锈。油田建设施工就是在“有条件要上，没有条件创造条件也要上”的情况下进行的。井口工艺都是现场配置，井场用的分离器、水套炉是工人师傅用大锤刨制出来的。在没有后勤保证、没有生活基地、肚子吃不饱的情况下，职工们奋战在草原上，大家有着一个共同的信念，就是为了甩掉我国石油落后的帽子而奋斗。

第二阶段是油田建设施工的前队后厂阶段，1963年4月到1964年这一时段。

首先是油建一大队开始行动的。1963年的春天，在一无图纸、二无资料的情况下，油建指挥部决定将全指挥部的30多名技术干部和工程师集中到中七路口一大队的一个安装中队，晚上搞方案，白天搞实验，集中精力攻难关，研究怎样实现管道的现场施工转到基地用机械的方法施工，实现从除锈到防腐缠玻璃布浇沥青的螺旋推进。当时的方案是：根据不同的管线，调整到一个最佳状态旋转的角度和速度，使其达到从除锈到防腐缠玻璃布浇沥青的目的。这就是油建公司管道防腐开始的雏形，同时在中七路口盖起了管道绝缘厂的厂房，只用了45天的时间，就生产出合格的管道。后来经过不断的改进和完善，直到迁到让胡路正式成立防腐管道厂。

油建二大队在施工总机厂铸工车间和工具车间时，就有了现场生产混凝土构件的经验。崔海天看到条件已经成熟，就把混凝土构件厂直接交给了二大队负责筹建。

金属结构厂最早是油建三大队李德武队长主动提出来的。李队长是铆工出身、石油师转业的老战士，是崔海天最信得过的大队领导之一。因为前面一队、二队都有了经验，李队长便在小金属厂的基础上发展扩大，建成了一座金属结构厂。很快油建指挥部前队后厂的建设就初具规模了。

当时在文化村的油建指挥部附近，有个机械供应站，也算是油建施工的保障单位，这里有一些简单的加工机械，可以加工一些油田建设上用的法兰、螺丝和机械零件。在站长张慧悟的组织领导下，利用一些废旧器材，组装了一台“四不像”，称麋鹿式机动车，可以拉人送货上工地，跑施工现场。这在当时是一件很了不起的稀罕事。在当时会战的年代，后来的工程车、送餐车、野营房都是出自机修厂之手。而它的前身正是油建指挥部机械供应站。在整个第二阶段，前线施工队可以说得到了很好的补充，施工大队在前面现场施工，而后面有了一定的加工预制能力，各队之间还可以互相调剂，互通有无。

第三阶段是“三化”施工阶段。从1964年开始，崔海天认真分析了整个第二阶段大好的发展势头，根据会战指挥部开展“两高两发展”的总体要求，立即提出油田开发建设要实现高速度、高水平的新目标，要发展新工艺、发展新技术，及时组建了油田建设施工的“后四厂”，即土木预制厂、管道防腐厂、金属结构厂和机械修理厂，为油田建设施工转入工厂预制化，机械化施工、组装化配套的“三化”施工阶段奠定了基础。这是油田建设施工史上的工厂化的重大决策。在工厂化的基础上，不断扩大加工产品的规格品种和数量，改进加工工艺，使产品品种和质量逐年扩大和提高。到后来，不仅油田施工自用有余，还供应省内及其他油田使用。

油田建设施工走上工厂化生产的路子，在大庆油田建设史上起到了至关重要的作用。大庆地处高寒地带，施工期短，一年有半年的采暖期，最好的施工季节从每年的 3 月 20 日鸣炮开工，到 11 月 15 日上大冻，掐指算来，只有不到 8 个月的好时间。有了工厂化的生产，组装预制就基本做到了一年四季都可以施工了。崔海天在从现场施工，前队后厂到“三化”施工的全过程中，充分发挥了他的卓越的组织领导能力，展现了他对油田施工建设的智慧和才能。特别是这第三阶段，油田建设施工从现场跨越到了标准化设计、工厂化制造、组装化配套、机械化专业化施工，整个过程倾注了崔海天对油田建设施工的心血。

崔海天深知在大庆搞施工建设的艰辛，他说，我们搞油田建设，不能搞半拉子工程，不能搞“主体工程半月完，收尾工程要半年”、“厂房盖上盖，就喊完一半”，那样做不行。在工厂化生产的过程中，尽量搞配套和完善，人讲穿衣戴帽，设备制造也一样，一定要完善配套，尽量减少前线的工作量，因为在工厂里搞生产，要比现场施工方便得多，一定要把困难留在厂里来克服，才能让施工前线省力、省时、放心。同时又促进了工厂化的完善。如管道防腐厂、金属结构厂、土木预制厂等后方生产单位将金属组件、管道防腐组件、混凝土构件预制好并负责送货服务到现场，不但大大加快了施工进度，而且工程质量也得到了切实的保证。

由于“后四厂”的完善配套生产，崔海天对前线施工大队也及时进行了调整和改造，逐步向着专业化施工方向迈进。

油建一大队以管道现场施工为主，凡是出转油站的油气水管道，包括绝缘管道、保温管道一直到储油库和油库的外输管道，都是一大队负责施工。

油建二大队是以转油站、联合站、油库施工为主，所有站内界限的工程，包括土建安装、工艺技术设备、保温、绝缘、装修等，全部工程都由二大队来完成，而且油建二大队的综合施工能力最强，最善于打阵地战。大庆油田从南到北所有的联合站、转油站，绝大部分都是油建二大队负责施工的。仅1966年一年，就拿下四座联合站，包括南四联样板站，北三联，南五联，创造了“七上八下”的业绩，半个月拿下联合站的主体工程，一直到杏一联，做到灯亮马达转，工完料净场地清，就等原油流进站的佳绩。

油建三大队主攻井口、井排计量站的施工，而且三大队面临的正是点多、面广、战线长，通俗讲就是麻雀虽小，五脏俱全，正经在工地干活的时间并不长，关键要做好充分的准备，小到一枚螺栓、一个垫片都不能多，也不能少，都要带齐带全，少跑冤枉路，提高工效。油建指挥部三大队的十一中队，于1965年6月15日被会战工委命名为“自觉从严，好字当头”的施工队，并做出“向十一中队学习”的决定。十一中队能够班班独立作业，以工人阶级主人翁的态度对待工程质量，做到了项项工程质量全优，分散施工，队伍作风、工程质量双过硬，做什么事情都能使人放心、信得过。十一中队这种“自觉从严，好字当头”的精神，在当时对于高水平、高速度建设大庆油田，具有十分重大的现实意义。

油建四大队是土方机械化施工大队，当时的情况是，土方工程量最大、最耗费劳动力。在会战初期，“铁锹、洋镐干活最好，锹不离手，人人一把”，经常组织职工搞挖土方、填土方大会战，已经成了家常便饭。油建四大队的土方机械化施工，不仅大大地提高了施工效率，更重要的是把劳动生产力从笨重的体力劳动中解放了出来。土方机械化是崔海天着力培养发展的一支专业化的施工队伍，为了实现土方机械化一条龙，他费尽了心思，调集力量搞科研攻关，实现配套完善土方机械化。实现机械挖土方和回填土方，首先需要大马力的牵引设备。在当时困难的情况下，要想搞到大型设备，是最困难的事。据说他亲自出马，利用“工业学大庆”的大好形势，通过老领导季铁中、王新坡与沈阳军区的老关系，要来退役的坦克车作为牵引设备，还专门派杜春斌经理到河北宣化工程机械厂订购红旗100推土机。在解决了主要施工机械的前提下，大搞技术革新，研制出开沟犁、斜板推土机、整方机等。这样在开挖管沟土方上就有了单斗、轮斗开沟犁和牵引设备等一系列土方机械，回填土方有铲运机、推土机、斜板推土机、整方机等，基本实现了土方施工机械化一条龙，大大提高了机械化施工水平。

在崔海天的直接领导下，大庆油田造就了一支特别能战斗的油田建设专业化施工队伍。这支队伍会施工、善管理、信誉高。正是：“仰昨天辉煌催人奋进，迎今朝挑战任重道远”。大庆油建队伍，永葆创业豪情，勇做创业先锋。

整个油田建设施工队伍在崔海天的带领下，一年上一个台阶，体现了“油建工人力量大，天大困难也不怕”、“困难面前有我们，我们面前无困难”的豪迈情怀。他带领的队伍敢于负责，善于负责，他和张家骐创造了“刻字留名，做经典工程”的北二注水站。总机厂的“五毫米见精神”，油建十一中队的“能集中、能分散、能猛攻、能巧干、拖不垮、打不烂”、“好字当头，自觉从严”的作风，都是那个年代创造出来的优秀典型。

呕心沥血，精心管理油田建设施工

崔海天认为，好队伍不一定就能干出好活，这里起重要作用的是管理。他下决心从各个方面管好队伍。

随着油田建设施工队伍的调整改造，“三化”施工的不断发展，专业化和集团化的逐渐推进，油田施工的管理工作就显得十分突出和重要。伴随着大庆油田开发建设的高速发展，石油大会战结成的丰收成果令人高兴和欣慰。但负面影响也出现了。俗话说“萝卜快了不洗泥”。只重速度，不重视质量的现象也时时提醒崔海天：只有加强管理，才能树立油田建设“百年大计质量第一”的观念。

他教育基层干部，要充分认识油田建设施工特点，最大限度地发挥施工队伍的潜能，加强管理，集中优势兵力打歼灭战，一个一个的完成任务。他教导基层干部，对于多项工作要进行工程排队，保重点、把有限的人力、物力、财力集中用到重点工程建设项目上，有所舍，才能有所取。

大庆油田建设施工的特点是点多、面广、战线长。为了不断提高施工水平，崔海天领导油田施工队伍利用冬训时间，通过办学习班不断总结经验。崔海天经常讲，搞施工要全面考虑到各种因素，队伍的组织大有学问，不同的工程有不同的特点，领导者要依据不同的特点正确采取措施才能搞好施工。根据自己的经验，他总结出油田工程有六大特点：

一是由于点多，站点分散，容易导致下工地跑路的时间长，劳动效率不高。所以必须对施工队伍提出严格要求：充分准备，干保险活，速战速决，不留尾巴，一次成功。

二是工艺流程长，容量大，罐、管、泵、阀繁杂的工艺流程，要求队伍必须有各行各业的能工巧匠，精雕细刻，严密组织，精心施工，完成每一项工程建设任务。

三是输送的介质是油、气、水、电等，均属于高温高压易燃易爆、高腐蚀、易污染的物品，要求安全度高，不能有丝毫的马虎、凑合思想。一旦发生爆炸、着火，造成站毁人亡，血的教训给油田建设者提出了更高的要求，“安全第一”尤为重要。

四是油气生产加工工艺技术过程控制要求高。因为国家对每项合格的油、气、水、电、轻烃等产品都有着严格的质量要求和规定，所以对其加工工艺过程的严格控制，特别是在线检测包括压力、温度、流量、界面等的控制要求极其严格，在整个工艺技术过程中的自动监测与控制以及远程传输要求都特别精细。

五是由于为了提高油田的开发效果和采收率，采油工艺技术不断深化，而且油气资源的复杂多变，给油田基本建设施工提出了新的施工技术要求。施工单位要努力学习新技术，处处考虑节约投资，要取得较好的经济效益。

六是由于油气资源向着深加工、多产品、综合利用方面发展，所以有新产品就有新的工艺技术和新的加工生产装置，就有新的工程建设项目相伴而生。因此要求油田基本建设施工也必须伴随着产品的更新换代而日新月异，要及时采取新的施工组织方式以适应工程新工艺的变化。要学习新知识，要适应油田基本建设的新变化。

在当年，崔海天大力贯彻油田会战工委提出的“三个面向，五到现场”的指示。他始终要求各级领导统一指挥，不准“马达倒转”。三个面向是“面向生产，面向基层，面向群众”，领导亲临现场指挥生产，机关面向基层服好务，保障了群众的生产。五到现场是指：生产指挥到现场，政治思想工作到现场，科研设计到现场，材料供应到现场，生活服务到现场。

针对油田基本建设施工属于多工种联合作战的特点，崔海天根据会战工委的指示，要求所有较大的工程必须成立工程前线指挥部，把问题解决在生产第一线。而且施工现场的情况又是千变万化，实行生产建设以调度为中心，实行一捆一口一个漏斗，避免了多头指挥，荷叶包钉子，各个出头打乱仗。所有的任务和工作统一由调度口发出指令，各方面必须按时、按量、按质完成任务。

1973年，在国民经济走向崩溃的边缘，大庆油田为支撑共和国的经济发展，决定加快喇嘛甸油田开发建设的步伐。为更好地实行对喇嘛甸油田会战的统一指挥、统一领导，保证建成年产800万吨原油的生产能力，大庆决定组织喇嘛甸油田会战指挥部，大庆党委常委李玉生任政委，革委会副主任张鸿飞任指挥，革委会副主任崔海天任第一副指挥，主持日常的一线工作。包括有钻井、采油、油建、气建、物资、运输、水、电、通讯、研究设计院、总部机关等各路人马，正是一声令下，吃住在现场，工作在第一线。崔海天在前线指挥所坐阵指挥，善于“快刀斩乱麻”，生产会、碰头会、协调会、例会，多由他主持召开。他充分发挥自己的聪明才智，按照上级领导的统一部署，行动有条不紊。油建指挥部一名综合调度员要每天完成一份日工作报表，一周完成一份工作简报，一月完成一份月度计划和工作总结。这份日报表内容极为全面，包括工程项目的形象进度，施工队伍劳动力部署情况，设备器材到货进场情况，存在的主要矛盾和问题等，把整个施工现场会战的情况及时报告给总部，并负责召开每天的调度电话会议，收集情况，传达领导指示，还要参加前线召开的办公会议，并负责编写会议记录。除这些日常工作外，还要有重点的跑施工现场，调查核实工程施工的具体情况，真是干在一线，吃住在一线，给领导当好参谋。作为一名机关工作人员，既能文又能武，连踢带打，当好领导的助手，做到情况明、信息准、工作细、行动快，工作做到日清月结，不留尾巴，不留后患，在油田建设施工中，发挥着重要作用。

崔海天善于根据施工各阶段的特点及时给队伍提出不同的要求，以确保工程的进度和质量。

第一阶段即前期阶段，包括工程设计交底，了解设计内容和意图，搞预算，根据工程量制定工程建设计划。崔海天十分重视设计交底会议，较大型工程设计的交底会议他都亲自参加，他要求大队长必须参加设计交底会议，他还经常考问我们大队干部某工程的设计内容，如果答不上来，一顿批评是少不了的。

第二阶段是开工以后的施工全过程。崔海天重点检查工程质量、进度、隐蔽工程，特别是对那些带有倾向性的问题，他经常开会进行有重点的分析和评价。大庆油田的施工管理面临着规模大、工艺技术复杂，而且受高寒地区条件的限制，必须提前抓早，而且往往一项大型重点工程给施工企业留的作业时间是有限的，经常是“两头卡死，后门关上”，很少留有余地。在崔海天的领导下，经过长年施工的摸索总结，形成了一整套施工初期抓动员，讲清工程的性质、目标、难点和要求，让施工单位做到心中有数，中间进行检查讲评，到年末进行总结表彰的管理办法。工地的回访工作由管理部门牵头组织各施工单位负责人、技术专家、老工人，生产、设计、供应物资等单位的代表参加，对施工现场进行实地走访，就工程质量、队伍素质、技术水平、规章制度标准等贯彻执行情况进行分析评估，通过检查总结、评比，起到了加油站的作用。大庆的这套做法，对全国各油田建设施工都有着积极的推动和带头作用。

第三阶段是工程竣工投产验收及交接工作阶段，组织审查工程的概算、预算、决算，对施工企业进行资质审查与申报，评选优质工程等工作。

崔海天善于总结经验，善于从小事中抓出“大经验”，在这方面给各级领导作出了榜样。他常说，领导的作用之一就是努力把坏事变成好事。例如，20世纪60年代的“五毫米见精神”，北二注水站的“刻字留名”，“好字当头，自觉从严”的作风以及“宁要一个过得硬，不要九十九个过得去”的高标准严要求等等，都对以后的建设管理起到了重要的作用。

油田基本建设施工从年初一直忙到年尾，一年四季忙在大庆这片高寒的土地上。崔海天经常提醒各级施工负责人，要因势利导，掌握气候变化规律，什么事情都要从正反两个方面去考虑。比如说，冻土难挖，费工费时效率低，但是它也有另一面的好处：挖冻土不塌方，这就是有利的一面。大庆低洼地多、水泡子多，冬季打井施工，人员和设备都能上得去。大庆的水泡子井都是冬季施工建设的。大庆有年初元旦就有“零点起步”的习惯做法，每年3月20日是鸣炮开工的好日子。冬季时间长，崔海天最善于利用冬闲时间搞队伍培训、技术练兵，提前做好施工前的准备工作，搞好加工预制配套工作，这样就延长了有效施工作业时间。到了夏秋施工大好季节，还要抢晴天、战雨天，真是一刻不敢怠慢。当时产油量是硬指标，产能建设是保证，所以每年必须在上大冻前，即 11 月 15 日以前，把所有的户外施工作业全部干净利索的干完，而且一般在国庆节前搞完大量的施工任务，节后搞竣工收尾投产，年底进行总结冬训，为明年施工做好各种准备工作。

坚持“百年大计，质量第一”的原则

工程质量是油田建设施工的永恒主题，也是油田建设施工的生命线。经过大庆油田开发建设的实践，牢固树立为油田负责一辈子的思想，已经在广大油田建设职工内心里打下了深深的烙印。

1961 年，有一个标杆钻井队打了一口井，井的斜度超过了标准。4 月 19 日，全油田召开千人干部大会，提出了“质量不合格就坚决推倒重来”的口号和标准，当场下令把这口井填掉。与会全体领导干部和工人一道含泪填埋了这口井。这件事被称为“4.19”事件，对会战职工震动很大。

“4.19”大会后，会战指挥部副指挥宋振明和油建指挥部副指挥崔海天带队到各工地进行质量检查，发现了许多不按质量标准和违反操作规程办事而形成的低质量问题。崔海天把土建工程出现的问题编成顺口溜：“里倒外斜拄拐棍，披头散发流眼泪，狮子大咧嘴，护坡倒流水。”这一顺口溜很快传遍了全油田。油建三大队十一中队在西三转油站施工时出现两起质量问题，一是把大罐做扁了，二是大罐的梯子焊歪了。崔海天不放过任何质量问题，他和队长李德武研究后决定：把不合格的梯子割下来，由李德武背着梯子到油建各大队去现身说法，讲了三句话，“这个梯子是我焊，里倒外斜不好看，今后决不这样干”。

在宋振明的指导下，崔海天和油建指挥部党委一班人到油建三大队十一中队蹲点调查，利用 7 天时间讨论这次质量事故产生的原因和今后保证质量的措施。通过认真地讨论，十一中队党支部得出的结论是：工程的质量问题，实质是思想问题、管理问题、制度问题。为了全面提高工程质量，必须正确处理好三个关系：一是处理好抓生产和抓思想的关系，必须做到抓生产从思想入手，抓思想从生产出发；二是处理好抓工程质量和抓工程进度的关系，做到始终坚持好字当头，决不能因为时间紧、任务重、条件差就丢了质量；三是处理好一般工作和基础工作的关系，质量问题是工程的生命线，质量不合格就等于工程失掉生命一样，不能正常发挥作用，这项工程就没有存在的意义。因此必须牢固树立质量意识，扎实做好影响质量工作的各项基础工作，加强班组建设，加强党支部的各项基础工作的建设，只有基层工作基础扎扎实实，质量才有保证。经过这次质量问题的讨论，干部和工人对质量的认识有了质的飞跃，他们在以后的施工中认真处理生产和思想、质量和进度、一般工作和基础工作的关系，从图纸交底、材料设备检验、现场技术保证、后勤保证、思想工作到工地等方面都做得非常细致，在油建指挥部总工程师、工地主任张家骐的努力下，北二注水站成为大庆的施工样板站。

崔海天在抓工程质量上积累了成套成熟的经验，他特别注意总结正反两个方面的经验和教训，这些经验至今广大职工依然耳熟能详，念念不忘，已经成为广大职工的自觉行动。崔海天针对全指挥部的工程质量问题，严肃认真地总结了经验和教训，他为工程质量问题概括有五大罪状：首先是造成返工，其次是拖延了工期，浪费了材料，给生产单位造成长期隐患，挫伤了群众的积极性。崔海天对质量的严肃态度至今在确保工程质量上发挥着不可或缺的作用。他还多次强调，搞工程建设一定要按照标准和程序去完成，不能违反客观规律，俗话说“再好的刀伤药，不如不割口子”。修修补补的返工活，谁也不愿意干，也是很难干好，质量就是命令。

记得那是 1962 年冬天，单位已经打扫卫生，准备干干净净过春节了，油建指挥部调度室接到了总部总调度的命令，说采油厂西三排五号配水间阀门池漏水，必须处理好。当时的要求很具体，一是不能漏水，二是不能让问题过年。五号配水间是油建二大队二中队一小队施工的，投产时就有些渗漏，曾经处理过，但没有彻底处理好。这下麻烦了，当时二大队调度闫希儒接了电话就向大队长刘德民做了汇报。刘队长当机立断，通知二中队蔡保安队长组织精兵强将，让调度室安排值班车，连夜处理，处理完逐级汇报。当时，队里只有几个人了，就是在这种情况下，调度立即把管工吕学成、程忠厚、沈延成、焊工韩阿跃、电焊工刘生元、蔺尚如等老师傅找来，带上工具和材料，赶到了施工现场，刨冻土，把管线割开又重新焊上，在高压法兰的密封钢圈上抹上黄油，紧好法兰，重新把管线焊好并做好绝缘。这次彻底干了保险活。回来时，已经是半夜三更，过年的鞭炮声祝贺着这次处理质量事故的胜利。就这一件事，在第二年的春天整风学习会上，二大队和整个油建都受到了震动。

工程质量和队伍作风紧密相连。搞油田基本建设，抓工程质量离不开培养队伍的好作风。这两项工作是基本建设战线最为重要的两件大事。崔海天指挥在抓队伍作风和工程质量上始终坚持领导抓、抓领导，头头抓、抓头头，反复抓、抓反复，而且要从大处着眼、小处细节上抓起的做法。从表面上看是个工程质量问题，但从实质内含上看，认真分析起来，却是队伍的作风问题。当你走进施工现场，映入眼帘给你的第一印象，看到工人师傅干活很有章法，工地清洁整齐，主体交叉作业，忙而不乱，紧张而有序，严格按照施工组织设计运行，先地下，后地上，先预制，后组装，实行标准化操作，规格化管理。在工地上做到了六头归堆（木头、砖头、石头、钢筋头、管子头、焊条头），四底常清（石头底、沙子底、灰底、砼底），很少有建筑垃圾堆在工地上，处处给人以面貌一新的感觉。每项工程都能做到“自己满意，领导满意，生产单位满意”的三满意工程。

历尽艰辛，大力恢复“文化大革命”前的好制度

大庆油田开发建设工作真正遭到破坏比较严重的是 1968 年到 1973 年这 5 年时间，队伍受到了严重的冲击和“文化大革命”的干扰及破坏，在油田基本建设施工上严重走了下坡路。有几件事让崔海天看在眼里痛在心上。这其中有南三油库和南二区施工的两件事。

当时油建指挥部安排二大队和三大队两支队伍分别施工一座 5000 立方米非金属油罐。在当时的情况下，两个大队采用的是不同的施工方法，二大队是把三台砼搅拌机组合在一起，用的是分头上料，统一出砼。由于设备陈旧，总是打打停停，而三大队用的是人海战术，遍地开花，结果是二大队输给了三大队，留下的后话是“革命化打败了机械化”的典故。

另一次在开发南二区时，总部把南二 –4 和南二 –6 两座转油站系统工程分别交给采油厂工程大队和油建指挥部两个单位来施工完成。当时油建指挥部正在闹派系。而采油厂工程大队是一直为采油厂维修服务，而且有着较强烈的施工欲望，不满足在采油厂内部干修修补补的工作。结果承担南二 –4 施工任务的采油厂工程大队战胜了油建指挥部施工的南二 –6 转油站系统工程，创造了“游击队”打败了“野战军”的奇迹。

这两件事的结论是不该发生的事发生了，对崔海天和油建指挥部的震动很大，也给人们留下了深刻的印象。崔海天经过调查认为，油建二大队的混凝土施工方法先进，思路清晰，但却因设备太旧而打了败仗，说明这支队伍丢掉了过去定时定点维修设备的好做法，丢掉了岗位责任制，设备只用不修，表面败在设备上，实质是败在人上。油建队伍在南二－6转油站的败仗，是典型的队伍作风拖拖拉拉所致。他认为，问题在人。必须在做人的工作上下工夫，在恢复大庆过去的好制度好作风上下大力气，下大工夫。他告诫，作为油田建设施工的组织和领导者，一定要透过现象看本质，认真总结经验和教训，宝贵的革命精神是需要的，但从长远的角度讲，施工机械化减轻了体力劳动是必然的发展趋势。由于当时的历史条件所限，设备陈旧老化，在运转过程中一直在出毛病，处在停停打打的情况下。绝不能因为设备陈旧就不搞机械化施工了。这样就进一步激励了人们奋发进取的决心，还是这支队伍，后来革新了砼搅拌施工机械化，制造了一台能连续生产砼的搅拌设备，在大庆中三路第一条砼硬路面的施工中发挥了重要作用。当时的井下压裂车队多是重型车辆，经常在这条路上通过。由于路的质量高，这条路运行了30年，在大庆道路建设史上实为少见。正是这支正规军，并没有因为打了败仗而停止不前，他们在总结工程建设施工经验教训的基础上，发展完善了一整套现场施工的文化和完整的规章制度。

天有不测风云。1968年8月，采油三厂的北三联地下站因采油工违反操作规程，用天然气扫管线，发生了爆炸。值得庆幸的是没有人员死亡。而1972年北二地下站爆炸，性质就严重了，当时是一片火海，而且还死了人。1972年油建指挥部在组织建设的采油二厂莎西过渡带时，由于工作量大，担心完不成任务，就把油建指挥部后方的队伍也拉到前线，承担二号转油站的施工任务。机修厂干主体安装工程，把土建工程分包出去，结果分包的土建工程出现了严重的质量问题。崔海天那时刚“解放”不久，还没有完全分管这路工作，但他看了工程的现场以后，形象地总结为“地平像锅底，护坡侧流水，墙面贴膏药，阀池大咧嘴”。无独有偶，等到了南六站，他看到庆建公司施工的地下储油罐，由于急于赶进度，出现了严重的质量问题，他形象地表述为“披头散发流眼泪，七扭八歪拄拐棍”。施工发生严重问题以后，施工单位除组织职工开现场会教育大家外，油田总部还采取了经济手段，不予结算，并扣留5%的工程尾款，待到第二年春暖花开，工程达到验收标准后才把剩余的5%工程款拨付给施工单位。当时崔海天认为，关键问题是要下大力恢复大庆的优良传统，要治本，要执行行之有效的制度。

从1973年5月到1975年8月，他亲历了喇嘛甸油田开发建设施工的全过程。就是在这段时间的头一两个月内，他每天早晨起得都很早，深入施工现场，亲自来到油建指挥部的工地。他看到工地上早早就把红旗插上了，广播喇叭打开了，可就没看见工人干活。他总结说："只见红旗飘，只听喇叭响，就是看不到工人到现场"；他到喇三联工地上一看，泵房还透着天，可是油泵已经运转起来了；在喇47号转油站工地，地势低洼，是当时有名的"主体工程半月完，收尾工程大半年"工程，他形象地总结为"掏不完的水，挖不完的泥，推不完的车，收不完的尾"。当时采油六厂给油建施工总结的三句话是："建设速度是惊人的，工程质量是吓人的，工程投产是整人的。"这个时候在施工队伍内部也经常流传着"干的不如看的，看的不如捣乱的"这样一句顺口溜，工人和干部的积极性受到严重挫折。这就是当时的实际情况。崔海天看在眼里，痛在心上，他说的话就是一个字"乱"。这时，他从来没有批评过工人师傅。他决心认认真真，从一点一滴做起，从自身做起，注意抓领导、抓干部，锻炼和培养队伍的作风，从一些大量的、常见的、细小的典型实例抓起，一切从难从严要求，恢复"两论"起家的基本功。他开会，找干部谈话，他让机关工作人员整理出过去的好规章制度发给基层单位，他经常讲"油田建设就是要为油田负责一辈子，让子孙后代放心"这句话。为了工程质量，他本人身体力行，实施刻字留名、挂牌施工的办法。他层层抓，一人一事地抓作风，抓质量，他决心把每项工程都做到"自己满意、领导满意、生产使用单位满意"的三满意工程。功夫不负有心人。两年的时间，喇嘛甸油田的战斗从乱到治，各路人马紧紧团结在会战指挥部的周围，在崔海天的指挥下，取得了很大胜利。1974年8月1日午间，在祝捷大会后的聚餐宴上，崔海天逐一到各个餐桌前敬酒，他说，大庆的工人是好工人，大庆的干部是好干部，大庆的知识分子是好样的，只要我们认真实施大庆油田过去行之有效的规章制度和一系列好的做法，我们的工程建设就一定会越来越好，我决心和大家继续战斗，为油田做出更大的成绩。

崔海天是这样想的，也是这样做的。后来，他将这一良好的愿望带到了曙光油田，带到了大庆乙烯工地。

挫折和祝福

如果从崔海天 1949 年参军时计算起，到 1999 年 70 周岁第二次退休时止，他整整为祖国为人民奋斗了 50 个春秋。50 年间，崔海天一贯积极工作，克服一个个艰难险阻，做了大量工作，取得了重大成绩。但他的人生也遇到不少挫折。

早在玉门时期，年仅 30 岁的崔海天已经显示出很强的组织能力和领导能力。他年富力强，血气方刚，心直口快，1959 年，他在党委会上对当时的“大跃进”提出一些不同的意见，玉门油建公司在进行反右倾学习时，认定崔海天“思想右倾”，给予“党内警告处分”。这之前公司党委决定提拔崔海天为公司副书记，当时玉门市委负责人还准备提拔崔海天为市委宣传部长。崔海天受到了党内警告处分后，这两个提拔的念头至此告吹。1961 年，玉门油田派人到大庆，经与大庆党的组织协商，撤销了崔海天的“党内警告处分”。

在 1966 年开始的“文化大革命”中，他先后两次被打倒。1967 年 8 月至 1970 年 2 月，崔海天被大庆油建指挥部造反派揪回油建指挥部，关进“牛棚”，失去自由，接受批斗。

1970 年崔海天被“解放”后，他工作依然是尽职尽责，但上级迟迟未能恢复他的副厅级原职，而工作经常变动，他内心里感到领导对他不信任。他认为，导致这一情况的原因有二，一是父亲的历史问题。1944 年，15 岁的崔海天与父亲在河南分手后至今无联系，他不知道，当然也说不清楚父亲的下落。这事崔海天已经向党组织交代过。二是 1971 年在大庆党的全委扩大会议上，崔海天发言说军代表也有学大庆问题。这番话导致军代表的不满。

1972 年末，崔海天去北京汇报大庆建设 30 万吨合成氨工程回来后发现，生产办成立了党委，但作为副主任的他却没有成为党委成员，而且并没有任何人将此事告知他，他从内心感到不愉快，就默默搬到前线去住，勉励自己多做实事。后来，革委会领导也先后找崔海天谈他父亲的历史问题，言外之意是怀疑崔海天隐瞒父亲的历史。

1973 年 8 月，他被任命为大庆革委会副主任，1977 年曙光会战后回到大庆，也一直在抓油田建设和石油化工的建设工作。1980 年 4 月，人代会选举崔海天为大庆副市长，黑龙江省委于 1981 年 4 月批准崔海天为大庆市委常委。

1983 年初，大庆召开会议，由于崔海天不同意“利用油田资金搞市政建设是错误”的观点，也不同意批判和揭发当时主持市政府和石油管理局工作的原领导同志，他还将大庆这次会议的不正常现象向省委领导作了汇报。为此，崔海天在这次会议上受到严厉批评，他在高压下也违心地作了检讨。7 月份，大庆召开党代会、人代会，崔海天的大庆党委常委、副市长的头衔被取消。1983 年 11 月，大庆法院以“伤害罪”传崔海天到法院受审。几天后，黑龙江省高院经调查认定这桩“伤害罪”纯属无中生有的捏造和恶毒陷害，遂撤销该案。

如果说崔海天对于前两次遭受的挫折无太多怨言，那么，1983 年他受到的打击使身心受到极大的摧残。尽管如此，崔海天仍然是以惊人的毅力全身心投入乙烯工程建设中，干劲不减，用他自己的话讲，“凭党性、凭良心”也要把乙烯工程搞好。他这样想，也是这样做，大庆的乙烯工程获得了“国家金牌工程”的荣誉。

崔海天在大庆经历了大庆会战最困难的时期。会战开始时，油田建设施工的艰辛是今天很难想象的，青天一顶、草原一片，一切从零开始。正是在困难的时间、困难的地点、困难的条件下，为了共和国的需要，多出油，出好油，成为崔海天责无旁贷的义务和职责。

崔海天不愧是油田建设史上的一名优秀老领导，他领导油建队伍战胜了一个又一个的艰难险阻，创造了一个又一个的奇迹，他真是为了油田建设呕心沥血、披肝沥胆，费尽心思，精忠报油田，热衷于石油、石化、大庆民生的建设事业。时至今天，参加大庆石油会战初期的老工委委员，只剩下他一个人在大庆了，他始终眷恋着大庆，挚爱着这片战斗过的土地。

我敬佩这位老领导。今天我们都退休了，每当我来到我们曾经战斗过的油井和泵站旁，我又仿佛看见了当年崔海天的身影。崔海天给大庆留下的太多，他得到的却很少。我在这里默默地祝福崔海天晚年幸福，向他道一声：您辛苦了，祝您长寿。

崔海天在曙光油田

施广仁[1]

1974年初，辽河石油勘探局（下文简称辽河局）在辽宁省西部沟帮子一带取得重大勘探成果，初步认为这一带的原油地质储量达10亿吨，可以建成年产2000万吨的大型油田，命名该油田为“曙光油田”。根据辽河局的报告，石油工业部决定，由大庆油田组织建设队伍开赴曙光油田进行开发建设大会战。1975年10月25日，大庆油田组成18人的先遣团，由大庆油田副指挥崔海天带队，前往曙光油田进行开发前的考察。先遣团成员有设计院、研究院、油建、供应和总部机关人员，我作为大庆基建局的工作人员也随从崔海天赴曙光了解情况。

先遣团于10月26日到达辽河局驻地盘锦市兴隆台镇，当晚参加了石油工业部召开的电话会议，康世恩部长在电话会上讲话，对大庆派队伍去曙光油田提出了明确要求，他说，大庆要配最好的干部，要上最好的队伍，要带最好的设备。随后先遣团人员分组对口与辽河局的同志了解有关情况，并到曙光油田现场了解情况。我们在辽河活动8天时间，于11月3日乘39次列车返回大庆。在车上我和地质人员闲聊，地质人员认为曙光油田地质情况比较复杂，不像大庆油田那样整装。11月5日，崔海天向大庆党委常委会汇报先遣团赴曙光油田考察的情况，会议初步决定崔海天去辽河参加新油田会战，从现在起不再参与大庆的生产管理工作，专门负责曙光会战的准备工作。

11月8日，大庆党委常委讨论并决定了参加曙光油田会战的领导成员，决定成立曙光油田会战指挥部，王苏民任中共曙光油田会战指挥部核心小组组长、指挥部政委，崔海天任党的核心小组副组长、曙光油田会战指挥部总指挥，

[1] 原大庆乙烯指挥部副指挥、曙光油田会战副指挥。赵庆德协助做了文字整理。

我和金毓苏、郝万春、固革等人为副指挥。会后，崔海天立即安排我准备要去曙光的油田建设队伍方案，并让固革副指挥火速到辽河做好“前站”，准备安排好万人队伍的食宿工作，同时还重点部署了参加曙光会战队伍的整训和设备检修工作。11 月 20 日，崔海天带领 12 人赴京汇报曙光会战的准备工作，康世恩部长听了汇报的全过程，康部长对大庆的准备工作很满意，会议详细讨论了队伍的出发时间、元旦起步的具体安排，并重点讨论了曙光会战的总体运行图。石油化学工业部要求会战队伍在 3 年内建成年产 2000 万吨的较大型的新油田。回大庆后，12 月 1 日，曙光油田会战班子开会讨论出发前的队伍整合、集训、设备拆装、后勤保证等一系列工作，并制定了时间表。

1975 年 12 月 18 日，崔海天带领六个单位的标杆队伍共有 1200 人乘第一个专列开赴曙光油田。每个基层队都打着队旗，火车站前安排了一万人的欢送队伍，从二号院一直排到大庆火车站夹道欢送，声势很大，标杆单位的职工全体都披红戴花。这样隆重的欢送仪式，使参战职工感到十分光荣，受到巨大的鼓舞。队伍到达辽河后，辽河局召开 2 万人的欢迎大会，辽宁省委、营口市委、辽河局的主要领导亲自到会发表热情洋溢的讲话，对大庆会战队伍的到来表示热烈的欢迎。

大庆队伍到达曙光油田后，立即奔赴各自的驻地，安营扎寨，搭帐篷、组装检修设备、修路，忙而不乱。1975 年 1 月 29 日上午，会战前线召开了曙光油田会战动员大会。辽河局的主要领导成员都出席了大会。会场在野外，主席台是由 8 台大日野平板车拼成的。会场四周的几百面彩旗迎风飘扬，与会人员席地而坐，钢盔银光闪闪，歌声此起彼伏，人人精神饱满，场面十分壮观。王苏民主持会议，崔海天代表曙光油田会战指挥部做动员报告。整个报告重点突出，语言简练。报告要求会战队伍高速度、高水平用三年时间拿下新油田，要打全优井，建样板站，所有的井、站工程既要一次成功，又要质量全优，经得起历史的检验。最后，宋振明同志在讲话中简要指明了打好曙光会战的重要现实意义，对会战队伍提出明确要求。动员大会后，1 月 30 日晚 10 点之前，大庆党委派来的拉运饺子的日野车分别到达曙光基层单位职工食堂。王苏民、崔海天等领导和大庆领导一起，分路看望了曙光基层单位的广大职工。截至这年 2 月底，大庆参加会战的队伍共计 1 万人全部到达曙光油田。元旦起步大会后，钻井一路打先锋，10部井架立起来，油建队伍在曙一联工地安营扎寨，物资机修、水电讯各路队伍分别开展各自的工作。崔海天要求指挥部机关要靠前指挥，工作人员不敢怠慢，下基层了解情况，协调大庆队伍和辽河局有关单位的关系，整个队伍轰轰烈烈、紧张而有序地开展工作。为了便于领导和协调关系，3月21日，辽河局发文：经中共辽宁省营口市委批准，崔海天同志任中共辽河石油勘探局委员会常委、副局长。

1976年是曙光会战最关键的一年。在这一年中，崔海天每个季度末召开一次大型会议，对上个季度的情况进行总结，部署下个季度的工作。4月2日指挥部召开5000人大会，崔海天讲话，表扬钻井一路工作积极主动，督促油建队伍马上由“铺摊子”转入重点突破，扭转组织不利的局面，批评井下作业工作开展得缓慢。他着重指出，当前试油和采油工作是一个薄弱环节。这次会议对参战全体职工震动很大，各单位立即行动起来，曙光会战掀起了一个高潮。

曙光油田地面是稻田，这里的5—6月份是雨季，道路泥泞，给运输带来麻烦，队伍出现了为难情绪，崔海天立即让我组织一次祝捷会议。崔海天作了报告，他重点表扬了油建队伍一个月时间完成4个转油站的施工，日夜奋战，打得相当艰苦，特别是十一中队，利用13天时间优质完成4区8号站，这是大庆精神的体现。他还特意表扬了井下、采油两个指挥部的进步。他要求大庆的队伍要发扬大庆会战不怕艰苦不怕困难的精神，克服雨季带来的困难。他要求二级单位领导干部一定要靠前指挥，坚决做到大庆队伍面前无困难，困难面前有大庆队伍。崔海天的报告有声有色，号召力强，讲完话后，他还唱了一首歌曲《闪闪的红星》，他的声音洪亮，抑扬顿挫十分得体，与会人员拍手叫好。

对曙光会战起到承前启后作用的曙光油田会战指挥部第五次核心小组扩大会议于7月15日召开。这次会议在政委王苏民主持下开了8天时间，会议自始至终充满团结、紧张、严肃、活泼的气氛。会议对7个月来大庆队伍在曙光油田的会战成果给予了充分的肯定。会议认为7个月的会战证明，参加曙光会战的队伍是好的，各级领导经受住了困难的考验，领导是有力的，成绩是显著的，上级领导是满意的。会议重点部署了今后的工作，一要抓好队伍的建设，大庆人也有学习大庆精神的问题，要培养队伍的好作风。会议强调进一步树立信心，3年内建成年产2000万吨的油田，从现在开始，要把新井的投产工作列入议事日程。会后，崔海天立即召开了新井投产会议，明确由我来抓这项工作。

我于7月末召集设计、采油、油建、物资各单位开会，研究新井投产问题。根据大庆采油五厂的经验，我布置油建公司在预备新投产的井口边挖一个土油池。我带领一些人来到新建好的井口，把喷油管直接接到土油池内。我们不想看到的情况出现了：打开采油树的阀门，只听“砰”的一声，一股黑流喷进了土油池，几秒钟后，油流断了。再等一会，又来一小股，又等了一小时，半天，没有油流喷出来。我们连续开了5口井，都是如此，有的还根本喷不出来油流。我把这一情况向崔海天作了汇报。后来经研究决定，立即把原设计的自喷井改为抽油机采油。

新井投产不能自喷，这和原来预计的油层能量较大、可以自喷的情况完全不同，说明我们对曙光油田的地质情况不甚清楚。地质专家金毓荪副指挥认为首先要把油田地质储量搞清楚。于是他到地质设计所和地质人员共同研究，结合新井资料，重新严格计算储量，对于计算出的新储量数据邀请大庆专家复查，又请辽河局的专家复核后，金毓荪同志才正式向王苏民、崔海天两位领导汇报。两位领导明确表态：“只要实事求是，就向上级反映”。根据这一情况，会战指挥部反复和辽河局的同志协商，重新安排钻井、油建和设计工作的部署。9月12日，总部及时采取收缩措施，我也多次到设计所去，耐心和设计人员解释，设计人员对单井液量和曙光2号联合站的规模作了修改。规模小了，等于以前的设计图纸全部作废，设计人员重新搞总体规划和施工图设计，避免了可能造成的重大损失和严重的不良影响。

当时会战声势很大，各方面的期望值很高，刚刚开完第5次核心组会议，队伍的干劲很大。地质储量大为减少的事实，给王苏民、崔海天带来的压力是很大的。此时他两人坚持实事求是，敢于担当，并妥善处理，这在当时是十分难得的，说明王苏民和崔海天具有高尚的政治品质。

9月22日，石油化学工业部焦力人副部长到曙光油田检查工作，指出曙光油田目前的问题是采油上不去，要保采油，帮采油。根据焦力人同志的意见，晚间，崔海天在采油指挥部召开生产会议，重点讨论了采油的排产问题，焦力人同志在会上作了重要讲话。9月30日，曙光油田会战指挥部召开大战100天誓师动员大会，总结工作，部署任务，重点是克服松劲情绪，把产量提到日产

2000吨的水平。焦力人同志在大会上讲了话。会议后，金毓荪同志到采油指挥部蹲点，到10月中旬，日产油就达到1000多吨的水平了。

1976年12月下旬，崔海天随同大庆代表团去北京参加石油企业“工业学大庆”会议。12月25日，华国锋主席在大会上发表讲话。12月27日，华主席接见与会代表，崔海天和大庆代表团的位置在中央政治局成员的后一排，离主席台很近，崔海天再一次近距离看见了华主席。1977年元旦，崔海天等人回到曙光油田。

1977年1月18日，崔海天回到大庆，根据副部长宋振明的指示，大庆队伍要从曙光油田撤回2000人，施工大庆杏树岗油田南部工程，以便接受华主席来大庆开全国“工业学大庆”会议时检阅。崔海天于1月5日回到曙光油田，1月12日钻井1202、1205队返回大庆。油建十一中队乘专列回大庆时，营口市、辽河局、曙光油田会战指挥部在沟帮子车站举行了隆重的欢送仪式。1977年2月13日中午，参加曙光油田会战的油建十一中队回到大庆，大庆革委会、大庆机关各部办负责人、油建领导、职工、家属、学生到车站热烈欢迎，高呼“向十一中队学习致敬”口号。十一中队回到大庆立即开赴大庆杏13联工地，投入紧张的施工工作。

春节期间，由于3个标杆队伍回大庆，曙光会战队伍议论纷纷，人心不稳，都在考虑去留问题。当时找崔海天的人很多，想留的找他，不想留的也找他。我老家虽然在锦州，但我是不想留下的。我找他谈这事，他严肃地说，去留问题由组织决定，你是副指挥，你不能提这个问题。你应该努力工作，带好队伍。

3月14日，崔海天去北京，部领导要求拼命要把产量提高上去，确定曙光油田的采油由金毓荪负责。由于曙光油田地质储量减少，石油化学工业部决定大庆队伍在1977年内分批撤回大庆。崔海天于3月20日返回曙光油田，连续召开机关部办主任会议，3月23日全天在采油指挥部开会，严格要求月底日产量达到1500吨。

4月1日，崔海天回到大庆，立即奔赴大庆杏南前线，组织会战，准备迎接华主席的到来。4月16日晚，华国锋同志到达大庆油田。17日晚间华主席观看大庆家属演出“初升的太阳”，19日下午到工地视察，崔海天向华主席汇报大庆杏南油田建设情况，19日晚间崔海天参加华主席和大庆450人合影，20

日参加“全国工业学大庆”会议开幕式。4 月 27 日，崔海天回到曙光油田。

6 月 1 日，曙光会战指挥部召开第 7 次核心小组扩大会议，包括基层干部在内，1000 多人参加会议。会议由王苏民主持，会议内容是：学习贯彻“全国工业学大庆”会议精神，学习华国锋同志的讲话；安排生产、建设收尾、宣布曙光队伍留辽河和回大庆的人员。会议决定，采油、井下、水电指挥部队伍留在辽河；油建、地质设计、钻井、运输等队伍回大庆。会后，崔海天协助王苏民分别找留辽河的部分领导谈话，做思想工作，做到平稳过渡，留者安心，回者愉快。在 1977 年的 6、7 两个月，崔海天重点抓 4 件事：第一准备开好两个会议，一是曙光会战的表彰会，二是辽河局的欢迎欢送会；第二抓紧时间搞好曙光工程的收尾工作，做到干净利落，不留尾巴；第三做好交接落实，人员和设备一定交接明白，尤其是设备交接问题，不能产生你抢我夺现象；第四搞好曙光油田站点的规格化，做到干干净净，整整齐齐，地面无油污，墙面无泥斑。我根据崔海天的要求，领导油建公司抓紧时间搞好曙光工程的收尾工作。7 月末，辽河局来接收油田工程时，一次交接成功，一致说大庆队伍风格高，有始有终，好样的。

到 1977 年的 6 月底，大庆的万人队伍经过一年多的努力，基本建成了曙光油田的油气集输、注水、供水、供电、道路、通讯 6 大工程系统，曙光油田已经初具规模。

整个 7 月份的重点工作是安排队伍回大庆的调运工作，天天有人去沈阳要专列，每天晚上崔海天亲自主持办公会，亲自过问队伍的调运情况。7 月 30 日，机关宣布了去留的人员，我属于回大庆的人员，机关和设计所有部分愿意留下的都得到了批准。8 月 3 日，设计所和机关人员乘坐的最后一个专列离开曙光油田。

这几天，曙光地区的上游雨水很大，附近河流水位暴涨，洪水已经淹没了 13 口油井、2 个计量站。8 月 5 日，沈阳军区司令员曾绍山来这里检查洪水情况，并派来解放军护堤，保住了曙光油田。崔海天从 8 月 1 日一直到 6 日晚，一直战斗在防洪的前线。当他和曾绍山司令员共同确定洪水已经没有威胁时，才回到宿舍，和公务员一起打点行李。1975 年，他是第一批来到曙光油田的，1977 年 8 月 7 日，他在曙光油田站完最后一班岗。他和几名工作人员离开曙光油田总部时，用力地握住我的手，说声："老施，你还要辛苦几天，曙光的收尾工作，拜托你了。"他向送行的人员频频挥手，向我们留守人员告别，向曙光油田告别，向他为之奋斗过的大会战告别。至此，轰轰烈烈的大庆队伍在辽宁盘锦地区的曙光会战画上了一个圆满的句号。

我早在1961年就在崔海天领导下干一些具体的生产组织工作，多年来我从他的身上学到许多有益的东西。这次参加曙光油田会战，我很幸运，又在他的领导下负责油田建设的组织协调工作，学到了更为有益的东西。

崔海天严格要求自己，勤勤恳恳、任劳任怨的敬业精神，永远值得我们学习。

在整个1976年间，崔海天经常是白天下工地下基层了解情况，晚间召开生产会议，一年365天，只要他在曙光油田，他必须主持或参加会议，从无间断过一次。他出差在外，也是嘱托副指挥一定坚持这种做法。他个人不实行"8小时"工作制，他每天工作都在14个小时左右，晚间10点休息是最早的。他有思考不完的事情。一天晚间，大约是10：30的光景，他让公务员通知油建指挥丁仁信和设计所副指挥宋庆德立即过来。原来他担心自喷井改成抽油机后会对油气集输流程有什么影响，宋庆德解释后，他才放心休息了。他经常在吃饭的时候找机关人员问问情况。

他对各位副指挥充分信任，各位副手有职有权，职责分明。他对我们副职的要求也是严格的。每次例会中提出的问题，他首先听各位主管副指挥的意见，然后他综合大家的意见，最后形成一个完整合理的会议纪要。长期以来，凡是参加过崔海天主持会议的人都养成了一个习惯：对于你分管的工作，遇事一定要提出办法，否则，你就过不了崔海天这一关。崔海天每每遇事有办法，主要原因是他经常调查研究、勤于思考的结果。

崔海天抓生产从思想入手，严格要求曙光人员自觉从严，树立主人公思想，建好新油田。我分工抓地面建设一路的工作，崔海天常对我说，"你来参加曙光会战，一定要改只抓生产不抓思想的毛病，必须教育干部员工树立'为油田负责一辈子'的思想，立信油田，服务百年。只要我们做出这一承诺，就应该付出百分之百的努力。"在第一次生产会议上，他严格要求大家，一是要努力打造过硬队伍，继承发扬大庆精神、铁人精神，用"自觉从严，好字当头"的优良传统教育人、激励人，培养专业化人才，使出手过得硬的人越来越多。二是要全面提升机关干部的管理素质，提高服务水平，奉献满意工程。三是创建精品工程，提高服务标准。完善创优制度，提升服务标准。崔海天经常告诫地面建设一路的人员，一定要打消做客思想，要进一步增强主人翁意识，坚持做到“三提三改”，即开工前请建设单位提建议，改进施工方案；施工中请建设单位提要求，改进管理措施；完工后请建设单位提意见，改进服务质量。

崔海天关心知识分子的生活和工作。一天午间，他从地质设计所回来，直接到我办公室说：“你去找老固（固革副指挥），让他给地质设计所食堂多弄点猪肉，知识分子动脑筋，必须增加营养”。还有一次设计所生产办副主任赵庆德对我说，设计一路来的人员工具书籍不足，我说，你们地质设计所自己就去买吧。赵庆德小声对我说，我们所的人员由大庆研究院和设计院来的两部分人组成，领导不好平衡，这次设计一路要买专业工具书的钱，请总部直接批吧。我明白赵庆德的意思。会后，我向崔海天报告了此事，他说：“设计一路买资料的钱由总部出，这事不能拖，立办。”后来我参加一次设计人员的学习会，赵庆德当着我的面向设计人员说：“这次我们买资料的事，是施指挥给我们办的，大家鼓掌感谢！”我急忙解释：“是崔海天亲自批示的，我只起个传声筒的作用，你们得谢崔海天。”不知谁说了一句话：“崔海天和传声筒都得谢。”在一片掌声中，我只好站起来给大家鞠一躬。

崔海天善于集中兵力打歼灭战。曙光油田会战进入 1976 年 3 月份，气温转暖，水网地区道路开始翻浆，影响工程备料。崔海天立即召开一次生产会议，各二级单位指挥和主管生产负责人参加，讨论道路维修大会战和备料大会战的具体安排问题。会议决定，利用 20 天时间集中 300 台车辆分别去兴隆台、沟帮子、锦西、沈阳等地抢运大宗工程材料，集中曙光所有施工队伍，包括油建、水电讯、运输、供应、采油等单位的人员，统一调动，开展道路维修大会战，确保二季度施工的工程项目道路畅通。会议还具体安排所有副指挥全部下基层协助二级单位保质保量完成备料和道路维修任务。崔海天每天汇总一次各单位工作进度情况，及时解决两个大会战中出现的人员、设备、资金等问题。如果发现薄弱环节，崔海天则亲自下基层帮助所在单位出主意想办法。一个月的大会战取得了明显的效果，曙一联及其所属集油站的道路全部达到正常使用标准，第二战役的工程大宗材料基本运到工地，为第二战役任务的完成奠定了基础。

崔海天十分注意搞好与曙光地区其他单位的关系。

在一次地面工程汇报会上，崔海天对油建指挥丁仁信、设计所副指挥宋庆德说，你们在大庆是地面一路的专家和干将，到这里，情况变了，新情况会有新问题，你们要虚心向辽河局的同行们学习水网地区如何施工，曙光的原油采用什么样的集输流程，都要和这里设计院的专家们好好讨论一下。遵照崔海天的意见，我先后组织设计所、油建指挥部的有关人员到辽河局有关部门开对口座谈会。通过座谈，大家认识了，交了朋友，以后来往彼此增多了，而且互相介绍了经验，增长了不少知识。

曙光地区地下是油田，地面是稻田，这里的稻田全部归辽宁营口市劳改农场管理，耕作稻田的是在押的犯人。刚到曙光，人地两生，不熟悉这里的风俗人情，工作中碰了不少钉子。

1976 年元旦起步后，钻井的井架立了起来，第二天钻工们准备开钻，一到井场，发现井架四周挖了一圈水沟。油建指挥部发现，今天备上了材料的场地，一夜之间水就流了进来。看来当地劳改农场的员工不欢迎我们，他们不配合我们工作。鉴于这种情况，崔海天告诉我们一定要和当地人员加强沟通，搞好关系。一次我到这里劳改农场总部去谈用地问题。这位场长是锦州人，我们是老乡，越唠越热乎，我首先介绍了曙光会战的来历，说明这是国家的重大决策。他也讲了劳改农场属国营单位，年年粮食有指标。过了几天，我们一起去兴隆台吃午饭，常来常往，经常沟通。此后，在用地方面再没有发生麻烦，我的这位同乡场长还主动帮助我们协调土地问题，而且，当遇到一些不明真相的群众无理取闹阻碍曙光队伍施工时，他亲自出马予以协调，我省了许多事，心里挺满意。我把这事向崔海天作了报告。崔海天表扬了我，也带点批评说："你办得挺好。虽然我历来不主张用吃吃喝喝的办法搞关系，可当前也只好牺牲点小原则以求办成大事了。"还好，这点批评我能接受。

现在，我和崔海天都退休了，相互见面的机会少了，回忆起在曙光会战的情景，犹如就在昨天。我在这里祝福尊敬的崔海天生活愉快，健康长寿。

勇挑重担　不辱使命

施广仁❶　王海群❷

大庆三十万吨乙烯工程位于大庆东部的卧里屯地区，距大庆化肥厂南200米，总占地面积744公顷，其中厂区占地面积230公顷，辅助工程占地面积234 顷，生活区占地面积150公顷。

1977年8月，崔海天率领大庆队伍从曙光油田回到大庆油田，领导分配他主管油田和石化方面的基本建设工作。9月2日，国家正式批准建设大庆30万吨乙烯工程。随后不久，崔海天就受命担任了大庆乙烯工程指挥。

1977年9月10日，崔海天和王瑛等同志到哈尔滨参加省领导陈剑飞召开的编制大庆乙烯工程《设计任务书》的会议，之后由黑龙江省和大庆共同组织70多位专业人员编制了大庆乙烯工程《设计任务书》。

1977年11月21日，崔海天和郑耀舜、王瑛一起赴北京，向石油化学工业部领导汇报了大庆乙烯工程《设计任务书》的基本内容。康世恩部长听了汇报后指示：大庆发展石油化工，屁股要坐在油田上；按“工农结合，城乡结合，有利生产，方便生活”十六字方针建厂；大庆油田要搞“三脱三回收”，要把乙烯原料工程作为重点来抓，要引进当今世界上先进的生产技术和设备；大庆乙烯工程建设的领导班子，由大庆自己组建。康世恩还要求，通过大庆乙烯及原料工程的建设，要“出经验，出人才，出产品，出效益”。

1978年8月7 日，国家计委批准了大庆乙烯工程《设计任务书》，1979年2月16日，国家建委批准了大庆乙烯工程总体设计。大庆乙烯工程于1979年8月5日破土动工。1980年11月4日，国务院决定大庆乙烯工程缓建，1981年1月14日又决定停建。

---

❶ 原大庆乙烯指挥部副指挥。

❷ 大庆市谱牒研究会理事。

在停缓建期间，崔海天领导大庆乙烯工程指挥部在保护国外的进口设备，未完工程续建等方面，做了大量卓有成效的工作，积极组织有关部门开展乙烯原料的调查、产品方案调整和乙烯工程外部基础设施论证工作，经中央财经小组专家组的两次论证，于 1981 年 9 月 2 日，国务院批准大庆乙烯工程恢复建设，1982 年 4 月全面开工。

现场 5 万多名建设大军，在大庆乙烯工程指挥部的组织领导下，展开了热火朝天的工程建设工作。

1983 年 1 月 17 日，国家再次批准了大庆石化设计院重新编制的大庆乙烯的总体设计。“大庆乙烯及原料工程建设领导小组”决定，大庆乙烯一期工程于 1986 年 4 月建成，6 月投料试车。

全力抓好总体设计

崔海天十分清楚，总体设计编制的好坏将影响工程的全局和全过程。考虑到大庆石化设计院缺少这样大型化工厂的设计经验，他提议大庆石化院派出技术人员首先对国内已经建成的乙烯企业进行考察、学习，为承担大庆乙烯工程的总体设计做准备。他多次邀请设计院、指挥部有关人员共同研究编制总体设计的基本原则。经大家共同讨论，集合大家的智慧，他亲自编写了一个纲领性的编制总体规划的意见：

要充分利用大庆的油气资源，兼顾地方和国家的利益，在产品设计方面，必须考虑到黑龙江省的利益，轻纺和石油化工产品做到合理综合搭配；

对于引进装置，必须做到技术要先进，设备质量可靠，适应东北地区的气候特点；

根据《环境保护法》规定，要认真贯彻“三废治理与主体工程三同时”的方针，“三废”的治理排放，必须达到国家排放标准。职工生活区的建设要贯彻有利生产，方便生活的原则，按新建独立矿区城镇规划，留有余地。

在选大庆乙烯工程厂址时，崔海天和设计人员冒着严寒对多个地区进行了多次实地考察，最终提出4个厂址方案供参考：大庆化肥厂南侧、涝洲泡北侧、让通线新华屯电厂与兴无火车站中间、老猪泡。在大庆市审查乙烯工程总体设计时，崔海天推荐第一个厂址方案，即大庆化肥厂的南侧为最佳厂址。会议最终同意了这一方案。

大庆石油化工设计院根据国家批准的《项目建议书》、《设计任务书》、大庆市政府批准的总体设计方案以及崔海天提出的以上具体意见，紧张而有序地开展了乙烯工程的总体规划的编制工作，这就是第一版的总体设计，概算为32亿元人民币。

实践证明，大庆乙烯联合化工厂总体设计，经受住了施工建设和投料试车的考验，获得了较好的评价。

首先，产品方案设计很合理，适合我国的国情。因为黑龙江省地处北方，缺少纺织原料，而这次在大庆乙烯产品设计中充分考虑了这一因素，兼顾国家、地方和企业的利益，既服从国家大局，又照顾地方经济发展的需求、企业的发展和深度加工的需求。

其次，乙烯工程污水排放的方案合理、先进。在编制总体设计时，崔海天就一再强调，污水处理一定搞好，不能污染周围的环境。因此，设计中把全厂污水全部集中起来，辅设了29千米的大口径管道，由泵站送到羊草车站东南的青肯泡。在青肯泡中间建了9千米的堤坝，隔出25平方千米的天然氧化塘，然后经过105千米，排到呼兰河，在哈尔滨以下进入松花江。

再次，是整体规划布局比较好，生活区与生产区分开，中间设800米隔离带。根据大庆地区的主导风向，生活区在西，生产区在东。生产区内建设了东西走向的中央干道，固体产品在北，液体产品在南。在生产区北边建有铁路专用线，固体产品可在车间直接装车，便于运输。各生产装置的间距较近，布局紧凑，节约了占地。公用工程布局合理，便于管理。

外事谈判和国内外考察

1977年末，石油化学工业部组成了东西两组考察组出国对拟引进设备的外商公司进行现场考察。东路组考察日本和美国，由郑耀舜、王瑛、杨育之、包维泉组成；西路组考察西欧，由崔海天、王可驹组成。

此时崔海天考虑到自己对石油化工方面的知识知之甚少，他决定利用出国前的时间，先到国内化工厂考察学习。于是他带队于2月7日（正月初一）出发，先后到吉林、沈阳、辽阳等地的化工厂学习。每到一处，直接去参观，参观后就回来，此行没有安排任何应酬活动，工作效率很高。

2月23日，崔海天一行又到北京参加石油系统厂矿长会议。会后到中国进出口公司集中学习有关业务，准备出国考察。2月28日，崔海天等人从北京乘飞机到达上海，先后去金山、高桥、杭州制氧机厂参观学习。崔海天学习十分认真，他每到一处，认真听，认真记，不懂就问，晚间他经常请教同行的杨育之等人，搞清问题才睡觉。

3月初，崔海天一行从北京乘飞机前往欧洲，历经2个月，先后考察了联邦德国、英国、法国、荷兰等国家的32座乙烯、乙醛、聚乙烯装置。期间，崔海天还利用两个半天时间和西德的企业家们座谈讨论企业的机构和管理情况。5月4日，崔海天回到北京。通过这次考察，崔海天掌握了第一手资料，丰富了他的石油化工知识，了解了世界乙烯的生产技术和水平，对他下一步组织编制大庆乙烯工程的总体设计、对外技术谈判、乙烯工程的建设打下了良好的基础。

1978年5月4日，刚刚从欧洲考察回国的崔海天，率领引进技术和设备谈判小组，在北京参加谈判工作。

早在崔海天率队赴北京前，他在大庆召开了参加谈判同志的会议。会上崔海天明确提出，要提高认识，集中精力，做好各项技术准备，我们提供的所有数据要准确无误；要从国情和大庆油田的实际情况出发，引进的先进技术和设备，一定要适合大庆的高寒气候，适合大庆的湿地地质结构和地质条件；要坚持四个原则：一是引进的技术和设备一定先进可靠。二是建立一个甲乙双方都能接受的合作方式，作为甲方的大庆乙烯联合化工厂，为现场外商的技术代表创造一个舒适的生活和工作环境，做好后勤服务；作为外商的乙方，所派出的现场技术代表，要认真负责，做好技术交底，技术指导，与广大的甲方工程技术人员和设计人员进行交流，确保工程的建设质量。三是价格要合理。四是“三废”治理必须“三同时”，特别是引进的循环水场和污水处理厂，技术一定先进，设备可靠。以上的这些原则和精神，要坚持贯彻谈判的始终，取得一个完美的结果。

经过两个月的准备后，崔海天率团正式与外商开始谈判。参加北京谈判的外商有美国、日本、西德、英国等6个国家的12家公司，共160人。经过对国外各公司的技术设备、价格、交货期等认真研究比较和全面的权衡后，做了最终选择，分别与日本日辉公司、日本石川岛播磨公司、日本神钢法杜拉、西德伍德公司、西德林德公司、美国戴维公司签订了9个合同。在谈判过程中，大庆的同志始终贯彻崔海天的指示精神，以我为主，实事求是，据理力争，签订了比较好的合同。

实践证明，大庆30万吨乙烯工程从1986年6月投料试车至今，已经稳定生产26个年头。成套引进的生产技术和设备是先进的，总体设计是优秀的，单项工程的设计也是优秀的。

组建施工现场管理机构，争取早日开工

厂址选定了，总体设计也编制出来了。接下来，崔海天开始组建进驻现场的先遣组。他派副指挥施广仁带领十几名同志，于1977年底进驻卧里屯现场，借用卧里屯百货公司二楼作为办公室，开始筹建大庆乙烯会战指挥部的办事机构和办公临时设施的建设。

指挥部盖的第一栋楼房是资料室。这也是崔海天的一贯作风，在他看来，人吃点苦受点累没什么，条件好点差点都可以。如果资料、图纸、文件管理不好，受到损失，那问题可就大了。

崔海天对先遣组提出了要求：一、要尽快地熟悉总体设计和现场的周围环境。对需要动迁的农民进行社会调查，为征地动迁工作做好准备；二、要认真学习有关乙烯、石油化工方面的知识，为开工建设施工管理做好准备；三、要为建设办公场所做好物资方面的准备；四、进驻现场后，组织有关施工队伍，开展“三通一平”工作，为全面开工建设做好准备。

大庆乙烯指挥部的工作人员都是从大庆市政府、大庆石油管理局、大庆石油化工总厂调来，都是生产和工程建设的骨干。全部人员住在现场，吃在现场，只有星期六才回家。一切准备就绪，开始了“三通一平”。1979年6月，基本做到了现场的水通、电通和路通，为工程开工创造了良好的条件。

负责土地征用的同志，根据总体设计的要求，对厂址周围环境进行调查摸底，与龙凤区和龙凤公社的同志一起，进行了挨家挨户的实际调查。工程用地范围内只有3个自然屯，即三义屯、于治屯、郑洋屯，5个生产队，共141户，

780名社员，占地比较少，搬迁居民比较少。在国内四大乙烯工程建设中，大庆乙烯工程占地最少，搬迁人口最少。

1979 年6 月前后，大量的国外设计图纸和资料已发到现场，资料楼已经竣工，对保管设计文件和资料做到万无一失起到了重要作用。大庆石化设计院开始了对图纸、设计文件及标准规范、操作手册的翻译工作。

崔海天对翻译工作特别重视。他指示，要尽快把国外的图纸资料翻译印刷出版，为施工做好图纸资料的准备工作。当时，部分设备已经开始抵达大连港。现场其他工作全面展开，土建需要的钢筋、红砖、水泥等“三材”全部运抵现场。可以说，万事俱备，只待开工。

崔海天把现场情况向大庆市委、市政府做了详细的汇报，并建议，1979年8月5日为乙烯工程建设的开工日。大庆市委、市政府同意了他的意见，同时向石油工业部做了详细报告，石油工业部也同意8月5日大庆乙烯工程正式开工建设。

1979年8月5日，是一个不同凡响的日子，是大庆乙烯人永远不能忘记的日子，是大庆乙烯工程建设者永远值得纪念的日子。

上午9时，大庆30万吨乙烯工程开工典礼隆重举行。现场彩旗招展，锣鼓喧天，主席台两旁各插着20面彩旗，迎风飘扬。“大庆三十万吨乙烯工程开工誓师动员大会”的巨大横幅标语，在阳光下熠熠生辉。1000多名建设者身着工作服，头戴安全帽，斗志昂扬，聚精会神地注视着主席台，静候崔海天指挥发布动员令。

不多时，崔海天出现在主席台上。他庄严地宣布：“同志们！我们盼望已久的大庆30万吨乙烯工程，经过两年多的精心准备，今天正式开工了。”

带着河南韵味的声音，如洪钟大吕，在松辽平原的大地上回荡，悠长地传向远方。

他说：“党中央、国务院把这样光荣而伟大的重要任务交给我们，这是重托，是信任，更是责任。铁人王进喜同志曾说过一句话，‘宁可少活二十年，也要拼命拿下大油田’，光荣和责任激励着我们，我们一定要发扬光大铁人精神，抢时间，争速度，保质保量地按国家的要求如期建成投产。”

誓师动员大会以后，大庆乙烯工程工地上，迅速掀起了建设高潮。本着先地下、后地上，先外围、后主体的施工原则，同时开工了乙烯裂解装置的土建基础工程和一些公用配套工程。截至 1980 年底，乙烯裂解装置砼基础工程、控制室的电子计算机厂房工程，以及中央干道厂区地下给排水管网等工程全部完工，为乙烯装置的设备安装和其他装置施工创造了条件，为进行乙烯装置的主体施工、全面建设乙烯工程做好了充分准备。

解决大件设备运输问题

大庆乙烯工程引进的设备材料的运输量很大，货物总数约 5 万箱（件），总重约 7.3 万吨。这些货物要全部从大连港通过 1100 千米铁路线运输到大庆现场。其中超宽、超长、超高、超重的大件设备，约占运输总量的十分之一。东北铁路网从来未运输过这样的设备。因此，如何将这些超限设备完整无损地运到大庆，是大庆乙烯工程一期工程的一项十分艰巨复杂的工作。

崔海天工作有一个习惯，他对于未解决的问题总是提前做好调查研究，直到他心里有数后才正式给有关部门下达任务。鉴于引进的设备材料量大、超大件设备又多，铁路的现状又不能运输的情况，崔海天首先向大庆化肥厂的有关人员了解当年化肥厂大件运输的过程。他认为，搞好乙烯的大件运输，目前主要问题是情况不清楚，铁路沿途的改造工作量和改造的时间必须在事先搞清楚。

崔海天召开了专门的会议，崔海天针对部分同志存在的畏难情绪提出，大家要统一思想，克服困难，增加信心和决心，一定把这件事做好，这件事也一定能够做好。当前，要做好 3 件事：

一是立刻组成一个调查组，由设计院、外事办、物资供应处、质量检验处派人参加，从大庆火车站沿途走到大连，对铁路线路进行全面的调查，摸清大件运输的具体障碍。

二是要具体提出对铁路线路进行改造的工程量。大家应该虚心向铁路部门多多请教，要与铁路部门、有关的火车站齐心协力，团结合作。在调查的基础上，选好改造的路线，制订出改造方案。

三是供应部门立即去向黑龙江省政府和石油化学工业部汇报，取得各级领导的支持和帮助。

根据崔海天的要求，各部门立即成立了大件运输调查组，对大连港务局、沈阳、锦州、齐齐哈尔铁路局的线路和车站做了认真全面的调查。经与有关铁路局讨论、协商，调查组拟定了沿线铁路车站的改造方案和改造工作量，确定了初步的运输方案。为了完成这项任务，在两年多的时间里，铁路部门做了大量的工作，确保了乙烯工程大件设备按时安全地运到施工现场。

开工后的艰辛

在誓师动员大会以后，大庆乙烯工程工地上，迅速掀起了施工高潮。在几万人的工地上，车水马龙、热火朝天，大家不遗余力地工作着。

可是，大庆乙烯工程开工后，国家拨付的资金迟迟不到位，严重影响工程的进度。1979 年 10 月 7 日，崔海天和郑耀舜去北京向石油工业部汇报大庆乙烯工程的进展情况，重点是要落实建设资金问题。他们从国家计委、石油工业部得知，非但明年的建设资金无着落，而且，大庆乙烯这个项目都有停建的可能。这个消息虽然只是个传言，但是他们二人觉得很是不妙。在北京的 10 天时间里，这两位大庆乙烯的领导先后向谷牧副总理、国家建委、计委负责人汇报，一是探听消息，二是申请明年的资金。谷牧告诉崔海天和郑耀舜，国家有关部门担心大庆乙烯原料的数量和质量有问题，要派一个调查组到大庆了解情况。崔海天感到原料是个大问题，如果上级部门认为大庆乙烯的原料不足，那么，大庆乙烯停缓建的可能性就很大。崔海天找总工程师王瑛等同志商议后决定：立即对原料问题进行一次详细的论证和核查。大庆石化设计院和大庆油田设计院等部门对大庆的天然气、原油、石脑油的来源进行了大量的现场取样分析和调查，重新评估，写成专题报告。

1979 年 12 月 10 日，崔海天带队去北京，向国家建委汇报了原料、产品方案调整、锅炉燃料油改煤、建设资金等问题。参加会议的有石油工业部、化学工业部、国家计委、经委等部门的负责同志。通过这次汇报，与会人员对大庆乙烯的原料数量和质量的怀疑打消了。崔海天又去计委、石油工业部、化学工业部汇报了上述问题。有人问他，你为啥在不到两个月的时间里来北京两次，到处汇报？他说，目前我国的体制是计划经济，要多多向上级汇报，你不汇报，他就不了解情况，你的工程就排不上号。

1980年1月8日，国务院副总理谷牧派一个调查组来大庆。崔海天和调查组的同志就原料、资金、产品方案、燃料油改煤问题进行了充分的交流，共同提出了解决的方案。双方对这次考察结果十分满意，在离开大庆之前，调查组的同志答应，回京后立即建议国务院解决大庆乙烯的资金。

到了4月份，大庆气候转暖，正是施工的大好时节，但是资金仍无消息。4月下旬，国家计委来文让大庆乙烯拟一个贷款方案。崔海天立即搞了一个贷款意见报给了国家计委。在资金不落实的情况下，崔海天依然是信心十足，只是在工作安排上，缩小了工作面。工地的三通一平工作仍然继续艰难地进行。

为了落实资金问题，崔海天带队去哈尔滨向黑龙江省委作了专题汇报。省委很重视这次汇报，副省长全部出席了会议。鉴于省政府目前无力支付资金的实际情况，会议决定，由省政府担保，乙烯指挥部可以向国内外贷款，乙烯投产后还款。崔海天认为，这一方案倒是可行，但需要向石油工业部汇报同意才能实施。

截至1980年9月底，大庆乙烯工地基本实现了“三通一平”，一批基础设施工程接近完工，乙烯厂区的干线道路、供电线路、部分装置的基础已经完工。“十一”过后，崔海天带领各位副指挥和机关人员到工地现场查看工程进度。崔海天说，1980年是我们的起步年，现在看来，这个步起得还不错，明年先把红旗泡供水管线完成，把兴化村的住宅建好，争取在3年内年完成大庆乙烯工程的全部建设工作。这几天，大家发现崔海天的心情特别好，他天天到工地检查工作。此时在他的脑海里正盘算着1981年的工作计划，但是，他很担心资金问题。

1980年10月下旬，一个大家都不愿意听到的消息从北京传到大庆乙烯工程工地“工程要停建”。此时崔海天已经盘算好的明年计划也就无法实现了，他无奈地说，这才叫“谋事在人，成事在天”。

班子不变，队伍不散，做好准备，以利再建

1980年11月4日，国务院下发了“关于4套三十万吨乙烯工程缓建”的文件。国务院根据国民经济调整方针，1981年1月14日，决定大庆乙烯工程停建。

崔海天想到的是：全面展开的现场，5000多名职工，如何安排？全部运

到施工现场的设备材料，如何保管？已经签约的 9 个合同怎样继续履行？未完工程如何处理？指挥部领导班子是保留还是解散？

他心急如焚，彻夜无眠，整整两天两夜在办公室里来回地走着，一点睡意都没有。他一点点清理着自己的思绪，清理着千头万绪的施工现场。作为工程指挥，他明白，大事当前一定稳住方寸，处乱不惊，遇事要有办法。

收到关于大庆乙烯工程停建文件的第四天，大庆乙烯指挥部召开党委扩大会议，研究如何贯彻执行停缓建的文件精神。副指挥们此时尚不知道崔海天已胸有成竹了，他们的心情都很沉闷。会议的气氛深沉而凝重，没有了往日欢快热烈的场面。

崔海天说，作为国家干部，必须坚决执行国务院的决定，在思想和行动上同党中央、国务院保持一致。今天的会议研究的内容是如何贯彻落实国务院关于大庆 30 万吨乙烯工程停缓建的文件精神。第一，我们要做好职工群众的思想政治工作。一是我们自己的职工队伍，二是施工现场其他单位的队伍。工程停缓建以后，人心思动，产生了一些不稳定的因素，甚至有个别人提出申请，准备调走。施工现场，有近万名的施工人员。工程停缓建以后他们没有活干，意味着没有收入，工人可能开不出工资。何去何从，上万双眼睛看着我们，期待我们。第二，一定要把从国外引进的设备材料保管好，做好接、保、检工作，把施工现场保管维护好。我们必须从实际出发，拿出一套切实可行的措施，把工程维护好，把职工安置好，解决好施工队伍的去留问题。

崔海天说："搞这么大的现代化工程，我们的工作还有很大的差距，我们队伍的素质和管理水平不能适应现代化工程的施工需要。国家决定大庆乙烯工程停缓建，恰好给我们创造了一个很好的学习机会，从这个意义上讲，停缓建也许是一件好事。我们应该认清形势，利用停缓建这段时间，组织大家好好学习，提高水平，到工程复建时，干得更快更好。"

大家觉得崔海天的意见很好，会议开到这时，气氛变了，原来的冷冷清清变得活跃和热烈起来，大家纷纷发言，献计献策。会议整整开了一天，经过充分讨论，为了迎接工程恢复建设，决定立即开展如下工作：

(1) 充分利用停缓建的时间，搞全员培训，以提高我们的技术和管理水平，这也是一项硬任务；

(2) 要千方百计解决资金问题。继续完善一批包括设备保管和职工过冬的急需工程。工程停建，国家停止拨款，资金就成了当前最大的问题。一是要组织有关人员，编制一个工程维护方案，向国家申请工程停缓建维护费，大约需1200万元；二是一旦国家停缓建维护费不到位，向黑龙江省暂借一部分，给陈雷省长写一份借钱报告；三是号召各单位去油田找活干，为油田建设服务，既可锻炼队伍，又可增加收入；

(3) 当前最重要的是看管好引进设备材料，要防止遭人哄抢，最好是请解放军来持枪站岗看护。负责现场施工的副指挥施广仁同志提议，引进的设备材料不宜露天存放的，设备基础已经建完、具备安装条件的，组织施工队伍，直接把它安装起来，实行就位保管；

(4) 积极做好涉外合同的善后工作，让外商理解我们的国情，希望他们能继续承担合同的责任，努力做好进口设备的接检工作及国外设备资料保管、翻译出版工作。

总结起来，就是“班子不变，队伍不散，做好准备，以利再建”作为工程停建期间的工作指导思想。会后召开职工大会，传达这次党委扩大会议的精神，稳定了职工队伍。后来，有人又做了补充：“面向油田，承接活干；管好设备，保证齐全；抓好培训，技术精炼；齐心协力，迎接复建。”

崔海天把这次党委扩大会议内容向大庆市委、市政府进行了详细地汇报。大庆市委副书记、市长王苏民同志主持了市委常委会，听取了崔海天的汇报，研究讨论了大庆乙烯工程停缓建后的工作安排，同意“班子不变，队伍不散，面向油田，承接活干，做好准备，以利再建”的方针。市委、市政府同意组建留守班子，成立临时指挥部，由施广仁主持全面工作，全权负责现场的看护、续建等工作。崔海天回到市里，负责市政建设工作，仍然分管大庆乙烯工程的工作。

崔海天虽然回到市里，可他的心还在乙烯工程现场，他的情仍然系着现场的5000多名职工。他每周都到现场两次，听取汇报，察看现场，调查研究，指导工作。以施广仁为首的施工现场指挥部，带领5000多名职工，按照中央精神，积极地组织开展国外设备材料的“接、保、检”，引进的资料和设计文件的翻译出版及归档，未完工程续建以及职工培训等工作。

筹措资金续建未完工程，自力更生渡难关

为了解决资金问题，崔海天专门召开了一次会议，听取各方面的建议。会议决定组成一个小组，编制一个引进设备材料和工程的保管维护方案，向国家申请维护费。维护方案做好后马上向石油工业部和国家计委汇报，争取早日批复停缓建维护费。在没得到停缓建维护费之前，向黑龙江省求援借款，希望省政府帮助解决资金临时短缺的问题。另外由施广仁等同志负责去油田找活干，既可锻炼队伍，又可增加收入。

会后，崔海天立即率队去哈尔滨向省长陈雷汇报。当陈雷省长和陈剑飞副省长听了崔海天的汇报后，他们感到施工现场遇到的困难非同小可，否则大庆乙烯工程的同志不会轻易地向省里开口。在黑龙江省财政十分紧张的情况下，省长当场给财政厅长下令："借给大庆乙烯工程5000万元人民币，解决大庆乙烯工程的燃眉之急。什么时间有钱，就什么时间还，不计利息。"同时，还以优惠的价格拨给乙烯指挥部一批黄豆、豆油、面粉、大米等生活物资。

后来，国家正式批给大庆乙烯工程1000万元资金，加上省政府借给的共计6000万元，对大庆乙烯工程来说，虽是杯水车薪，但毕竟可以做一些事情。根据会议的精神，乙烯指挥部下属的大庆石化设计院、运输公司、安装公司先后承担了大庆天然气原料油处理工程、助剂厂的设计和施工、大庆电视台工程的施工等工作，创造了一些收入。

崔海天一向善于在纷杂的事物中理出头绪，逐个解决问题。面对诸多未完工程的续建问题，他召开会议，确定续建的原则。他说，资金是有限的，要着力解决急需的关键工程，总的原则是引进设备材料的库房要优先建设，已开工的厂区基础设施工程也要按照轻重缓急列出续建计划。他指示计划部门排出续建计划，按照计划执行。会议确定了包括三口供居民饮用水取水的深井、第一轻烃罐区的基础、红旗泡720毫米直径的引水管线等几十个单项工程列为第一期续建计划，限期完工。

另外，由于工期太紧，他还担心一些年轻的工程队长或者是由于经验问题、或者是方法问题，导致出现未可预见的浪费和完不成任务。针对这种情况，崔海天经常下工地了解情况，他经常和小队长谈质量和进度，教他们如何处理进

度和质量的问题，告诉他们如何安排工程进度。

经大庆市政府同意，乙烯居住区兴化村住宅区的工程列入了大庆市的市政建设计划，由市政府拨付工程款按期建设完工，确保了职工家属迁进新居，子女上学入托问题及时得到解决，粮店、商店、邮局、市场基本就绪，形成一个初步完善的生活居住体系。

经过一年的努力，这些工程如期完工。崔海天在乙烯停缓建期间所指挥建设的一些工程，虽然总的投资规模不是很大，比起几十亿的乙烯装置来讲也就是小巫见大巫，但他耗费的心思却比他过去指挥建设的一些大工程有过之无不及，其原因就在于停缓建期间的资金太少，而需要干的事还特别多，所以他就需要付出百倍的努力，精打细算。

冬季快要到了，采暖是摆在面前的大问题。当时只有1979年建的一台20吨锅炉，现在供热面积增加了，一台锅炉满足不了新的需要。崔海天决定，再增建一台20吨锅炉。他马上安排设计院拿出一个设计方案。一切准备就绪，只是设备材料及燃料油还有些问题。崔海天找到大庆石油管理局李虞庚副局长，请大庆油田帮助解决。李虞庚表示坚决支持，并指示管理局物资供应指挥部负责解决所需要的一切材料。一台20吨锅炉很快建起来了，广大职工过了一个温暖的冬天。

大力抓好职工培训

崔海天对全员培训要求很严格，他说，乙烯工程是成套引进的国外先进技术和设备，生产工艺比较复杂，自动化水平比较高，生产工艺条件操作苛刻、严格。只有认真学习，消化吸收，才能够掌握它。多一分努力，多一分收获，多一分熟悉了解，就多一份成功。因此，他对全员培训抓得非常认真。

乙烯指挥部按专业工种采取了脱产和业余的两种办法开展全员培训工作。按专业工种培训，因材施教。以乙烯裂解装置为基础，先开办了石油化工基本知识学习班，对各车间的班组长及生产骨干进行培训。然后各分厂组织各车间进行全员培训，以本车间的工艺流程图为基本教材，按着生产控制点、岗位操作守则进行，收到了非常好的效果。工人对岗位操作规程和流程，背诵如流，模拟操作娴熟，达到了培训的目的和要求，为投料试车打下了良好基础。同时，根据各专业的特点，先后办了化工设备、自动化仪表、电子计算机等学习班，对车间主任和部分分厂领导又办了经营管理学习班，提高了现代化管理水平。

据不完全统计，全指挥部各单位举办不同类型的学习班共 92 个，参加学习人数达 2900 多人。特别应该提出的是，安装公司有 1000 多名由部队转业来的青年工人，发扬人民解放军的光荣传统，经过培训和刻苦学习，大部分人达到三、四级工的水平，有的达到高级工的水平。还有 100 多人通过文化课的学习，达到中专或大专的水平，并拿到相应的文凭。全员培训收到可喜的成果。

崔海天要求别人学习，首先自己带头学习。他是原国立一中的高中毕业生，英文的底子比较好，他要把英文捡起来。他每天早晨 5 点钟必起床，背诵英文单词，下班后学习到夜里 12 点，外出开会也要带上英语书籍。功夫不负有心人，经过一年的学习，他的英语达到了一定水平，不仅能阅读英文资料、《人民日报》英文版，还能以英语与翻译进行流利的对话。

做好设备保管和检验工作

这一时期崔海天几乎用全部精力去抓外事工作。从询价、签订合同，直到停缓建时的设备材料的维护保管，他一刻都没放松过。因为外事工作涉及的国家多，外商多，技术专利多，所以情况比较复杂，面广，技术性、法律性和政策性都很强。崔海天经常去外事联络办公室了解情况，经常与负责的副指挥研究外事工作。他常告诫大家说，外事工作一定要认真贯彻周恩来总理生前对外事干部要求的“站稳立场，掌握政策，熟悉业务，严守纪律”十六方针。

为了更好地贯彻执行党的对外工作方针、政策，做好现场的外事工作，在国家和中国石化总公司有关外事工作规定的基础上，崔海天领导有关部门先后制订了《技术引进工作管理办法》、《对外技术交流管理办法》等工作制度和规定。

在工程停缓建期间，崔海天要求外事联络办公室组织翻译人员，对国外的资料进行翻译出版，举办各种学习班的同时，还组织了一批翻译人员参加引进设备材料的接、保、检工作，既促进了工作，又稳住了翻译队伍。

崔海天心中最重的，还是如何保管维护好设备材料，以及能够尽快地恢复工程建设的问题。他为此倾注满腔心血，甚至有时彻夜无眠。

大庆 30 万吨乙烯一期工程的大批设备材料集中在 1980 年和 1981 年运抵

现场。由于工程的停缓建，设备材料不能及时安装和使用，必须按外商的技术要求，加强保管和维护。

这些引进的设备材料的保管和维护，不仅关系到今后的生产，还涉及与外商的合同的履行问题。但现场不具备保管和维护条件，困难重重。

崔海天多次召开会议进行讨论研究，制定保管和维护方案。十几亿元引进的设备材料，都静静地躺在现场，往哪放确保不锈蚀？一大批精密仪表、电器设备如何保证不损坏？100多种高纯度的化学药剂、溶剂、助剂、催化剂，如何确保不变质、不损失？现场堆积如山的砖、瓦、砂石、水泥、钢材怎样确保不丢失？这些都需要认真研究，制定切实可行的方案。

于是他责成供应处与外事联络办公室，把专业技术人员和翻译按专业进行分组，做专项研究，拿出具体的实施办法。物资供应处与外事联络办公室的负责同志，迅速组织60多名专业技术干部，分为4个小组，按照外商提供设备材料保管说明书的要求，先后制定了《静设备材料保管方案》、《动设备保管方案》、《管阀配件保管方案》、《电子计算机保管方案》、《化工材料保管方案》等文件，为引进设备材料的保管与维护提供了科学的依据。

保管维护的办法制定出来了，引进的设备材料放在什么地方，是保管维护最大的难题。马上开工建库房，既没有资金，又远水不解近渴。大庆乙烯一期工程共有设备材料3.6万箱（件），总重量约为5.3万吨。一期工程引进9套装置的设备材料共需要库房5万多平方米，而截至1980年末，乙烯工地只建了3万多平方米的库房，不能满足需要。经过认真思考，崔海天提出了“改、借、腾、建”相结合的四个字办法解决了库房问题。所谓的改，就是将原来存放低档物资的库房进行改建，存放高档物资；所谓的借，就是借用临近兄弟单位闲置的库房；所谓腾，就是将现在指挥部用的办公室腾出来作库房；所谓建，就是利用有限的资金抢建部分库房。黑龙江省第五建筑公司承担了新建库房的任务，工人和广大干部加班加点，仅用两个月的时间就把需要抢建的库房，全部建成交付使用。

至此，除了容器、换热器、塔类和超大型设备外，其他该进库房的设备全部进了库房。露天存放的大型或超大型的塔类、容器类、换热器、循环水场凉水塔用木板、裂解炉的炉管等，都采取了特殊的保护措施：底下垫上规整的长条石或方块石，以防触地和水泡；对木箱包装的货物，在上面加盖油毡纸或塑料薄膜，防止雨水渗漏；露天货物存放场，路两旁挖有排水沟，设有铁丝网墙，门卫和瞭望台。大庆乙烯指挥部配备了警卫人员，二十四小时值班。为防止有人哄抢或破坏引进的设备材料，指挥部给省委、省政府和沈阳军区打了报告，请省委、省政府协调，请沈阳军区派人民解放军进驻工地，保卫国家财产安全。沈阳军区李德生司令员同意由黑龙江省军区安排，黑龙江省军区派出某部二排和基建工程兵某部十二连战士按期进驻现场。战士们二十四小时看守设备材料，使其不受损失，为大庆乙烯工程的建设，做出了很大贡献。大庆乙烯设备材料的保管维护工作没有出现任何纰漏，直到工程恢复建设时交给施工单位安装。

在安排大庆乙烯一期工程引进设备材料的保管维护的同时，崔海天又组织成立了由进口设备检验处、物资供应处和外商组成“引进设备材料的品质检验组”。崔海天指出，品质检验组的职责就是检验引进设备质量的专业部门，检验工作非常重要，设备材料安装前的质量检验是保证建设质量的第一关，是一项繁重而细致的工作，我们必须坚定不移地贯彻执行“百年大计，质量第一”的建设方针。认为引进的设备不会有质量问题的观点是错误的。我们必须十分认真地检验从国外引进的这批设备材料的质量，我们必须保证做到引进的设备材料完全符合设计要求和质量标准，这是工程建设高质量、高速度的一个重要环节，所以同志们务必努力把引进的设备材料的品质检验工作做得更好。

这次检验共开箱（件）5万多箱，总吨位为7万吨。其中一期工程为3642件，5300吨；二期工程为1400箱（件），2万吨。共查出较大的问题为1590个。

在品质检验中发现了一些质量问题，有的还比较严重。经与外方现场技术代表进行艰苦谈判，最终外方代表同意来现场进行修复，对于有严重缺陷的设备外商确认报废，重新供货更换，保证了我们国家利益不受损失。

艰苦细致的品质检验工作保证了工程建设质量，保证生产装置投料试车一次成功和长周期安全运转，也维护了国家的尊严。崔海天对这项工作很满意。

主动积极，千方百计争取乙烯工程复建

在乙烯工程停缓建期间，崔海天考虑最多的是千方百计争取工程早日恢复建设问题。他安排人编写去北京汇报的文件，做好技术论证的准备，由总工程

师王瑛负责；又派人去北京了解情况。他多次派王瑛、王锡清等同志去北京向石油工业部和国家计委汇报大庆乙烯工程现场情况。崔海天要求去北京汇报的同志，要敢讲话，讲真话，把真实的情况讲清楚，把大庆建乙烯的充足原料讲清楚，把大庆人建乙烯的决心和信心讲透彻。他说我们要宣传自己。

为了争取复建，崔海天对乙烯工程原料、产品方案、基础设施等问题十分关注，他认为这一问题是件大事，专门成立了论证班子，他本人亲自参加论证会，大大激发了专家们的热情。

关于产品方案。在大庆 30 万吨乙烯工程第一版的总体设计中，有一个 20 万吨／年酒精装置，计划在大庆生产出酒精后，要用几百辆不锈钢槽车经铁路运往兰州和重庆。当时滨洲铁路还未建设复线，滨洲线的运力已经饱和，再加上大量的酒精槽车进入滨洲线，对滨洲线压力很大，又因为黑龙江省粮食酒精过剩，吉林化学工业公司又建成一套 10 万吨／年的乙醇装置，从产业布局角度分析，东北地区乙醇过剩，大庆再建一套乙醇装置会对整个东北的经济运行产生极大的负面影响。为此建议取消大庆乙烯的乙醇装置，将南京化学工业公司引进的两套 14 万吨／年的高密度低压聚乙烯装置调迁到大庆乙烯工程建设。因黑龙江省的无霜期短，缺少棉花，迫切需要化学纤维，建议将 6 万吨／年聚丙烯改为 5 万吨／年丙烯腈和 5 万吨／年腈纶，将顺丁烯二酸酐产品改为 1.5 万吨／年甲基叔丁基醚（MTBE）。又经过论证提出，大庆乙烯工程的燃油锅炉改为燃煤，自备热电站由烧油改为烧煤。

关于原料问题。指挥部资源普查组在黑龙江省石油化学所、大庆油田设计院、大庆石油学院、大庆石油化工总厂研究所和大庆石油化工设计院的协助下，实地考查了大庆油田油气组分和部分联合站原油轻组分情况。指挥部先后派人到大连、秦皇岛、南京、上海等地对车装、船运、管输不同方式的各环节上轻质油馏分含量情况进了调查研究，为大庆乙烯工程原料资源提供了可靠的依据。大庆乙烯工程原料资源的普查分析表明，大庆乙烯工程原料资源是丰富的，大庆油田的伴生气完全可满足乙烯原料的需求，在大庆地区发展石油化工应是油田轻烃和凝析油为原料的乙烯生产新技术。

关于厂外基础设施问题。大庆石化设计院对大庆乙烯工程的厂外基础设施做了详细的方案设计。崔海天在组织审查这些方案时决定：

（1）大庆乙烯工程总用电负荷为 9.8 万千瓦。采用双电源供电，建设自备热电站和建设外部电源确保供电。

（2）关于给排水问题。确定红旗泡水库为乙烯供水的第一水源，第二个水源为在厂区东南角打 13 口深井为地下水源。

崔海天组织大庆石化设计院对上述专题逐项开展专题调查，他带队多次进京向有关部门汇报。这些内容翔实的论证报告得到国家有关部门的大力支持和认可，为大庆乙烯工程的复建奠定了基础。

功夫不负有心人。1981 年 8 月，中央财经小组专家论证组第二次来到现场进行调查论证。崔海天敏锐地预感到，这次专家来大庆的目的有两个：一是国内 4 套 30 万吨乙烯工程经第一轮论证后，他们认为大庆乙烯工程具备恢复建设的条件，与其他 3 套乙烯工程比较，应该排在前面；另一是专家论证组的同志可能对大庆乙烯工程的某个问题，或对某个环节存在疑虑，还下不了复建的决心，需要再次赴现场进行调查论证。后来发生的事情证实了他的预见是完全正确的。他说，这是一次全面介绍自己的机会，是千载难逢的机会，机不可失，失不再来，一定要做好汇报工作。

崔海天工作有一个习惯是，对于重要的汇报材料都由自己亲自拟定汇报提纲，再安排有关部门认真准备汇报材料。汇报会上，崔海天代表大庆石油化工会战指挥部对专家组的到来表示衷心地感谢和诚挚地欢迎。他说，你们是第二次来到现场进行调查论证，其意义非同一般，我们尽量地把情况提供给你们，在论证时作为参考。当然我们希望通过专家论证，能够在最短的时间内决定大庆30万吨乙烯工程恢复建设，你们第二次来调查论证，点燃了我们的希望。接着，施广仁副指挥做了全面系统的汇报。

国家专家组在大庆期间，听取了乙烯指挥部的汇报，又进行了实地考察。专家组认为，大庆油田和大庆石油化工总厂炼油厂可以提供足够的裂解原料，建设乙烯工程的资源是落实的；大庆同志结合大庆地区和黑龙江省的实际情况提出的产品方案的修改意见，也是十分合理的；经过对施工现场的调查，认为大庆 30 万吨乙烯工程的建设条件比较优越，供水、排水、供电、运输工程方案可行，经济合理，完全具备恢复建设条件。另外，在停缓建期间，对从国外引进设备材料接、保、检工作做得比较好，在施工现场的维护和稳定职工队伍等方面都做了大量有效的工作，保留了一支施工管理队伍，这些做法极为可贵。国家专家组表示，会尽快向国务院汇报，争取复建。1981 年 8 月以后的期间里，崔海天基本每天都要到乙烯工地来看一看。此时，他正在盘算着国家批准大庆乙烯工程恢复建设后，第二版的总体设计如何加快进度的问题，他也打算，采取新的方式招用施工队伍，在乙烯建设中可考虑资金大包干的方式，有效地控制和使用资金，为国家和人民再立新功。

重新编报总体设计

根据专家组论证的报告，国务院于 1981 年 9 月 2 日，批准大庆 30 万吨乙烯工程恢复建设，列入国家重点建设项目。

批复要求对产品方案进行调整，按照调整后的产品方案，重新编报大庆 30 万吨乙烯工程的总体设计。资金的问题，由国家出面担保，以齐鲁石化公司的名义向日本贷款，作为大庆、齐鲁、扬子三家乙烯工程的建设资金。各家乙烯建成后，自还本息。这样，资金得以落实。

现在工程恢复建设了，崔海天把他在油田指挥工程施工的资料找了出来阅读，温故而知新。他让有关的同志把燕山石化 30 万吨乙烯、上海金山石化 15 万吨乙烯和吉林化工 15 万吨乙烯等工程建设的有关资料搜集来给他，都进行了认真地学习研究。结合大庆乙烯工程的实际，在办公会上，他提出了当前工作的要点。他说，国务院批准大庆乙烯工程恢复建设，大家都非常地高兴。但是，高兴之余我们要冷静下来，想想工作应该从什么地方开始，首先要做的是哪几件事情，如何高标准、严要求，保质、保量地按时建成投产，是摆在我们面前的新课程。经过反复认真地考虑，当前要抓的第一件事，是在原总体设计的基础上，根据调整后的产品方案，重新编报总体设计。

为了重新编制好第二版总体设计，崔海天在大庆石化设计院召开座谈会，对涉及重新编制总体设计的几个主要问题进行座谈。他说，工艺总流程、物料总平衡、总图布置、总定员编制要尽量科学合理。“三废”和环境治理设计，要符合国家的规定。编制总预算要实事求是，不能为了批准工程项目而有意压低投资，必须严格按照国家规定的各种收费标准，认真地核算，留有余地。我们有信心，在大庆 30 万吨乙烯工程建成后，不但不超概算，而且要有节余。

大庆石油化工设计院，根据中国石化总公司对产品方案的调整意见，再次对《大庆乙烯联合化工厂总体设计》进行了调整，在第二版的总体设计中，去掉了乙二醇和醋酸乙烯两套装置，全厂主要生产装置为 12 套，辅助生产设施及公用工程为 77 项,全部工程共 89 个单项工程。生活区建筑面积 60 万平方米。总概算为 42 亿元。

1983 年 1 月 17 日，国家经委、国家计委以经计（82）49 号文再次批准了重新编制的《大庆三十万吨乙烯联合化工厂总体设计》。

崔海天安排完重新编制总体设计，把注意力转到单项工程的设计上来。根据新的总体设计方案，大庆乙烯工程的 89 个单项工程，分别由国内的 25 家设计单位承担设计任务。

崔海天决定兵分三路加快设计进度：第一路是抓紧对国外设计的审查工作，第二路是加快大庆石化设计院的设计工作，第三路是催促外地设计院的设计进度。崔海天安排由王瑛同志负责此事，为此成立专门设计协调组，按照工程施工的总体进度，采取各种措施，保证设计单位分批分期完成所有单项设计。

实践是检验真理的标准。大庆三十万吨乙烯工程经受住了施工建设和投料试车的考验，获得较好的评价。总体规划比较好，总体规划是成功的。厂区分为南北两部分，固体产品与液体产品分开。各装置间的距离较近，布置紧凑，节约了占地和投资。选用的生产技术是先进和可靠的。原料和产品方案既符合大庆的实际，又兼顾了国家和地方的利益。公用工程合理，“三废”治理符合国家要求，达到了预想的效果。

实施工程承包，有效控制建设投资

大庆乙烯工程在复建后，崔海天想得最多的是，42 亿元投资怎么花，能包得住吗？近年基本建设没有不超概算的，大庆乙烯工程能否做到不超？

石油工业部的领导来大庆视察工作时，曾经语重心长地对崔海天说 ：“希望你能在控制投资，不超概算这方面拿出一套可行的办法，为我国引进项目和国内其他基本建设项目开个好头。”

崔海天毕竟从事了30多年的基本建设工作，总结30多年的经验，经过一段时间的思索，崔海天得出一个结论：要想把投资控制住，必须走承包的道路。只要有了承包，责任到人，奖惩分明，大家才能有责任心。把国家的钱当做自己家的钱花，才能精打细算，把钱用在刀刃上。

经过反复的协商，乙烯指挥部终于与中国石油化工总公司签订了《关于大庆乙烯联合化工厂工程建设投资包干协议》。协议明确规定：大庆乙烯工程指挥部对国家承担五包，即包投资、包工期、包工程质量、包主要材料用量、包建成后的生产能力；中国石油化工总公司对大庆乙烯工程指挥部承担五保：即保建设投资、保设备材料、保外部协作条件、保生产定员的配备、保投料试车所需要的原材料。同时在协议中也规定了双方的权益和奖罚条款。

按照包干协议的精神，在1982年，大庆乙烯指挥部与主体生产装置和所有单项工程施工单位签订了经济承包合同。在签好单项工程投资包干合同之前，必须根据单项工程的概算、取费标准和地方材料估价等资料编制好一个合理的、双方都能接受工程报价书。根据工程的具体情况，可以签订概算包干、单项工程造价包干、施工图预算加系数和施工图预算加现场签证等4种形式合同，签订了不同的经济承包合同。

1984年，整个乙烯指挥部全面实行了投资包干办法。同时，乙烯指挥部对其下属的各处室承担施工或维修任务的，也签订了经济承包合同；对于指挥部内部有生产能力、可以创收的二级单位以及工程建设管理单位也实行承包制、超额分成的经济责任制。

大庆乙烯工程调整后的概算为53.88亿元。由于实行了概算包干和内部经济责任制，在工程竣工决算后，节约了约5000万元人民币。

崭新的施工队伍招用管理模式

崔海天接下来考虑的，就是施工队伍的选择问题。

在改革开放前，确定施工队伍，都是上级指定的。乙烯工程复建时，正值改革开放初期，崔海天有了招标的思想意识。当然，当时完全自主招标也是不现实的。在指挥办公会上，大家就如何确定施工队伍的问题进行了激烈地争论。在当时的历史条件下，完全拒绝上级主管部门的推荐是不行的，完全接受，则可能出现质量问题。

崔海天说，我们采取一个变通的办法，归纳起来，就是“推荐—考核—合同—包干”的办法。他对这八个字做了进一步的解释：对于上级领导部门推荐的队伍要派人进行考核，考察队伍的业绩、资质、甲方的反应。对于甲方反应很差的队伍，我们可详细向推荐部门反馈情况，建议取消推荐意见。然后根据每个单项工程的特点不同，以预算或概算为基础，用不同的形式与施工单位签订包干合同。比如：概算包干、单位工程造价包干、施工图预算加系数和施工图预算加现场签证4种包干形式。要把工程造价、竣工日期、工程质量、材料供应等与工程相关的事宜都以经济合同的形式固定下来，一次包死，奖罚兑现。一旦合同签订了，就要严格按合同的规定内容执行，我们要定期或不定期对施工单位进行检查，防止由于抢速度出现偷工减料等现象，造成工程质量问题。与会同志一致同意他的意见，大家又对“推荐—考核—合同—包干”八字办法予以补充，提了很好的意见，这样，一个新的施工队伍的招用方法在大庆乙烯工地产生了。以后的实践证明，这一新的方法有效地调动了施工单位的积极性，工程建设进度和质量得到有效的保证。根据指挥办公会确定的原则，管理层从各方面对上级推荐的施工单位的资质进行全面考核。乙烯指挥部派人前往石油工业部第四建设公司、沈阳球罐公司、吉化公司建设公司、核工业部所属公司等了解情况，与他们进行座谈。经了解，指挥部认为这些公司能够完成大庆乙烯工程的建设任务，陆续与31个施工单位签了不同方式的经济承包合同。

总结实行经济承包合同制的效果，概括起来如下：

（1）改善了甲乙双方的关系，双方都严格遵守合同，在工程建设中互相信任，互相支援，互相理解，克服了过去签证多、账目多、结算难等问题；

（2）缩短了工期。因为在合同中明确规定了竣工日期，因此施工单位都能自觉地按时或提前完成，没有延误工期的现象出现；

（3）提高了工程质量。从质量大检查和平时的质量抽查情况看，各施工单位工程质量普遍有所提高。如：吉林化建公司安装的两个丙烯塔及二号乙烯塔，共检测6142个数据，均达到或优于外商的要求；

（4）降低了工程造价，增加了效益。由于实行了节约归己，超支不补的办法，各施工企业都精打细算，因而降低了成本。1984年，石油化工总公司第四建设公司和化学工业部第十一化工建设公司，分别降低成本8.5%和8%；沈阳球罐公司在球罐安装时，节约投资约为60万元；江苏省泰兴工程队，承包了生活区住宅建设，其工程造价与未实行包工包料相比，造价降低5%。

立足改革，促进物资管理供应工作

在某种意义上讲，基本建设工作打的就是物资消耗仗。

崔海天对物资供应方面的工作提出了明确要求，他说："俗话说'巧妇难做无米之炊'，我们必须做到'兵马未动，粮草先行'，物资供应工作要做到及时和保证质量，全面抓好物资供应管理的订、催、运、管等环节的工作。"

崔海天根据自己多年的建设管理经验，他首先组织物资部门制定了物资管理方面的制度和实施细则，在物资系统内自上而下的层层签订了不同形式的物资管理经济责任制，实行目标管理。把物资的任务落实到工程项目，落实到使用单位，把物资的订、催、运、管等任务落实到人，目标明确，责任分明，层层落实，使工程项目建设所需要的设备材料得到及时保证。

为了更好地实现物资工作的目标管理，崔海天下决心打破物资部门一统天下通包通揽的习惯做法，大力推进体制的改革，下放权力，实行"分权制"。就是根据实际情况分级实施物资的采购审批权和保管权，把部分权力下放到指挥部的二级单位和施工单位，灵活分管。指挥部的物资供应处除对统配物资统一管理外，对于石油化学工业部管理的物资和三类物资、市场采购物资等一律由指挥部二级单位或施工单位自行采购，使工程项目建设所需要的设备材料得到及时有效的保证。

乙烯指挥部通过材料的目标管理，促进了物资管理水平的提高，使储备资金比限定额度下降了8.4%，差价率比规定指标降低了2.9%，储备金额下降了4.6%，涌现了36个无损库房。通过目标管理促进了流通，有利于工程建设，保证了设备材料的及时供应。

科学安排工程总体建设部署

基本建设工作有其本身的科学规律和工作程序。国家规定，大型的工程必须编制《工程总体建设部署》。编写总体部署的目的有二：

一是确定工程建设最终目标，对大庆乙烯工程而言，这个最终目标就是乙烯装置投料试车出合格产品的时间。大庆乙烯一期工程确定为1986年4月竣工验收，6月投料试车，即为“86.4”和“86.6”是最终控制目标；

二是确定影响或制约实现最终目标的“瓶颈”工程。崔海天十分清楚，他作为指挥的责任就是要千方百计解决“瓶颈”工程，实现最终控制目标。崔海天和有关人员经过认真分析，认为自备热电站、密度低压聚乙烯装置、全厂工艺热力管网三项工程的难度最大，是影响最终控制目标实现的关键控制点，是“瓶颈”工程。

崔海天曾多次开会研究，并抽调专门人员成立编制小组编制《工程总体建设部署》。崔海天明确地提出，在编制过程中，必须坚持严格遵循基本建设程序，坚持“百年大计，质量第一”的方针；坚持采用先进的施工技术，先进的施工装备，开拓施工新技术；充分考虑到大庆地区是沼泽地、地下水位很高、冬季气候寒冷的地理环境和气候条件，科学有效地安排施工时间，提高作业效率；《工程总体建设部署》与《单项工程网络计划》的编制同时进行，互相呼应，互相衔接，最后的契合点为投料试车的总目标。

这时，善于抓主要矛盾的崔海天，以主要精力，千方百计采取措施，确保“86.4”这个最终目标的实现。

（1）利用网络技术组织作业。

为了有条不紊地组织施工，确保所有的单项工程都能按计划准点到达，崔海天安排计划处、科技处的同志根据“统筹法”原理编制了《大庆乙烯工程统筹网络计划图》，并将此图挂在自己办公室的墙上。

这个网络图将所有单项工程从设备和材料采购、施工、管道吹扫、单机试运、联合试运、工艺投料，一直到出合格产品所需要的时间和时间点一一标示出来，从这张图上可以明显看出影响总进度的关键路线。网络计划把89个单项工程，按建设时间、按系统、按专业，分解成若干分目标，又将分目标再分解成若干小目标。用分目标和小目标的实现，确保总目标的实现。他根据网络图上的项目和时间，经常到工地去检查进度，对于没有完成计划的项目，他默默记在心里。为了加强协调，统一调度，崔海天每天都召开调度碰头会，指挥部有关部门和施工单位参加调度会，会议的重点是督促检查工程进度，协调和解决施工中的各种问题，部署下步工作。在每天的调度分析会上，他只问一句话："没有完成任务耽误的时间，什么时候抢回来？"这句话，对到会的各位项目部主任来讲是很有威慑力量的。他们知道，崔海天每天在工地转悠，对工程进度了解的一清二楚，到会的有关人员必须准备好"什么时间抢回来"的具体措施，否则就过不了关。

崔海天一方面要求工地的领导必须按时完成任务，同时，他更注重要求指挥部机关各处室发扬大庆"三个面向"，"五到现场"的光荣传统，实行现场办公，为现场服务，不许马达倒转。崔海天要求机关每个人都必须了解当前工程进展情况，了解自己的工作在整体工程中所处的位置和周围工程的关系，以便及时发现问题，及时为现场的工作提供服务。他经常过问资金、材料、队伍的情况，要求施工管理、设计、物资、外事等部门的同志，必须长年在施工一线为施工单位服务，他严格要求机关办事要简化程序，凡是工地提出的问题，有关部门必须立即予以解决，事不过夜。

在 1984 年和 1985 年的两年里，崔海天以网络图为依据，按照网络图的时间检查总目标、子目标、分目标的进度，他还及时地解决了现场对资金、物资、人力的需求。5 万人的工地，紧张有序。每天，崔海天自己在网络图上把已经完成的项目用红笔标注一个记号。1985 年 8 月初，红色的记号已经布满了他墙上的网络图。

（2）成立工程项目责任组，工程进度落实到人。

《工程总体部署》中已经确定了各种大小目标和控制点，为了保证这些目标的正点到达，崔海天根据自己在油田建设管理过程中实施的"任务明确、目标明确、措施明确"的经验，在乙烯施工中成立了近百个工程项目责任组。崔海天要求项目组必须具有解决一切问题的能力，要用科学的方法处理各种矛盾，要有拼搏的精神，能吃大苦，耐大劳，攻无不克，战无不胜。

1984 年的低压聚乙烯、自备热电站、厂外排水、全厂工艺管网、热力管网和土方等六个大会战项目都成立了项目组。项目组把一个较大的施工项目分解成若干个小项目，任务落实到人，各自为战，采取集中与分散相结合的方法，发扬拼搏精神，昼夜兼程，分期分批组织打歼灭战的方法，按期完成了这些任务。

崔海天经常帮助项目组出主意想办法解决施工难题。

（3）作为指挥，崔海天在困难面前敢于领导，善于领导，遇事能拿出办法。

1983 年石油工业部批准大庆乙烯工程基本建设计划投资为 7.5 亿元，由于现场土建力量不足，严重影响安装工程，到 7 月份，只完成了 5.5 亿元的工作量。

崔海天得知情况后，立即召开了指挥部办公会，他决定，从生活区调一部分江苏施工队参加工厂区的基础和框架建设。崔海天说 ："大事当前，必须树立全局观念，局部服从整体。我决定，立即实施队伍调整方案，明天上午调整到位，计划、施工管理部门立即按此意见办理。如果贻误工期，拿项目组是问"。

会后，崔海天详细地和有关部门人员部署资金等调整计划，不但工厂区的基础和框架按期完工，而且民用工程也基本按期完成了任务，做到了两不误。

经过项目组的努力，终于完成了 1983 年的基本建设计划 7.5 亿元的投资任务，为 1984 年打下良好的基础。

1984 年工地全面进入工艺安装时期，各施工单位都与指挥部签订了经济承包合同，精打细算，不怕苦不怕累，加班加点的施工，大大加快了工程建设进度，按时完成了预期的计划。

（4）集中力量打歼灭战。

1985 年是大庆乙烯工程关键的一年，决战的一年，面临着工程收尾项目多，试运投产项目多，建安工程量大的形势。根据《部署》安排的控制点，即 1985 年要实现"3、6、9"，点好两把火，打好 4 个战役的目标。"3"，就是 1985 年 3 月份总降压变电所受变电。投料试车时必须具备双电源，其外部电源为红旗变电所和东北电网的新华屯电厂，至此，用电有了保证 ；"6"就是 6 月份乙烯装置辅助锅炉点火，为乙烯装置投料试车准备好了汽源 ；"9"就是 9 月份自备热电站一号锅炉点火。3 个战役实现目标后，又部署了第 4 个战役，即"85.12"，就是在 1985 年 12 月份，基本建成低压聚乙烯装置，为接收乙烯做好准备。

崔海天领导有关人员从抓主要矛盾入手，逐一解决以上 4 个战役的问题。

围绕"86.4"竣工验收的目标，安排工程建设进度，其主要矛盾，第一个关键是自备电站工程建设。因为国家能源政策的改变，自备热电站由原来设计烧渣油而改为烧煤，要重新设计，锅炉等设备重新制造。

为确保一期工程顺利投产，必须有双电源和双汽源。自备热电站必须完成“二炉三机”的形象进度，必须在1985年底达到“一炉二机”投产运行，否则将会给一期工程的建成投产带来很大困难。而自备热电站施工工程量非常大，施工周期长，土建开工晚，矛盾十分突出。按着《部署》要求的进度，要完成“二炉三机”，只有集中兵力打歼灭战。崔海天点名施广仁在自备热电站前线坐阵指挥。施广仁以身作则，一头扎进工地，下令参战人员不得回家，“人盯人，团团围住”，他吃、住在工地，患了重感冒，仍坚持“轻伤不下火线”，在工地上边打点滴边指挥。

崔海天指出，歼灭战的指导思想为攻主体，抢配套，保点火。要安排好一号炉点火需要完成的工程量和形象进度。施广仁根据崔海天的指示精神，把一号炉点火的目标分解为“九通”、“二排”、“一进”的具体小目标。按项目，组成25个项目小组，责任到人到组，下达责任状。每天一碰头，随时解决施工中出现的各种问题。经过全体参战人员3个月的努力，1985年9月30日，一号锅炉点火成功，为乙烯装置投料试车创造了条件。崔海天又一次解决了这个头号老大难的“瓶颈”工程。

第二个关键是从南京搬迁过来的高密度低压聚乙烯装置的问题。从国外引进时，该装置的总图和土建条件是南京提供的，搬来大庆后其总图位置，地质条件，土建条件以及气候条件都发生根本性的变化。设计要按照大庆提供的条件进行修改，部分设备材料要更换。如果低压聚乙烯装置不能与乙烯装置同步投料试车，势必造成乙烯装置投料试车后，下游装置不能进行加工，堵死后路，结果是能耗很大，经济效益很差。崔海天形象地说：“高密度低压聚乙烯就像一只拦路虎，挡住我们通往“86.4”的道路，集中兵力打歼灭战就是武松。”在低压聚乙烯装置的施工中，崔海天领导项目组，采取了抢室外，扫外围，攻土建、保安装的各种积极措施，工地三班倒，人停设备不停，工地昼夜奋战。这时已进入秋季，混凝土已经不能施工了。于是采取了给每个设备基础建“房子”的办法，用毡布支起一个棚子，里面生上炉子，保持温度在15摄氏度左右，经过三个月的奋战，把所有设备基础全部打完砼，为设备安装争得了宝贵的时间，保证了低压聚乙烯装置与乙烯装置同步建成投料试车。

1985年“8.1”过后，崔海天带领机关人员查看了乙烯装置辅助锅炉现场，又到自备热电站和低压聚乙烯装置工地。他说，我们的“85.3”和“85.6”都如期实现了，现在看来，自备热电站和低压聚乙烯装置按期完工也没有问题。他说利用网络技术和系统工程理论，科学地安排建设程序，做到合理地使用人力、物力、财力，统筹工程建设、控制工期和速度，保证工程建设优质高速地进行，是工程管理的一大进步。他说：“1986年的投产工作，也必须利用网络技术和系统工程理论统筹安排。等到‘85.9’和‘85.12’两项工程完工时，我来现场向你们祝贺。”

始终坚持工程质量第一的原则

崔海天在多年的工作中，始终坚持，基本建设中质量就是生命。一项工程建起来，如果由于质量不合格，不能投入使用，这是最大的浪费，是对人民不负责任，是对人民的犯罪。

崔海天决定亲自树立一个样板工程。为了所有塔类工程的吊装做到万无一失，达到质量全优，他亲自过问丙烯塔的吊装方案。大庆化肥厂在300吨合成塔吊装时，碰弯了一颗地脚螺栓，虽然马上换掉了，还是受到了石油化工部的通报批评。崔海天吸取了大庆化肥厂的教训，要求吊装600多吨的丙烯塔及乙烯塔，不能碰弯地脚螺栓。他强调，一定要做好充分准备，不打无准备之仗，他亲自听取吊装方案的汇报，提出“稳、准、一”的要求。就是一定做到起吊平稳、落塔准确、一次成功。在准备会上，他反复从不同的角度提出许多问题，让施工单位给予解答，反复论证，多次修改吊装方案。最后决定在地脚螺栓上加上护丝套，做到万无一失。他亲自到现场鼓励现场指挥人员要冷静。当多台大型卷扬机启动，将平卧的丙烯塔缓缓拉起时，他屏住呼吸，目不转睛，仰望徐徐吊起的塔，准确地从护丝套上插进塔座底盘安装孔，实现了“稳、准、一”的要求时，他带头鼓掌，并说，今后一定要以丙烯塔吊装为样板。他要求主管的副指挥一定要亲自过问吊装方案，亲自指挥，实现“稳、准、一”。并提出了一系列保证工程建设质量的措施，必须做到他实施的“质量好坏与奖金挂钩，奖优罚劣”、“质量一票否决制。没有质量部门签字，指挥部不拨进度款，没有质检部门签字盖章，不予以工程结算”的制度起到了重要作用。

在工程建设质量管理上，实行全面质量管理，贯穿全过程，建立质量大检查制度。大庆乙烯一期工程共进行了 9 次质量大检查，确保了大庆乙烯工程建设的高质量，并最终获得国家颁发的金奖。

质量检验处根据崔海天的指示精神，按照全面质量管理的理论，全面系统的开展大庆乙烯工程建设的质量检验检查工作。

(1) 建立三级质量管理网，保证工程建设质量。在指挥部工程质量检验处领导下，要求施工单位建立健全工程质量检查科，要求基层班组设立兼职质检员。定期对所有装置和工程项目进行“三定”（定岗位、定责任、定人员）质量检验工作。

(2) 实行质量一票否决权制，真正体现“百年大计，质量第一”的原则。

经工程质量检验处审查，凡是未取得国家批准建筑安装施工单位资质的队伍，设备材料质量不合格的，凡工程质量未达标，或者已造成质量事故的，质量检验处有权在队伍进场、评比先进单位、工程验收、奖惩兑现等方面实行一票否决权。

(3) 建立健全各项规章制度，保证质检工作有章可循。

按照指挥办公会的要求，指挥部质检部门先后制定了《现场质检工作暂行办法》、《引进装置设备、材料品质检验大纲》、《工程质量与工作质量竞赛检查评比细则》、《大庆乙烯工程竣工验收实施办法》，这些规章制度，在工程质量检验和质量检查管理工作中起到了保证作用。

(4) 严格控制工程建设全过程的质量。

崔海天把设计质量控制作为工程质量的第一关来管理。他要求选用具备资质，又有承担过大型工程项目的设计单位承担设计任务，在设计过程中严格设计程序管理，设计前有调查，调查有总结。实行工程设计全面质量管理，建立全面质量管理体系和机构，制定全面质量管理制度；交付施工图前进行技术交底，请施工管理、施工单位、供应、安全消防，卫生环保等部门的同志参加施工图的会审。现场派设计代表为施工服务。由于加强了设计过程中各个环节的质量监督和检查，参加大庆乙烯工程的 25 家设计院设计质量没有出现任何问题。

工程建设质量得到有效控制。

其次，要求各施工单位制定切实可行的施工技术保证措施，对单项工程要求施工单位做到“十有”和“六把关”。“十有”是：开工有报告、图纸有会审、施工有措施、技术有交底、定位有复查、材料有复验、质量有检查、隐蔽有复查、变更有手续、交工有档案。“六把关”是：图纸会审关、测量定位关、材料化验关、机件试验关、隐蔽检查关、技术交底关。

第三，积极开展QC小组活动，对实行全面质量管理起到了积极的促进作用。

大庆乙烯工程指挥部质量检验处，积极组织施工单位班组QC小组的质量创优活动，实行工程建设全面质量管理工作，收到了很好的质量创优效果。

大庆乙烯工程一期工程的5套生产装置及其配套水、电、汽等66个单项系统工程，当年试车，当年生产，没有发生任何重大事故，生产装置全线贯通。一期工程建设的所有项目全部安全、正点、优质地投入正常的生产运行。

一期工程的生产装置和辅助生产装置共九套，被黑龙江省评为省级甲级（金牌）优质工程，有三项建筑工程被黑龙江省评为省级乙级（银牌）优质工程。核工业部二三公司承担的丁辛醇装置获得全国工程质量评比的鲁班奖，大庆乙烯工程获得国家颁发的金牌奖。大庆乙烯工程取得了国家4套乙烯工程中的五个第一：第一个全面竣工建成，第一个试运投产成功，第一个国家正式验收，第一个全面达标，第一个获得国家颁发的金奖。五个第一和金奖的光荣中，凝结着崔海天的心血。

潜心研究逆开车法，组织编制投产试车方案

从1978年大庆乙烯会战指挥部组建开始，在进行施工准备的同时，崔海天就专门组织人员进行生产准备工作。

大庆乙烯一期工程是一个庞大的石油化工联合企业，实现设备的同步试运投产一次成功，并非易事。要想实现这个目标，必须编制一个科学的投产试车方案，按照方案的步骤一步一步地实施投产试车 ，才能实现一次开车成功。

如果说组织油田建设的某些工作方法可以作为乙烯工程的建设的借鉴的话，那么，对于崔海天而言，组织大庆乙烯工程投产试车工作则是第一次，他既无经验，过去也没有学习过这方面的知识。如何做好这件事关全局的大事，

这是他必须面对的也是必须解决好的一个空前的大问题。在新事物面前，他从来不认为外行可以领导好内行，外行必须变成内行。他决定虚心向专家请教，向书本请教，向国内外相类似装置投产的案例请教。他找来王瑛和王仲华两位副指挥，这两位也是国内颇有名气的石油化工技术人才，他让这二位讲述石油化工装置投产方面的知识。他让外事、生产准备有关人员给他准备了有关书籍和国内外乙烯装置投产方面的资料，他日以继夜地听和看，认真做好笔记，他的英语水平帮了大忙。崔海天先后召开了施工单位座谈会和各分厂厂长座谈会，这样的座谈会，既是研讨会，也是任务下达的会议，每次开会，他都受益匪浅。他安排总工程师王仲华负责投产方案的编制工作。功夫不负有心人，根据大庆乙烯工程生产装置的特点和装置之间的关系，他认真地研究国内乙烯装置的开车全过程和经验后，综合和借鉴国外乙烯装置开车的成功经验，他已经形成了一个基本的开车投产的思路，这就是运用系统工程理论和网络技术，把全厂试运投产项目从纵向和横向连接起来，编制一个试运投产统筹图，按照试运投产时间的要求，确定主要生产装置试运投产的主控制线，确定网络中的关键控制点，有计划、分步骤地进行试运投产。

早在大庆乙烯指挥部成立不久崔海天就组织成立了生产准备办公室。在指挥办公会上，崔海天明确地提出，生产准备办公室必须集中力量以一次投料试车成功为目标，编制好投料试车方案。即制定出一个科学的符合实际的投料试车技术方案。包括：单机试车方案、联动试车方案、管道吹扫方案、化学清洗方案、压缩机调试方案等，达到中国石油化工总公司的“开起来，稳得住、生产出合格产品来，拿出经济效益来”的要求。他综合大家的建议正式提出，我们要应用系统理论的观点，以“从外向里开、从后向前开、全面同步开”的倒开车法的程序，编制完整的试车实施方案。

经过三年的努力，在王仲华的具体领导下，大庆乙烯工程的投产方案于1984年4月基本编制完成，此前曾先后4次提交大庆乙烯及原料工程建设领导小组会议和有关生产准备专业会议进行审议，并获得通过。

投产方案从大庆乙烯工程试运投产的实际出发，明确提出，只有所有的公用工程和辅助工程全部试运投产运行正常后，才能确保主体生产装置试车投产一次成功出合格产品。为此，必须先进行公用工程和辅助工程的试运投产，然后进行主体生产装置的试运投产，这就是倒开车的思想。倒开车方案实质是把顺式投产方案和平行开车有机地结合起来，以倒开车为主的新型试车投产的新方法。倒开车法达到了“以外围保主体、全面同步进行，装置衔接紧，中间少放空，下游等上游 ，流程尽快通，产品要合格，效益靠经营”的要求，避免了上游等下游，因衔接不好，造成损失和浪费。倒开车方法对大型乙烯化工联合装置，乃至其他石油化工装置的试车投产，都具有非常大的现实意义。

1986 年 6 月 28 日裂解炉投油，标志着大庆乙烯一期工程投料试车开始。7 月 13 日生产出合格丙烯，14 日生产出合格乙烯，历时 16 天，实现了投料试车一次成功。

由王仲华执笔编制的倒开车法的总体投料试车方案，经过投料试车实施的检验，证明它是科学的，合理的，可行的，符合大庆乙烯工程试运投产的实际情况。由于参加试运投产的全体干部、工程技术人员、工人和有关部门同志的努力，有关部门的大力支持，严格按照开车程序、严密组织、细心维护、精心操作，最后取得试运投产的成功，达到了预期目的，在为期 40 天的投料试车期间，创造价值共 2579 万元，年终，实现了当年试车投产，当年收支平衡，并略有节余。

惋惜、欣慰、学习与祝福

在 5 年的时间里，崔海天把工地当成办公室，他把办公室当成家。他事无巨细，每天都要工作 12 个小时以上。他经常提醒自己，无论大事小事都不能出现任何差错，但也不能墨守成规，只有改革创新才能优质完成这项举世瞩目的工程。共产党的党性和人民公仆的责任心促使他大胆改革施工队伍的招用模式，他一次次提出改革物资管理办法，投资包干改革办法，他把工程质量看作是自己的生命线。他经历了一个个春秋冬夏，他看见了一座座拔地而起的铁塔，他把职工的冷暖放在心上，唯独忘记了自己的身体和年龄。

1985 年 8 月崔海天病了，这一病就是 2 年的时间。1986 年 6 月，他主持建设的乙烯工程一期利用倒法开车取得了成功。投产了，干部职工在现场兴奋享受着投产的幸福时，尊敬的崔指挥却在北京的医院里治病。乙烯的千万名职工为崔指挥没有能够亲自指挥投产而感到惋惜。后来，1987 年 8 月，我们的崔指挥又回到了我们的身边。职工们看到他拄着拐棍可以行走了，大家又替他高兴。

崔海天的一生是成功的一生，是劳碌的一生，是奉献的一生，他值得我们学习的地方太多，他在任何时候都以大局为重，以工作为重。我们只是说，崔指挥这个人太好了，我们这一代人，和下下几代人，和领导，和群众，都应该摒弃那种为了不正确的目的而故意给别人制造麻烦的腐败观念，都应该学习崔海天同志这种大公无私的精神，学习他任劳任怨从不空谈的实干精神，因为空谈误事误国。

崔海天指挥现在正在安度晚年，我们祝他幸福长寿。

崔海天的“第二篇文章”

赵庆德[1]

1985年8月11日早，战斗在大庆乙烯指挥部指挥岗位上的崔海天住进了大庆油田总医院，后来经北京友谊医院、北京中医院两年的治疗，他于1987年8月21日回到大庆。早在1987年4月，根据崔海天的身体和年龄情况，组织上决定让他退居二线工作，任命他为大庆石化总厂企业管理咨询委员会主任。他对这个职务很满意。

到家的前一周时间内，市政府、管理局、石化乙烯总厂的同事们、战友们来看望他，劝他今后好好休息，颐养天年。他不住地说谢谢，并告诉大家说，他今后还要工作，还要上班。他说，我的一生可用三篇文章来概括，第一篇文章已经写完，这就是从玉门开始到1985年有病时为止，这篇文章的好坏优劣由世人去评说吧。现在我在考虑如何写好自己一生中的“第二篇文章”。

成立退休人自己的老年服务公司

8月25日，他来到阔别两年的办公室。办公室没有丝毫的变化，只是桌面被收拾得干干净净，上面没有文件了，他顿时有一种“物是人非”的感觉。他下决心用实际行动让办公桌上文件再堆积起来。下午，崔海天开始到乙烯第二期工地现场，又连续到已经投产的各车间去考察乙烯装置的运行情况，接着，他驱车到大庆石油管理局油建公司、建材公司去看望一些老同志。

上班要过的第一关是上楼。他的办公室在四楼。就靠两根手杖支撑着身体的全部重荷，不仅仅是攀登，而是在冒着随时可能摔伤的危险，一级一级地向上拔。每拔上一级台阶，都要付出巨大的努力。旁边的人看着揪心，想上前去

[1] 大庆市原建委主任、大庆高新区管委会原副主任。

帮他一把，但每次都被他婉言谢绝了。待七十多级台阶爬完，浑身便如水洗。

第二关是过大小便关。为了在行动极不便的条件下坚持上班，他严格地控制饮食量，以减少排泄次数，并保证定时在家办完。如此，他常常忍受饥渴，在班上，整天不喝一口水。如此，他实现了和常人一样的上班工作的愿望。

他开始走访调查。他去看望离退休老干部、老技术人员和老工人，询问这些人的生活和身体情况。他发现，这些人身体都很健康，头脑清晰，很多人有高级职称，经验丰富，政治素质和技术素质都很高，但整天无事可做，生活单调，心态沉闷。他亲身体会到了退休老同志们的那种难以排解的孤独和失落感。他想起往昔岁月自己只顾率领他们东冲西杀，南征北战，而很少想到要照顾他们的生活，感到愧对这些人。这些部下跟随自己毫无怨言地风餐露宿艰苦奋战，现在他们退休了，工资却又比小青年还少。他说："过去我对你们关心的很少，趁现在我们身体好还可以干些事的时候，立即行动起来，继续为人民干点事。"崔海天初步考虑在有生之年办好三个公司，一是老年公司，二是运输公司，三是工程公司。第一件事是首先动员退休人办一个老年公司。他把这一想法告诉了在石油工业部司长岗位退下来的老战友郑浩同志。

1987 年 9 月，应南京扬子乙烯和山东齐鲁乙烯公司的邀请，崔海天前往南京和山东，参加扬子乙烯和齐鲁乙烯投产仪式，回程时又到山东胜利油田了解非油产业问题。这次外出一个月时间，目的是了解石化企业的替代产业的发展情况，作为办老年公司的参考，同时也是对自己身体的适应情况做一次考验。11 月间，郑浩先后两次来大庆和崔海天讨论成立公司事宜，崔海天也多次找来总厂原领导罗忠范、王锡清、施广仁等人商议，他还多次邀请农工商公司、总厂生活系统的现任领导和退离休人员来他办公室座谈，向他们通报了成立老年公司的想法，听取大家的意见。最后大家达成共识：支持崔海天以组建公司的形式进行第二次创业，大家愿意参加新组建的公司和崔海天共同继续奋斗。这以后，崔海天根据大家的意见，自己动手向现任厂领导写了一份关于成立老年公司的建议。1987 年 12 月 9 日，崔海天和夫人韩德莲带着这份建议进京，向石油工业部部长唐克同志做了详细汇报，唐克同志大力支持崔海天的想法，并设宴招待崔海天一行。唐部长还就老年公司的章程、经营、财务等问题谈了个人意见。在京期间，崔海天专门到北京友谊医院、北京中医院看望有关医务人员，大家见到他身体和精神这样好，都十分高兴。

1988 年 1 月 4 日，石化总厂召开干部大会，崔海天在会上就成立老年公司问题讲了话。他通报了唐部长的意见，重点讲了郑浩、罗忠范、王锡清、施广仁，以及一些在职、退休的中层干部们关于成立老年公司的想法。崔海天说："从年龄上讲，我应在明年正式退休，但是，根据我的身体情况，我从北京治病回来就已经退休了。退休后干什么？继续干革命。我现在有四个愿望：一是看到乙烯二期工程投产，二是要力所能及，组建好老年公司等三个公司，三是要看到总厂的产值达到 30 亿，利税 15 亿，四是看到全厂职工工资平均涨一级。我在北京养病时，老领导孙敬文告诉我，你老崔奋斗了一辈子，过去的一页已经翻过去了，今后的任务是养病、休息、颐养天年。回大庆后，我觉得不能就此止步，我是个'不安定分子'，看到大家风风火火战斗的场面，我还要继续为社会办点事。我决心在大家的帮助下办好老年公司，我要用我有生之年的微薄力量为老年服务，为总厂服务。"与会同志有两年时间没有听到崔海天这样正式的讲话了，今天，他的讲话充满了激情，他的声音依然洪亮有力，大家报以热烈的掌声。会议决定，成立大庆石化总厂老年服务公司，第一任董事长、总经理为崔海天。

1988 年 1 月，大庆石化总厂老年服务公司（下文简称老年服务公司）办完营业执照，正式挂牌营业。

听说崔海天组建老年服务公司，老劳模李景荣和许多老同志纷纷报名参加。不到一个月的时间，一些退休的干部、工程师、技术工人纷纷报名加入老年服务公司，已经有近百人加入了老年服务公司的队伍。崔海天开始组建法人治理机构，通过推荐和招聘的方式确定公司下属分厂的行政管理人员和党的组织机构。时隔两年半之后，崔海天又开始忙碌起来，他天天准时来到办公室上班，找人谈情况，召开会议，做决定，整理文件。此时，他 8 月 25 日到办公室时产生的那种"物是人非"的感觉已经不翼而飞了。

1988 年，老年服务公司在一无资金二无厂房的情况下，大家自己动手，通过维修总厂支援的工棚作为厂房，动员离退休职工集资入股，利用回收的废钢铁和工地的废旧杂物做建筑材料，迅速办起 5 座小化工厂和废品利用小加工厂，这些小工厂被称作分厂，分厂的原料来自废料。例如乙腈厂就是用腈纶厂、化纤厂的废物做原料的。这些小工厂规模不等，少到十多人，多者可达几十人，当年就盈利近百万元。这点收入对于指挥过举世闻名大工程项目的崔海天来说，当然算不得什么，然而他这是在开创一条新的道路，尽管这些厂子小，他仍是全力以赴地认真经营。

建章立制，层层承包

对于老年服务公司来讲，1988 年可以说是旗开得胜，初具规模，初战告捷。但崔海天很快发现，公司下设的各个分厂领导普遍存在急功近利短期行为，而且，分公司和公司机关的职能分工不清，公司机关部室作用发挥得不好，没有树立机关为基层服务的思想。他首先利用年初两个月的时间和下属各分厂建立各项规章制度，重点是建立财务管理制度。他举办一次分厂领导的学习班，强调分厂的领导要说实话，干实事，一切按规章制度办事，特别强调，各个分厂的财务开支一律由公司一级的财务主管批准，不准乱发补贴。崔海天制定了机关工作人员为基层服务的具体办法，要求每个机关人员都有一个固定的分厂作为工作联系点，帮助分厂找原料、找销路，这位机关人员的奖金和这个分厂的效益挂钩。这样就进一步调动了机关人员的积极性，同时作为基层的分厂的效益也提高了。

经过调查，崔海天调整了老年服务公司一级的管理机构，然后将原有的所有小厂按照产品类别进行合并，成立 9 个分厂，再通过招标方式确定机关、基层的各层次的领导成员。然后，作为公司的法人代表，他每天安排找两位分厂领导谈话，共同讨论 1989 年的工作任务。他一再强调，这任务指标可不是传统的大锅饭，我们一定说到做到，不放空炮，如果完不成指标，那你就别再当这个头头，全公司完不成任务，我崔海天就向董事会提出辞职。公司实行承包，分厂实行承包，分厂以下的队、班、组也承包，层层承包，一包到底。有几位分厂的领导还没有经历过承包的做法，听了崔海天这样严肃认真的讲话，多少有点紧张，大家表示回去后要好好和同事们研究研究，再来签字。

1989 年 2 月，崔海天以老年服务公司法人代表的身份和下属分厂领导人签订了当年的承包合同。1989 年底，老年公司总收入为 307 万元，上交总厂 100 万元。以后又陆续办起乙腈厂、蜡烛厂等小工厂，职工发展到 500 多人。

这一年老年服务公司完成了年初制定的对整个公司进行整顿和提高的计划，公司的素质进一步提高了，各项工作开始走向正规。

让多数人富起来

崔海天在聘用人员时首先讲明白："不能为个人挣大钱，要为老年事业做贡献，我们的政策是让多数人富起来。"他不允许任何人把老年服务公司当成为个人和小集体生财之场所。他经常教导员工要正确处理个人、集体和国家的利益，要把大部分利润保留下来，干一桩大事业。他的口号是"生命不息，创业不止，鞠躬尽瘁，死而后已"。

1989年，总厂有几个人，因为在办第三产业中存在经济问题，受到法律制裁。一段时间内，有人传说崔海天的老年服务公司要停办。针对这一情况，崔海天立即召开董事会扩大会议，学习国家关于企业进行"三查三清"的文件，布置各个分厂认真总结本厂自成立以来的成绩和问题，制定整改措施和企业发展三年规划，进一步调动员工的积极性。崔海天在这次会议讲话时指出，老年服务公司一定要做到三个坚持：一是要坚持艰苦奋斗的作风；二是坚持"三为"（为社会服务、为老年服务、为总厂服务）的办厂方向，我们要自力更生，利用总厂的废旧材料加工后为总厂服务；三是坚持让多数人富起来的方针，老年服务公司的收益要用来补贴总厂的全部离退休人员，我们的口号是"让大家富起来"。会后，崔海天找到老年服务公司的财务人员，把自从公司成立以来他自己所得的所有咨询费、劳务费共计1500元全部退回。他告诉财务人员，这笔钱作为公司的收入，全部列入退离休人员补贴费用。

为了践行老年服务公司为老年人谋福利的承诺，从1990年春节开始，老年服务公司正式给全厂所有离退休职工发生活补贴。1986年12月31日以前退休的，每人每月发30元；1987年1月1日以后离退休的，每人每月发20元；1988年1月1日以后离退休的每人每月发15元。这样等于给退休的每位职工涨了工资。同时在年底再发给每个人100元钱，平均算起来，每位退休职工每年可得400元左右的生活补助。另外，老年服务公司还专款捐助40万元建了老年康复诊所，为活动室购置了健身设备。

后来老年服务公司更名为大庆石化总厂劲松公司。1992年，该公司被评为省老年企业先进集体，获得全国老有所为“创新奖”，崔海天被授予“重视老年工作领导者”功勋奖。崔海天说：“这些成绩是在总厂党政领导同志的大力支持下，经过老龄委和咨询委员会的同志们的一齐努力才取得的。特别是老标兵李景荣同志，为解决设备做出了突出贡献。”

1994年，老年服务公司具备了一定规模，在崔海天和一些老同志的积极建议下，由民办转为石化厂属的正式编制，由在职干部管理。至此，由崔海天创建的老年服务公司名正言顺地被列为大庆石化总厂第三产业序列，使老年服务公司能够长久地发展下去，继续为离退休职工谋福利。

坚韧不拔，鞠躬尽瘁

莫道桑榆晚，为霞尚满天。崔海天以坚韧不拔的毅力，谱写着他人生的老年壮歌。1989年7月22日，总厂人事部门正式通知崔海天办理退休手续。8月2日，崔海天离开了他在乙烯工地附近的办公室，搬到龙凤的办公室，他一直在这里工作到1999年7月14日。

从1987年开始，崔海天把老年服务公司看成是自己建设乙烯以后的一项重要工作。尽管自己行走不便，但他没有丝毫的畏难情绪，他和正常人一样上下班，他把建设油田以及建设乙烯的成功经验用到办老年服务公司的实践中。他要求分厂的领导每天都要开一次生产会，每天至少要到车间了解情况2个小时以上，他推行干部和机关人员定期顶岗劳动，推广班组计划和统计工作，每周工作有小结，半月一总结，一月开一次表彰总结大会，领导的收入全部公开等等。他唯恐自己做得不够，辜负这些退休人员的期望，便经常以“春蚕到死丝方尽，蜡炬成灰泪始干”的诗句来鞭策自己。他明知三国诸葛亮事无巨细都要过问大无必要，但他还是以诸葛亮为榜样，详细过问老年服务公司的大小事情，尤其是财务问题，他都一一过目，慎重处理。

功夫不负有心人，这些做法很有效果。截至1992年，在短短的5年时间里，老年服务公司从无到有已拥有固定资产800多万元。5年累计实现产值5200万元，实现利税1900万元，其中利润1600万元，税金300万元。用于老龄基金和补贴201万元，向社会赞助37万元。公司下属8个厂队，共有职工500人，离退休人员和在职职工占40%，待业青年占60%，生产产品达20种。5年累计生产主要产品有乙腈614吨，润滑油1600吨，润滑脂50吨，化学试剂1370吨，塑料制品1220吨，蜡烛3268吨，硫酸亚铁390吨，玻璃钢瓦8700张，再生聚丙烯100吨，拉运土方90万立方米，拉运沙石约54万吨。

崔海天在办老年服务公司的同时，总厂还根据他的建议先后成立了“运输股份公司”和“工程公司”，总厂的领导指派他当这两个公司的顾问。为了充分利用我国南方省市开发搞活经济的优惠政策，在1989年至1991年间，崔海天不辞辛苦，咬紧牙关，克服行走不便的困难，先后去珠海、深圳、福建、广州、中原油田，行程2万千米。为了给工程公司寻找活源，他多方和各地的老战友们交涉，希望多多给予关照；为了使运输股份公司能够落户珠海和深圳，他顶着南方夏季炎炎烈日，一遍遍地找人办领执照。

在我们国家，年过60岁的健康人大都在家享受天伦之乐。崔海天自己说，他是一个“不安定分子”，他身体有病，办一个老年服务公司的事已经足够他忙乎的了，可他真是“不安定”，大庆油田甲醇厂投产，他去了；油田助剂厂建设中的每个阶段，都有他的身影出现；他在1989年先后两次去福建和中原油田参加当地乙烯工程的论证会。他和年轻时一样，有干不完的活，有思考不完的问题，这是因为，他的大脑里充满了“为人民服务”五个金光闪闪的大字。

1989年8月，中国石化总公司老干部局在大庆石化总厂召开座谈会，崔海天汇报了他领导的老年服务公司的情况。会议肯定了大庆石化总厂办老年服务公司的做法是成功的，老年服务公司的收益用来补贴离退休人员也是正确的，值得提倡和推广。会议上崔海天谈了自己办老年服务公司的体会。他说：第一，办老年服务公司是贯彻退休人员老有所养老有所为的重要途径。随着社会保险事业的进步，国家人口平均年龄的提高，老年队伍将逐渐增大，老年安置是一项庞大的社会工程。我办老年服务公司不是单纯为了几个钱，我是把这件事当做国家的一项事业来做。有了这种精神，遇到困难不后退，受到挫折不灰心。第二，要坚持艰苦奋斗、勤俭办厂。我们公司起步时大家动手回收废旧钢材和各单位扔掉的废旧化工原料，利用破旧工棚作厂房，发动群众，用了80天时间建成了小乙腈工厂，两个月就生产出乙腈50吨，立即回收了建厂的投资。第三，在经营上要实行经营承包责任制，实行员工收入和工厂效益挂钩，公司收入用来作为补助退离休人员的生活费用。1990年，我们用自己生产的200吨丙烯换来100台彩电，低价卖给一线职工，调动了员工的积极性。要克服短期行为，在经营中培养骨干，不断壮大自己。

崔海天的发言是自己工作的回顾，也是他第二篇文章的真实写照，但他并不仅仅满足于这些，他还设想，老年服务公司还要加紧赚钱，筹集资金建一座老年公寓，将来使部分老年人集中到老年公寓去居住。这样可以保证他们的衣食住行和保健。他想到，中国实行计划生育以后，将来一对年轻人将要负担4到5或6个老年人的生活，根本是无法照顾的。建老年公寓是势在必行的事情。“位卑未敢忘忧国”，退下来的崔海天仍然在为国分忧，为社会分忧。

1995年8月18日，根据中国石化总公司的规定，年龄超过65周岁的干部不再担任企业的任何领导（含顾问）职务。老年服务公司开了一个规模很大的欢送会，66岁的崔海天交班了，他不再担任老年服务公司的董事长、运输公司的顾问职务，他第二次从领导岗位上退休了，但他仍然天天到地处龙凤的办公室来上班，表面上看不担任任何职务应该是清闲了不少，但对于“工作狂”崔海天来讲，有职务和没有职务一个样，他依然坚持到这些小工厂去了解情况，遇到问题向有关人员提出自己的意见。他的办公室里的客人是来自老年服务公司各个分厂的领导、工人。他不是领导，但来的人天天向他“汇报”工作，他讲出自己的看法，别人说是“指示”。他一刻也没有离开老年服务公司。

1991年初，大庆石化总厂研究决定，成立大庆石化总厂关心下一代委员会，崔海天被聘为名誉主任。从这天开始，“关工委”工作也成了他工作的重要内容。他认为名誉主任不是个虚名，关心下一代的工作，是社会主义的千秋大业，要好好学习有关文件，要树立为下一代服务的思想，多想办法，调动一切可以调动的力量，下大力气抓好组织落实、对象落实、经费落实、任务落实。要制定出各阶段的工作计划，充分发挥好离退休老同志的政治优势。要从抓青少年的思想教育入手，多方位、多渠道、多形式地开展好关心下一代的工作。每逢“六一”儿童节，他都去向儿童祝贺，有时还为孩子们唱一两首歌来表达自己的心情。

1999年7月14日，这一天，崔海天在家人的帮助下，到龙凤的办公室收拾物品，搬回书籍，退了房子，回家。他曾经在这里办公十年，到此结束了。对于崔海天来说，这一天对于他来讲是一个具有“划界”意义的日子。这一天标志着他的“第二篇文章”结束了。从这天起，他开始回家休息，自从1952

年转业到玉门油田直到这天，他彻底从岗位退下来了，开始做第三篇文章：颐养天年。

许多人在位时叱咤风云，一旦退休后立即销声匿迹。崔海天退休后却声望日隆。历史上有许多杰出的人物往往不被他那个时代所认识，“长使英雄泪满襟”。值得庆幸的是，虽然崔海天退休了，双腿残疾了，但是他的“第二篇文章”依然和他的“第一篇文章”一样，轰轰烈烈，崔海天的形象就像乙烯的高塔一样矗立在人们的心中。历史总是公正的，千秋功过自有后世评说。崔海天用心血撰写的两篇文章将一直影响着这一代人和下几代人。

海阔天高　功丰业伟

我同崔海天相知相识五十年

王苏民[1]

我和崔海天同志认识将近50年。在漫长的岁月里，我们从相识到彼此了解，清澈见底的相知；到思想一致，真知灼见的相通；到敞开心扉，无话不谈的相叙；我们俩的关系已经到了心犀相通的地步。

1965年，我在大庆会战指挥部政治部当秘书，这期间他从二级指挥部领导提拔为大庆工委委员。当时任大庆会战指挥部副指挥的有李敬、杨录、闵豫、李虞庚、王炳诚、崔海天6个人，他们都是年富力强，能干事、会干事，不满40岁的青壮派。由于不在一个部门，工作性质不同，我和这几位副指挥根本没有接触，所以我对他们只能仰望，见了面只有互相点点头，抿嘴微笑而已，但更多的是对他们的崇敬和仰慕。

1966年“文化大革命”开始，崔海天同志被揪回油建指挥部挨批斗，我被监督劳动，而后在大庆干校接受“再教育”劳动改造。从此各奔东西，音信全无。

1970年，崔海天“解放”，1971年被安排到大庆军管会领导下的大庆生产办当副主任。我于1970年5月份从大庆干校出来，到生产部当秘书（后当副科长），从此开始了近距离接触，见面多了，说话的机会也多了。1971年我因

[1] 大庆市原市长、大庆石油管理局原局长。

被打断了脊椎骨，住院二十多天，准备手术。这期间他隔三差五来医院探视，不时带一些时鲜水果，并劝我对待手术一定要慎重，一旦出问题，将悔恨终身，带来一辈子的痛苦。在他的劝说下，尤其在外科主任于克信耐心分析和劝阻下，我便最终下了决心，不动手术了，打道回府又上班了。

1972 年，我调大庆革委会办公室当副主任，他这时也当了大庆革命委员会副主任，交往更为密切。他不时到我办公室来一起畅谈，主话题多是耳闻目睹的政局大事，我们之间的感情更加加深了一层。

1975 年，石油工业部决定由大庆组织队伍参加辽河油田西斜坡曙光油田会战。我担任政委、党的核心领导小组组长，兼任辽河石油勘探局党委副书记。崔海天同志担任党的核心领导小组副组长、会战指挥部指挥，并兼任辽河局党委常委、副局长。

老实说，我虽然参加过大庆会战，但独当一面领导由钻、采、建、水、电、信、运、设计等综合队伍参加的大会战，我还是“门外汉”。我十分明确，要成功打好这场建设“第二个大庆”的大会战，必须要坚定地依靠崔海天。在当时我们就实质上实行了“厂长负责制”的领导格局，崔海天是真正的行政负责人。在一年半的会战中，我们从来没有在一件事上产生过分歧，出现过矛盾。这场会战打出了当年大庆会战的风格和威风。在这期间我们俩的关系更加融洽、密切。

为什么这么重要的会战安排给大庆，为什么安排我和老领导崔海天搭班子？我心知肚明，深知宋振明部长为了培养我，不仅给我创造了一个实践锻炼的机会，还为我选配了崔海天这样一个人品好、能干、实干、有魄力、有经验的好老师搭班子，其用心良苦可见一斑。

1977 年 5 月，由于辽河西斜坡的实际储量与原估算的储量有较大差距，加上大庆也上了年产 5000 万吨，而且要求 10 年稳产，所以石油工业部决定大庆大部分队伍撤回来，只留下水电、井下作业、采油等少部分队伍。

回到大庆后我给陈烈民当助手，当了大庆革委会第一副主任，崔海天也是副主任，进了大庆党委常委。1979 年国务院批准成立大庆市政府，大庆革委会更名为大庆石油管理局。我出任市长兼管理局局长，崔海天担任副市长兼管理局副局长。虽然工作分工不同，领导关系变了，但我们之间的个人感情和关系没有变，他和我经常开诚布公地交谈，常常给我出点子、提建议。我们的关系不仅没有变，反而更加深化，更加富有新意，几乎达到了清澈见底的程度。

在将近20年的亲密接触和共事中，我在崔海天同志身上看到了不少东西，学到了不少东西，受益匪浅，得到了终生受用不尽的宝贵精神财富。除了宋振明同志以外，他是我的第二个良师益友。他的松风梅品般的高尚品德熏陶着我，他的争当第一的积极进取精神激励着我，他脚踏实地埋头苦干的崇高境界教育着我。

崔海天同志是个什么样的人？概括起来：他对事业开拓进取、殚精竭虑、尽心尽力、尽其所能；他淡泊名利、甘当人梯；他胸怀坦荡、对人豁达、宽容大度；他坚持原则，敢说真话、实话，有宁折不弯的铮铮铁骨；他勤奋、刻苦好学，有着敢当“吃螃蟹第一人”的探索精神；他有精益求精、严格要求的工作作风；他为革命事业献身，心系群众、心系石化，转战南北；他敢做敢当，对人宽厚、对己严格，有强烈的责任感；他言传身教，4个子女个个是国家的栋梁之才；他只知付出，不索回报，不做升官发财梦；他多才多艺，乐天豁达，有着亲和的感染力；他身残志坚，快乐每一天，期待着美好的未来……

其情其景，时常在我脑海中浮现，在心中矗立了一座高大、永远铭记在心的丰碑，使和他一起共过事的人终生受用。

我和崔海天相处数十年，其交往历程像一部印象深刻、富有教育意义、永远无法忘怀的“电视剧”。

由于篇幅有限，我只能将其中闪闪发光，能带给人智慧和力量的精彩片断呈现给大家，使更多的人知道在大庆建设发展中，不断开拓进取、有巨大贡献的、中流砥柱般的功臣崔海天。让我们一起共事过的老同志以及后来人永远记住这些难忘、也不应该忘记的历史；让正在工作岗位的或在校就读以后要走向岗位的年轻人从中得到启迪。崔海天就是“做人的楷模，做事的榜样”，要做一个有所作为的石油工作者，就要做像崔海天那样的人。

在工作中，曾有个别领导由于某种原因，给崔海天同志制造了不少精神上的痛苦和压力。可以说，崔海天这一生是备受磨难的一生，他的道路是坎坎坷坷的，充满了酸甜苦辣。同时他这一生也是成功的一生，他为人民做出了很大的贡献。

心系石油，南征北战，把一生的青春年华、聪明才智奉献给了祖国的石油事业

1952年，崔海天随石油师转业到玉门油田。23岁的他担任了玉门石油管理局油建工程处三大队大队长的重任。1958年，在他的带领、组织、指挥下，在茫茫沙滩荒漠的戈壁上，铺设了我国第一条从克拉玛依到独山子的长距离输油管道。

1959年，发现大庆油田。1960年，年仅31岁的崔海天，又从大西北来到大庆，先后担任了大庆油田建设指挥部副指挥、指挥。1965年，又调到大庆石油会战指挥部担任了副指挥，分管油田基本建设一路的工作。现在的大庆油田，油井数万口，计量站、油库数千座。可以说油井、泵站星罗棋布，地下管网如织。在2200多平方千米的油田上，他的足迹和心血无处不在。说他是油田建设的功臣，实至名归，一点也不为过。

1971年，他的工作开始了全新的阶段。他和原大庆工委副书记黄伟、李虞庚又一起抓了大庆炼油厂五万吨聚丙烯项目建设，为炼厂的产品中又增了一个新品种。

1975年，他受石油工业部委派，参加并组织、指挥了辽河西斜坡曙光油田的会战，带领大庆8000多干部工人，加上辽河局配属的近7000钻井职工，开展了新的大会战。为了打好这场会战，我们从大庆不仅带去了精兵强将，而且还带去了数千台设备、带去了2亿多元的建设资金。这场会战由于种种原因，只进行了一年半的时间，但进行得有声有色，轰轰烈烈，战功卓著。这场会战共钻井580口，建成了两个能力达到年处理量为300万吨的联合站，当年生产原油75万吨。大庆参战队伍不仅给辽河局留下了丰厚的，看得见、摸得着的物质财富，同时，这支会战队伍没有辜负石油工业部党组的期望，把大庆的好传统、好作风、能打硬仗的精神财富留在了辽河油田。在崔海天的带领下，大庆参战职工以自己的实际行动发扬了宣传队、播种机的作用。

1975年8月他从辽河回到大庆，仍分管油田基本建设。1978年8月份，国务院批准在全国建设4座30万吨乙烯装置。其中1套就建在大庆卧里屯。崔海天同志又一次开始了过去从未听说过，更没有见过的全新领域的新征程。

他担任了大庆30万吨乙烯工程建设指挥部指挥。

在这期间，由于贯彻国家“调整、巩固、充实、提高”的方针，乙烯工程缓缓停停，几经周折。工程停建时，崔海天向我提出了乙烯几万人队伍的工资和冬季采暖的燃料无法解决，我和李虞庚研究从油田这边一次拨给乙烯指挥部8600万元用以发放职工工资、设备维修和准备恢复建设用款，帮助新成立的乙烯指挥部渡过了难关。乙烯工程的停缓建带来了一系列问题，但他矢志不渝，以不折不挠的毅力和坚定不屈的意志，克服重重困难，组织指挥这项工程建设。他又一次取得了全国瞩目的历史性胜利：大庆的30万吨乙烯工程在全国同类工程建设中，第一个建成，第一个投产，第一个通过验收，第一个获得工程建设金牌。

崔海天同志从一个军队的下级军官而成长为指挥千军万马的“内行”实干家，屡战屡胜，屡建奇功，表现了他的聪明才智和高超的领导艺术。纵观他的成就，总结起来，他得益于：

一是深入一线，实行面对面的领导。他的办公室不在机关，工地、施工现场就是他的办公室。

二是调查研究，抓典型，以点代面，利用经验推动全局。20世纪60年代，他和张福禄一起，总结并推广了油建十一中队“自觉从严，好字当头”的经验，树立了全油田的典型。70年代又总结并推广了“最讲认真的人”周占鳌为时代典型。

从有油田建设队伍以来，建泵站、铺管线等所有环节的工作都是在现场施工。这样做，进度缓慢，浪费原材料，质量又差。崔海天就向领导提出“三化施工”。在他的指挥下，先后建成了“金属预制厂”、“土木预制厂”、“管道预制厂”，把后三厂预制的构件，拉到施工现场装配，大大提高了施工的效率，保证了工程质量。这一开创性的做法，后来在全国油田系统全面推广开来，取得了巨大的成果，这是崔海天同志的又一巨大贡献，其效益是难以用金钱计算的。

三是严格要求，从我做起，勇于负责，敢于担当。油田建设的每一个项目都要经过几十年的考验，百年大计，质量第一。工作中，“不马虎、不凑合”是他的座右铭。在油建战线，有一个“五毫米”的故事一直流传至今。那是1964年2月，油建二大队六中队在总机厂施工一条10米长的混凝土预制大梁，浇筑的混凝土比规定的标准宽了五毫米。崔海天知道了，立即命令施工队伍停工检查。他召开查事故现场会，从根本上找原因、堵漏洞，不让类似的事故重复发生。600多人参加的现场会召开了，崔海天首先做检查。他痛心疾首，掉了眼泪。他说“问题出在下面，根子在上面。平时要求不严格，主要是领导的责任”。不仅如此，他还带领油建100多名干部职工，一榔头一榔头、一扁铲一扁铲，然后再用磨石磨，硬是把多出的五毫米打掉了、磨平了，达到了设计要求。这件事教育意义深远，极大地震动了油建职工。自觉性来源于高度的政治觉悟，“严”，是靠这种自觉性由领导干部带出来的。由于领导严格，职工自觉，而铸造了一支“人人出手过得硬，项项质量全优，事事做到规格化”的敢打硬仗、敢打胜仗的油田建设队伍。

四是知人善任。他常说，领导本事再大，也是一个人，只有把班子团结好，把职工队伍的积极性都调动起来，事情就好办了。所以他很注意调动人们的积极性。职工也说，我们和崔海天一起干有干头，有劲头，干的踏实，无后顾之忧。

五是勤奋好学，刻苦钻研。他有适应任何环境、敢于接受任何挑战的魄力。接受乙烯工程任务之后，已过不惑之年的他还以惊人的毅力和顽强的意志，自学英语，收集资料，尽快熟悉这一先进技术。在短短2年时间里，他把英语这块硬骨头啃了下来，硬是达到了能对话、能看英语报纸和资料的水平。他真是让人难以相信，也令人们十分赞赏和敬佩。

六是想问题高瞻远瞩、看问题入骨三分，做起事来细小入微。30万吨乙烯建设，始于小平同志南巡、改革开放真正起步的时候。他在管理上就敢担风险，实行了任务、质量、投资层层承包的模式。1977年辽河会战后，队伍撤离时，他就对我说，干部职工跟我们奋斗一年多了，我们有责任把他们安排好，我们不能亏欠他们，让他们怨我们一辈子，我们内心愧疚一辈子。在对每个人的实际情况和环境背景，仔细分析机关部组和各二级单位每个人的情况后，他毅然决然地放弃了自己在辽河油田当局长的现实。我同他一起，和当时辽河局新任书记白凤仪、局长邓礼让，开诚布公地就人事安排问题进行了一次长谈，大概有20多人在辽河安排在了处级岗位，以后不久，张中奇、高清勤、王永成、李佩实、卢政钧5位同志还先后被提拔到副局级岗位。由此可见崔海天同志待人、处事的细微之处。

七是他具有很高的政治思想觉悟，在大是大非面前立场坚定，从不糊涂。

去辽河曙光会战，他带人选驻地、搭帐篷，先我半个月而前去。我在12月25日离大庆去辽河前，宋振明部长同我进行过一次严肃的长谈。其中有一段，我摘录于此，他说："生活条件、工作条件艰苦，我相信你和崔海天，相信参加会战的大庆职工，一定能克服困难，同辽河局和地方处理好关系，完成会战任务肯定是没有问题的。但那里的政治环境更严峻，千万不能掉以轻心，要千万注意，要讲究策略，不能随波逐流。要时刻保持清醒，要充分利用你们还是大庆队伍，关系还在大庆这一点，见机而行，力促好转。你们打的是生产仗，更是一场政治仗。对你是锻炼，对你和崔海天更是一次严峻的考验。"我到曙光后将这一段话传达给了崔海天同志。他说："宋部长站得高，看得远，给我们指明了如何把复杂情况简单化。"辽河、曙光会战没有进行"反击右倾翻案"，没有"追查谣言"，开了万人参加的周总理追悼会。所有这些，在辽宁，我们是"独此一家"。

善于思考，看问题抓本质，敢讲真话，敢讲实话，因此在40多年人生道路上备受磨难，经历了酸甜苦辣，坎坎坷坷

崔海天在长达40年的工作中，曾经受到了多次不公平的待遇，究其个中原因：有不同时期的政治气候，特殊时期的特殊环境；也有当时个别领导，心术不正；更因为崔海天同志全身心地投入到从事的事业，放松了自身的防卫，特别是他胸怀坦荡，光明磊落，讲真话，讲实话，把自己完全暴露在光天化日之下，给了某些人可乘之机。

1959年在玉门，他就因为对"大跃进"、"大炼钢铁"在一些地方造成的闹剧和恶果，以及对"人有多大胆，地有多大产"在油田放油嘴创高产，追求虚假产量有看法，所以在一次党委会他站起来说话了：我们现在是红旗挂满屋子，都有些飘飘然了。之后他就被揭发出来，开始了没完没了地被批判，没完没了地做违心的检讨。要不是因为他历来是标兵、劳模，尤其是施工现场还需要他，实在是离不开他，领导才网开一面，没有把他定为"右倾分子"。但他仍被冠以"严重右倾"，受到了党内警告处分。初期，他想不通，心里苦闷，心里在流血，为我们党和国家担忧。一个人人都说假话、说空话的社会是危险的，

国家的发展进步在何方？

由于大庆的特殊地位，从“文化大革命”一开始，就成了林彪、“四人帮”攻击和破坏的重点目标，受到了严重冲击。在艰苦岁月里，为开发建设大庆油田做出贡献的数万名领导干部被当做“走资本主义的当权派”被残酷批斗。大庆领导机关的“走资派”是“宋（振明）、陈（烈民）、季（铁中）、王（新坡）”，各二级单位造反派也依照葫芦画瓢，在所在单位的主要领导中也被炮制出两三个“走资派”。厄运再次降落在崔海天同志的头上，油建指挥部的“崔（海天）、张（福禄）、刘（万宝）”也顺理成章地成了“走资派”。崔海天从会战机关被揪回油建指挥部批斗。由于相距较远，消息闭塞，我对他挨批斗的具体情况知道得甚少，但是，有三点是完全可以肯定的：

其一，林彪、“四人帮”有什么阴风邪火，大庆“走资派”就有新的罪名加身。伴随着“文化大革命”的不断升级，他们被诬蔑、陷害、批斗，迫害也必然升级。

二是，1966年12月27日，大庆造反派还让全油田各二级单位的170多名领导干部被迫戴上高帽、披麻戴孝、手持哭丧棒、扶棺柩，为“资产阶级反动路线”送葬。大庆“红筹会”和“八二八”两派组织成立后，为了表现各自的“革命性”、“斗争性”，对“走资派”争着批斗，互不相让。批斗的花样越来越多：戴高帽、站高凳、大弯腰、脖子上挂法兰盘，被这样折磨、迫害。我想崔海天同志也是处于在劫难逃，躲之不及，无处藏身的境遇。

三是，被强制揭发检讨。“文化大革命”结束后，我有幸参阅了大庆工委成员的所谓“检查、交代、揭发”材料。崔海天同志相信党，相信群众，相信自己。他推功揽过，他的检查材料只是反反复复那么几句，“管理不到位”、“要求不严”、“关心不够”、“有官僚主义作风”等等，“揭发”材料也都是些不疼不痒、鸡毛蒜皮的小事。字里行间没有揭发别人的任何事，没有一句触及和否定大庆经验、会战传统的事。更没有捕风捉影，为求得自保而出卖良知、出卖同志的过头话。他一贯坚持原则的高尚品德可圈可点，在那个时代和背景下，他的作为真是难能可贵，令人敬佩。

在我主持大庆市政府和石油管理局工作期间，崔海天协助我开始探索大庆的建设由过去的矿区建设向城市建设、由分散的居住区向相对集中的居住区转变问题，并着手建设一些诸如儿童公园、图书馆、游泳馆、职工住宅等市政建设设施，广大会战职工对此举十分满意和拥护。1982年底，我调出大庆。1983年初，中央决定开展整党试点，大庆也召开了400多人参加、历时一个多月的“整党”会议。会议上，有一些同志出于对大庆市政建设的不同意见，集中批判了我，批判我用油田资金大搞非油的建设影响了大庆的发展。会议期间，崔海天对这种批评提了不同的意见，又加之崔海天作为主管建设的副市长，是这些市政建设项目的积极推行者和实施者，所以崔海天同志也受到了点名的批判。这次会议涉及的处级以上干部多达40多人，有人被降职、被免职、被调离原岗位。崔海天同志和我共事数年，又是邻居，因不揭发我，厄运再次降临。因为他向到大庆视察的副省长陈剑飞谈了这次会议的一些情况，消息传到了大庆主要领导那里，崔海天因此被大会点名，当着数百名处以上干部的面，说崔海天“告大庆的刁状，”并借一名老资格的处级干部在一年以前抢占市长住宅楼的事情（此事已经由我处理完毕）大做文章，把崔海天说服动员这位“老资格”同志搬出他不该抢占的房屋一事说是“伤害罪”，为此法院发传票令崔海天出庭受审，以达到彻底地整垮崔海天的目的。后来由于省高法的介入，因“法院传票”捏造事实，此风波才得以终结。

意志坚强，以顽强不屈的毅力和乐观向上的精神同病魔抗争

由于长期以来，在恶劣环境条件下从事石油化工中最劳累的工作，崔海天积劳成疾，这个硬汉子躺下了，不得不住院医治。

我听说崔海天病危，便立即从在天津的石油工业部浅海石油会战指挥部赶回大庆。上午9点多火车到大庆，当天下午我便同老伴一起到职工医院探望他。当时躺在病床上的崔海天腹水大的连自己的脚都看不到了，肾也开始衰竭。

此情此景，让我心酸难过，同时也气愤难平。难道就这样眼睁睁地让一位在石油工业发展中付出一切的功臣死去？！不行！一定要想办法挽救他！于是我就把主治大夫、医院副院长胡英华请到干部病房值班室来了解情况，让他将崔海天同志真实病情告诉我。他说：“我们已经尽力了，因为他的级别太高，我们不敢下药了。”而且他告诉我，现在情况很严重，情况要好的话，最多还能活一周！我说：“既然这样，到北京去怎么样？”他说：“风险太大，以他现在的情况看，可能到不了北京。”我说：“其他事你不用管了，也不要你承担任

何责任，咱俩定个君子协定，你不要向大庆领导说上北京医治是我出的主意。”他答应了。

当天，为救崔海天，我做了三件事：一是与其夫人韩德莲沟通，“死马当活马医”的决心必须要下，而且立即给大庆主要领导提出要求去北京医治，并明确表示不要大庆领导承担任何责任的家属态度；二是，我找到郝万春副市长，因为季铁中副部长从20世纪70年代开始多次在北京友谊医院住院，他和该医院的大夫，特别是医院总护士长王吉平很熟，关系比较好，请他设法到北京安排医院。郝万春当天下午从哈尔滨坐飞机到了北京，并很快安排好了一切；三是找齐齐哈尔铁路分局王局长和李总工程师要软包。因为第二天有一批专家去北京，软包已无空位。我找到正在洗澡的李总。我说：“萨尔图车站职工和大庆职工一样能住上了楼房，你知道这些楼房是谁建造的吗？是崔海天和郝万春。现在其中一人崔海天病危，要到北京抢救，明天上北京的软包没有了，你千万要想办法解决。”因为他们对大庆很了解，平时我们关系也比较好，所以人家很痛快，并说中国有句古语：滴水之恩，当涌泉相报。他们研究决定设法解决，并在晚上9点多钟来电话告知我安排好了。第二天，崔海天同医护人员、家属共8人顺利登上了去北京的火车。当时，这三件事完全是“暗箱”操作，至今恐怕还没有多少人知道内情。

一路顺利，列车准点到达北京。北京友谊医院的救护车和医务人员已早早到站台等候，宋振明部长也亲自到站台上迎接。尽管如此，但还是出现了危机情况，由于所带的氧气用完了，崔海天因为缺氧，指甲盖都发青了，呼吸困难。

北京友谊医院十分重视，派出了精兵强将组成的专家小组，参与抢救。经过十多天的抢救，多科室综合精心治疗，崔海天的生命是救过来了，但他的下肢瘫痪了，生龙活虎的他变成了一个残疾的人。他不得不面对残酷的现实，他像一个小孩一样，学着坐、学着站、学着走，一切从头开始。到如今，27个年头过去了，他一直忍受着常人难以想象的肉体上的痛苦和精神上的折磨。在他的病情刚刚有好转，他又学电脑上网，看书读报，坚持不辍，其学习精神及坚强意志令人钦佩。

崔海天的病情日渐好转，为了答谢医护人员，郝万春副市长在廊坊办了一个答谢宴会。我由于精神亢奋加上不胜酒力，闹出了喝到了桌子底下的“壮举”，出了洋相！

我1983年离开大庆，1998年从领导岗位上退下来，定居在昆明。每年，我都要回大庆一两次，我每到大庆，要做的第一件事就是探视崔海天。前几年，我们还可以促膝长谈，共议国家和世界大事，共叙相互思念之情。我们两个人在长期相处、共同战斗的岁月里所结下的真情、亲情，难以言表。

人常说：成功人士的背后，定有一个坚强的后盾。崔海天的后边有一个相濡以沫、相亲相爱、勤劳简朴、待人宽厚、吃苦耐劳、人人称颂的好夫人韩德莲；有一个代代薪火相传，值得骄傲的子女群组成的温暖、温馨的大家庭。不仅如此，他还有一批爱他、敬他、关心他的老战友、老朋友、老部下；还有他倾注心血，无私建成的管道、泵站、油库、化工厂的伟业丰碑。所以，他这一生是幸福的，没有留下任何遗憾，而留下的是永远伫立于人们心中的口碑。

大庆油田会战初期的工委委员、副指挥共19人。50年过去了，这其中的大多数人先后辞世，驾鹤西去，现在仅有陈烈民、李敬、王炳诚、崔海天4人健在，但仍在大庆生活的仅有崔海天一人。他是会战功臣，他是时代的代表人物。我们永远不能也不应该忘记崔海天这个功勋卓著的会战英雄！

于细微处见精神

——崔海天为江泽民同志找到了当年合作的老同志

刘海生[1]

崔海天同志是大庆油田会战时的老领导，在工作中，他几十年如一日，始终坚持“百年大计，质量第一”，细严认真，高瞻远瞩，敢于创新，敢于承担责任。他清廉正派，勤奋好学，是一位受人尊敬、爱戴的老领导。

50多年前，会战大军来到这片沼泽地时，这里还是野狼出没、风沙割面的蛮荒之地。经过半个多世纪的建设，大庆从上有青天一顶，下有草原一片的北国荒原发展成为今天这样的现代化城市，作为主管城市建设的领导，崔海天同志功不可没。

20世纪的70年代末到80年代中期，崔海天指挥建设了大庆30万吨乙烯工程，为大庆乃至全国的石油化工事业，做出了极大的贡献。尤为令人敬佩的是，在大庆乙烯工程投产的前夕，他积劳成疾，病倒在了工作岗位上。经治疗，他虽然保住了生命，却从此下肢瘫痪，但他身残志坚，出院后，又拖着病体，做起了老年事业和“关心下一代工作”，并取得突出成绩。

在工作中，我和崔海天正面接触并不多，对的他了解，大多是听说。在2000年发生的一件事，让我对他的严细认真有了更深刻的认识。

2000年8月25日至26日，中共中央总书记江泽民同志在中央领导温家宝同志、曾庆红同志，省领导徐有芳、宋法棠、王先民等同志陪同下，第二次

[1] 中共黑龙江省委原常委、大庆市原党委书记。

来大庆视察工作。我作为大庆市委书记，在两天时间里，一直和他们在一起。江泽民同志一行先后视察了油田中16联合站、北二化学增注站、1205钻井队施工现场、市高新技术开发区，还在大庆宾馆会议室召开了全省党建座谈会。

江泽民同志在1990年第一次到大庆视察时，对大庆提出要求："发扬大庆精神，搞好二次创业"。阔别10年后，他再次来到大庆，看到这里发生的巨大变化，十分高兴，称赞大庆二次创业搞得好，并对大庆未来发展，尤其是资源型城市实现可持续发展满怀信心和希望。江泽民同志视察中兴致很高，我在中巴车上，坐在他身边，他告诉我，早在40年前，他就来过大庆油田。1960年，他当时在长春第一汽车制造厂动力车间工作，那时厂里缺燃料，他带人来大庆油田求援，油田不但给了他们原油，还派一位姓张的工程师带领施工人员到一汽，帮助他们建成储油罐，解决了冬天一汽的燃眉之急。江泽民同志对此事一直记在心里，非常感谢油田和这位张工程师。因为当时全国都处于困难时期，张工程师和施工人员连一顿答谢饭都没吃上，就回了大庆。至今想起来，江泽民同志仍然十分过意不去。为此，他说，能否帮助打听一下这位张工程师的信息，如果还在大庆，想见见他。

江泽民同志对大庆的老朋友念念不忘，让我很感动，我马上表示，立即去找这位张工。车到达九号院宾馆，领导休息后，我就想怎么去找这位张工程师。按照江泽民同志讲的他们去一汽搞油罐施工，极有可能是大庆油田油建公司的施工队伍，我立刻想起了老领导崔海天。他是大庆油田会战时期的工委领导人，长期负责油田施工建设，可以说是这方面工作的活档案。于是，我从九号院径直到了崔海天家，向他详细讲述了江泽民同志对张工程师的感激之意和急切想找到老朋友的心情。崔海天听后也很高兴，马上接过话头说，这个人我知道，他叫张昭明，在建完"八三"输油管道后，就去东北管道输油局工作了，现住在沈阳，已经退休，我俩前几年还有联系。说着，崔海天就找出张昭明的电话号，用自家的电话拨了过去，但是，对方的电话一直拨不通。我俩拿着这个电话号分析，这是一个7位数的电话号，我知道，沈阳市的电话在不久前升级到了8位数。于是，马上拨打沈阳市电话查询台询问得知，只要在原号码前加拨"8"即可。崔海天按照新号一拨，沈阳张工程师家的电话通了，接电话的正是张昭明本人。崔海天把江泽民同志到大庆视察，特意提起要找张工程师的事详细向他讲了一遍。张昭明很激动，连连说真是想不到，几十年过去了，江泽民同志还记着这件事，没有忘记他这位老友。

从江泽民同志提起这件事，到找到张昭明，前后不过一个小时。一件40年前的人和事就搞清楚了，能这么快地水落石出，都要归功于崔海天这位“活档案”。江泽民同志离开大庆后，到了长春。工作人员把张昭明的电话告诉他以后，他抽空亲自给张昭明打了电话。电话中，江泽民同志亲切地跟张昭明唠家常，嘘寒问暖，让张昭明非常高兴、激动。

一滴水，能折射出整个太阳的光辉；一件小事，能体现整个人的精神风貌。通过这件小事，我们又看到了那个办事一丝不苟，严细认真的崔海天。

如今，崔海天年纪大了，身体状况也不如从前了，在这里，我祝愿崔海天身体健康，精神愉快。

好同事好朋友崔海天

喻新盛[1]

在大庆石油会战中，我和崔海天同志是好同事、好朋友又是好邻居。他是一位可亲可敬的老领导。我和他在一起工作、生活了近十年时间，我从他那里学到很多东西，受益匪浅。他性格开朗豁达、为人爽快，说话利落干练，表达能力强。他对工作一向认真负责、一丝不苟、敢于负责、严于要求，他在生产工作中十分善于总结经验与教训，他做事有板有眼、干啥像啥。他又是一个活泼快乐善于唱歌表演的文艺人物。在我印象里他是一个善于领导、敢于领导、多才多艺、文武双全的“全才型”领导人物。

在大庆石油会战中，我当时在大庆运输指挥部任书记，他已是油田总部副指挥的官衔了。我和他那时打交道不多，他负责的是油田建设一路工作，除指挥部开会时见到他或听他讲油建一路工作外，其他时间很少接触到他。我们见面较多的时间是“文化大革命”时期，我调任到大庆机关工作后，尤其是我进大庆党委班子后，我们见面就多了，在一个班子里学习、工作，吃饭在一个公共食堂里。互相交往的频繁，拉近了我们之间的距离，增强了我们的友谊，后来成了无话不谈的好同事、好朋友。

我们在交往中有几件事至今难以忘记，记忆犹新，回味起来也很有趣。

在会战中，他请我吃了一顿美味大餐。有一天，党委在让胡路大庆研究院开会，散会后他邀我上喇嘛甸会战前线去，他要请我吃饭。我执意不去，他说：“这顿饭你得去，我是专门请你的，这大餐也是你最爱吃的，不去你会后悔的。”我想他在前线指挥会战，工地食堂有啥可吃的？但他的真挚热情感动了我，就随他到了前线。他随即吩咐炊事员把一大块冷冻好的猪后腿肉拿了出来，切成

[1] 大庆油田原革委会副主任、大庆油田原党委副书记。

像面片一样薄的肉片，下到水烧得滚开的锅里，然后用漏勺捞了出来，将肉片放在一个大瓷盆里用蒜末一拌，盛在一个大碗里端到我的面前，我一看喜出望外，感叹道：知我者海天也！我三下五除二吃个精光。虽然再没有其他菜饭，但我吃得高兴，吃得满意，吃得舒畅。

我们二人在一起工作时，彼此互相知道对方的性格、爱好和脾气，在处理一些事务上互相了解、相互关怀，相处得很高兴，工作和生活在一起充满了乐趣。

“文化大革命”期间受到红卫兵的冲击，大庆党委似乎转入“地下”，在采油二部设立前线党委，指挥各路的生产和各项工作。起初前线党委还能开会布置工作，对“文化大革命”中如何应对造反派提出一些办法和要求，一般都在晚上进行。但时间一长造反派知道了，把唯一的一个联络指挥点也冲垮了。我很长时间得不到上级党组织的指示，如何面对造反派、怎么在艰苦的环境中开展工作，心里没有底，办法又不多，于是我就到采油二部前线找党委领导去。当时崔海天是会战工委委员，分工是抓生产的行政领导。造反派对负责生产、主持行政事务工作的领导抓得不紧，斗得也不算狠，认为他们是“鬼点子不多，罪恶不大，斗他们油水不大”，于是对这些领导干部的态度是有事便找，无事也管得不严，看的不紧，所以这些人还有一定的自由度。崔海天同志在造反派眼里就属于这类人物，所以我还比较容易见到他。这时，我见到可敬的崔海天，就像是找到了党、找到了领导。我把如何对付造反派的想法、做法和下一步打算作了粗略的汇报。他对我也是大致讲了一些鼓励的话，让我回去“顶住造反派的压力、大胆工作，不要惧怕、要顶住！”我俩在食堂里一人吃了一碗面条，我就赶紧回乘风庄了（当时是大庆运输指挥部机关所在地）。回到运输指挥部以后情况就越发紧张了，大庆党委被冲散了，我们二级单位党委也摇摇欲坠。我们班子里的副书记、政治部正副主任、技工学校校长和有关科室长也被造反派拉出去斗了。我当时还没有被揪出去，造反派认为我“罪过”不大，因为我年轻，是一名转业战士，担任运输指挥部党委书记时间短，所以造反派对我还是客气了点。自从向崔海天同志汇报工作以后，造反派的脸色变了，在斗争会上不时会提到我的名字，我当时已到了危险地步。我第二次又去找大庆党委，还是崔海天同志接待的我，其他人影子都不见了，崔海天也不知道这些人被造反派揪到哪儿去了。见到崔海天我感到非常亲切，总算找到上级领导了。崔海天安慰我，表扬我，“顶得住、干得好”，说上次我向他汇报的工作情况，他已向上级报告了，余秋里同志还表扬了你，说你做得好，稳住了运输指挥部的局面，并指示我回去仍然要敢字当头，顶住造反派的压力，抓好革命、搞好生产，保证会战物资及时运输上去，稳住抓革命促生产的工作大局。可是厄运已到，我回到运输指挥部一下车，造反派就把我逮住了，送进了“牛棚”（牛棚是被斗的所谓走资派住的地方），从此就没有自由了。

我们是朋友，也是一个战壕里的战友。有一次造反派把我们集中到八百垧钻井指挥部进行批斗，我去得晚，一进门就看到了崔海天同志，我们相互面对却哈哈大笑：我的头发被造反派剃成三道沟，我记得他被剃的是阴阳头，脸部也被墨汁画的花里胡哨，人不人鬼不鬼的。一见面互看对方的模样，都忍不住发笑，也不管造反派如何训斥，大家开怀大笑，笑得人仰马翻。

“文化大革命”后期，我们都陆续“解放”了，我被调到大庆机关宣传组工作，后来又晋升为政治部副主任。在大庆党委召开党代会时，我被选为党委副书记，又被加封了一个头衔：革委会副主任。当时崔海天同志也“解放”了，我们就在一个班子里，同在宋振明同志为党委书记的领导下开展工作。这期间我和崔海天同志关系处得更密切，在工作中相互提醒、互相关心，各自都干得很愉快。每次开领导班子会之前，崔海天和张鸿飞同志都要唱两首歌给大家听，有时宋振明还让他俩教我们大家唱歌，什么“石油工人之歌”，还有当时流行的电影里的插曲《闪闪的红星》，那时我对他很崇拜，认为他是能歌善舞、文武双全的优秀领导者。

后来也不知道在工作中他哪句话说的不对劲，哪件事做的不妥当，大庆党委某领导对他有点看法，以后他没有进大庆党委常委，党内一些重要的事情他也听不到，当然党内核心工作决策也没有他。有时个别的领导对他还有点说三道四，大会小会批判他。我听到了，从情感上很不舒畅，觉得有点小题大做，无中生有，太政治化了。

在那十年浩劫中为了少受点罪，早日“解放”出来工作，谁人不说点违心的话，谁人不揭发一点别人的事？可在长达三四年的牛棚生活中，崔海天从来都没有揭发过别的领导的所谓问题，无论是写检查，还是在批判会上，他只说自己的事，没有在揭发别人这方面“立功”，不仅不揭发别人，他还经常主动承担一些责任，以减轻其他领导的压力。这表明崔海天为人正派，胸怀坦荡。

作为领导，对别人的一句话、一件事，都要从“识大局，看主流”和“惩前毖后、治病救人”的角度去分析、理解处理。特别是当别人给你提意见时，更要持“有则改之，无则加勉”的态度。人无完人，金无足赤，在一些小是小非无关大局的枝节问题上还应该要大肚量、大宽容地对待同志、对待朋友，不能揪住一点不放。崔海天同志是个大胸怀的人，他没把别人整他当回事，每天还是乐呵呵地生活，高高兴兴地工作，对党还是那么忠诚，对领导还是那么尊重，对同志还是那么友善。

1975年冬，王苏民和崔海天率领万人大军开赴辽宁曙光油田进行大会战，王苏民任政委，崔海天任指挥。原以为曙光可以建成年产2000万吨的大油田，可天公不作美，地质储量不理想，1977年，他们两人又率队班师回到了大庆。不久，崔海天被任命为大庆30万吨乙烯工程建设指挥，他马不停蹄，又奔赴大庆卧里屯开始了新的战斗。这时大庆党委和会战指挥部的领导班子成员逐步引进了新生力量，班子成员更多了，人际关系也更复杂了。

我是南方人，是中国人民解放军南京部队转业到大庆参加石油大会战的，对南方生活很习惯，早也想有机会调回南方工作。这时我想调动的想法油然兴起，此事我征求了崔海天同志的意见，他对我要调走的想法，从感情上不舍，但从实际需要、从发展的趋势看，他认为还是走为上策。他对我说，党委成员和行政班子成员可能要大调整，可能要走一大批人，不仅是你，还有其他同志可能也要走。在他的启发下，我下定了决心，向宋振明部长、大庆党委陈烈民书记正式请求调动。陈烈民劝我还是留下来工作，宋振明问我真想走吗？我说真想走。他说那好吧，等有机会考虑你。后来我就调到了江苏油田工作。

事隔多年，崔海天和施广仁同志一行到新疆重访乌鲁木齐石化炼油厂，这个厂是他们两人领导一帮人建成的。而我当时在江苏油田工作一段时间后，又调任石油工业部运输公司经理、党委书记职务，公司地点正是在新疆乌鲁木齐市。接到施广仁同志的电话我由衷的高兴，赶快把崔海天和施广仁接到运输公司设宴款待，我深知崔海天的兴趣爱好，在吃饭中间我专门为他们一行设了麦克风，让崔海天同志亮亮嗓子，展展才艺，轻松轻松。他当时身体已不大好，大病之后腿脚有点不利索，但精神很好，心情也很愉快，席间，他唱了几首歌曲。

饭后我们略谈了几句，就让他回宾馆休息了。从那以后我们再也没有见过面。

这次为纪念石油师转入地方 60 周年之际，大家给崔海天同志写点回忆文章，我衷心拥护。我接到编辑部的通知后，欣然领命，连夜挥笔写成此文。怎奈写作水平有限，只是尽心表达自己对崔海天同志的敬重心情！

崔海天是位好同志，是我国油田和石化建设战线上不可多得的杰出领导者。他自 1952 年从石油师转业以来，一直战斗在油田和石化的建设战线上。他在玉门油田、大庆油田、曙光油田、大庆乙烯工程建设方面做出了重要贡献。他是建设大庆的功臣，他的功劳永远记在人们的心中。衷心祝福崔海天同志晚年幸福。

崔海天同志最善于与人共事

张立中[1]

1979年，大庆实行“两块牌子，一套班子”的政企合一机构方案，市政府机关有关部门既是大庆石油管理局的办事机构，同时也是大庆市政府的职能部门。为了工作方便，市政府的市长兼任大庆石油管理局的局长，副市长兼任大庆石油管理局的副局长。当时为了便于和省政府联系工作，大庆成立了计划委员会、经济委员会和建设委员会三个大机构。我当时是副市长兼任计委主任，副市长金毓苏兼任经委主任，副市长崔海天兼任建委主任。

当时我们国家实施的是计划管理模式，各个城市的经济运行工作统一由计委牵头处理。这样一来，在研究处理市政府和管理局的一些工作时就由计委来召集会议。每次开会，都由我来主持，金毓苏、崔海天两位主任参加会议，有很多时候是金毓苏和崔海天二位领导亲自向会议汇报有关工作，这样就形成了先由计划部门提出方案，后再由经委和建委这二位主任去安排落实的情况。

大庆的“三大委”成立初期，我总觉得原来是金毓苏和崔海天领导我，现在好像是我领导他们了，心里总有点不好意思，觉得关系不顺，也不大习惯。事实证明，我的这种感觉不但是多余的，而且也根本不存在关系顺不顺的问题。现在回忆起来，每次开会或者非会议场合我与崔海天研究工作时，他总是十分尊重我的意见，经常提出一些合理的补充意见，然后说“按立中意见办”，给我的感觉是，崔海天中肯、和蔼、和气，给我留下了十分深刻的印象。这一段时间油田生产和政府一路的工作搞得比较好，这和崔海天积极支持我的工作以及三大委的密切配合有直接的关系。

“文化大革命”之后崔海天先后担任大庆炼油厂革委会副主任、油田生产

[1] 大庆市原第一副市长、原大庆石油管理局副局长。

办副主任、大庆革委会副主任等职。1975 年他参加了辽河曙光油田会战，1977 年他率队从曙光油田返回大庆后立即投入了建设大庆乙烯的战斗。崔海天于 1989 年在大庆石化总厂退休，后来将人事关系转到大庆市政府，可能是由于这一退一转，办事人员不清楚崔海天在中石化工作时的职位级别等原因，有一段时间给崔海天发的生活补助费用等待遇考虑得不周，崔海天对这件事丝毫没有责备他人的想法。我得知情况后，向有关部门反映了情况，很快解决了问题。

崔海天长期主管油田施工组织工作，他为大庆油田培育了一支坚强的高素质的建设施工队伍，他组织建设的大庆乙烯工程被国家评为金牌工程。退休后，他克服疾病造成的困难，坚持办好老年服务公司，继续为人民做出贡献。我和崔海天共事多年，感到和他共事心情舒畅，工作配合默契。崔海天不但办事果断，雷厉风行，对工作一贯兢兢业业，而且，他的严于律己、宽以待人、善于与人共事的品格给我留下了深刻的印象。

六十年代的大庆油田建设和崔海天同志

王炳诚[1]

我和崔海天同志很有缘分。20 世纪 50 年代，我在克拉玛依油田任钻井总工程师和油田副总工程师时，在“克独管线”的施工现场认识了崔海天同志。一年以后，我们先后从新疆和玉门来到大庆参加松辽石油大会战，成为了开发建设大庆油田的同事和战友，有很深的个人交情。

70 年代初，我离开大庆，转战江汉、吉林、海洋、塔里木等油气田。期间虽未能继续和他共事，但联系不断。我们是有共同语言的老伙伴。在大庆油田庆祝 30 年大庆、40 年大庆和 50 年大庆参会时，我都曾到海天家去看望看望他，共同畅谈，至今留下了美好的回忆。

崔海天同志为我国油田建设事业做出了重大贡献，对大庆油田开发建设立下了汗马功劳！油建老同志们常向我们介绍有关他的事迹，我也经常回忆起他的一些事迹。这些事迹令我发自内心地感动，值得我好好学习。

克服困难，建成我国第一条长距离原油输送管道

克拉玛依油田发现后，原油产量增长很快，原油急需外输到独山子炼油厂加工成品油，满足国民经济发展的需要。1958 年，石油工业部要求玉门油田组织队伍，参加建设新疆克拉玛依油田至独山子炼油厂的原油管道（“克独管线”）。玉门派出崔海天同志带领的一支队伍，承担此项任务。

“克独管线”全长 147 千米，管径 168 毫米，这是我国第一条长距离原油

[1] 原大庆工委委员、大庆油田会战指挥部副指挥。

输送管道。当时对长距离管道建设缺少经验、再加施工中器材供应紧张、施工机械缺乏，又遇到雨季，雨水对施工造成很大影响。面对重重困难，崔海天同志带领大家顽强战斗，千方百计决心完成这项光荣任务。

根据产量需要,“克独管线”年输油能力要从原设计40万吨提高到100万吨。为了在现场及时修改设计，崔海天同志组织广大设计人员在野外采集大量数据，确定了土壤导热系数，取准取全设计资料；又采取了增加泵站等措施，提高了管道输送能力，满足了油田上产能的需要。

在施工中，他发动大家大搞技术革新，克服施工困难，革新成功了沥青保温壶、焊口内衬垫等，确保了施工顺利进行。输油泵在安装过程中发现泵体开裂不能使用，严重影响了整个工程的正常进行。在这关键时刻，崔海天同志紧紧依靠群众，发动大家动脑筋想办法，在条件非常简陋的情况下，采取土洋结合的办法，成功地修复了油泵。

1958 年 12 月，克拉玛依隆重召开了“克独管线”竣工大会，对英勇参战的玉门油建施工队伍进行了表彰。崔海天同志团结和带领 100 多名干部、工人奋战在辽阔的戈壁、盐碱地上，按期完成了我国第一条长距离原油输送管道的施工，为发展石油工业立下了不朽的历史功勋。

大庆石油会战中的英雄油田建设队伍

1960 年，由欧阳义、崔海天和张家骐总工程师带领的一支油建队伍，从玉门油田出发，行数千里，参加大庆石油建设。

大庆的自然条件和西北戈壁有很大差异，冬天地冻九尺，施工的土方机械无法施展；春夏之交地面翻浆，多雨，大型机械寸步难行；在西北传统的施工方法难以适应大庆油田的建设节奏和严格的质量标准要求。

面对这一难题，欧阳义、崔海天、张家骐等油建领导，带领机关干部、技术人员，深入一线，与基层工人同吃同住同劳动，激励技术人员和干部群众奋发大干，先后建成中四转油站、北一注水站和北二注水站。特别是在北二注水站建成了样板工程，刻碑留名，质量全优一次成功。通过以上工程的实践，从施工遇到的困难中选准了技术攻关课题，油建领导大力组织施工方法、施工技术和施工机械方面的科研攻关，在全大庆是一支成绩突出、注重科研和革新的先进单位。

1962 年 5 月，欧阳义同志调到油田会战指挥部总部工作，协助分管大庆油田建设的会战领导小组副组长陈李中局长组织全油田建设工作，期间对油建、工程、安装三个指挥部的群众性技术革新一直十分关注。同年，张家骐同志被任命为会战指挥部主管油田建设总工程师，分管全油田的油建技术工作和设计院的领导工作。

崔海天同志负责油建指挥部全面领导工作后，继续加强了油田建设方面的科研攻关，大力开展群众性技术革新。通过科研攻关，提高油田建设水平的思路，在油建上下形成了一种风气。1965 年初，徐今强副部长安排宋振明同志和我带领各二级指挥部领导和总工程师，到上海、沈阳等城市学习兄弟单位先进经验。崔海天同志参加了这次学习，他学习认真，勤奋积极，是二级单位领导中比较突出的一位。他贯彻会战指挥部“两高、两发展”向科学技术进军的会战方针，非常积极。主动参加会战指挥部技术委员会召开的会议，支持会战指挥部张家骐和钱召南二位总工程师对油建方面进行的技术指导，采纳他们在科研攻关方面的意见和建议。

转变施工方式，大搞工厂化预制

大庆会战初期，油建广大职工在一片荒原上以革命加拼命的精神，完成了建设任务。1964 年后，油田进入全面开发建设时期，开发建设面积逐步扩大，各项工程点多、面广、线长，分散的特点更加突出。再加上大庆地处高寒地区，冬季长达半年，冻土很难啃动；到了雨季到处低洼泥泞，施工机械进不去，造成施工缓慢，质量得不到保证，越来越不能满足和适应油田大规模建设的发展需要，这些难题已经成为油田发展的瓶颈因素。

为了解决这些问题，油建各单位根据生产需要，采用预制的方法，在后方基地加工一些小型构件，提高了工效，尝到了甜头。崔海天等油建指挥部领导经过大胆尝试，及时总结经验、逐步铺开。开始在各个施工大队成立了管道防腐、土木预制、金属构件、配电盘柜等小型预制厂，进行小型构件的预制生产。通过施工方式的转变，减少了现场的工作量，既提高了质量，又缩短了施工周期，还缓解了材料供需矛盾，加快了油田建设速度。1964 年，油建、安装、工程三个指挥部合并成立大庆油建指挥部后，把三个指挥部的小型预制厂调整合并后，建设金属预制厂、管道防腐预制厂、土木结构预制厂（简称“后三厂”），开始搞工厂化生产，极大地促进了施工质量和速度。

1964 年，会战指挥部组织向科学技术进军，发动全油田的科研攻关。油田建设方面开展以“三化”（即预制化、装配化、机械化）为主要内容的十个方面的科学实验。

崔海天同志挑选得力的工程技术人员，参加会战指挥部钱召南总工程师主持制定大庆油建施工技术规划，即“三化”施工技术规划。指导“三化”施工的科研攻关和“后三厂”建设是张家骐、钱召南二位总工程师的重要工作日程。他们每周都到现场指导工作。经过一年多时间，金属预制厂建成容器自动焊接作业线；管道防腐预制厂建成管道多层薄沥青、玻璃棉防腐作业线，改变了野外人员施工方式，保证了防腐质量，成品扩大到 426 毫米的大口径的预制；土木预制厂实现了混凝土搅拌的自动化操作等等。1965 年，管道沥青防腐涂层的预制化达到 98%，金属结构、容器、加热炉管、压制弯头的预制化程度达到 97%，现场施工装配化达到 95% 以上，施工机械化也在 95% 以上。

1965 年，大庆油田油建职工支援新区会战，人员比 1963 年减少了 1800 多人（约占一线职工人数的 36%），由于“后三厂”全面投产和大力开展“三化”施工，当年完成的土方、管道、井口装置都比 1963 年增长一倍多。通过“三化”施工，使油田建设不受季节影响，为油田建设“四季常青”全天候施工打下了基础。

组织管道土方施工机械化攻关

土方工程是油田建设中劳动强度最高、占用劳动力最多的施工项目，往往牵制着整体工程的进度。在崔海天等油建领导的组织和推进下，通过科研攻关，在管道工程上实现了土方机械化施工一条龙。

1964 年，会战指挥部向油建指挥部提出，要借鉴生产建设兵团的农田开沟方法，研制适合油田管道使用的挖沟犁，解决管道挖沟的急需。油建指挥部把挖沟犁的攻关任务下达给了油建机械供应站。油建机械供应站由工程师邱贤明牵头组成了一个由技术人员、工人和矿机研究所两位同志一起参加的攻关小组，负责管道挖沟的研制攻关。

油田管道的特点是：一般都埋得比较深，管沟的深度要求在 1.2 米以上；另外，管沟的坡度不同于农田水渠，坡度要求比较大。研制的管道挖沟犁要满足这些要求，难度很大。尽管时间紧迫、任务艰巨，但是当大家想到领导和现场的工人同志们都期盼着早日采用机械化来代替人工挖沟繁重的劳动的时候，大家深深感到这项攻关任务既责任重大又十分光荣，下决心一定要把挖沟犁攻下来。邱贤明同志带领攻关小组一切从试验入手，先做成一个比例为 1∶10 的挖沟犁模型，用一台东方红拖拉机牵引，在供应站的院子里做挖沟试验。经过多次反复试验和改进以后，开始着手做了一个 1∶1 的样机进行试验。挖沟犁制作时，由于缺少人手，遇到了困难。崔海天同志马上下令从工地上调来 10 多个铆工参加制作，还鼓励大家："这几位铆工师傅刚从前线下来，他们常年在工地搞土方，非常辛苦，大家抓紧时间革新成功挖沟犁，让我们从繁重的体力劳动中解放出来，自己解放自己！"在领导的推动和支持下，经过大家的努力，挖沟犁终于在油田诞生了。这种挖沟犁很适合大庆土质松软、沼泽地多的特点，一台挖沟犁每小时可挖长达 1000 米至 1300 米的管沟，每台挖沟犁相当于 1400 人一天挖的土方量。以后，又革新成功了斜板推土机、吊管机等，配套成为土方施工机械化一条龙。1964 年，油建在萨北一条 9.2 千米输油管道施工中，用 15 台设备组成流水作业线，从管沟开挖、管子下沟、土方回填，只用了 8.5 小时，管道工程施工效率有了很大提高。1966 年 5 月，周总理来到大庆视察，在康世恩、宋振明同志的陪同下，参观了挖沟犁的现场施工表演，崔海天向领导们做了汇报，周总理给予了高度评价。

发扬"五毫米见精神"，树立为油田负责一辈子的思想

1964 年春节，油建机厂工区的工地上，已经预制好的 10 根总机厂铸工车间的混凝土薄腹大梁经过质量检查后认为：大梁外表光滑平整，没有蜂窝麻面，只是其中有 1 根比设计的尺寸宽出了 5 毫米，不影响使用功能，因此签了质量合格验收单。

油建指挥部崔海天等党委一班人知道这件事后，对照采油三矿四队，用高标准来进行检查，认为这是低标准、坏作风在工程建设中的不良反应，是"马

虎、凑合、不在乎”的老毛病、坏作风。一根大梁宽了5毫米，是个细小的毛病，但是一个小毛病不但会影响到整个工程的质量，甚至会影响一代人的作风。质量问题出在下面，根子还在上面。油建党委决定:必须抓住这5毫米，举一反三，检查和去掉队伍中的老毛病、坏作风，向工程质量的高标准进军，向油田建设的高水平看齐。

1964年2月28日，在总机厂工地上，聚集了油建中队以上干部和工人600余人，召开了一次质量现场会。会上，崔海天同志首先做了检查，把这5毫米的差距归结到自身思想不端正、作风不扎实、检查不细致、要求不严格、措施不得力等问题上，承担全部责任，并表示 :“对于大梁来说，宽5毫米虽然问题不大，但是不按图纸标准尺寸要求去预制的做法不能原谅，如果这次原谅了，就会出现更多的下一次，问题不仅会出现在混凝土预制大梁上，在工程建设的各个专业工种中都可能出现不合格产品。我们宁要一个过得硬，不要九十九个过得去。”会后，油建领导带领着干部和工人，操起扁铲当众返工，把宽出的5毫米当即铲掉，这就是被誉为“5毫米见精神”的经典事例。

1965年，为了推动油田建设优质高速，油田树立了“好字当头、自觉从严”的油建十一中队为全油田的标杆单位。同年，又树立了该中队的工人周占鳌为战区模范标兵，表彰他们对工程质量的高度负责精神。通过学先进找差距活动的深入开展，促进了工程质量和建设水平的提高，为革命干保险活和为油田负责一辈子的思想深深扎根在油建队伍的心中。

油建指挥部对大庆钻井战线科研攻关工作的支持是巨大的

1963年，松基六井用3200米钻机设计钻4000米以上深井，必须进行钻机动力的电动化改造，提高钻机功率，钻机和泥浆泵的传动系统进行了重新设计和制造，这个传动装置的静平衡由总机厂汪培元主任工程师指导完成。该系统在现场试运行时产生巨大的震动，钻机无法开钻。此时，油建指挥部总工程师高峻凯主动到现场帮助进行动平衡调试，解决了问题，使这口井顺利开始钻进。这口探井钻达4718米，是当时全国第一深井。

20世纪60年代的钻井八大攻关项目中的贝乌—40中型钻机由柴油机驱动改造为交流电驱动，单机实验成功后，在全面推广时遇到了困难，每台钻机完井以后，搬迁到新井位，供电线路施工速度总是跟不上钻机的速度。油建指挥部主动为钻井指挥部排忧解难，根据每年的钻井计划分区、成排，提前架设输电线路，为30台中型钻机的改造创造了良好的条件。从1962年到1966年，共改造了26台电动钻机，这项攻关项目和钻井的其他项目的科研成果全面推广后，钻井工程质量和速度发生了质的飞跃，1966年完成的井数比1964年翻了一番。

崔海天同志常年奋战在油田建设第一线，他继承和发扬了解放军的光荣传统，他的艰苦奋斗、锐意进取、攻坚克难的精神，让我佩服，他是我们学习的榜样。

相交相知　可信可敬

——崔海天同志二三事

金毓荪[1]

我和崔海天同志是先后从玉门来大庆参加石油会战的，在草原上相识、相交、相知，在半个多世纪的交往中，结下了深厚的革命友谊。

自觉从严，好字当头

大庆油田一投入开发建设，首先遇到的难题是：国内外没有开发建设这类大油田的先例可循。世界上没有相同的油田，都各有其不同的特点。石油工业部党组决定，先开辟一块生产试验区，进行十大开发试验，通过“解剖麻雀”，取得经验，以确定整个油田的开发措施和切实可行的开发方案。

崔海天率领玉门油建队伍，十万火急赶到大庆，首先投入生产试验区的各项地面工程的建设。这就让我们井下和采油的同志开始接触油建队伍，开始认识了崔海天同志。

我们看见，油建施工过程实际上就是克服困难、战胜困难的过程。当时施工环境十分恶劣，全在草滩和苇塘附近，虽阳春三月，北国的大庆仍到处是残冰断雪。施工中，他们经常要站在水里，所用物资（包括管道和设备）都卸在道路两旁泥泞的洼塘里，全靠人拉肩扛运到工地。在这样艰苦的条件下，他们所承担的十大试验有关的地面工程都按时完成，而且质量全优，有力地保证了各项开发试验的投入和运行。

随着油田生产试验区迅速扩大，几家施工单位进行了合并，崔海天同志担

[1] 大庆市原副市长、原大庆石油管理局副局长。

任合并后的油建指挥部指挥，率领油建职工进行大规模的油田建设。

根据当时我国国民经济状况的大局，按照党中央提出的“调整、巩固、充实、提高”的总方针，为了高速度、高质量、高水平地拿下大油田，会战工委有针对性地制定了地面服从地下的原则，崔海天始终活跃在油田开发建设的第一线。在施工现场和各种生产会议上，我们常常见面，知道他为了适应油田大规模开发建设的实际，组建了“后四厂”（金属结构厂、土木预制厂、防腐管道厂、机械修理厂），实现了“前队后厂”的施工方式，改变了过去野外施工主要靠手工操作的旧方式。新的施工方式极大地推动了机械化、预制化、装配化为主的“三化”施工，大大提高了工效，保证了质量，同时极大地减轻了施工人员的劳动强度。这是一项重大的变革，保证了油田大规模建设的顺利展开。

1964 年，随着油田开发建设规模扩大，会战工委在采油指挥部树立了三矿四队“高度觉悟，严细成风”这个先进典型，使“三老四严”的作风更进一步落实到油田生产管理上。崔海天同志以高度的政治敏感，闻风而动，在油建的总机厂铸钢车间工地，以房盖预制大梁局部地方超宽五毫米为由，兴师动众，小题大做，召开现场会，并亲自动手，用扁铲、磨石，铲去磨掉了这多余的五毫米。这就是后来在大庆乃至在全国基建战线产生重大影响的“五毫米见精神”的故事。

1964 年，毛泽东主席号召“工业学大庆”的时候，《人民日报》在长篇通讯中，高度报道和评价了这个事件。文章说：“五毫米，宽不过一个韭菜叶，值得为此兴师动众，开一次几百人的现场会吗？不，值得！大庆人的性格可贵之处正在这里……”还深入地评价说：“他们铲掉的，不是五毫米的混凝土，而是马马虎虎、凑凑合合的坏作风。”时年不到 40 岁的崔海天指挥，在大庆油田留下了一段“五毫米见精神”的佳话。

与此同时，崔海天同志在施工现场创造了一系列的好做法和准则，如“砖瓦点数，沙石成方”、“为革命干保险活”、“宁要一个过得硬，不要九十九个过得去”、“刻字留名”。终于，在宋振明同志的支持和帮助下，树立了油建十一中队这个“自觉从严，好字当头”的先进典型。他们队伍的作风，对我们采油队伍的影响也很大，高质量的建设，是保证油田高产稳产的一个重要方面，这是经过几十年的生产实际考验的。我们感谢油建的同志们，而我也进一步认识到了崔海天同志的可信与可敬。

开展曙光油田会战

时光流逝，到了“文化大革命”后期，1975年10月，根据石油化学工业部的决定，抽调大庆的一万余名职工，支援辽河油田，开展“二庆油田”（意为第二个大庆油田）的开发建设，即曙光油田会战。

12月18日，组成了以王苏民、崔海天为首的党的核心小组，两人分别为正副组长，带领万余名大庆人奔赴辽河油田。我从井下作业指挥部抽去，也是党的核心小组成员，分工主管日常生产，这样，和崔海天同志开始近距离接触。从此，经常一起研究工作，了解也就更多了。

曙光会战地区，受“四人帮”影响较重，有些人常常在这里呼风唤雨、兴风作浪，对油田生产多方干扰，一些好的规章制度也被破坏。于是，问题也就接踵而来。因曙光油田地下情况不甚清楚，投产的新井很不稳定。经过一段时间的工作，我觉得，应该首先要把储量落实。

于是，结合新井资料，重新严格计算储量，结果是新旧储量数据相差甚大。我又邀请大庆专家复查，他们同意新算的储量；又请辽河局的专家复核，也同意新算的储量。在这样的情况下，才正式向王苏民、崔海天两位领导汇报，他们两人明确表态：“只要实事求是，就向上级反映”。于是重新安排钻井、油建和设计部署，及时收缩，避免了可能造成的重大损失和严重的不良影响。

当时会战已经展开，声势很大，各方面的期待很高，所以，带来的压力也很大。王苏民、崔海天两位领导坚持实事求是，敢于担当，并妥善处理。这在当时是十分难得的，体现了领导者应有的责任感和高尚的政治品质。他们继续鼓励会战职工，出色完成了任务。

这次会战，也受到了多方的赞扬。

人生的曲折

像江河一样，人生也有迂回曲折。人生的道路总不会是平坦和一帆风顺的，在逆境中更能表现出一个人的精神风貌和道德情操。

曙光油田会战结束后，崔海天同志回到大庆，仍然主管油田和城市基本建设。他工作十分努力，但几年后，却遇到了一连串的烦心事，受到了不公正的对待，听说因被诬告差一点就进了法庭。经查，他既没有违反党纪国法的大事，工作中也没有重大失误，但受到的伤害不小，被迫做过检查，大庆党委常委的头衔也被拿掉了。可贵的是，在逆境和挫折面前，崔海天为党为国家做贡献的决心不改，为大庆红旗添彩的雄心不变，毅然挑起了领导建设大庆乙烯工程的重要任务。

大庆乙烯工程，是我国改革开放初期从国外引进的四大乙烯工程之一，具有当时世界先进水平。要建设和消化这一最现代化的引进工程，是要有勇气和胆量的。当时，正处于改革开放伊始，还有人称这几套引进工程为“洋跃进”。

动工后仅一年多，在 1980 年 11 月，乙烯工程曾被有关方面下令停建和缓建。各种阻力很大，干扰甚多。特别是乙烯原料工程尚未启动和落实。可以说，真是困难重重。崔海天迎着困难而上，全身心投入到这项举世瞩目的建设中。

从 1979 年 8 月 5 日主体工程破土动工，到 1980 年初，从国外引进的设备和器材 4.4 万吨，约有 84% 运到了现场。工程进展到“三通一平”（通水、通电、通气，场地平整），有 31 项系统配套工程动工兴建。厂内外的铁路、公路专用线已经投入使用，累计投资达 1.88 亿元，工程在冲破阻力中进展。

为了解决乙烯生产的原料问题，我几次去北京向石油工业部汇报工程方案和工程进展中的问题。我们坚决贯彻执行：“大庆发展石油化工，一定要把屁股坐在油田上，大搞综合利用（康世恩语）”的原则。大庆乙烯原料工程的建设，必须和油田老区调整、改造，流程密闭，降低消耗等统一规划，分期建设，达到“三脱三回收，出四种合格产品”的标准。当年回收凝析油 5 万吨。同时，在油田南部，又发现了 6 亿立方米的油气田，进行分离后，回收轻烃 12 万吨。还在大庆年产 5000 万吨的原油中，经处理回收了轻烃 30 万吨。这样，保证了乙烯原料所需。

乙烯工程创“四个第一”

1985 年 8 月，崔海天同志由于艰苦努力和日夜操劳，终于积劳成疾，病魔着身，累倒在工地。后虽经抢救，保住了生命，却导致双腿瘫痪。而最终，乙烯建设者们的血汗换来了乙烯工程的胜利建成。

全国当时四套乙烯工程的建设中，大庆乙烯第一个建成、第一个投产、第一个通过国家验收、第一个（也是唯一一个）获得工程建设金牌。

乙烯工程建成投产后，安全平稳生产，为国家创造了巨额的财富。

乙烯工程完工后，因身体和年龄的原因，崔海天同志从一线领导岗位上退了下来。可敬的是，在他患病恢复后，崔海天同志仍然退而不休，又和一些老同志办起了老年服务公司，为离退休的老职工们谋福利。直到晚年，仍然为他一生挚爱的石油化工事业操心劳力、献计献策。

祝愿崔海天同志健康长寿。

严格执行制度的榜样
坚持质量第一的典范

郝万春[1]

油田建设工作是一庞大的系统工程，包括井口、管线、泵站、油库、供水、供电、通讯、道路、居民点工程等等，形成了一个庞大的地下地面网络。管道的每一个焊口，阀门的每一个螺丝、每一个垫片如果出现质量问题，都会给工程带来灾难性问题。大庆会战伊始，会战工委就及时提出“高速度高水平拿下大庆油田”的口号，对于油田地面建设，就是要做到“百年大计，质量第一”。为此，必须有一整套的组织保证、技术保证、思想保证、物质保证措施。

崔海天自从1952年从石油师转业到玉门油田，直到他退休的1989年，在中国的石油化工战线上战斗了37年，从玉门到大庆，到辽河曙光，到大庆乙烯工地，从施工小队的队长，到大队长，从公司的副指挥到指挥，从大庆油田总部的副指挥，到曙光油田的总指挥，又任大庆乙烯工程的总指挥，在那一万三千多个日日夜夜里，他无时无刻不在盘算着组织保证、技术保证、思想保证、物质保证这4件事，目的只是一个：百年大计，质量第一。

1960年6月，他奉命来到大庆油田会战。1961年大庆油建指挥部（老油建指挥部）要完成200万吨的建设任务，时任油建副指挥的他，和公司总工程师张家琪召开开工前的准备工作会议，部署组织保证、技术保证、思想保证、物质保证的具体方案，提出了“指标明确、阶段分明、准备充分、措施具体”的要求，具体内容是：

一是开工前有设计院的设计代表向施工队进行设计交底，详细讲解图纸的

[1] 大庆市原副市长、原大庆石油管理局副局长。

工艺流程、技术关键、技术要求，并征求施工队的意见，对设计不合理的地方，设计人员当场修改。崔海天要求指挥部或各大队的技术人员必须十分熟悉图纸，做到工人有问必答。这就是技术保证。

二是建立工序交接验收制度。例如，管工小队焊接完一段管线后，每道焊口必须经过自检、组检、班检，每检一次都有记录，对于质量不合格的工程，坚决推倒重来，绝不含糊。合格后，由下一道工序施工，如果下一道工序人员经检查认为上道工序的质量不合格，有权拒绝继续施工。这是组织保证。

三是物资保证。要求供应部门供货到现场，做到砂石成方，管线堆放成排，工地需要的材料，必须保证提前 12 个小时运到指定的地方，而且材料的化验单、合格证、厂家厂地等都要齐全，一目了然。

四是要做到思想保证。工会、宣传部门要结合工程进展情况，组织编写工人们喜闻乐见的工地小节目，到工地表演，调动大家的积极性。在这方面，海天同志更是内行，他每天都在工地上转悠，一是看进度，查质量，二是他也时不时地给工人们亮亮嗓子，他经常唱的是《咱们工人有力量》。

1961 年北二注水站投产的那天，天气也很好，在崔海天的组织下，油建公司在工地现场办了一个“庙会”：在工地的一块平整的场地上，竖起几块大木牌，上面画上北二注水站的工艺流程图，把北二注水站工程的施工过程、质量检验及工序交接手续等具体做法都一一写在木牌子上面；木牌的旁侧摆了几台炉灶，厨师们正在蒸馒头、摆上几盘蔬菜；商店到现场送货，还组织各种文艺演出。工地 200 多人，每 20 人站成一行，每行排头兵手里拿着一面小旗。崔海天站在指挥台上，主持会议。第一项议程是高唱革命歌曲《咱们工人有力量》，先是齐唱，后来是轮唱，此起彼伏，一浪高过一浪。消息传到了二号院，宋振明到现场参观指导。宋振明来到现场看到：北二注水站施工现场的材料、器具摆放的井井有条，泵房内的阀门排成一行，管线油漆闪闪发光。宋振明十分高兴，就表扬了这种施工方法，并马上给总调度室打电话，让全战区建筑单位都来参观、学习。那时，职工没有文化生活，所以参加一次这种庙会，大家印象很深。

在充分肯定北二注水站工程先进经验的基础上，宋振明经过大量的调查，最终形成了大庆油田早期的工程质量保证制度和初步的监督机制，主要内容为：

（1）工程开工前必须经过两个三结合会议审查图纸，一个是审计、施工、建设单位的有关人员共同审查，另一个是设计、施工、建设单位的领导干部、技术人员和工人共同审查图纸。

（2）施工前做到五个交底：任务交底、图纸交底、器材交底、标准交底、措施交底。

（3）施工中做到六个落实：任务落实、图纸落实、器材落实、质量标准落实、措施落实、机械工具落实。

（4）施工中工人有五不施工的权利：一是任务不清、情况不明、图纸不清不施工；二是质量和技术标准措施不清不施工；三是材料设备不合格、施工的基本条件没有准备好不施工；四是施工设备、仪表不齐全不施工；五是上道工序不合格时，下一道工序不施工。

（5）五到现场：在施工的全部过程中做到设计工作、材料供应工作、思想政治工作、生活服务工作和施工指挥到现场。

这些制度的建立，对于高速度建设大庆油田起到了重要作用。1960 年至 1966 年间，在崔海天的领导下，油建完成产能建设 1300 万吨，共安装井口 1643 套，敷设管线 2065 千米，建各种泵站 40 座，大型油库 6 座，全部工程做到质量全优，投产一次成功。

崔海天在大庆会战指挥部担任副指挥兼任生产办副主任期间，坚持一年 365 天办公，一天 24 小时管施工，每天召开两个会议制度：一是早晨召开任务安排会议，主要讲当天总体任务安排情况，明确当天重点工作和要求，重点解决什么问题；二是晚间 7 点召开工程分析会，检查当天生产进度，掌握生产动态，协调解决单位之间的衔接平衡问题，重点研究解决生产建设中存在的矛盾和问题，对重要事项作出决定，写出纪要，下发执行。

另外，崔海天根据工厂的具体情况，经常召开现场办公会议，要求各级领导生产指挥到现场，材料供应到现场，设计科研到现场，生活服务到现场。战役计划下达后，必须有领导干部带领有关人员，深入基层办公，落实任务，就地解决问题。凡涉及两个以上单位协同作战的工程项目，由上一级调度室派人进行现场调度指挥，凡能在现场开的会绝不在办公室开，可以用口头传达的事绝不发文件，基层提出的问题由机关干部去调查落实，帮助解决，不搞“马达倒转”。

崔海天坚持每旬召开一次生产分析会，对重大问题进行专题分析。坚持调查研究制度，要求生产指挥人员经常带着问题，深入基层，调查研究，掌握第一手材料，做到情况明，决心大，正确指挥生产。对好的典型，就大力表彰，大力推广；对差的典型，找出原因，吸取教训，促其转化。

崔海天同志是执行制度的模范，坚持质量第一的典范。他坚持长年累月住办公室，带头参加夜间检查，他亲自主持每天晚上的生产办公会议，工作高标准，办事求实效，坚持“百年大计，质量第一”，他是我们生产办的好主任，是位好指挥。

油田建设的优秀领导崔海天

张福禄[1]

得知要为崔海天同志写一篇文章的消息，心里非常高兴。在我看来，崔海天的事迹非常值得颂扬、值得传播。在新中国的石油工业建设中，油田基本战线涌现出了一大批优秀的、杰出的领导干部，崔海天就是其中之一。在我的心目中，崔海天统筹、协调能力强，爱动脑筋，善于钻研技术；工作有魄力，处事果断；特别是在发动群众、鼓舞职工士气上，更有着独到之处。

在部队的时候，我和崔海天就在同一个团。当时，他在团里宣传队搞宣传工作，任分队长，我是一名战士。他经常下连队教大家唱革命歌曲，由于识谱能力强，嗓音浑厚，音质很好，战士们爱听他唱歌，他教的歌很快就学会了，鼓舞了战士们的士气。在宣传队他是一名优秀的演员，配合部队形势任务教育，演出一些小歌剧小话剧，他扮演的角色人物性格特点突出，塑造形象逼真，是战士最喜爱的演员。1950 年部队驻在陕南时，匪患不绝，胡宗南有组织地潜伏了武装特务，收罗了恶霸地主、兵痞流氓、帮会头目，号称“十万地下军”，袭击我地方政权，杀人放火，抢劫人民财产，破坏交通运输，造谣惑众扰乱社会秩序。宣传队奉命参加了宁强县西部地区剿匪斗争，崔海天和战友们一道宣传“首恶者必办、胁从者不问、立功者受奖”的对匪政策，访贫问苦，收集当地群众遭受恶霸匪首残害的血泪事实和我军纪律严明的模范事迹，编成节目到各个山村演出，群众反响热烈。许多流窜在外的匪众纷纷回来缴械投诚，提供匪首活动线索，剿匪部队在短短几个月内，活捉了女特务刘芳及匪首张占伯，这个地区的匪患基本平息。

在玉门油田，崔海天任油建三大队的队长，我任副大队长，那时起，我们

[1] 原中国石油天然气总公司管道局书记、局长。

开始零距离的接触。

每次接到新的建设任务，崔海天先把有关人员召集到一起，讲明完成任务的重要意义，和大家共同分析有利因素和不利因素，定出切实可行的具体措施。接着召开参战人员动员大会，充分调动广大职工的积极性。别看崔海天是搞基本建设的，其实，他做政治思想工作的水平也很高。

进入正式施工后，崔海天深入工地，调查研究，掌握第一手资料，赢得发言权。由于他对施工流程娴熟，一眼就能看出工程进度之快慢，质量之优劣，发现哪个单位干得好，回来后在会上大力表扬；发现哪个单位存在问题，就在会上分析，寻找解决的方法。

每个大型联合站竣工后，都要召开祝捷大会，会场锣鼓喧天，百面红旗招展，鞭炮齐鸣，口号声此起彼伏。在这热烈的气氛中，崔海天用洪亮的嗓音总结经验教训，表彰先进单位和先进个人，交流经验，颁发荣誉证书，对先进单位奖一头猪，在饿肚子的年代里就算是重奖了。祝捷大会结束后原地参加“庙会”。这种非传统式的庙会，不求神拜佛，没有古装戏。而是歌咏比赛、拔河比赛，炊事班烹饪比赛，免费理发、免费缝补衣服、购买日用品等。当时职工在会战的特殊日子里没有节假日，没有休息天，用“庙会”这种形式的目的就是为了方便职工生活和得到充分的休息，获得了会战指挥部领导的表扬。“榜样的力量是无穷的”。这样一来，各单位和个人就比着干，铆足了劲地干。

来到大庆不久，当时的石油化学工业部副部长孙敬文同志提出了“三化”施工，即工厂预制化、施工机械化、现场装配化。“三化”施工，可以说是由孙敬文提出、陈李中传达、崔海天落实的。不仅仅是落实，崔海天简直可以说是把“三化”的优势发挥到了新的水平。

会战初期，管子的除锈、防腐工作都是在施工现场进行。条件恶劣，施工现场工人工作量大，劳动强度大，效率低，效果差。为解决这些问题，崔海天着手建起了一个金属预制厂，一个管道预制厂，一个混凝土预制厂。在预制厂里，实现了作业一条龙，直接就可以把防腐好的管子运到现场进行焊接，不需要在现场防腐，只需补口就行了。而且，在工厂里，就把两根管子焊在一起，也减少了现场焊接的工作量。

金属预制厂的工作是提前把一些零部件做好，甚至是装配好，运到现场就能快速安装。主持预制厂技术工作的是工程师张昭明同志。这位同志技术过硬，肯动脑子。他发明了一种装置，让管子的防腐工作效率有了极大的提高。从前的除锈防腐工作，都是先把管子除锈后，浇上沥青，缠上一层玻璃布，再浇一层沥青，再缠玻璃布。这样做有个弊端：管子下面的沥青很难涂均匀。张昭明就发明了一个装置，把管子转起来，这样，沥青就浇涂得很均匀，也大大降低了劳动强度，提高了效率。

最初，建泵站要把砖、水泥、沙子运到现场，然后垒砌。现在，可以在混凝土预制厂里用水泥钢筋制出混凝土板块，运到现场，把接口焊接一下，就可以拼合成房子。

当时职工们都很高兴，就编了个顺口溜："三化"施工威力大，冬冻夏涝都不怕。要让老天听咱管，需要干啥就干啥。

可以说，"三化"施工为大庆油田年产5000万吨的提前投产，起到了关键性的作用。这种施工方法后来被推广到了全国各大油田的基本建设中，至今仍在采用。

有很多事情，在我们今天看来，是件很简单、很普通的事。其实，在这些事情的发明之初，却展现出了发明者超人的智慧。"三化"施工，就展示了崔海天和他的同事们的超人智慧。

在施工中，崔海天还善于钻研，善于思考，喜欢搞革新。比如说，当时用的挖沟机是前东德产的，庞然大物，效率不高，却仅只一台。崔海天带头搞创新，受到农业用的犁的启发，他就问技术人员，能不能设计一个"挖沟犁"。当时，工程师邱贤明接受了这个任务，没几天，"挖沟犁"做出来了。经过不断的试验、改进，挖沟犁效果不错，就是当时的拖拉机马力不够，牵引起来比较吃力。于是，崔海天向宋振明汇报，宋振明通过石油工业部从部队借来了两辆坦克。用坦克拉着挖沟犁，效果非常不错。这样一来，就大大地提高了工作效率，节约了人力、物力。

但是，崔海天还是不满足，他又搞起了名堂。他把管子放在坦克顶上，前面挖好沟，后面直接就把管子下到沟里。这就是著名的"乌龟背长虫"的来历。

崔海天的高尚品质给我留下了很深的印象。"文化大革命"期间，有一年多时间，我和他同台挨批斗。其实当时他已经调到了大庆会战指挥部，任大庆会战指挥部副指挥和工作委员会委员。因为他此前长期在油建指挥部工作，所以又被揪回来批斗。

当时造反派加到我头上的很多“罪状”，崔海天都说：“那是我提出来的，是我安排布置的，不是张福禄决定的。”

那时候，谁也不知道形势怎么发展。很多人因为受不了批斗，选择了自尽。在这种形势下，崔海天还敢于把责任揽过去，自己承担，足可以看出他为人的正直，品质的高尚。

崔海天爱学习、善于学习的精神，给人印象深刻。他的学历并不高，只是高中。参军以后，他爱学习就是出了名的，在全师都有名。所以转业后，领导决定派他去学技术。后来，他在生产一线，始终不断学习，基本建设的各项业务他都懂，所以说，在生产中想糊弄他是不可能的。

1985年，崔海天病重在北京治疗，有一次，我去医院看望他，惊奇地看到，他正在读英文版的《人民日报》。我半开玩笑地问他：“能看懂吗？”他说：“边看边学，不懂的就查辞典，找人问。”后来，他可以看英文资料，能直接与外国人进行语言交流。退休后，他下肢已经不太灵便，还在家里学习日语、德语，真的让人很钦佩。

和许多人一样，崔海天同志为了新中国石油工业的崛起做出了突出的贡献。他的感人事迹，以及他在几十年的奋斗生涯中，历练出的自强不息，不断创新，勇于开拓的精神，是教育激励后来者的一部良好教材。

曙光油田会战的片段回忆

朱鼎科[1]

1975年底开始的辽宁曙光油田会战，是在特殊历史时期进行的一场石油会战。所谓特殊时期，是指十年“文化大革命”末期，从政治上看，正是“四人帮”阴谋篡党夺权的疯狂时期，邓小平同志第三次被打倒，批所谓“右倾翻案风”，批“唯生产力论”。石油战线的广大职工坚持抓革命，促生产，使石油工业保持了20%的发展速度。全国地质勘探工作取得了重大突破。先后在辽宁、河南和河北等地发现了新油田。就是在这样的背景下，石油工业部决定开展曙光油田会战。作为会战的一名机关干部，我们经历了会战的全过程，有机会和崔海天、王苏民等领导同志一起工作。现就会战过程中崔海天同志发挥的作用做片断回忆。

精心做好出征前的准备

曙光油田隶属辽河石油勘探局，当时石油工业部党组决定，曙光会战由辽河局和大庆抽调队伍组成会战指挥部，具体工作由宋振明（原石油工业部副部长兼大庆油田党委书记）同志组织协调。

曙光油田会战指挥部党政领导班子由大庆党委决定，王苏民、崔海天出任党政主要领导。领导班子确定后，立即着手会战的准备工作。

首先，是参战队伍的确定。遵照宋振明同志的要求，队伍要成建制，要选一流的、能打硬仗的标杆队、先进队去，差的队伍一个也不能上。并责成大庆党委副书记韩荣华、喻新盛、李虞庚与王苏民、崔海天同志，以及组织人事部门一起研究，确定参战队伍。经研究，在曙光会战指挥部下面，组建钻井、油建、

[1] 原大庆油田化工总厂党委书记，时任曙光会战政治部副主任。

井下作业、水、电、运输指挥部和地质设计所七个单位，并任命了领导班子成员，确定1205队、1202队、油建十一中队、井下作业二队、运输硬骨头十三车队等标杆单位参加会战，队伍总人数为1.1万余人。

值得一提的是，在油建队伍的配备上，崔海天倾注了心血。在大庆，他曾经担任过油建指挥部的指挥，当了大庆工委委员、会战指挥部副指挥后，分工主抓油田基本建设。因此，他对油建的情况了如指掌。他深知，曙光会战的主体队伍，一是钻井，二是油建，三是采油。把油建队伍配齐、配强，就显得十分重要。他亲自到油建指挥部，和油建的领导班子一起研究曙光队伍的配置方案。会议开始，他就强调，“要通盘考虑，走留兼顾，合理组合。”经反复讨论，从前三队（施工大队）到“后四厂”（土木、管道、机修、电工合并而来），做到最佳组合，科学配置。会议结束时，崔海天高兴地说：“这样的配置，既不影响大庆的工作，又强化了曙光油建队伍，感谢你们的大局观。这样，我们的队伍拉上去，就能开得动，打得响，旗开必胜。”

其次是会战装备的配置。按照宋振明“各路队伍的装备一定要配好，有新的配新的，没有新的，旧的要检修好再拉上去。人强马壮才能打硬仗”的要求，责成李虞庚副指挥和崔海天一起，召开专门会议，研究设备配套问题，机关各有关部门和参加曙光会战的各单位领导都出席了会议。会议对各路参战单位生产、生活设施配套，逐个单位逐项研究落实。共落实了59个具体问题，抽调各种动力设备560台，对于缺口设备，决定立即派人去部里汇报解决。大庆的领导和各部门的负责同志，真正做到了从大局出发，千方百计、全力以赴地支持曙光油田会战，这令崔海天同志十分感动，会议结束时，他激动地说：“有大庆做后盾，有大庆领导的全力支持，曙光会战一定会取得胜利，为大庆争光，为石油工业争气！”

热烈隆重的誓师大会

曙光会战上得很快，上万人的队伍，上千台各种设备，从1975年12月中旬到第二年1月中旬，在铁路部门的大力协助下，用了一个月的时间，全部开赴会战前线。时逢数九寒天，地面水渠纵横，给钻井、建站带来极大困难，但困难没有吓倒会战职工，他们以只争朝夕的精神快摆硬上。钻井工人一边修路一边平垫井场，一边拉运安装设备，只用半个多月，10 座井架拔地而起。水电讯工人是会战的先行者，他们比大部队早上去半个月，立杆拉线、打水井、接电源，提前准备好工业及生活用水、用电和通讯联络。做到主力队伍一到前线，就能上得去，转得动，打得响。油建队伍上去后，立即投入建联合站的准备工作，不分昼夜地拉运沙石、水泥，抢上大罐的基础，着手构件的预制。整个会战前线热火朝天，一派繁忙景象，只待一声令下，全面打响。

1976 年 1 月下旬，春节即将来临。石油工业部副部长宋振明同志带领大庆党委的几名领导和机关有关部门的负责人，一行十多人来到会战前线，看望慰问会战职工。一下车，不进办公室，在王苏民、崔海天等陪同下，直接到钻井队、施工队看望会战职工，一连走了 8 个基层队。晚上在木板房里听了会战准备情况的汇报。

第二天上午，会战前线召开了曙光油田会战动员大会。辽河局的主要领导成员都出席了大会。辽河局的参战队伍（主要是钻井队）和大庆的参战队伍共 8000 余人参加了大会。会场在野外，主席台是由 8 台大日野平板车拼成的。会场四周 200 面彩旗迎风飘扬，6 幅大标语牌竖立会场两侧。队伍整齐划一，席地而坐，钢盔银光闪闪，歌声此起彼伏，人人精神饱满，场面十分壮观。

崔海天代表曙光油田会战指挥部做动员报告，内容分三个部分，重点突出，语言简练。

一是讲曙光会战的现实意义和任务，明确提出三年拿下曙光油田，为石油工业争光，为中国人民争气，并指出了夺取会战胜利的有利条件。

二是要高速度、高水平拿下新油田，既要重速度，更要重质量，要打全优井，建样板站，所有的井、站、工程既要一次成功，又要质量全优，经得起历史的检验。

三是发扬铁人精神和大庆会战的优良传统，发扬“四个大干”的精神。在会战中磨炼好作风，建设一支敢打硬仗、能打硬仗的铁人式的队伍。需要说明的是，1974 年进行的“批林批孔”、批“唯生产力论”时，大庆正在开发喇嘛甸油田，大庆人喊出“四个大干”，顶着逆风恶流，把会战打了上去，用一年多的时间拿下新油田。这次曙光会战再次响起“四个大干”的声音，是难能可贵的。

在原辽河局局长贾皋和曙光前线政委王苏民发言后，基层队代表在发言中表达了夺取会战胜利的决心。最后，宋振明同志在讲话中简要指明了打好曙光会战的重要现实意义，对会战队伍提出明确要求。最后，他激动地说："国家的强盛靠实力，实力的取得靠大干，加快发展石油是我们的天职。相信参战队伍一定会发扬石油工人的硬骨头精神、铁人精神，并肩作战，团结奋斗，力争三年拿下曙光油田，为国家做出新的贡献。"

妥善解决临时用地之争，为会战创造良好环境

曙光油田地处渤海之滨的辽南地区，斜跨台安、盘山、锦县三个县，中心地带在盘山县的中西部，地面上稻田密布，水渠纵横，稻田是由当地的劳改农场管理。会战刚刚开始，就出了点小麻烦。根据地质构造图，第一批井位定了一百多口，其中有四十几口井定在了当地劳改农场管理的上万亩的稻田里。需要修路和平整井场。这样就要暂时推掉一些稻田，等油井打完后，再恢复稻田。对于推掉的稻苗予以补偿。劳改二分场的管教让几个犯人躺在施工的推土机前，不让推。崔海天知道这个情况后，立即叫调度室和保卫组上去做工作，向分场的管教解释清楚，但是做不通他们的工作，而且管教态度强硬，施工被迫暂停。崔海天又让副指挥金毓荪向辽河局汇报，请局里给予协调。他还亲自跑到盘山县，请县长出马做工作，支持施工的顺利进行。盘山县的领导从大局出发，立即做劳改农场的工作，使问题及时得到解决。此后，地企关系更加和谐，保证了会战的顺利进行。

深入现场，靠前指挥

曙光会战上得快，干得猛。广大职工发扬铁人精神，不怕天寒地冻，不怕条件艰苦，各条战线你追我赶，干得热火朝天。作为会战指挥部的领导，崔海天带头发扬大庆会战的优良传统，指挥靠前，身先士卒。他在陪同宋振明同志慰问钢铁1205队的时候，深受启发。宋振明同志对1205队的队长刘嘉明说，"辽河的地质情况和大庆不同，一开始不要急于创纪录，先熟悉情况，把地下资料取全取准，打全优合格井。凭你们的干劲和经验，地下情况熟悉后，创当地的打井纪录是不成问题的。"在看望曙光2号联合站的职工时，宋振明同志又嘱咐在场的干部和职工说："一定要把工程质量搞好，发扬'最讲认真的人'周

占鳌的精神，为油田负责一辈子，把曙二联建成样板站，祝你们成功！”

“打优质井，建样板站”深深地印在崔海天的脑子里。作为会战的指挥，他天天跑基层，深入第一线检查指导工作，把这两句话视为金科玉律，逢会必讲，当成办事准则和工作目标。

在会战的艰苦环境中和繁重的任务压力下，崔海天始终保持高昂的斗志和乐观态度。他有一副好嗓子，不亚于专业歌手。有时会议结束，离开饭还有一段时间，他多次让我清唱一段京剧，以活跃气氛，他也主动引吭高歌，声情并茂地唱两首歌。他经常唱的是《我为祖国献石油》、《踏着铁人的脚步走》，有时还来一首《闪闪的红星》的主题曲“小小竹排江中游”，唱得大家掌声四起，都说崔海天是个“乐天派”。

细微之处见精神

——我所见到的崔海天指挥

杨育之[1]

我和崔海天同志都是从玉门来大庆参加会战的。最初来大庆时，他在油建指挥部，我在采油指挥部，当时并不怎么熟悉。

1964年以后，崔海天同志到会战总部，成为会战指挥部最年轻的副指挥之一，主管油建一路工作。在参加二号院召开的会议或是在施工工地上，我们偶尔见过面，但接触并不多。

一直到1974年，我调到设计院以后，由于工作关系，我与崔海天的接触开始多了起来。我们经常向他汇报有关油田设计方面的一些事情，比如请他主持审查设计方案、施工图的计划安排、组织设计人员参加施工前线等。那时候，不少参加施工的设计代表在工地上经常遇到他，都认识他，因为他经常在现场检查工作。

崔海天留给人印象最深的就是对工作要求很严、检查很细。有一次，他去检查在建的职工医院门诊部大板楼，在施工现场，他发现大楼内部装修上存在的一个具体问题，他问了几个人，当时没有人能回答清楚。我知道这件事后，感受很深：崔海天检查之细，甚至超过了我们设计院负责人对施工图的审查深度。通过这件事，对改进设计代表以及我们设计院的工作作风，都起到了积极的推动作用。

崔海天同志身居第一线，日夜抓生产。每天24小时，什么时候有事，他就什么时候投入工作。

---

[1] 原大庆石油管理局总设计师、中国第一批设计大师。

在喇嘛甸油田会战施工前线时，有一天，已经到了深夜，我们设计院的一位设计人员在工地发现了问题，于是向前线值班人员汇报。由于问题比较迫切，值班人员带着我们径直去了会议室兼宿舍的木板房，叫醒了崔海天。他立即起身听汇报，做决定，及时解决了问题，真正是做到了事不过夜。

每次组织施工会战，崔海天对设计院驻前线代表和参加会战的设计人员都给予工作上的支持和生活上的关心，使他们免除后顾之忧，这一点，许多当年跟崔海天有过接触的老同志都深有感触。

崔海天工作抓得紧。在大化乙烯工程开工建设前夕，他利用春节假日期间，带领我们油田和炼厂的几个人坐火车去吉林石化参观考察引进装置。因为正值大年初一早晨，整列硬座车厢里只有20余名乘客，大多数是下夜班赶回家的。列车长给大家送来饺子吃，以示新年的祝贺。到了吉林化工厂也没见到多少人，主要是听厂领导和技术负责人介绍和看装置，参观后就回来。此行崔海天没有带其他随从人员，到吉林后，也没有安排其他应酬活动，工作效率很高。

崔海天为人谦和朴素。一次跟着他去石油化学工业部参加会议，会后在部机关大食堂吃午饭。他照样和我们一样排队买饭，自己取碗筷，从来不搞什么特殊化。还有一次在石油化学工业部的六铺炕招待所大食堂，也碰到了崔海天和大家一道排队买饭的情景。崔海天从不讲排场，不论在什么场合，对自己的要求都很严格。

崔海天对群众生活非常关心。1983年的一个星期天，崔海天同志和大庆石化总厂的王瑛总工程师特地到中区大庆萨尔图号楼，来参观石油管理局给机关干部盖的新楼房。看样子他们是在筹划给乙烯职工解决住房问题。

此后不久，听说他病倒了。经过一段时间，当我们每天去管理局上班时，经常看到他拄着拐杖在院子里走步，坚持康复性锻炼。他的精神令人感动。

在我们相处的日子里，我亲眼看到了崔海天如何把他的身心奉献给了大庆、奉献给了中国的石油化工事业。

善学实干的油建人——崔海天

张家骐[1]

中国人民解放军第19军57师于1952年秋受命转为石油工程第一师（简称石油师）。崔海天随军来到了玉门油矿。他是高级中学毕业生，又从事过文化教员的职业，就给他安排到设计院学习锻炼。他刻苦耐劳，边学边干，进步很快。但天天都是坐着看图纸、查资料、搞计算，对他的个性、习惯、生活都是挑战。经他的请求和组织的允许，他于1953年夏调入安装工程大队学习施工技术。在施工队伍中他听从师傅的指挥和教导，与工友们同劳动、同学习。他又在业余时间教工友们识字、唱歌，把生活搞得活跃、生动、融洽。师傅们和工友们都热心地教他看图纸，识器材，讲施工方法、设备的性能以及安全常识。他分秒必争，努力钻研学习，半年时间就熟悉了组织施工的专业知识，具备了独立组织施工的能力。

1954年初夏，在玉门油矿的西山区要建立一座注水站，该站设有泵房、注水泵、电器设备、工艺管道、消防设备和两个500立方米的钢质水罐。崔海天此时已担任了施工队的小队长，上级就将两个500立方米钢质水罐的建设任务交给崔海天领导的铆焊小队来完成。他编制了施工计划、确定了施工技术及措施，然后组织两个铆焊班开展劳动竞赛，赛进度、赛质量，施工现场搞得热热闹闹、欢欢腾腾。这是安装大队首次举行的劳动竞赛，是新鲜事，是好事，大家都很关心重视，希望开花结果，得出好成绩，结出好果实。在施工过程中，因两个班组在劳动组织、施工技巧、工序组合上有差距，在进展到半个罐体时就显出了差别。最后两具水罐建造的进度基本相同，但有一具水罐的质量太差，造成返工修建。崔海天从中得到了经验教训，也得到了上级的批评和热心指导。

---

[1] 大庆油田原副总工程师。

此后由他负责先后建成的集油站、转油站、注水站及相应的油水管道等较大工程，质量达到全优，进度按时或提前完成，受到了好评。他于 1955 年被提升为中队长，在 1956 年夏季，玉门油矿安装大队由石油工业部授名改为玉门矿务局油田建设工程公司，崔海天被提升为大队长。

1958 年新疆克拉玛依油田原油生产增长很快，决定要从油田建一条输油管道到独山子炼油厂。这条长距离较大口径的输油管道建造任务，由石油工业部下达任务，由玉门矿务局油田建设工程公司完成。经公司党委研究决定：派黄国潘和崔海天带领三大队全体职工和相应的工具、设备等开赴黄沙满天飞的克拉玛依现场。

这条输送原油管线是由北京设计院张维贤工程师设计的施工时石油工业部又派石油学院储运专家学者张英教授驻现场指导、检查建造。崔海天负责领导、组织技术人员和工人师傅，熟悉图纸、查看现场、了解情况、研究施工方法和措施。在专家教授和设计人员的指导帮助下开始了建设工作。这是一条长达 147 千米、管径 168 毫米的钢质管道，还设有五个加热转输泵站，不但工作量大而且工程技术和质量要求也特别严格，如焊接除考试拉力合格外，还在焊接的焊口内里不得有焊瘤或焊渣。焊工师傅想出用内衬圈解决了问题，达到了要求。沥青防腐绝缘对玉门油建工人是个新鲜事（玉门油田干旱，又是砂石地，管线根本不用防腐处理），要求熬制沥青的软化点、延伸率、粘合力达到标准，将热沥青涂到管线上，还要光滑、厚度均匀，外缠一层牛皮纸，技术工人几经磨炼就用布兜热沥青的方法完成了要求严格的沥青层防腐绝缘工程。这是一件首创的工程。

崔海天是我国长距离输油管道建设的开创者。

克拉玛依地处荒原，黄沙满天，没有人烟。职工们白天干活，夜晚就是闲聊。崔海天就趁此机会教大家唱革命歌曲，有时还组织歌咏比赛，给职工生活增添了不少乐趣。原油输送管道要埋设于地下两米的深处，以防结冻。克拉玛依虽很荒凉，却有不少肥美的黄羊来回奔跑，夜晚有黄羊群跨越管沟时，就常有一、二只黄羊落入沟中。工人们发现后就拿起工具群起而捉之。崔海天见此情景也给工友们呐喊助威活捉黄羊。这事活跃了枯燥的施工现场，还改善了职工的伙食。

1960年3月传来东北发现了大油田的消息，石油工业部组织全国各油田单位派精干队伍前去会战。玉门矿务局指派油建公司选派队伍前往。4月初，油建公司经理欧阳义带队先行前往，6月份崔海天也带领大队人马奔赴松辽战场。后来玉门油建大军陆续达到，就和崔海天原来队伍在油建指挥部统一领导指挥下，建设完成了中一转油站、中一注水站、中四转油站和中二注水站，以及相应配套的井口装置和油水管线，会战初步告捷。崔海天由于劳累过度，饮食欠周，患了胃溃疡病。崔海天已于会战初期提升为油建指挥部副指挥。

大庆地区是青天一顶，草原一片，夏季红日当空，蚊虫叮咬，黑云聚来，猛雨如注，施工人员无处躲避，浇得像落汤鸡。汽车陷进泥潭，进退两难，器材运不进工地，建设不能开展。冬季严寒，冰天雪地，最低气温达−40℃，冻深2米以下，基本无法施工。油建指挥部及崔海天副指挥等就将从玉门油田应用的比较成熟的工艺管道预制法、机电设备的预检修和预试运法带到大庆应用。在阴雨、刮大风以及冰雪满地时，在自己的住处搞起工艺管道的预制和机电设备的预检修和试运转，提高了工程质量，保住了工程进度，完成了建设任务。

1963年油建指挥部欧阳义、崔海天等领导提出，扩大预制件的生产量，以便提高工程质量和建设进度，会战领导认为这个思路很好，就由油建指挥部提出设想，由设计研究院设计了管道预制厂、金属构件预制厂、土木构件预制厂和施工机件维修厂，统称为“后四厂”。这些厂于1963年末和1964年夏相继建成，投入使用。对保证工程质量和提高建设进度起到了很大作用。

预制厂建成后就要按照施工图纸进行预制机、泵、电器设备砼土基础和井口房、油、水、电站厂房的基础、梁、柱、屋面板，金属容器等。工艺管道预制厂就预制加热炉、分离器、电脱水器、水套炉、工艺管道和阀门组件。管道预制厂要生产“二接一”和“三接一”的沥青玻璃布的防腐油、水管道。为了使现场组装顺利进行，要求预制件的尺寸必须准确，不能有丝毫的误差，以保证施工的顺利进行。崔海天对此不时进行严格的检查。1964年初，他到砼预制厂检查工作中发现有一构件的宽度多了五毫米，他就叫工人拿来扁铲和榔头，亲自动手，铲去这多出的五毫米。这对砼预制厂的职工震动很大，也轰动了油建指挥部和全战区，“五毫米见精神”响彻了全战区。

1965年，油建指挥部预制构件的顺利完成，对施工质量和进度虽有提高，但进展不大。因此崔海天与技术人员和技术工人共同讨论，得出了“三化”（预制化、装配化、机械化）施工的方法。改装了拉运各种预制构件和较长沥青防腐管道的车辆，增加了起重吊装设备和吊车。经过大半年的培训、演练和现场施工的锻炼，逐渐达到了保质、保量、保安全的要求。1965年春，崔海天调任会战总部生产办公室副主任。就在这一年，他组织领导油建大军，用“三化”施工方法和技术，优质、高效、安全地建成了南四、南五、北三、杏一四座地下式联合站和4个区块的油、水、电讯线路、井口装置等配套工程。油田建设高速猛进，原油生产大幅提高，会战队伍欢喜跳跃。

就在1966年10月，“文化大革命”在大庆油田开始了，1967年7月崔海天被关进了牛棚。1968年夏我也进了牛棚，到1973年夏我们两人才又相见。

1973年夏，喇嘛甸油田会战开始，崔海天接受了会战喇嘛甸油田的建设任务。他把我从计划处调走，同去喇嘛甸油田进行会战。经过两年半的组织领导，油建大军艰苦奋战，于1975年11月优质高效地建成了三座大型联合站为主的年产原油1000万吨，油井清蜡不用刮蜡片，产出四种合格产品（合格原油、合格的水、合格的天然气、合格的轻质油）的大油田。

1975年辽河曙光地区又发现了大油田，石油工业部令大庆油田组建队伍去完成任务。崔海天和王苏民于12月接受此项任务，同时也把我调去了。又经过一年半的艰苦奋战，战胜了严寒、雨水、黏油，按质、按量、安全地建成了曙光油田，把生产的原油顺利地输送到锦西炼油厂。

我由于冠心病较重，经请求于1978年调出大庆油田。崔海天又到大庆市卧里屯，担任了由国外引进的30万吨／年乙烯联合化工厂的建设任务，继续奋斗。

海天为国　一片丹心

张一青[1]

1949年12月8日，陕南汉中解放，崔海天同志投笔从戎，被分配到171团任宣传员。

1950年春节后，部队接受了剿匪反霸、开荒生产的任务。陕南秦岭、汉水源头春雨连绵，战士们冒雨开荒，雨水和汗水混杂在一起，湿透了全身。崔海天同志白天和战士们一起开荒劳动，晚上，他不顾疲劳，还要排练《兄妹开荒》、《刘顺清连长》等文艺节目。他识谱能力很强，来了新歌，都是由他先看着谱子，唱熟了，再教大家唱。《南泥湾》就是他教战士们唱的。他还自编自演了快板，其中的"天上下雨地下流，看谁开荒在前头，日开一亩是哪个，炊事班长张福娄。战天斗地不怕苦，雨水汗水浇禾苗，银锄起舞除杂草，有望今秋大丰收……"，至今不能忘记。

他的有力宣传，大大增强了战士们克服困难的信心，保证了旺盛的劳动竞赛热潮。部队超额完成了开荒下种9700亩的任务，获得了生产粮食折合大米346.534千克，蔬菜100余千克的丰硕成果，年底每人分到10元至20元（在当时可是不小的数目）。在贯彻落实毛主席"医治战争创伤，减轻人民负担，改善部队生活，增加个人收入"的指示中，海天同志用他的行动，起到了不可小视的积极作用。

1952年8月1日，奉毛主席之命，中国人民解放军第19军57师改编为石油工程第一师（简称石油师），171团改编为石油师二团。同年10月，师党委决定，挑选文化稿度比较高的连、营、团干部150人，由师政委张文彬、政治部主任秦峰带队，赴玉门油矿、东北石油一厂、六厂、七厂参观见习，我和

[1] 中国石油宁夏石化公司原党委书记。

海天同志有幸入选。我们150人于10月15日从汉中乘汽车、坐火车、又乘汽车，长途跋涉，风尘仆仆，历经7天，于22日下午5时到达玉门，受到了玉门油矿4000职工热烈的夹道欢迎。

我和海天同志被分配到水电厂见习。厂长宁志纯同志热情地接见了我们，亲自安排了我们俩的见习计划，决定，我学习治安保卫，海天同志学习计划管理。

他白天到发电机组跟班学习，主动擦洗备用设备、打扫卫生，随师傅进行巡回检查，听班长讲述发电技术和巡回检查对安全稳定生产的重要意义。他勤学好问，询问一台发电机组每小时消耗多少燃料、多少润滑油，发多少度电。他的好学精神让老师傅们很感动，师傅奖励他一本精装笔记本，扉页上书写“向解放军学习、向解放军致敬”几个字相赠，并由全班师傅签名留念。

跟班学习半个月后，他又到计划科看资料、听讲座，并写出了电厂见习报告。在玉门见习总结会上，团政委陈宾说：“大家学得很好，崔海天同志学得更好！”

1954年，玉门油矿组建了安装工程队，我任党总支书记兼副队长。崔海天同志则在张家骐、陶蜀远工程师的指导下学习。经过一年多的刻苦学习，他已经能够承担选油站、集油站、输油管线、储油罐区的成套设计，被任命为安装工程队工程师室的技术员。

他是石油师二团官兵中的第一个技术干部。这不仅是他的光荣，也是二团全体官兵的光荣。战友们欢欣鼓舞。那时生活条件艰苦，大家都在大食堂就餐，没有宴请祝贺的能力，大家只能是把自己碗里的一小块肉夹到海天的碗里，以示祝贺！现在看来，这一举动有点寒酸，但在当时，这却表达了战友之间的真情实意，这一小块肉，情深似海、重如泰山！

随着投产井的日益增加，安装抽油机、铺设输油管道、建设选油站的任务量越来越大。此时，崔海天担任了小队长，他带领着石油战士早出晚归，挑灯夜战是家常便饭，但还是赶不上投产井的需求。他和老师傅吕学成多次研究，提出“选油站油气分离器、容器、总机关、工艺管道，按照图纸，在厂房配置，再运到现场安装”的施工方案，经领导批准实施，提高工效40%，减少了运料和接送上下班人员的车次，降低了工程成本，为施工工厂化开创了先河，适应了加快建设祖国第一个石油基地的需求。

玉门油田在第一个五年计划中，新建选油站17座、转油站7座、油库4座，安装井架636台，抽油机305台，铺设油、气、水管共计775公里。以上业绩，都渗透着崔海天同志的智慧和心血，他的汗水洒遍了玉门大地，他为祖国第一个石油基地的建设做出了重大贡献。

1958年4月，新疆克拉玛依油田产量剧增，运油车辆不足，产运矛盾突出。石油工业部决定，建设克拉玛依—独山子炼油厂的长输管线。任务下达到玉门石油管理局。经局党委研究决定，组建长输管线施工大队，任命崔海天同志为大队长，率管工、焊工300多人赴新疆准噶尔盆地施工。那里环境十分恶劣，被人形容为“天上不见鸟，地上不长草，风吹黄沙起，石头满地跑”，方圆几百里荒无人烟，生活条件十分艰苦。崔海天同志率队乘坐卡车顶风冒雨，日夜兼程到达工地，搭建帐篷。他白天到施工现场指导焊接、检查施工进度与质量，晚上查看施工图纸并根据地形地貌、管道坡度、泵站压力等情况，反复测算，最终决定，减少泵站一个，为国家减少投资140万元，同时展示了海天同志技术上的成熟和开拓创新精神。

从4月到12月，经连续8个月的奋战，队伍在戈壁沙漠风餐露宿，经历了蚊虫叮咬、干旱炎热、沙尘肆虐、寒冷刺骨之苦，完成了147公里的管道铺设任务。经试压，质量合格。12月25日，克拉玛依的原油通过这条管线，于27日下午送到独山子炼厂。工程提前完工4个月，上缴利润140万元，同时为我国长输管线的建设积累了宝贵的经验。在1959年石油工业部召开的厂矿会议上，受到了康世恩部长的表扬。

我最敬重的领导崔海天

唐本翔[1]

1955年，我从天津石油学校毕业后，被分配到位于甘肃省的玉门油矿，进入玉门水电厂，当了一名技术员。1957年，我被调到油田建设大队当技术员，油建公司经理是欧阳义，崔海天是大队长。当时，我与崔海天的关系可以说是“我认识他，他不认识我”。

1960年，我们油建公司集体来到大庆，参加大庆石油会战。

刚到大庆时，我和崔海天并没有正面接触，只是感到他组织能力很强，善于调动职工的积极性。那时经常开职工大会，每次正式开会前，崔海天先领着大伙唱歌，唱的都是革命歌曲，崔海天亲自打着拍子指挥。

会战初期，条件非常艰苦，这是大家都知道的事。尤其是1960年，全国人民都挨饿，当时，大庆一线工人的粮食定量是每人每月44斤，干部每月28斤。1960年，工人能分到22斤，少了一半，干部只能分到15斤。真吃不饱啊，饿呀。

我还清楚地记得，一个战友用洗脸盆放了大半盆水，采点野菜，放上一点米粒，煮熟了，大半盆子就全喝下去了。可是，这东西稀溜溜的，不顶饿呀。当时，有一个工友，老家是江苏的，由于营养不良，就得了“大肚子”病，肚子胀得就像是扣了个盆，那时还缺医少药的，没办法，就派人送他回了江苏老家。

当时有很多人吃不了这个苦，有的吃得了苦，受不了饿，就跑回老家了。

当时真是困难重重。所以说，在这种情况下，职工的思想工作就显得非常重要。每次开会，崔海天都领大家唱几首革命歌曲，再听崔海天讲上一会儿，心里就会踏实很多。他本人很会唱歌，声音洪亮，音调准确，音质也很美，十分动听。崔海天这个人讲话水平很高，有条理，逻辑性很强。对“稳定军心”

[1] 原大庆石油管理局副总工程师。

起到了很大的作用。

对崔海天印象最深的，是“五毫米见精神”，这事对整个油建公司触动都很大：当时给总机厂建厂房，房梁是混凝土浇筑的，共10根。浇筑好以后，一测量，其中有一根就多出了5毫米。说实话，5毫米的误差，是完全可以用的，但是崔海天不允许。他自己拿起凿子、锤子，就把这多出的部分凿掉了。

领导的身体力行，对工人的影响很大，所以从那以后，大家干活都非常认真，真正是做事“一丝不苟”。

第一次跟崔海天面对面接触，源自一次施工中和兄弟队伍的一次冲突。那是1963年前后，我已经升为工程师，带着队伍建中三注水站。我们负责铺设电缆，跟铺设管线的队伍就“撞车”了，我就跟那个队的工程师倪盛福商量，由于大家都是抢工期，所以老倪也不让步。慢慢的，两个人嗓门越来越高，就吵上了。吵得很凶，但还没发生肢体冲突。后来，两边的人上来给拉开了。

崔海天知道了这件事，就打电话让我去了他办公室。见了面，他先了解情况。我当时气还没消，当然说我的理。崔海天先肯定了我们的工作，然后说，咱是党员（当时倪盛福不是党员），又是技术人员，不能带这个头啊。没几句话，说得我口服心服，我当场向崔海天做了检讨，气也消了。

这件事，可以说是对我的一生都起到了重要的影响。从那以后，我在工作中就非常注意方式。通过这次接触，我真的很佩服崔海天的领导艺术。现在的人可能认为我是小题大做，就这么点事，有那么大的作用？其实，在那个年代，那几句话，还真的就有那么大的作用。

1975年，大庆油田组织了万人队伍，由崔海天任指挥，去辽河参加曙光油田会战。时任副指挥的施广仁通知我，准备参加会战。到了辽河，干了不到两年，辽河油田投产了。

按原本的计划，打算把我们这些人留在辽河。投产后，因为地质情况跟预计的不一样，情况产生了变化，我们就撤回来了。

但是，在这两年中，由于我们许多人跟当地油田在工作中有很多接触，不少人还是想留在这里，因为辽河的气候、地理等方面的条件，确实要比大庆好许多。尤其是对我们这些在关内长大的人来说，大庆的冬季真的是寒冷又漫长，夏天蚊子个大量多。另外，风还大，不是有这样一句话嘛：“大庆一年刮两次风，每次刮半年”。而辽河这里有自然河流，盛产鱼虾，夏季还有大量的瓜果梨桃。这些，都是大庆所没有的。

在施工中，我也和当地几个单位有过接触，几位领导也流露出留下我的意思。说实在话，我也确实动心。但是，咱是跟着崔海天来的，得听从领导的安排。

崔海天不知道从哪里听到了我和辽河方面的“绯闻”，就找我谈话。他问我是怎么打算的，是不是想留下。我说，想肯定是想（留下），但我得听从领导的安排。崔海天说，辽河这个地方确实挺好，自然条件很好。但是，大庆还有很多工程要建，还是回去吧。于是，我就跟着崔海天回到大庆，不久后，又投入到了 30 万吨乙烯的建设中。

对于崔海天这个人，我是打心眼里佩服，他领导能力强，心胸开阔，思想觉悟高。他还是一个爱学习、善于学习的人。他的学历并不高，但是英语水平很高，可以看英文报纸、资料。另外，他的日语、德语水平也不错，可以直接用这几种语言进行简单交流。退休后，他忍着病痛，还在家里自学外语，实在是让人钦佩。

大庆今天所取得的成就，可以说有着崔海天浓墨重彩的一笔。

想当年，铁人王进喜喊出了：“宁可少活二十年，拼命也要拿下大油田。”铁人那么说了，也那么做了。其实他哪里是少活了二十年，应该是少活了三十年。那时候，在各条战线上，有许多像铁人一样拼命干活的人，崔海天应该是其中之一。

1985 年，崔海天病倒了，当时的王苏民市长、郝万春副市长等领导指示，要不惜一切代价，把崔海天从死神手里抢回来！

那时我正在总调度室工作，当时没有现在这么先进的救护车。当时，苗好廉找到我，让我马上安排车辆，组织相关人员，陪护崔海天坐火车进京救治。当时，大医院的一位副院长亲自带队，领着几位医护人员陪护，带了一些医疗设备，坐火车进京抢救。到山海关的时候，崔海天呼吸很困难，大夫们在火车上为崔海天做人工呼吸。终于，坚持到了北京，总算是把一条命抢了回来。通过这次，也足见崔海天意志力的顽强、生命力的顽强。

1985 年到现在，快 30 年了，崔海天算是多活了 30 年，他又奋斗了 30 年，又做了很多事。

“铁人精神”、“大庆精神”，简单而具体地说，就是一种“拼命精神”。当时，很多人都像王铁人一样，拼着命去工作，崔海天也是其中之一。他的病是怎么得的？就是累的。

对于大庆，崔海天可以说是做出了很大的贡献，我们大庆人不应该忘记他的贡献。当然，还有许许多多的人，都做出了巨大的贡献、做出了巨大的牺牲，我们不应该忘记他们。

如今的大庆，已经从一个小村庄，变成了一座现代化的都市。说实话，看着今天的大庆，我感到欣慰，感到自豪，因为，我也是大庆的建设者之一。我相信，崔海天和崔海天的同事、战友，以及所有大庆的建设者，都和我一样欣慰和自豪。

石油师的精英崔海天

游古训[1]

崔海天同志自石油师转业后，从基层干部作起，于1964年就走上了大庆油田建设指挥部指挥的领导岗位，负责油田建设的全面组织领导工作。在石油师的优秀群体中，像他这样很快成长起来的领导人才，当时是不多见的。

当时大庆将参加会战的基建队伍中的油建、设计院、工程、机电安装四个二级单位重新组建成为新的油田建设指挥部，共有会战职工1.2万人。这支队伍每年要为大会战完成约200万吨的新增原油生产能力工程建设任务，因为国家在那时对石油需求非常迫切，每年的产量要上一个新台阶，任务十分艰巨而繁重。大庆油田处在黑龙江省松辽平原腹地，施工条件极差，冬季和雨季气候恶劣，又遇上三年自然灾害，粮食和物资极为匮乏。在当时的地理环境和历史条件下，作为身负重任的崔海天指挥，要挑起这副重担，正是受命于国家危难之时，若没有非凡的领导才能，是承担不起这样艰巨建设任务的。

我和崔海天指挥在20世纪五六十年代，先后在玉门和大庆油建有着共同工作和生活的经历，他一直是我的领导。凡是与他相处过的同志，都共同感受到他是有本事的、有才能的领导者。他深受大家的尊崇和敬佩，大家认为他是有极强的思维能力——点子多，有超人的领导艺术——干事的办法多，有过人的工作魄力和领导作风——说了算，定了干，敢管善管，勇于负责，令行禁止不手软，这些深受群众的赞誉。我以自己的切身经历，真实的历史事实和难忘的实例，来称颂他为石油事业而奋斗的业绩。

---

[1] 江汉油田原技术室主任。

一

从 1958 年起，我有幸在他领导下的玉门油建公司第三工程队任技术员。崔海天同志于 1958 年冬天，从新疆克拉玛依油田至独山子炼油厂的输油管道工程交工后，回到玉门，来到油建公司三大队任大队长。他来时我队正在做建设玉门热电厂二期工程和综合机械厂工程的前期准备工作。这两项都是重大工程，是玉门油田建成 100 万吨／年产能的配套工程，工程量大，技术难度高，工程质量要求也很严，而且工期很紧，都要在两年内完成。玉门油建公司领导在 1956 年建设热电站一期工程时，积累了一些经验。根据工程需要，就从全公司内部抽调了知名度较高的一批技术人员来承担施工技术管理工作，如高俊凯副总工程师，张昭明、章八义、吴国荣三位工程师，以及十多位具有大专以上学历的技术人员等。崔海天同志来了以后，经过一段时间了解，熟悉了这两项工程的技术性能之后，他感到要领导好这支队伍，又要管理好这样的工程建设，自己就要加紧努力学习不懂的新技术和新知识，以及施工管理技能。如他在攻克热电站 60 吨／时锅炉安装中，炉管与汽包壁连接是采用胀管技术时，他就亲自参加了吴国荣工程师组织的攻关实验工作，当技术难关攻克之后，崔海天大队长在有关会议上说：看来技术进步永无止境，要活到老，学到老才行。所以在以后的工作中，都能看到他对新知识学习的情景。

1959 年的玉门油矿总机械厂工程进入了关键施工阶段，油建指挥部负责预制主厂房的 30 米大跨度预应力钢筋混凝土屋面梁。此时我队没有预应力张拉的新施工经验，崔海天大队长为满足工程需要，决定派我和孙凤祥、尹德义技术员及铆工、钳工、电工、钢筋工等多人去外地学习取经。学成回来后，就采用了电热张拉预应力施工技术，确保了工程顺利进行。

从此崔海天大队长经常要求我们要了解新的技术发展动态，要常知，常学，常用，要不断提高我们的施工技术水平。

二

在大庆油田会战初期，崔海天同志就是油建指挥部的主要领导。1962年会战急需建设“大庆总机械厂”来满足会战发展之需要，总部要求油建在1962年开工建设，要在两年内建成投产。崔海天接受任务后，立即组织了讨论，拟定了“施工方案”，决定成立“机厂工程前线指挥所”，指定由李泽清副指挥、段三卯党委副书记、高俊凯总工程师为工区领导，组成党、政、技三结合的领导班子，组建以二大队为主，并抽调一、三、四大队相关专业人员组成施工队，并配齐各类专业技术人员，共约1300人的施工力量，确定了详细的施工方案。该方案的要点主要是：

实行大兵团作战，用集中力量打歼灭战的战术思想作指导；

要“全天候”施工作业，即歇人不歇机械设备连续作战；

整个工程划分为三个施工阶段：

一是强化细化准备工作，不打无准备之仗，用两个月时间作施工准备；

二是用一年时间建成三项主体工程，即5000平方米的铸工车间，2000平方米的锻工车间，3000平方米的钻修车间；

三是用半年时间建成热力、空压、供电、给排水等系统工程以及厂区附属工程。

在工程施工期间，崔海天指挥经常来工区和领导们研究工程进展中出现的问题，他经常要求我们要大力开展“三化”施工，要大量采用新技术，新材料，新工艺；要创建文明施工的新水平。为此，工区就经常开展以“三结合”形式的攻关活动，例如：采用“电热法”融解冻土，来开挖冬季土方工程；用“气举法”来降低地下水；用“电热张拉预应力工艺”来预制钢筋混凝土屋面梁；用“棚盖式”蒸汽养生混凝土构件和用“走线滑车组”来吊装混凝土构件等。所有在车间内要安装的中小型“机械设备”都采用预检修、预装配、预调试等施工方法。采用了这些新技术、新工艺后，大大减轻了重体力劳动，节约了原材料，缩短了建设工期，确保了工程质量达标。在施工期间，会战工委领导张文彬、焦力人、李荆和、陈李中和总指挥部其他领导宋振明、陈烈民、刘少南、季铁中等，来工区检查指导工作，看到这项大型工程热火朝天的施工场景时，都给予了较高的评价和肯定。时任国家副总理的谷牧也视察了总机厂工区，工区领导和职工受到很大鼓舞。

崔海天在油建任指挥的几年间，他不失时机地借大庆会战的大好形势，经常在干部大会上或职工大会上分析形势，讲任务，来促进队伍的思想和作风建设，他常常以会战队伍中出现的许多正、反两方面的鲜活而生动的事例来教育大家，好的能鼓舞职工的士气和斗志，差的能教育大家要引以为戒。他的这些做法，极大地促进了队伍的思想建设和作风建设。所以，油建在那几年就涌现出了一批影响整个油田会战队伍的好样板，好典型，如："好字当头，自觉从严"的油建十一中队；文明施工、规格化管理的北二注水站现场施工样板；"五毫米见精神"的质量管理样板；"乌龟背长虫"的管道一条龙施工技术样板及后来形成的要做到"项项工程质量全优，人人出手过得硬，事事做到规格化，工完料尽场地清"等一整套科学化施工管理制度。

三

崔海天于1965年调离油建指挥部，升任大庆会战指挥部生产办公室副主任和会战指挥部副总指挥、大庆会战工作委员会委员。

在1966年5月间，阿尔巴尼亚总理谢胡来中国访问，由周恩来总理陪同，来大庆参观油田会战情况。会战总部确定，要油建做好"乌龟背长虫"管道施工一条龙作业的参观表演项目，由崔海天副总指挥亲自组织实施。为此，他专门召开了几次会议，做了一系列安排部署，在二号院电话会议室召集有油建、设计院、采油三部、供应等单位和总部机关有关人员参加的会议，就表演任务分工和协调事项进行详细布置。会上他强调要求，各单位要在五天内做好一切"表演"准备，在第六天油建搞现场预演时，所有工作要限时完成，不得有误！

在周总理、谢胡一行观看表演的当天，崔海天提早来到现场，叫我协助张家骐总工程师（总部八大老总之一），介绍"乌龟背长虫"施工情况。在参观的人群中还有康世恩部长、李范五省长和东北局、黑龙江省、石油工业部的许多领导。参观队伍声势浩大，一个多小时的表演活动非常成功，当时宋振明等领导对此非常满意，不断微笑。

崔海天指挥利用当时"工业学大庆，农业学大寨，全国人民学习解放军"的大好形势，积极想方设法提高油建队伍的施工能力，抓住机会，装备了许多先进的大型施工设备：他以"坦克"为动力，解决了大马力牵引设备问题；还有利用"宽履带板推土机"，解决了湿地沼泽低洼地势的土方作业难题；以及大吨位的吊车等，这些措施对油建队伍施工机械化水平上一个大台阶起到了直接作用。当时用的坦克，就是崔海天通过季铁中、王新坡二位老领导，利用与东北军区的老关系搞来的退役设备。一辆坦克车的牵引能力约为400匹马力，能顶替6台红旗100匹马力的拖拉机牵引力。

1965年大庆会战进入了新的发展时期，各条战线的工作水平有了新提高。例如，钻井战线采用“钻机整体搬迁”的办法，大大提高了钻井速度；采油战线攻克了分层注水、分层采油的新工艺，提高了采收率。在这种形势下，崔海天经常召开会议，研究油田地面建设工作如何适应会战形势发展需要。他认为要继续提高“三化”施工的水平，就必须加速建设“管道绝缘预制厂、土木预制厂、金属结构预制厂、施工机械修配厂”等四个工厂。相对于施工前线而言，这四个工厂处在“后方”,所以人们习惯称其为“后四厂”。崔海天关于建设“后四厂”的想法得到了上级领导的赞同。在他的努力下，“后四厂”很快建成了。后来大量实践证明，“后四厂”是油建施工生产水平提高和发展的关键性自身建设，“后四厂”对油田建设起到了重要作用。

与此同时，他还十分重视设计和科研工作，他要求设计院大力开展设计科研攻关活动,要求设计要不断创新。在他的指导下,新产品设计不断产生,如“油井井口加热炉生产分离二合一装置”、“集油站加热炉、脱水器、缓冲罐、污水沉降四合一装置”、“输油干线的大型加热炉装置”以及在原油生产中配套的井口房、阀组间、输油泵站厂房的大型预制构件等等新型先进的产品先后应用在油田上。在他的倡议和指挥下，油田建设“预制化、装配化、机械化”施工水平进一步提高，建设速度进一步加快。在1966年，大庆油田就实现了一个月建成一座地下联合站的新局面。

四

从1965年至1968年间，崔海天指挥结合当时的会战形势，多方面探索了基建系统在组织机构和管理制度方面的创新。

1965年，根据会战工委决定，他亲自抓了油建队伍的调整改组工作，就是将原有的四个二级搞基建施工的指挥部，合并整编为油田建设指挥部。具体改编是：将原油建一大队和工程六大队合编为管道工程施工大队；将原油建三大队改编为井口泵站工程施工大队；将原油建二大队改编为联合站施工大队；

将原安装二大队改编为油库施工大队；将原四个指挥部的电力通讯施工队合编为电讯工程施工大队；将原各单位土建施工队合编为建筑工程施工大队；将原有的运输机械队合编为机械运输大队;将原有的预制加工单位,组建成“后四厂”(金属结构厂、管道绝缘厂、土木预制厂、机械修配厂)。这样就形成了“前五队”:井站工程大队、管道工程大队、联合站工程大队、油库工程大队、电讯工程大队。通过这样合并改编之后，就组建成了一支工种配套、装备精良、技能专业化的油田建设施工、生产实体，当时这一机构相似于国际上集团化的工程建设公司，这也是学习前苏联的经验。经过组建改编后的油建队伍，在1966年通过实践，证明各项工程建设施工速度大大加快，管理指挥机制有序高效，队伍施工生产能力大幅度提高。具体表现在：二大队在当年就建成投产了南四联、北三联、南五联和杏一联四座地下联合站；三大队当年就建成了4万立方米库容的南一油库；其他大队也在当年建成了约300万吨的油田产能工程项目，并做到当年建设当年投产。这些事实无可辩驳地证明了油建新机构和新机制改革是成功的。崔海天同志的这项机构改革工作取得了极大的成果。

在改革管理制度方面，崔海天也做了大量的工作。如建立两个三结合管理制度，一个是由甲方生产单位、乙方施工单位、丙方设计单位三方各派代表实行三结合定期联席会议制度，研究解决各方面的问题。如解决设计变更、设计图纸上的错漏碰缺、器材设备的改换等问题。此事有施工单位牵头进行，这项制度有利于工程顺利进行。第二个是建立工程投产衔接机制，在总部生产办公室内设置投产衔接组，抽调有关人员组成，油田总调度室的工程师梁尚群、油建公司的副总工程师李维益为负责人。这项管理机制的改革理顺了管理关系，加强了管理职能，建立了许多硬制度，这样就使过去工程建设中“主体工程一月完、收尾完善大半年、交工投产时间长、扯皮现象没个完”的弊病得到了彻底医治。老大难问题统一归口到衔接组去管理和解决。从此之后，甲乙丙三方形成了新的合作关系，各方面都给予了高度重视和肯定。

崔海天指挥大胆探索，他提出将设计院和油建指挥部两个单位进行有机的合并的建议。具体做法是将设计院的各级领导掺和到油建中去，院长兼任油建指挥部副指挥，设计院各设计室主任兼任油建队、厂、站的副职领导，这样便于所有设计人员按照专业需要，直接与油建的各厂队有关技术人员和工人进行对口衔接有关技术问题，使设计技术更实际更新颖。这项改革使设计工作有了很大改观，工作开展更顺利，设计工作和施工工作联系更紧密，缩短了工程开工前的设计交底时间。后来由于“文化大革命”的冲击，这项改革只进行了半年时间就取消了。但是，崔海天关于设计必须和施工单位密切结合的这一理念，是完全正确的。大庆油田，乃至全国其他油田至今仍然延续着设计部门和施工单位密切配合这一成功的做法，这也是崔海天在油田建设方面的很有价值的建议。

在1967年以前，崔海天指挥领导的大庆基建系统所进行的管理机构和管理机制的改革成果，后来在其他新的油田会战中成为样板模式，得到了广泛的推广和采用。进入20世纪70年代以后，参加过大庆会战的许多老同志调到各个新油田后，基本上都推行了大庆基建的管理模式。例如在江汉油田会战初期，我和周文华（大庆油建指挥）、叶跃庭（大庆设计院副院长）、王永德（大庆基建处长）、梁树奎（大庆副总调度长）等人，就是按照大庆基建管理模式进行“五七油田会战”基本建设管理工作的，使“五七油田会战”进行得非常顺利。石油工业部康世恩部长直接领导了“五七油田会战”，他对当时的基建工作非常满意，以至后来的不论是在任丘华北油田会战、濮阳中原油田会战，还是南阳的河南油田会战，基本上都是按照大庆的模式开展基建工作的。

崔海天是石油师的精英，他在中国油田建设上的功劳不可磨灭。

精心打造一支油田建设野战军

张世琪[1]

崔海天指挥是我的老领导。1962年9月我从学校毕业后，直接被国家统一分配来松辽石油勘探局报到。我报到后，被分到当时的农垦四场（为了保密，这是当时大庆油田建设指挥部对外的代称）二大队二中队管工一小队，直接参加班组劳动。刚从学校毕业出来的大学生首先是接受工农兵的再教育，走上工作岗位后一切都是崭新的也是陌生的。我所在的小队长是吕学成师傅，到班组的第一天，早晨先开班务会，吕学成师傅主要讲了分工和各组的工作安排。我被分到了沈家和小组，沈家和就是我的启蒙师傅了，他让我带上一把榔头，榔头也叫手锤，我背上工具袋就出发了。记得当天的任务是往钢管里灌装砂子，用榔头敲实，这是为热煨管做准备的一道工序。后来我才慢慢地知道，我所在的农垦四场二大队二中队，是一支红旗标杆中队，它的老班底是1960年4月由玉门油矿调到大庆参加石油会战的原玉门油建大队，到大庆后编入油田建设指挥部二大队。它的第一任大队长就是崔海天同志，后来升任为油田建设指挥部的指挥。二中队是以管工焊工为主要工种的一支红旗标杆安装中队。

在1962年的冬天晚上的一次防火演习中，我第一次见到崔海天指挥。

这时虽说比1960年会战初期环境和条件要相对改善了一些，但当时主要仍是以现场施工为主，绝大多数的施工建设任务都是在现场用手工操作完成的。记得当时安装一套采油井场生产装置，一个施工小队有三四十名职工要干十天到半个月才能完工。没有任何机械设备，全靠人拉肩扛把各种施工机器搬运到施工现场。

报到没几天我就从文化村的干打垒搬到西三转油站施工现场住帐篷。生产

---

[1] 原大庆石油管理局局长助理、计划规划部主任。

大队长经常要把大家组织召集在一起，抬大件，运建筑材料，搞会战。记得当时转油站上有天然气干燥器的施工安装任务，实际就是300毫米的大管子，有30米长，三根并排架到砼基础上，有1%的斜坡，气往高处走，水往低处流，是靠几十号人把管子抬到基础上的。大庆十月份的天气已经上冻了，我们睡在帐篷里，冬天基本上不敢脱棉衣，床铺底下放着铁锹，一说着火了拿起铁锹就往外跑，真是火光就是命令。那天晚上我们刚躺下，就听到外面喊着火了，大家迅速集合到着火现场，一看是指挥部的领导来到现场，一方面是搞演习，更重要的是让大家提高警惕，防火防灾保安全。崔海天指挥亲自到现场，他人个子不很高，很结实，头上戴着狗皮帽子，在火光的映照下，脸庞看得很清楚，他讲话的声音很洪亮，很有些气势，给人们留下了深刻的印象。这是一场防火演习，主要是检验一下队伍的作风，看看行动快不快，关键时候能不能拉上去。记得崔海天借着这次防火演习，讲了油田建设在野外施工的一些常理，他说这是一项风险很大的行业，爆炸、着火、伤人等事故是经常发生的，所以要求大家要提高警惕，防患于未然，要求人人讲安全，事事讲安全，处处注意安全，要杜绝大小事故的发生，用演习给大家敲起了安全防火的警钟。他还说："不怕一万，就怕万一，疏忽大意酿成灾害，国家财产受损失，个人遭了罪，单位还要挨批评，领导也要作检讨，所以要防患于未然。冬天天气寒冷，既不能冻坏任何设备，更不能为了取暖而失火，因此，我们号召大家把安全防火一定要搞好。"会上还介绍了中一注水站失火的教训，要严格执行岗位责任制。这是我参加工作以来第一次见到崔海天指挥。也是他亲自给我们讲"安全第一"重要的一课。

崔海天为油田和石化工程的建设做出了突出的贡献，他为打造一支过硬的油田建设队伍贡献了毕生精力。

培养施工队伍立足于工程质量第一

崔海天每次开会都要讲质量问题，他说，质量问题要年年抓，月月抓，时时抓，从头抓，一抓到底，绝不手软。质量问题不能马虎，不能凑合，不能原谅，原谅这一次，一定会有下一次。要在队伍中树立油田建设"百年大计，质量第一"的思想。他多次号召大家要做到"宁可身上掉层皮，也不让质量差分厘"，提醒人们注意工程质量。崔海天将不注意质量的实例编成顺口溜，以便让大家引以为戒，他用“地坪像锅底，散水倒流水”10个字来形容地坪高低不平像锅底一样，房子的散水不但没起到“散水”的作用，反而向里面灌水；他用“东倒西歪拄拐棍，披麻戴孝直咧嘴”来形容砌筑质量不合格、管线沥青防腐做的乱码七糟，像死人送葬的披麻戴孝那样。崔海天对工程质量不合格的事是深恶痛绝，批评起来一概不留情面，只有一句话：“推倒重来”。一次，一个工地的砖墙面平直度差了3毫米，本来也说得过去，他知道后，下死命令:“推倒重来”，绝不含糊。

1963年冬天，油建指挥部调集主力施工队伍进驻大庆总机厂工地，同时组织了机厂工区前线，当时以油建二大队为主，还有油建的四大队。油建二大队是崔海天指挥在玉门时的老班底，在他的多年培养下，现在是人员多，技术实力雄厚，也是当时油建指挥部的王牌施工大队。把总机厂的主要建设任务包括在建的铸工车间、锻工车间、工具车间等主要厂房及工艺设备安装，还有全厂的水、电、暖、热、风等系统工程，全部交给二大队承担。

当时汽修厂工程建设施工任务由大庆工程指挥部承建。当时的汽修厂和总机厂两大工厂同时上马，任务都是十分艰巨的。两个指挥部比着干，谁也不甘心落后。总机厂位置地势低洼，杂草丛生。开始建厂房时，土建工作量大。铸工间一根牛腿柱子的杯型基础砼量很大，光土方量就要挖七八十方冻土，工程量和难度都很大，上级对进度要求的也很急迫。但作为施工的总指挥，崔海天一刻也没有放松对工程质量的严格要求。其中发生在总机厂工地的“五毫米见精神”，就是严格抓住质量不放的一个典型事例。

“五毫米见精神”最早由《人民日报》于1964年4月20日，以“大庆精神大庆人”为题，介绍了大庆“好作风必须从最小处培养起”的做法。当时油建指挥部的党委书记是郭生吉，生产指挥是崔海天。他们深知，一支过硬的施工队伍来不得半点马虎、凑合、不在乎的思想，俗话讲“蝼蚁之穴，能溃千里之堤”。于是一次震动全油建指挥部抓工程质量的现场会应运而生。当时油建指挥部总机厂工区是油田建设的一项重点工程。锻工车间的十榀十米长的钢筋砼薄腹大梁，端端正正地摆在预制现场，从大梁的表面看，光滑平整，根根长短粗细一致，即使最能挑剔的人，也找不出它们有什么毛病。但是仔细用尺子一量，就会发现梁的宽度比标准宽了 5 毫米。党委书记郭生吉和生产指挥崔海天带头检讨了领导工作不深入，检查不严格等问题；负责直接预制加工生产的副大队长王兴基和土建工程师张海路在会上检讨了没有严格执行验收标准，关口没把好；负责施工的油建二大队的干部和工人检讨了作风不严不细，操作技术不过硬。检讨以后，干部、工程技术人员和工人参加现场会的有 600 多人，在领导的亲自带领下，硬是把宽出的 5 毫米用榔头、扁铲和磨石铲掉磨平。他们说：我们铲掉的不仅是 5 毫米的砼，而是马马虎虎、凑凑合合的坏作风。这种一丝不苟严细认真的好作风，在整个油建施工队伍中形成了风气。几十年来一直被人们津津乐道。

还有 3 吨的炼钢炉和 2 吨的冲天炉的耐火砖砌筑，质量要求都是非常高的，当时请了齐钢的技师作指导，我们的工程技术人员和瓦工师傅，做成模板，一块砖一块砖地找圆对缝，保质保量地圆满完整了砌筑任务。

为了提高工人的技术水平，保证工程质量，崔海天经常举办赛巧会，在总机厂工区也如此。各工种的高手经过比赛选拔出来，同时进行技术上的总结，比如钳工考钻孔，铆工考下料，车工考车杆，然后把它编成顺口溜叫做“车工怕车杆，钳工怕打眼，铆工就怕薄铁板”。瓦工砌砖要三层一靠，五层一吊，游丁走缝，横平竖直，眉清目秀，都是成套的技术标准。油建指挥部的二大队和四大队，从 1960 年会战初期就有很好的配合，到 1961 年建设北二注水站时，第一次在油建完成的工程建设项目中，实行“刻字留名”，人人树立为工程质量负责一辈子的思想。

崔海天还很注意发挥老工人的聪明才智保证工程质量。油建指挥部二大队二中队管工一小队队长吕学成师傅，是会战初期的八级管工，人称土专家。1963 年入冬前，总机厂工区要安装 K4 蒸汽锅炉，炉体分上下汽包和水冷壁管等散件，已经运到了现场，各种配件也到齐了。安装任务落到管工一小队，由吕学成小队长全面负责。炉管和汽包之间的连接是采用胀管法施工，炉管两端都要打磨到露金属光泽，为保证胀接质量，开始是用锉刀和手砂轮，一个管头一个管头地磨光。几百根水冷壁炉管，这样的施工速度太慢了，质量也难以保证。崔海天了解情况后，立即召开“诸葛亮会”，发动大家出主意，后来把砂轮机改造成一个三爪离心式卡盘砂轮，把手工变成了机械加工，质量和速度都有了保证。胀管器也是自制的，解决了炉管与汽包的安装连接问题。然而炉管及工艺部分都需要焊接在一起，但经过多次落实，就是找不到合适的锅炉钢焊条，当时真把吕师傅急的吃不下饭、睡不好觉，嘴上起了大泡。他在想，自己是高级工又是负责人，完不成任务无法交代。可是没有合适的焊条怎么办？突然他想起气焊工用的焊条是把现成的焊条拿去，把药皮子砸掉，只用焊条的钢芯部分。炉管本身的钢材和焊条是一样的，他就自己精心把炉管切割锯成小圆圈，然后再把它展开调直磨圆，让气焊工做焊接试验。经过试验完全合格，就这样解决了锅炉炉管的工艺焊接材料紧缺的问题。正如俗话说的“踏破铁鞋无觅处，得来全不费工夫”，在当时的条件下土专家解决了大问题。后来吕学成师傅一直跟随着崔海天指挥，转战油田南北和石化总厂，负责工程质量的检验工作。

抓队伍建设注重施工技术的科学发展

大庆油田会站初期，工程的施工方法是以手工操作为主，基本工具无非是铁锹、榔头、大钳、撬棍。承担施工任务的工人是靠顽强的意志和拼命的精神战胜困难，又在十分艰苦的条件下完成建设任务的。

1961 年 8 月间，崔海天到大庆不久，他率队施工大庆第一座注水站（中一注水站）。这是他到大庆接受的第一个较大的施工项目。虽然他在玉门油田也搞过注水厂（大庆称作注水站）的施工，但大庆的条件比玉门那是艰苦多了，这里地势低洼，雨水大，基本没有正式道路，管道、阀门、机泵设备全靠人拉肩扛运到指定部位，撬杠和“吉姆落”就是起重机。这座站采用的是旧式柴油机，不能连续运行，调运时，柴油机和柱塞泵到处是问题，漏油冒烟，一会油管断了，一会缓冲罐爆了，柱塞泵的泵压力刚到 140 大气压，站外管线又漏水了，忙得不可开交。崔海天接受了中一注水站质量不高的教训，下决心提高施工作业的技术含量，以科学技术为动力不断提高工程质量。他开始组织小钻床、小钢磨、气割滚轮、对焊胎具、电焊保温车等小型设备的革新，使施工手段和工程质量有了一些进步，但他觉得这还不是根本性的进步。

1964 年，崔海天组织油建科研所开始研究制造挖沟犁。他通过油田老领导王新坡、季铁中从军队找来退役的坦克车作动力，带动新研制的挖沟犁，实现了挖沟、下管、回填土一条龙的高效施工作业流程。这种挖沟犁很适合大庆土质松软、地面沼泽泥泞的特点，每小时可挖深度为 1 米的管沟 1000 ~ 1300 米，比人工挖沟下管效率提高几百倍，创造了每日铺设管线 10 千米的记录。不但速度快，更主要的是工程质量提高了。这种挖沟犁又称为“乌龟背长虫”，1966 年周总理来大庆视察工作，听了汇报后对这项革新十分赞赏。

1965 年，在崔海天的建议下，油建公司又研制成功非金属油罐抗油渗漏技术，后来在大庆东二油库、西二油库的非金属油罐应用效果很好，既做到了节省钢材和资金，又保证了质量，一举多得。

1964 年，在崔海天的倡议下，油田建设的“后三厂”在大庆让胡路建成，油田建设开始走向工厂化、预制化、装配化。相对施工前线而言，专门预制生产混凝土构件、金属容器、防腐绝缘管道的工厂被称为“后三厂”。在以后的现场作业中，只要把“后三厂”预制完成的混凝土构件、金属容器、管道组合件、防腐绝缘管道等用吊装设备起吊至设计部位，施工 80%的工作量就完成了，做到了好而省。崔海天为油田开辟的“工厂化、预制化、装配化”施工被称为“三化施工法”。以后油田施工的三化程度越来越高，发展到整体一次吊装成井口房、计量间，工厂化程度达到了 70%，大庆一年的施工时间达到了 310 天。这些成绩的取得，都有崔海天的心血和汗水。

崔海天十分注重施工过程中的“小改小革”，他经常号召技术人员和工人师傅要动脑筋，要肯干，要会干，要巧干。

当年的油田总机厂工区，是油田指挥部的重点工程建设项目。在工区现场设置了机厂前线建设指挥所，协调施工建设中的各方面的问题。而油建指挥部的两个施工大队，一个是二大队负责安装施工，一个是四大队负责土建施工，土建安装互相配合，协调施工，你中有我，我中有你，搞的整个总机厂工区热火朝天，起到了锻炼和培养队伍的作用。崔海天提倡要大搞革新的思想对我的启发很大。我们大队设想，像锻工间的烟囱砌筑时第一次采用钢制提升吊盘，用门式架提升代替脚手架施工，上下速度快，不再用人工脚手架老办法砌筑。另外为全厂砼构件解决了水平和垂直运输的钢制塔架走线滑子，其结构简单，操作简便，减少了高空作业和节约了劳动力。工人师傅和工程技术人员还有很多创造发明，为保证工程质量和加快施工进度起到了积极的促进作用。例如用电热法融化冻土，来解决挖冻土基础的电热法施工，当时用人工刨冻土把手都震裂了，一天一人也只能挖0.5立方米的冻土，后来采用电热法，把钢钎子一根根加热打孔，把钢钎打到冻土里，然后通上电，一夜之间冻土就变成了软化土了，一个小队，一个杯型基础的土方一天就能够完成了。木工中队用作模板剩下的板皮和下脚料制成夹板式屋架，解决了露天作业的木工房和钢筋工房的暂设问题。这些事以现在的眼光看来都不算是惊天伟业，但在当时，就是这些小小的改革，促进了生产进步，提高了队伍的素质。

着力在艰难困苦的环境和条件下锻炼队伍，培养队伍

俗话说得好，“没有金刚钻，难揽瓷器活”。一个施工队伍，没有实力，很难承担重要建设项目，而一个有实力的施工队伍，又会在大的重点工程建设项目上得到锻炼和提高。崔海天指挥就在精心打造一支能征善战的油田建设施工队伍上下工夫，精心筹划，着力培养，重点安排在艰难困苦的环境和条件下锻炼队伍，培养队伍。油建二大队就是这样一支敢于承担重大施工任务的英雄施工大队。通过实战锻炼和考验，油建二大队不辱使命，在大庆油田建设史上创建了不胜枚举的奇功伟业。从北二注水站的“刻字留名”，到总机厂的“五毫米见精神”；从1963年在油田提出高度机械化，高度自动化，大搞科学研究，大搞技术革命，发展新工艺，发展新技术（简称“两高两发展”的群众技术革命）到创建后线的预制厂，油建二大队都是阵阵落不下的队伍。

我在二大队任队长时期，凡是遇到“难差急”工程，就是施工难度大、施工条件差、工期紧急的工程，崔海天总是“优先”想到我们二大队。有时真是太累了，就对他有点意见。崔海天也看透了我的心思，开导我说：“一支过硬的队伍是真刀实枪干出来的，工程难、条件差、工期急是锻炼队伍的好时机，你作为队长也会得到提高。”

经过多年的摸爬滚打，油建二大队这支以石油师转业的官兵和玉门油建老工人以及工程技术人员为主体、1960年的转业战士、1964年的徒工和历年来国家统一分配的大中专院校毕业生组成的油田建设施工队伍，始终保持着两个安装中队，一个木工中队，一个瓦工中队和一个后勤加工维修保证中队的格局，在大庆油田施工现场转战南北，大庆油田地面上几乎所有的联合站、油库等大

型集中的油气生产装置，60%以上是油建二大队施工建设完成的。北起喇三联南至杏十三联，在大庆萨尔图、喇嘛甸、杏油田上遍布他们的足迹。就以1966年为例：当年一举完成了四座联合站的施工任务，从南四联到北三联，然后又转战南五联，创造了七天地上、八天地下的“七上八下”，半个月时间拿下一座联合站的主体施工任务。等到年底前把杏一联合站建完后，达到灯亮马达转，就等原油流进联合站，实现了工完料净场地清，干干净净等投产的高水平。

崔海天指挥所创建的油建二大队享有质量免检的殊荣，整个施工大队建制完整，实力雄厚，技术全面，作风顽强，长于进取，一直保持着适应时代潮流的需要，不断更新完善自我，油建二大队在大庆会战中立下了汗马功劳。1969年，根据石油工业部的要求，油建二大队的大部分职工调往五七油田支援会战。后来伴随着油田的稳产和发展石油化工，一直到立足大庆，面向全国，走向世界，拓宽市场。1969年后，重新组建的油建二大队承担了开发喇嘛甸油田长输管道和原油大型储库等建设，以后又转变成长为石油化工建设的综合施工企业。在大庆油田，全国最大的联合站工程，有着“石油博物馆”之称的喇二联合站，包括有集输油、气、水、电、热，加工处理油水分离，油气分离，轻烃生产，燃机发电，油田注水等综合加工能力建设任务的完成。这些艰难任务的完成证实了油建指挥部二大队不愧是一支有着光荣传统，实力雄厚，能战斗，组织严，工种全，技术精，敢打硬仗的油田建设野战军。

培养队伍首先在培养职工上下工夫

崔海天认为，队伍过硬的先决条件必须是人员要过硬，队伍敢打硬仗，首先是组成这支队伍的人能敢打敢拼。基于这一点，无论是在施工前线，还是在冬季整训期间，他都千方百计通过办学习班、技术竞赛、业务培训等途径，有意识地培训干部和工人。在培训中，他像在前线一样，严格要求，无论是考试，还是实际操作，凡事都要认真对待，绝不走过场。在这方面不论谁出了错，他都严厉批评。油建二大队是以管道工艺技术、设备容器安装为主的大队，在他的严格要求下，油建二大队职工个个技术全面，每人都有一套自己的技术本领，全队有一批优秀的、以人称土专家的八级管工吕学成为代表的技术尖子，例如程忠厚、安明福、沈延年、杨有道、丁凤顺等一大批高级管工安装人才。他们精通图纸，看图下料，个个出手过得硬。20世纪60年代的连续两任大队长王积荣和蔡保安都是八级管工，说明管工在油田安装工程中的重要作用。丁凤顺老师傅用钢扁铲、手锤，手工铲坡口的技术，至今给人们留下深刻的印象，真的就像车工用车刀加工出来的一样，光洁明亮。管工讲对口，要求间隙坡口均匀平直，道道焊口要上尺上线，做到精准无误。焊工在管道安装中的重要作用更不必说，必须持证上岗，经考试合格后，才准许上岗操作。一名合格的焊工，都有一个专用的钢号，把自己焊完的焊口经自检合格后，打上自己的焊工钢号。从那时起就树立了强烈的质量观念，为油田负责一辈子。油建二大队有朱锡祯、张运贤、蔺尚儒、刘生元、薛成萱、刘好善、韩阿耀、殷德科等一大批高级焊工师傅。他们的焊接技术水平均达到炉火纯青的地步，其中殷德科师傅被评为战区标兵。值得一提的是，刘好善师傅焊法兰和人孔是出了名的高手，大电流，高速度，焊得快，穿透力高，质量好，堪称一绝。钳工、铆工、管工、焊工号称油田建设安装工程的四大主力工种，油建二大队的钳工，以王玉聪老师傅为代表。王师傅，甘肃省玉门市人，1960年4月从玉门油矿调来参加大庆石油会战，一直战斗在设备安装第一线。经他手安装的机泵设备不计其数，台台设备安装做到一丝不苟精益求精，因为安装设备有功，他曾参加过康世恩国务委员在大庆二号院的特殊招待——宴请老技工，受到极大的鼓舞。王师傅的钳工基本功非常过硬，会战初期的乌金挂瓦，钳工要用三棱刮刀，一点一点地刮圆找平，用油墨检验轴瓦的结合面，刮出的席花精彩绝伦，达到光洁度三花九的水平。机泵安装讲水平度，轴隙、面隙要分毫不差，运转时不震动、不漏油、不跑气是关键。机泵是油站的心脏，一年365天，一天24小时连续运转，安装检修是否合格，直接影响着油站的安全平稳运行，没有高超的技术和精益求精的精神是绝对办不到的。王师傅就是这样认真的人。在王师傅的带领下，像闫兴录、杨德福、高国清等一批优秀安装钳工，奋战在油田泵站油库等设备安装现场。铆工在油建二大队更是独树一帜，所有的大型设备构件的吊装运输及储油罐的建造，都是铆工打头阵，在第一线指挥吊装设备的运作，大罐钢板的组对。铆工是最讲团结的集体、合作精神突出的工种，一张罐板，几百千克重，是靠人工抬起来对接好的。在油建二大队的铆工中有乔富礼、姜长生、王德儒等老师傅，有战区标兵胡宁邦、程宝江等一大批高级铆工，完成着油田建设上的钢木混凝土大型容器的运输吊装任务。崔海天指挥对油建二大队的四大支柱工种的培养和锻炼是倍加重视的，特别在关键的工程上，他都亲自到场，给大家鼓劲加油。在冬季大练兵时，专门给焊工开小灶，练蹲功、手工、臂力，还经常把一些知名的老师傅请到指挥部，表扬他们的技艺，在群众中树立威信和榜样，给工人师傅们留下了深刻的印象。前面讲的是油建二大队的两个主力安装施工队的四大核心工种。当时的施工队至少有 30%的技术骨干，活跃在各个施工现场。

俗话讲红花还得绿叶配，油田建设施工除担负主力施工的技术工种以外，土建工程、装修工程、收尾投产工程是必不可少的。而油建二大队的木工中队、瓦工中队和后勤保证中队，也都是很优秀很全面的。前面提到的木工中队，用下脚料板皮组装木屋架，自建木工房和钢筋操作间，当时的中队长是顾云翔，下面有：苏小弟、吴林福、方宝囡等，他们都是上海人，有木工三杰之美称。今天的北二注水站，已经投产运转了 50 多年，当年的钢木屋架、屋顶的望板和挂瓦都是他们的杰作，可以看出他们的木结构建筑技术之高超。还有后来的会战指挥部大会议室、地参部作战室的土木工程都是他们亲手建造的。在油田建设中处处都有他们的身影。瓦工更是如此，他们在秦砖汉瓦、老祖宗留下的传统技艺中，一直保持着优良的传统和作风。60 年代会战中，曾经创造了浑水墙当清水墙来砌，两面挂线，眉清目秀，保百年的记录。以老标兵郑发荣为代表，方大寿、王玉民、傅进国、王福田等一大批瓦工高级工匠，为油田建设立下了汗马功劳。

崔海天不但重视一线工人的素质，同样也对从事后勤保障工作的人员提出更高的要求。他常说，在油建公司，前方和后方是一个完整的统一战场，前方仗打得好，是后方保证有力的结果，没有过硬的后方，前方就会吃败仗。评先进的时候，崔海天一再提醒大家，别忘了后勤并肩作战的同志。二大队后勤工作是非常突出的，小烘炉，自制车床、钻、铣、刨加工小配套，工程上需要的各种各样的零配件都是自主加工、配套，这样就大大方便了现场施工。生活保证包括种地、养猪、酿酒、榨油副食作坊，保证前线职工生活。作战打仗一定“人马未动、粮草先行”，搞施工建设也是如此。第一线工人一到工地，第一件事是先把职工食堂办起来。经过灾荒考验的队伍，知道搞好生活的重要。说起二大队的后勤生活保障，杨万明师傅功不可没，人称他为“杨万能”，种地、养猪、酿酒、榨油、做酱油醋，做好食堂的后勤保障，是出了名的能人。

崔海天特别重视对公司基层干部的培训和教育。在冬季整训时他以“如何当好基层领导”为题，专门在干部大会上做报告。崔海天的讲话逻辑性强，层次分明，内容切合实际，大家都愿意听他的报告。他现身说法说：“我也当过大队长，大队长是重要干部，大队长要承上启下，上面的意图靠你们去领会，向下贯彻；下面的意见和情况靠你们来反映，我作为指挥，我离不开你们。当干部，无论职位高低，一定要心中有数，遇事要拿出办法。你的大脑要善于思考，今天，明天，一个月，一个季度会发生什么事，怎么解决，一定要有个预案，要有提前量。要学会下象棋，要预见到下一步、两步、多步的结果，及时应对。还要关心群众生活，注意工作方法，好事要办好，要把坏事转化为好事。”这些讲话反映了崔海天的一贯思想，对我们基层领导干好本职工作起到了非常大的作用。

崔海天注重公司机关人员素质的提高，他要求公司机关工作人员必须树立为前线服务的思想。他经常讲，机关的计划、技术、财务、劳资、器材、生活后勤六大职能部门，是领导的参谋，是为基层服务的，你们的基本职责就是解决前线队伍需要解决的问题，前线要啥，你们就送去啥，而且要及时保质保量地送到。他还告诫我们，在某种意义上讲，机关工作人员素质的高低，直接影响到前线工程的质量和进度。崔海天的这一观点在油建二大队得到充分落实。按照崔海天的要求，我们做到工人培训经常化，通过制定师徒合同，实行旧人带新人的办法，二大队新老机关工作人员素质得以迅速提高。计划股的高锦罗，财务股的刘竞成，劳资股的龚明盛，器材股的庞云亭、马士武等都是专业管理的高手。特别是技术股，当时的油建二大队的技术实力是全指挥部最雄厚的，老牌工程师人才济济。土建方面的有张海路、邓英福、孙际科、包忠英等，安装工程师有游古训、倪盛福、孟宪刚、郝松乔、马秉忠、刘兆延等。除大队工程技术人员外，每个中队都有自己的工程师和技术员，编制施工技术方案和施工大纲，施工作业的技术交底，保证工程按照计划和要求严格执行。

还有一件事，给我印象最深，就是关心职工的文化生活。崔海天指挥在石油师时就是文艺骨干，嗓子好，声音洪亮，会唱歌。在战区开大会时，经常是他和水电指挥部的张鸿飞指挥两人站在一起，上台指挥职工大唱革命歌曲。油建二大队在职工文艺活动方面有着光荣的传统。受崔海天指挥的直接带动和影响，文艺活动很有特点。指挥部的军乐团，实际上是以二大队的班底为骨干组成的，当时在战区很有名气。铆工孙山柏师傅任指挥，很有些气势。管工刘玉海、王国顺的小号和长号都是很擅长的。空闲时间，他们就抓紧练习，可以说在战区也是很突出的。还有孙玉林、徐天明两位师傅及和他们配对演出的舞狮子，六中队的威风锣鼓。后来组建土木预制厂，把锣鼓队也带到了土木预制厂，战区有什么活动，土木预制厂的锣鼓队是少不了的，非常有气势。每年到冬天，还都要根据一年的工程施工队伍中的先进模范人物和事迹，自编自演一些群众喜闻乐见的文艺节目，或是参加战区文艺表演、或自娱自乐，唱秦腔、跳亚克西也大有人在。职工队伍生机勃勃、很有活力，职工队伍中文娱、体育活动的开展和领导重视有直接关系，对施工队伍促进生产的发展也起到了积极的推动作用。

崔海天指挥所创建的油建二大队，在大庆油田建设史上创造了辉煌的业绩，从1960年大庆石油会战开始，到改革开放的今天，油建二大队在大庆油田南北东西，到处都有他们建造的泵站、油库、联合站工程，是一支能征善战的王牌施工队伍。这支队伍作风硬，技术好、综合施工能力强。伴随着大庆油田的高速建设开发，到5000万吨稳产，从一次创业到二次创业，从大庆长垣开发建设到外围低产油田的开发建设，以及油气综合利用，大型石油石化工程项目的建设，都有油建二大队的足迹和身影。油建二大队除参加大庆油田会战外，还先后支援了五七油田、华北油田、辽河油田、中原油田等油田的开发建设。油建二大队的老职工一直把队伍的好作风、好思想、好技术走到哪里，带到哪里，就在哪里开花结果，不愧是一支经过精心打造、千锤百炼、久负盛名的油田建设野战军。他的业绩让人们敬畏，他的作风让后人传承，我们将把这支队伍的好传统、好作风永远继承发扬，为油田建设和发展再建新功。

崔海天一生中为国家做出了重大贡献，其中他呕心沥血努力打造的一支油田建设的铁军队伍，更是他为大庆做出贡献的重要的组成部分。我在油建二大队工作多年，在那艰苦的会战时期，工程锻炼了二大队，二大队也培养了我。“元旦起步、春节会战、七一献礼、十一投产”这些革命口号的背后，是油建职工为祖国献石油的宏大壮观场面。我1962年大学毕业后至今，在崔海天领导下的千军万马会战油田的场面好像就在昨天。崔海天工作中雷厉风行的作风、高超的领导才能和艺术，用心培养队伍和关心每位员工的革命敬业精神，现在崔海天退休了，我也退休了。祝愿崔海天晚年幸福。仍然历历在目，记忆犹新。

油田建设“三化”施工的创始者

蔡沛霖[1]

1960年6月，崔海天同志率领玉门油建三大队来到萨尔图，参加石油大会战。这个三大队与先期到达的队伍合并在一起，成立了大庆油田建设指挥部。党委书记是欧阳义（原玉门油建公司经理），指挥是刚从部队转业的上校军官王新坡，提升崔海天为副指挥，负责油田建设施工。

担当的任务是建设第一座中转站（后来的编号为萨尔图油田中区第4转油站）系统工程，包括把几十口井生产的油、气集中于站内，经过分解处理后，把原油输入东油库，争取“八一”装火车外运万吨原油，缓解国家紧缺石油的危机。

当年的雨水特别多。风雨连绵的六七月份，把萨尔图油田浸泡在泥水中，运料卡车驶入水草地，便陷入泥沼。用大功率拖拉机加大油门使劲拖拽，把卡车鼻子拽豁了，也拽不出泥潭。只好人拉肩扛运料，披风浴雨施工。

顶风冒雨施工，电焊工还可以在自制的挡风遮雨棚中焊接管线。管线的防腐保温就难以实施。因为大庆的碱土对地下管线的腐蚀很大，必须涂一层沥青以防腐。当时用原始方法，在工地架起大铁锅熬化沥青，一人挑两桶，将沥青浇到钢管上，两人拉一块布兜住管子来回拉动，把浇上管线的高温沥青涂抹均匀。如果雨水滴入沥青里就要起泡，如果沥青的温度不高，就涂抹不匀，就要起疙瘩，质量都不合格。再说为什么要保温。大庆位于寒冷地区，大庆油田生产的原油凝固点高，26摄氏度就流不动了，必须给输油管线穿棉衣保温，保持高于30摄氏度的油温，才能把开采的原油输送进油库。当时用石棉丝布裹矿渣棉包住管线，用细铁丝捆紧。在风雨中给管线穿矿渣棉保温服，淋的一身水

[1] 大庆油建公司原党委书记。

湿透衣服暂且不说，矿渣棉扎伤皮肤痛痒难当，苦不堪言。

最困难是冒雨挖管线沟。穿上雨衣水靴难以使劲，只好穿背心短裤胶鞋，弄得污泥满身，下班时，脱光腚，利用雨水冲洗个淋浴，也算是不错的事。挖沟时，一锹下去挖半尺深，雨水也跟着灌满坑，拿桶舀水泼出去，转瞬又流下坑，成了稀泥浆，来回折腾几下，累得精疲力竭，也没挖几尺远。

军人出身的副指挥崔海天身先士卒，与工人一起顶风冒雨，摸爬滚打，同甘共苦，群策群力，想了许多战胜困难的办法。他采纳管工小队长李生福的建议，制作雪橇式的大爬犁，把设备与钢管大件等器材放在大爬犁上，用履带式拖拉机牵引大爬犁，穿过泥沼地把器材运到工地。他支持大锅上打伞熬化沥青，抓住雨停时机，几个组一齐上，创造了一小时涂沥青一千米的新纪录。他根据工人的意见，弄来小电泵，将低洼地的积水排入水泡子，地面的积水下降，不倒流下管沟。再动员机关干部和后线人员，组织挖管沟的劳动竞赛，宣传科 9 个小伙子一天挖沟一千米。

由于老天爷不作美，在风雨连绵的野外施工，尽管日夜拼命苦干，总是难以改变施工进展缓慢的状态，始终未能扭转按计划正点到达的被动局面，有的工程投产没有做到一次成功，有的项目拖延了工期，未能完全如期投产。

油建指挥部党委开会分析原因，联系实际学习“两论”，总结经验教训。充分肯定主流，各级领导干部处处模范带头，职工劳作不计时间，不怕苦和累，创造条件也要上的铁人精神很旺盛。问题出在指挥部领导的主观想法有些脱离了客观环境的实际状况，结果事倍功半，效益很差。

党委书记欧阳义认为，我们战胜戈壁滩，在玉门关上立标杆那一套施工方法，搬到大庆来会战恐怕不行。必须根据大庆的天时地利，大草原的沼泽地多，夏天多雨，冬天寒冷，冻土深达两米，怎么适应？大庆的原油“三高”即含蜡高、黏度高、凝固点高。与玉门大不一样，怎么输送？大庆会战要求高速度高水平拿下大油田，对油建来说，就是钻井打到哪里，油建紧紧跟上，使完钻的油井减少空闲，缩短完钻到产油的周期，快快投产出油，缓解国家紧缺石油的危机。欧阳义说，我们要大搞调查研究，转变思想作风，尽快适应客观环境的要求，改进施工管理。

爱看书报、善于总结、肯动脑筋的崔海天，在两个月的施工中，碰到许多意料不到的问题，诸如风雨连绵中怎样减少停工？如何利用平坦的大草原快速施工？敷设盐碱地下管线的防腐，怎么革新，减轻工人的沉重劳作？高寒地区管线保温如何节省时间与材料？安装泵站内的机器设备如何一次成功？等等。他虚心讨教有实践经验的工程技术人员和老工人技师。从海外留学归来的总工程师张家骐见多识广，谈了许多高见。老工人技师提了不少合理化建议。崔海天经过综合思考加工，在党委会上发表了三条建议：

第一，把野外分散预制的工作，拿到家里来集中干；把高空作业的工作，拿到地面上来干。预制成型，拉上现场组装起来。例如井口施工，现在的做法是将采油树、管线闸门等零配件吊装运到井场，现场测量尺寸，现场下料预制，现场组装试压，再拉运红砖来砌井口房，将 油树围在房中。施工一口井，需用管工、电焊工、火焊工、起重工、泥瓦工在野外忙活三天，一口井才能竣工。一旦碰到风狂雨暴，还要拖延工期，质量也难全优。如果把井口设施规范化，在家预制井口装置和井场工艺管线，打压检验质量优良，再拉上井场，对上法兰，接上弯头，再将预制的砼（混凝土）井口房，吊扣在采油树上，只用半天工夫，一口井便可以投产。这叫采油井口预制化作业。

第二，泵站施工装配化。各种泵房的墙与屋顶，一律用砼预制板，将泵房墙面对上预制墙板，再用水泥浆勾缝，屋面做防水处理，安装上门窗，泵房便竣工了。房内的机器设备，先在家里配料，预制工艺流程管线，配套连接成几大件，打压检验质量合格，拉运到泵站一件一件地组装成型，连通以后，便可以试运行，投产便能一次成功。

第三，在平坦的大草原上敷设各种管线，如果有土方机械挖沟，一天挖几千米，我们油田建设施工便可以高速度高水平建设大油田。现在最头痛的是挖土方，经常动员机关干部放下手中的业务工作去挖土方，回来再加夜班干业务，弄得机关干部怨声载道。又无别的潜力可挖，还得强令机关干部去挖土，工效可想而知。怎么可能高速度高水平建设大油田呢？我们必须实行土方机械化。

副指挥崔海天的发言描绘出油田建设现代化施工的前景，令人欢欣鼓舞，大家七嘴八舌地做了补充。党委书记欧阳义集中大家的意见，他说：老崔的想法很适合大庆油田的实际，很符合大庆会战的要求，大家又补充了许多很好的意见，虽然目前的困难重重，没有厂房，没有土方机械，没有大型设备，现在可以说尚不具备条件。但是，从今天起，我们学习“没有条件，创造条件也要上”的铁人精神，要发奋图强，奋力向油田建设施工预制化，装配化，机械化的远大目标前进！我相信，油建上下同心协力，围绕“三化”施工大搞革新，改革管理，苦练技能，不远的将来，一定能开创油田建设施工的新局面。

副指挥崔海天考虑“三化”施工的队伍需要专业化，他在安排施工任务时，一大队主要搞管线施工，二大队主要承担泵站建设，三大队主要安装井口，四大队负责土木建筑。同时，鼓励各大队白手起家，兴办预制厂。科研所接受各队提出的项目，抓住重点，组织力量攻克技术难关。一大队工程师陈锡山率先办起管道预制厂。在露天草地上，支起几组三脚架，将碗口粗的钢管，用红砖磨去铁锈，放在三脚架上，将两根几米长的管子手工焊接成十几米长的管线，涂抹一层高温沥青防腐，用矿渣棉石棉丝布包裹管线保温，材料与技术虽然没啥改进，但集中在家预制，老弱妇女职工能发挥作用，撑起雨伞可以干，浪费的材料少，保证质量与安全的系数大，工效大为提高。

副指挥崔海天要求工程师对每个泵站、每条管线、每口油井水井等工程，都必须现场勘测，绘出预制与装配的图纸，拿出实施方案，交给队长组织施工，进行预制，各负其责，奖罚严明。工程师还要负责预制件的质量必须达标，确保投产一次成功，他们扭转了“大跃进”遗留下来的大轰大嗡吃大锅饭的邪风，扎扎实实工作，一步一个脚印。

崔海天特别强调各大队主管施工的队长与工程师要吸收工人技师参加技术革新小组，要着重研究如何大搞小改小革小发明，集腋成裘，一步一步地走近预制化、装配化、机械化施工目标。

井口预制化的进展很快，副总工程师高俊凯等工程技术人员，现场勘测了十几口井，搞出一套井口预制的规范标准，按照规范标准配料预制成几大块，拉运到井场，安上几对法兰盘，拧上几十条螺丝，井场施工不动火焊接，便可竣工投产。一个综合施工小队一天可以安装三套采油井。

管道原始防腐保温是最费工费时费料费劲的工作，质量也不高，不时发生灼伤皮肉事故。崔海天把它列为改革创新的重点，令科研所成立防腐保温研究组，翻阅相关资料，派人上京津沪的科研单位咨询，终于选定用机器浇涂沥青，代替了手工劳作。用化学注塑发泡的方法，围绕管子一圈注成硬塑，保温的效果比石棉丝布裹矿渣棉包管线强几倍。

崔海天升任油田建设指挥以后，着手兴建四个预制厂，包括卷钢板的大型钢管厂，生产大口径螺纹钢管。新建的管道预制厂再不用人工抬管子，实行机械化运作：即机械除锈刷油漆，自动焊接，自动浇涂沥青，自动注塑发泡，再给硬塑套上一层黄胶皮，工人叫它“黄夹克”。穿上黄夹克的管线防腐保温的效益最佳，荣获国家科技创新奖，已经在全国各地推广采用。

新建的金属预制厂，根据各种泵站的工艺流程，加工需要配套的零部件，与机泵组装成几块，连接起来试运转，把问题消除在预制厂里，直到完全合格，再一块一块拉到施工现场，将几块组装连接起来，投产一次成功。建设一座中转站的工期，十一中队从 89 天缩短到 38 天。一个综合大队施工一座大型七用联合站，原先需用 5 个多月，实行装配化施工，只需用 93 天时间。

新建的土木预制厂，全用机械化预制各种规格的砼（混凝土）墙板和屋面板等，拉运砼墙板与屋面板没有大平板车，崔海天考虑租用大平板车花钱不说，而且横放的几块砼墙板摞在平板车上，运行途中几颠几簸，可能要损裂墙板。他与机械工程师田肇英等人研究，利用报废汽车的四个轮子，制成活动架子车，立放几块砼墙板与屋面板，用解放车头牵引，拉运途中无论怎么颠簸，立放的砼板也不会裂损。田肇英改制成专用 4 轮架子车，立载 8 块砼墙板或屋面板，运行平稳，颠簸无损，比较安全，使用很方便。

管道机械化施工，上级很支持。买来日本的单斗挖坑机和大型推土机，又买了美国的轮斗挖沟机，挖管线沟实现了机械化作业，比人工挖土快多了。可是，依然赶不上高速度高水平高标准开发大油田的要求。轮斗挖沟机一天 24 小时运行，只能挖沟 2 千米左右，单斗挖土机挖沟的进展更不理想，日夜连轴转的挖沟机经常磨损零部件，委托加工零配件要窝工停工，影响施工不能正点到达，还得动员机关干部来参加挖土方会战。

崔海天听见职工不满于现状的反映，不是压制，而是鼓励群众知无不言，言无不尽，言者无罪。他从职工的大量意见中，选择了农民耕田的铧犁。他想：要是能搞出一台大铧犁，用拖拉机牵引着大铧犁从平坦的大草原上开过去，一小时犁出一千米长的沟不成问题，这条沟不可以做埋管线的沟吗？可能深度不够，再用铁锹挖土，总可以减少挖土方的工作量，加快施工进度。于是，崔海天与科研所的机械工程师邱贤明商议如何制造挖沟犁。

制造挖沟犁可不简单，要炼钢铁，浇铸犁头。而且，比牛拉的铧犁大许多倍，重许多倍。崔海天要求：允许试制失败，不允许白交学费，必须总结经验教训，做到吃一堑长一智，打一仗，进一步。邱贤明带领的研制组经过多次实验，反复改进，用大型拖拉机牵引着研制的挖沟犁，在草原上犁出了一条40多厘米深的沟。40厘米深的沟，埋管线太浅，寒冬保温不行，但总算实现了当初预计的目标。崔海天摆酒宴请相关人员，表扬了立下汗马功劳的职工。在一片喜洋洋的欢乐声中。崔海天发出一声遗憾："如果挖沟犁能挖一米多深的沟，多好啊！"他这一声遗憾，像爬山运动员登上了峨嵋金顶，还不满足，要努力向更高的珠穆朗玛峰攀登！他这一声遗憾，像一阵清风拂面，使邱工程师等人冷静下来，认真思考挖沟犁能否继续改进，怎样一次挖成一米多深的管线沟，实现挖管线沟完全机械化作业！

邱贤明等几位机械工程师决心再接再厉，继续努力改进。大家一致认为，要想挖土深，铧犁要加重，铧犁越重，挖土越深。几吨重的铧犁，挖一米多深的沟，应该不成问题。但是，必然出现的问题是拖拉机拽不动。他们反复计算，两吨重的挖沟犁，挖一米深的沟，两台大功率拖拉机也不行，还有更大马力的施工机械吗？

"两论"起家的大庆人，思想活跃，思路宽广。从部队转业的王技师说，坦克车的劲大，一辆坦克拽几十吨重的破坦克都没问题，牵引几吨重的挖沟犁不过是"小菜一碟"！工程师们经过测算分析，认为可行。崔海天与驻扎在大庆地区的坦克旅联系，弄来一辆报废的坦克，试拖几吨重的挖沟犁，甚至在挖沟犁上站一个人，证明坦克的马力富富有余。于是，卸了坦克背上的炮塔，安装胶皮制作的长型马鞍槽沟，槽沟下装的滑轮可以滚动。两台大吊车把预制成型的几千米长的输油管线一端，起吊到坦克背上的鞍槽中，坦克背上的管线像一条长龙。指挥员手中的红旗一展，口中的哨子一吹响，坦克轰隆隆启动，徐徐向前驶进，坦克牵引的挖沟犁，便犁出一条上宽下窄的一米多深的沟，坦克背上的管线平稳地落下沟中。紧跟于后的两台推土机，经过改装的推土板向管线沟倾斜，沟右岸的推土板向左斜，沟左岸的推土板向右斜，两台推土机跟坦克驶进，管线沟两岸的泥土顺着推土机的斜板流下沟里，把沟中的管线埋了，再不用人工回填土方。油建工人很形象地称之为“乌龟背长虫”施工法。创造了一天施工 12 千米的新纪录。

大型挖沟犁与坦克和斜板推土机配套，构成“乌龟背长虫”的管线施工法，把机械或人工挖沟、管线下沟、机械或人工回填土方这三道工序一次完成，节省了大量时间、人工、机械与器材，开创了管线施工的新纪元，荣获国家与省市的发明创新大奖。

1966 年 5 月，周恩来总理第三次视察大庆油田，石油工业部部长康世恩、大庆石油会战总指挥宋振明陪同周总理参观油田建设机械化施工。周总理看到崔海天组织指挥的“乌龟背长虫”管道施工的雄伟场面后，十分高兴，拍手称赞，对宋振明说：你们干得好！又挥手向工人致意：同志们辛苦了！

油田建设实现了预制化、装配化、机械化施工，生产力大解放，油建大发展。老弱妇女职工在后方搞预制，搞生活福利建设，效益大提高，民生大改善。上野外前线的队伍减少了一半，后线两三个人保前线一个年轻人施工，前线需要什么，后线连夜送上去，确保前线施工按计划正点运行，准时到达，开工一项，优质高效完工验交一项，做到工完料尽场地清，上下左右都满意。

高寒地带的大庆油田，寒冷期将近半年，冻土层深达 2 米厚，挖沟犁挖冻土不行。油田建设实现“三化”施工以后，改进了施工管理，每年初冬时节，集中土方机械，开展土方会战，把来年上半年计划施工的管线沟、泵房的基础坑都挖出来。严寒冬季开展技术大练兵的课目，改为预制来年开春要施工的项目，来年开春的冻土尚未化开之际，把预制的砼基础墩拉上工地，不用挖冻土，放进头年入冬前挖好的基础坑里，安装好预制成型的机泵设备，吊装预制好的砼井口房，上半年便有施工项目投产，把严冬不能施工的时间压缩到最低点。这样一来，油建指挥部全年完成的建安工作量、工程质量全优率、综合成本降低率、安全施工的事故发生率这四项经济指标，在全国同行业中名列前茅，国家授予油建“全国先进施工企业金牌”。始创并完善“三化”施工的崔海天同志应该青史留名。

逆境中的崔海天

赵庆德[1]

人的一生总会有顺境和逆境的时候。什么叫顺境？汉语词典中没有解释，但却解释说“逆境”是“不顺利的境遇”，按此推理，“顺境”应是“顺利的境遇”。作为长期担任过大庆油田、大庆市、曙光油田、大庆乙烯工程领导职务的崔海天来讲，他的一生也毫无例外地有过顺境的时候，更有令人记忆犹新、终生难忘的逆境的时候。

1949年12月，崔海天高中毕业了，他踌躇满志，参加了人民解放军，在57师171团宣传队任宣传员。由于崔海天很富有“文艺细胞”，文艺天赋很高，天生一副好嗓子，又有很强的组织能力和号召力，工作一贯积极，勤勤恳恳，深受领导和战友们的热爱，不久他便当上了宣传队的副队长。1950年在部队被评为团级开荒生产劳动模范，1951年被评为团级、师级劳模，授予二等功。1952年他转业玉门油矿，经自己的刻苦学习和组织的培养，他成为玉门油建公司一位大队长，组织施工完成了中国第一条由克拉玛依到独山子的长距离输油管线。1960年他来到大庆油田，先后当上了大庆油田建设指挥部的副指挥、指挥，1965年任大庆会战工委委员、荣升大庆油田会战指挥部的副指挥，每天从早到晚忙得马不停蹄，白天去工地，晚间开生产分析会，日复一日，年复一年。1975年他任辽河曙光油田会战指挥部指挥，紧接着他成为大庆乙烯工程指挥部总指挥，这时已经是一位正局级干部了。这个级别，在中国老百姓眼里，可就是“高干”了。这些步步高的经历，可谓是崔海天的“顺境”。顺境令人心旷神怡，耀祖扬宗，妻儿荣光。

从1949年当兵，到1985年得了重病，崔海天回忆说：“这36年，似乎是

---

[1] 大庆市原建委主任、大庆高新区管委会原副主任。

很长时间，可现在回首想想往事，真的是‘弹指一挥间’，给我留下的印象是泵站、高塔、管线；帐篷、会议、文件。这期间有说不完的酸甜苦辣，仿佛就在昨天。”当有人问他，你在顺境和逆境时有何感觉？他笑了：“工作顺畅时度日如秒，逆境被整时度日如年。”

玉门反右倾

1959年5月，在玉门油建公司党委扩大会议学习中央领导讲话时，崔海天针对公司“大跃进”的浮夸现象提出了看法，他说：“全民大炼钢铁，小麦放卫星亩产万斤、十万斤，一夜之间实现了共产主义。我们现在一个劲地要速度，工程质量没人管。公司有人提出，人的胆量越大，工程进度就越快，这提法没有科学性，这和人有多大胆，粮食就有多大产一样，没有科学根据。”

1959年12月，全国各地学习中央关于反对右倾机会主义的有关文件，全面开展反右倾整风运动，崔海天在党委会议上的言论被记录在案，他受到了理所当然的严厉批判，最后他被定为“严重右倾”，差一点儿就定为小“右倾分子”了。处分崔海天的文稿中是这样写的：“念其历来是标兵、劳模，工作一贯积极，成绩突出，这次所犯的错误思想上属于严重右倾，给予党内警告处分”。崔海天对这个处分结论很是不服气，他一直在想，我是在党的会议上讲的话，而且都是事实，我没有错。针对他的思想情况，时任公司党委副书记的石万福对他讲：“这个处分已经是很宽大的了，如果按着你的言论，属于反‘大跃进、反三面红旗’性质，公司党委跟上级党委派的工作组反复做了解释，这个处分才勉强通过。”本来此时的崔海天应该感谢石书记才对，可他想不通，说：“党章规定，党员可以向党的组织，乃至党中央反映问题，我的发言不但内容没有问题，而且，也是符合党的组织原则的。”石书记拍拍崔海天的肩膀说：“老崔呀，咱俩相处多少年了，你就别这么拗劲啦，也别难为我这个副书记了。我了解你，我也信任你，你受处分，我心里流血，你，饭照样吃，觉照样睡，工作照样干。”说到这个份儿上，老崔无话可讲了，两个人互相默默注视着对方的脸，用力地握着手，老崔走出了门口。

他第一次尝到了政治斗争的苦头。每次开会，他违心地一遍遍做检讨。这些日子，他喜欢白天，因为白天他可以带领工人去工地干活，他天一亮就骑着那辆破摩托车在大戈壁上扬起一阵黄尘，从井口到泵站，他和设计人员步行勘察路线，他亲自参加挖管沟，他喊着号子指挥同志们下管线，他组织建泵站，从日出干到日落。作为一名油建工程队长，基建工地还实在离不开他。工人们看见他们的队长仍然是干劲不减，一会儿检查管线的焊接质量，一会儿看看瓦工的墙面是否笔直，他有干不完的活，跑不完的路，脑子里面堆积着图纸、进度、材料。白天他没有时间去想“右倾”的问题。可到了晚间，当时的习惯是天天晚间开会，一到会议室内，他便从衣兜内掏出检讨提纲，一遍一遍地念着“右倾、学习、努力改正错误”的字句，参加会议的人也是反反复复地说着“这次检讨有进步，但仍不深刻”的公式化的字句。

白天好过，工地上充满紧张活泼；晚间的会议也成了一种模式化的程序过程，时间长了，这种批判会议也就是一个过场，中国人对于这样的事情也习以为常了。可每当崔海天一旦躺在床上开始睡觉时，他的脑海里又出现了党章的章节，刘少奇的《论共产党员的修养》一书的内容怎么也挥之不去，他大喊一声：“我没有错！”知夫莫过妻，韩德莲从梦里被惊醒，急忙下床给老崔端来一杯凉开水，说：“已经 1 点多钟了，明天还要下工地。”老崔喝杯水，慢慢睡着了。这样的场景有过多少次，夫妻二人谁也记不清了。当别人问到这件事时，老崔有时还幽默地说：“不是度日如年，严格说是度夜如年。”时间是良医好药，何况他仍然日夜奋战在油建工地上，他慢慢地也习惯了这样的环境。

虽然崔海天逐渐适应了这个环境，但作为妻子的韩德莲的内心里却有着一种别人永远不会了解的苦痛心情。韩德莲在公司是党委办公室打字组的组长，她必须亲手打出给丈夫警告处分的文件。她按动键盘的嘀嗒声就像心在流血，看着印在白纸上的这些黑字，内心充满了无限的惆怅，因为这是党的处分啊。她心里在企盼着处分被取消的那天。韩德莲知道丈夫对党和国家的一片赤胆忠心，这一天迟早会到来的。为了证明自己是光明磊落、胸怀坦荡的共产党员，作为父亲的崔海天，将 1959 年出生的长子取名“崔光磊”，以此证明自己是光明磊落的共产党员。

1961 年崔海天在大庆工作时，大庆党组织对他的“严重右倾”进行了甄别，撤销了党内警告处分。但仍留了一个尾巴，重新结论为“犯有资产阶级个人主义错误，免予处分”。对他错误根源的结论是崔海天有骄傲情绪。

1959年至1961年，崔海天经历了第一次“逆境”。这次逆境的遭遇，对他带来的损失只是思想上的苦闷、亲人的惦记，而对他的工作几无大影响。不久，崔海天还是以他顽强的苦干精神和卓绝的领导才能被人们所器重了。1965年5月，他被提升为大庆会战指挥部副指挥、大庆工委委员，成为油田基本建设战线的领军人物，对大庆油田的建设起着举足轻重的作用。

牛棚生活

1965年，大庆油田成立了“矿区建设办公室”，职能相当于现在的规划局、建设局、土地局等部门，负责油田职工住房以及居住小区的建设工作，崔海天被任命为矿区建设办公室主任。1966年的年底，“文化大革命”的风浪已经波及大庆油田。1966年11月的一天，安达市东北石油学院的红卫兵来到大庆油田二号院（油田领导机关所在地）造反，在红卫兵到达之前，油田西部让胡路一带赤卫队200多人也来造反了，赤卫队早已把二号院围得水泄不通，高喊“革命无罪，造反有理”的口号。当时崔海天是大庆油田工委委员、油田副总指挥，分工主管油田建设工作。他为了保护油田主要领导不受冲击，便主动从一栋（工委领导办公室）门口走出来，回答赤卫队提出的问题。虽然赤卫队的“造反”是假造反，赤卫队把二号院围个水泄不通实际是在保护油田领导人不受红卫兵的冲击，但是当时红卫兵的人数很多，万一冲破赤卫队的人墙，崔海天就有立即被红卫兵带走批斗的危险。这一举动显示了崔海天同志在危难时刻以革命利益为重，不计个人安危的高尚品格。

当“文化大革命”铺天盖地而来的时候，他理所当然在被打倒之列。1966年12月，作为领导的崔海天也受到了批斗。由于崔海天是生产领导，不是搞政工的，除了干活就是干活，没有什么政治问题。再说，当时矿建办刚成立不久，大家对崔海天也揭发不出什么可以批斗的问题。当时还有别的单位来参与批斗，有人就让崔海天揭发其他领导的问题。崔海天一直没有交代别的领导的事，没有“咬”别人。机关的一个人还去抄了他家。1967年4月间，因为没找出什么问题，矿建办就想“解放”崔海天。可是崔海天原单位油建指挥部的人来到矿建办，要把崔海天揪回去批斗。矿建办就让韩连仲陪着他回到油建指挥部，在油建指挥部那里批斗了10多天，也没有找出崔海天什么问题。相反，他还为油建公司一些其他人承担责任。在那个时期还敢为别人承担责任，足可以看出这个人的人格之高尚。不久，崔海天回到矿建办，就“解放”了。这时，大庆已经实行军管了，当时的军代表为了落实周总理关于稳定大庆油田生产工作的指示，让一些老干部抓生产，组建了生产领导班子，崔海天成为这个班子的成员，他回到工作岗位上，继续负责油田建设工作。

可是好景不长，到 1967 年 8 月，“文化大革命”继续深入，各地的领导干部几乎毫无例外地遭到暴风骤雨般的打击，这时的崔海天也被造反派关进了油建指挥部的牛棚进行劳动改造、接受审查和批判。

“文化大革命”期间，“地富反坏右”等九种人被列为被批斗的对象，统称为“牛鬼蛇神”，造反派为了批斗管理的方便，就把“牛鬼蛇神”们关在一起。可能是第一批“牛鬼蛇神”住的房舍真的就是牛棚，后来，“牛棚”二字就成为被批斗的老干部住所的代称。

1967 年初，为了避免红卫兵对油田指挥机关的冲击，会战工委决定会战指挥部机关搬到采油二部机关所在地图强屯办公，当时大家称这里为“前线”。油田主要负责同志都搬到“前线”，秘密在这里办公，油田副指挥崔海天也在一间干打垒房间里办公。为了保证油田领导的安全，还成立了一个叫“工人造反接待站”的机构，其职责是随时掌握红卫兵批斗领导干部的行动计划，以便采取措施避免和减轻领导干部受到的人身伤害。当时在矿建办工作的王长海(后任大庆市规划局副局长、石油管理局基建处副处长)被任命为“工人造反接待站”的行动组组长。转眼到了 1967 年 7 月的一天下午，王长海见到崔海天说：“崔指挥，这几天风声很紧，安达的红卫兵可能知道了我们的办公地点，你搬到南五联工地去住几天吧。”崔海天笑笑说：“躲过初一，躲不过十五，全国大形势，总不会进监狱吧。”

1967 年 8 月 19 日，一个夜黑头的夜晚，一辆解放牌卡车开进图强屯，两个年轻人进到崔海天的屋里，不容分说架起他的双臂就把他拉出门外，车上站着两个人，这几个人在车上车下默契配合，十分迅速地把他抬到汽车上面。崔海天还没有反应过来这是怎么一回事，汽车已经启动了，随后他被一张大被单蒙上双眼。一个多小时后，车停了，蒙眼布被拿下，微弱的灯光显示眼前是一片院落，他好像来过这里，但毕竟是夜间，不知是何处。第二天早 5 点 30 分起床后，到外面集体做广播操，崔海天知道这里是油建指挥部，好像有六七个人，崔海天看见了张福禄（原油建指挥部党委书记），两个人互相看一看对方，没有做声。牛棚生活就这样开始了。

崔海天成了油建指挥部的头号走资派，他经历了残酷的批斗。由于在1964年油建指挥部第一次整合时把油田上的机电安装、工程、设计院、油建4个单位合并在了一起，埋下了闹派系的隐患，崔海天指挥就被批成了闹派系的头子，给他挂上“吹破天”和“西霸天”的黑牌子，游街示众。还由于当时学习苏联先进经验，搞“托拉斯”，建“后四厂”被批判成典型的走资本主义道路，在大庆大搞修正主义。说崔海天好吹，给他戴上“吹破天”的高帽子批斗他，无非是因为他搞了工厂化生产，成龙配套机械化施工。

1967年9月9日，大庆炼厂发生爆炸事故。根据炼厂的要求，经造反派同意，崔海天于9月11日至9月20日去龙凤协助处理炼厂事故。崔海天施工经验丰富，到炼油厂后提出不少合理建议，对加快事故处理起了很大作用。后来又回到油建公司接受批判，他白天看报纸、看《毛泽东选集》，晚间接受批斗。

1968年1月，一个造反派认为崔海天在一线生产班子工作期间支持另外一个造反派的观点，并怀疑他是一次武斗的后台，十分气愤，批斗会升级了，拳脚相加也是常事。这时崔海天仍然坚持实事求是，耐心解答问题，不急不躁。1968年春节过后，大庆两个造反派准备大联合，对“走资派”的批判会少了一点，崔海天等人被安排到二号院附近居住。因为两大派意见分歧严重，大联合成为泡影，在这里住了13天，又回到油建公司继续接受批判。

1968年12月16日夜间，崔海天被拉上卡车，到油建六大队接受批判，这时，一位造反派的头头高声喊道：“我代表大庆红筹会造反团油建第六分团宣布：从今天开始，崔海天接受革命群众批斗，交代反党反毛泽东思想破坏大庆油田建设的罪行。”崔海天被带领到一间屋子里，面积10平方米左右，一张单人床，还有一张小桌小凳，桌上有一支笔，几纸张。

崔海天说牛棚的生活很单调。一天，一月，一年，就是四件事：批、劳、学、写。

第一件事是“批”，就是接受群众的批判。崔海天参加的批斗会虽然次数不计其数，但只有3种形式：班组小型批斗会、中队大队的中型批斗会、指挥部大型批斗会。

1967年末，油建指挥部各大队的造反派开始轮流批斗崔海天，各大队比赛，谁批斗的次数越多谁就越革命。崔海天的日子不好过了。油建公司有九个大队，今天是这个大队批斗，明天就被拉到另一个大队批斗，到了晚间经常被拉到南五联工地批斗。站凳子，挨打，戴高帽，这都是常事。每次挨批，崔海天都把大棉袄披在身上，有人拳打脚踢，大棉袄还可以顶一阵子。在哪儿挨批，就在哪儿过夜，过着居无定所的日子。经过几个月的时间，这阵风一过，崔海天被安排到油建公司扫马路，情况安稳了一点。

接下来，崔海天被安排到油建六大队三中队瓦工班跟班劳动，具体活是当瓦工的助手，给师傅递砖、往灰槽子里填水泥砂浆。一天上午，瓦工王师傅让崔海天拿个6分砖头，他没太听清，就递来一个4分砖头。王师傅说换成6分的。恰巧，一个造分派头头走过来，听个清清楚楚，于是大声喊道："瓦工班的，全过来，开批斗会。崔海天破坏生产，打倒崔海天！"工人们最烦的就是这个小子，他天天没事瞎转悠，乱喊口号，但也没办法，只好过来，可大家没人发言，这小子急眼啦，一个人高喊"打倒崔海天"，他喊了五六遍，也没人搭茬。这时走过来一个人，说："别斗了，先干活，晚上回中队开会继续斗。"那小子悻悻地走了，批斗会结束了。终止批斗的这个人叫马世坤，是中队长，也是造反派的基层头头。

上边规定中队每周至少开3次批斗会，有时也开崔海天和张福禄的联合批斗会。每次开会，崔海天把自己屋里的小凳子拿来，站在凳子上，弯腰低头，先说声我有罪，接着大家发言。中队长马世坤第一个发言说："崔海天不突出政治，以生产压革命。一次，公司党委正在召开学习毛选心得体会交流会，我正在发言，可工地上的崔海天派自己的吉普车来接我去工地，这明显是反毛泽东思想，以生产压革命。"接着，马世坤高呼打倒崔海天。这时一位年轻人把崔海天脚下的小凳子踢翻，眼看崔海天就要倒地了，马世坤反应很快，立即把自己的双脚伸到凳子下面，崔海天的屁股正好落在马世坤的双脚上。随后，这位中队长把崔海天从地上拉起来，大声喊道："崔海天不老实，到我办公室交代罪行。"因为马世坤是造反派的基层头头，有权单独批斗走资派。当崔海天进到中队长的屋里时，只听门砰的一声关了，屋里的凳子啪啪地摔在地面上，外面的人以为崔海天肯定是挨打了，心里恨透了马世坤。崔海天看见马世坤的办公桌上有两瓶啤酒，一盘炒鸡蛋，一盘花生米。马队长把崔海天扶坐在凳子上含泪说：“崔指挥，我马世坤无力回天，这是我的一点心意。我们吃馒头，你吃大碴子粥，我于心不忍呀。”崔海天先是一愣，马上就明白了：那次工地上的班组批斗会不就是马世坤给终止的吗？今天他是明批斗暗保护。遂说：“马中队长，我是黑鬼，你这样做，太危险。”马世坤把门反锁上，擦去眼泪道：“崔海天，你永远是我的好指挥，你叫我小马好了，你在我们中队，谁敢动你一根毫毛，我马世坤就和他拼命！”

还有一次批斗会，有人揭发李德武大队长在注水站施工中站外阀池拖了工期，说这是破坏“抓革命促生产”的罪行。崔海天立即说：“这事我负责，当时地下水位高，影响工期；技术方案我敲定的晚一些，也拖延了工期。”话音刚落，打倒崔海天的口号震天震地。一看形势不好，马世坤中队长立即发言，他说崔海天避重就轻，一个阀门池不是什么大事，他就承认责任了，我们强烈要求走资派崔海天立即交代反毛泽东思想的大问题。主持人说声好，崔海天滚蛋！会议结束了。会后，马世坤的办公桌上依旧摆上几盘酒菜，他对崔海天说：“这个节骨眼别人都推过揽功，你却推功揽过，何苦呢。”崔说：“我当时是公司的副指挥，工程出了问题，不能全怪下边，作为领导干部要做好两件事，一是遇事要拿出办法，二是出了问题要承担责任。”后来，马世坤成为大庆油田基建处的副处长，领导干部要做好两件事这句话成了他的处事格言。

当时油建革委会规定，像崔海天这级别的“走资派”，每个月必须召开一次全油建指挥部的大会进行批判，重点是让他们揭发“宋（振明）、陈（烈民）、季（铁中）、王（新坡）”及其他“走资派”的罪行。原油建公司党委书记蔡沛霖回忆说：“人在困境时的言行最能够反映出他的真实品格，崔海天这人胸怀坦荡，大公无私，我们曾多次参加过他的批斗会，他从来没有揭发过别人的所谓罪行，相反，当提到与他有关的事件时，他经常主动承揽责任。有几次批斗会，崔海天多次给张福禄减压，替张福禄承担责任。”

崔海天在油建公司住牛棚长达 2 年半之久，批斗他的各种会议多达 120 多次，笔者为了解崔海天这段时间的经历情况，先后走访了油建公司 20 多位老会战，一提起批斗会，大家都说崔海天那人真的是光明磊落，让人佩服，他从不揭发他人的问题，人格可敬，口碑极佳。一位老瓦工师傅还讲了一段故事：

那次在南五联的批斗会上，崔海天拒不揭发宋振明的所谓罪行，反而说宋振明对大庆建设是有功的。会后，一个造反派头头十分狡猾地问崔海天："用毛主席两分法的观点看宋振明，他难道没有任何不足之处吗？"当时崔海天觉得这个问题还算有点水平，便说："宋振明有缺点，而且还是大缺点。"造反派忙说快讲。崔海天是个聪明人，略加思考道："1961年北二注水站投产，宋振明讲话时号召大家学习毛主席的'实践论'和'矛盾论'，没有提'为人民服务'这篇文章。"王师傅讲完这个故事，笑道："那帮造反派混蛋哪里是咱们崔海天的对手。"

崔海天在六大队期间，这里有马世坤的关照，他的处境毕竟好一些，没有受到太过分的武斗。

住牛棚的第二件事是"劳"，就是天天要劳动。崔海天被分到六大队瓦工小队，两年的时间，当过瓦工、油漆工，挖管沟、扫马路、搅拌水泥砂浆、抬管子、搬砖头、卸砂石、管道除锈等等，施工工地的活全干过了。崔海天愿意干活，他肯干，也会干。瓦工砌砖砌到墙角时，需用6分砖头或4分砖头。他开始练习用瓦刀把整块砖砍成两半，一半是6分砖头，另一半是4分砖头。当王师傅砌到墙角需要时，他马上递过去，果然工效提高了。王师傅对马世坤夸奖崔海天达到二级瓦工水平了。工余期间，崔海天给老师傅们讲：现在的木杆脚手架一次一换，太浪费，将来大庆也要推广钢管脚手架，几个螺丝一拧，笔直，安全，下个工号重复用，又快又节约。大庆地区的砖墙为啥这样厚，不是结构问题，是为了保温采暖的需要，将来推广新型保温墙体材料后，大庆地区的墙厚度可减少一半。什么叫砖的标号，就是强度，标号越高，强度越大，水泥砂浆也有标号。咱们油田的泵站房屋都是毛石条形基础，大庆将来也要盖高楼，高楼的基础要打桩，框架结构，墙倒屋不塌。

1969年夏，六大队住在杏树岗油田工地，马世坤考虑到工地条件差，崔海天毕竟还有胃病，于是他和指挥部的革委会领导商议，安排崔海天去油建指挥部门前扫马路。大庆市规划局原副局长王长海回忆当年的情景说："1967年7月间，崔海天可能预见到自己有被造反派抓走的可能，于是他连续几天开会研究工地的设计、材料、队伍部署问题。后来'工人造反接待站'的办公室被红卫兵洗劫一空，我也回到设计院工作，以后我再没见到崔海天，听说他在油建六大队挨揪斗。1969 年的一天，我在油建指挥部门口见到崔海天扫马路，身体消瘦了许多。我问他身体怎么样，还常犯胃病吗？他说："挺好，一日三餐无鱼虾，日出而作，日落挨批，生活有规律，胃病好一些了，老天爷有眼。"他说的倒是很风趣，可我心里很是酸酸的，想当年这么一位在油田上叱咤风云的人物，今日却是满身灰土默默地扫马路，真不知道什么时候是个头哇。

劳动对于崔海天不是难事，他在工地已经和工人们结下了深厚的友谊，不但马世坤经常给予他一些关照，工地的师傅们也时不时地给崔海天的衣兜里塞上两三个熟鸡蛋，工地的批判会根本就开不起来。这位走资派，学识渊博，待人和蔼，人们愿意和他一起劳动和交谈。

住牛棚的第三件事是"学"，就是天天晚间必须学毛主席著作。崔海天打心眼里愿意学习毛泽东的文章。他现在是"牛鬼蛇神"，造反派逼着这些人学毛选，这也正中崔海天的下怀。军旅期间、玉门油田、大庆会战时他就学毛主席著作，但是工作太忙，晚间老开会，始终没有时间系统地、全面地、拿出大块时间好好学学毛选。现在倒是有时间了，他学习的时间比造反派规定的还要长一些。他是真学，实实在在地学，刻苦地学，有时也带着问题学。根据自身的经历，崔海天主要学习毛主席关于关心群众生活注意工作方法、领导干部要学会弹钢琴、集中兵力打歼灭战、调查研究方面的文章，他对"实践论"、"矛盾论"中关于知识、主要矛盾的论述是百学不厌，有些精彩的句子可以长段长段地背下来。他记的毛著学习笔记字迹工整，加圈加点，一丝不苟。造反派在检查他的学毛主席著作笔记时，内心里十分惊讶，那样认真，那样有内容，他们不理解，但也不得不佩服。他们还曾安排崔海天向其他"走资派"们介绍如何学习毛主席著作、记笔记的经验。他的学习笔记中有这样一段文字：

搞工程，工期和质量是一对矛盾。我们习惯于"献礼"，往往是"七一"、"十一"献礼。但是工程有大小和繁简之分，材料来源也有远近、国内国外之分，如果不分具体情况，一律是"十一"献礼，往往会产生质量问题。工期和质量这对矛盾，质量是主要矛盾，所谓"百年大计，质量第一"，就是因为质量是矛盾的主要方面这一因素决定的。抓工程质量，首先要抓设计，审查设计的第一要事是看工艺流程，流程一定要合理。

这是 1968 年崔海天住牛棚时学习毛主席著作笔记的一段，这段文字对于今天搞基建管理的各级领导来讲也不失是金玉良言、座右铭。1975 年以后，崔海天会战曙光油田、建设大庆乙烯工程，指挥千军万马，做出优秀成绩，除了他本人有着长期丰富的基建工作经验外，与他在牛棚里认真学习毛主席著作，善于实事求是灵活利用毛泽东思想解决繁杂的工程管理问题不无关系。

住牛棚的第四件事是“写”，就是天天晚间结合学毛主席著作写检讨。造反派要他写的是反党反毛泽东思想的检讨。他不把写检讨看做是负担。自 1952 年到 1967 年这 15 年间的油田生涯，他指挥了上百个大小工程的建设，其中有成功之处，例如，大庆北二注水站受到宋振明的表扬，他不自我陶醉，他说成绩归于会战工委的正确领导，油建公司干部工人共同努力的结果；也有不少败笔，例如，1960 年他负责的大庆油田中一注水站的施工，由于这个站的柴油发动机是老型设备，不能连续运行，加上崔海天他们缺乏经验，导致这项工程问题挺多。时任采油一厂的甲方代表杨育之（后任大庆油田总设计师）、设计院设计代表贾身乾（设计院高工、全国“五一”劳动勋章获得者）回忆这个站的建设时说，那时我们三人（崔海天、杨育之、贾身乾）都住在工地的帐篷里，当时站外管线经常漏水，身为油建副指挥的崔海天就像消防队一样，东奔西跑，我们两人在屋里调试柴油机，屋里是乌烟瘴气，浑身上下都是油渍，一个多月也不太正常。

崔海天善于正确从正反两个方面总结经验，过去一直在忙，没有时间系统地回忆过去的事，现在住牛棚正好为他认真总结过去提供了时间。他一个人住单间（造反派怕走资派住在一起“串供”），按照时间顺序回忆每一个工程的成功与失败，他认真总结类似中一注工程的不足之处，认真分析内因外因、主观客观上的各种因素，并对照毛主席著作提出改进意见。他把检讨和总结经验巧妙地结合在一起，使自己从中得到教益。和在批斗会上一样，崔海天从来没有在自己的检讨中揭发别人的任何所谓罪行，只写自己的事，他真正做到了内不欺己，外不欺人，表里如一，心地坦然，问心无愧，不怕夜半鬼叫门。

常言道，好人有好报，好人一生平安。这是人们对世道的期盼。愚公挖山不止，感动上帝派两个神仙把大山搬走了。在牛棚期间，崔海天的为人也感动了马世坤和老师傅们，使得他身体受到的折磨比同级别的“走资派”要轻一些和少一些，马队长假批暗保以酒菜代替批斗，工人师傅们时常给他带些糕点，这就是好人有好报，这是人们对崔海天长期在油建战线工作的肯定和回报。

对于崔海天来讲，牛棚生活无疑是个逆境。从得失角度来讲他有失，他失去的是两年多的时间没有为油田为国家做出重大贡献，这是他本人的悲剧，也是我们民族的悲剧。这个时期，他是龙也得卧着，他是虎也得趴着；但也有得。他说："我真的要感谢牛棚生活，就在这两年的时间里，我的胃病奇迹般地好了。"他说感谢二字倒是有点滑稽，但他的胃病在住牛棚期间好了却是事实。自从1952年转业直到1967年住进牛棚的15年间，他经常是吃住在工地，住帐篷，风餐露宿，20世纪50年代的玉门油田是一片沙漠般的荒地，60年代的大庆油田更是上有青天一顶、下有草原一片，搞基建，一跑就是一天，午间赶不上饭时那是太平常的事了。1958年在新疆施工"克独管线"时，一天，一辆运送管道的车辆（兼做送饭车）中途出了事故，由于当时的通讯和交通设施落后，工地25名工人干部，包括崔海天这位前线队长在内，一个小时一个小时地等呀等，直到晚间10点钟才吃上午饭。1961年在北二注水站施工，作为油建指挥部的副指挥，他完全可以安排几位机关人员负责布置投产祝捷会的会场。但他却一直从早5点吃一口馒头直到下午3点，才到庙会的锅灶边买了两根油条，实实在在地改善了一下伙食。退休后，他回忆起这两根油条时说："当年赵匡胤喝了一位老太太的八宝粥觉得十分的香，我吃的这两根油条真是香绝了，以后在国内和国外，再没有吃过这么香的饭菜。"长期在野外施工，吃无定所，饭无定量，餐无定时，生活无规律，他得了胃病。1961年，他在大庆油建公司工作，胃病给他带来许多麻烦，这年他先后在哈尔滨、齐齐哈尔医院住院治疗，8月份油建公司安排他到北戴河疗养5个月时间，胃病虽然未痊愈，但基本可以坚持工作。这次住了牛棚，对他来讲，生活规律化了，倒是环境改善了，胃病好了，这是他一生当中唯一的一个轻闲时期。

他的牛棚生活真的有所得。长期在工地观察，了解工地基层是如何开展工作的，工序的衔接、质量的监控环节中哪些可以进一步改进，他都心里有数。更为可贵的是，这段时间里他很好地学习了毛泽东同志的一些著作，从中吸取了营养，并较系统地总结了自己过去的工作经验教训，使这些经验教训从感性上升到理性，自己的头脑更加丰富，海更蓝，天更青。

1970年2月23日上午，油建六大队瓦工小队没有安排施工任务，十几位老师傅开会给崔海天写鉴定，这时崔海天已经被宣布“解放”了。鉴定会上，大家可以称呼他为“崔指挥”了，大家说，经过革命同志的帮助，崔海天已经回到毛主席的革命路线上了，他正确对待群众，正确对待“文化大革命”，活学活用毛泽东思想，认真改造世界观。按照程序，崔海天做了发言，他说，这次到油建来改造，收获很大，和师傅们的感情密切了，阶级斗争的观念增强了，对无产阶级“文化大革命”的意义理解更深刻了。我还有许多缺点，放不下领导架子，思想改造的任务还很艰巨。

崔海天要走了，老师傅撂下瓦刀哭了。这是高兴的哭，像崔海天这样的人，早就该回到领导岗位了，不能永远在工地劳动，这也是送战友难舍难分、离别的哭。当然，哭得最厉害的是崔海天，大丈夫有泪不轻弹，谁能知道，此时的崔海天心里想的是什么？

1970 年 2 月 25 日，大庆组织部门通知崔海天到炼油厂合成氨、硝酸铵工地工作，1971 年 2 月 4 日他被任命为大庆炼油厂革委会第二副主任，1971 年 7 月 2 日，崔海天被任命为大庆革委会生产部副主任，1973 年 8 月为大庆革委会副主任，大家又重新看到了崔海天坐在油田大型会议的主席台上。

法院传票的风波

1981 年，大庆实行政企合一制度，大庆市政府和大庆石油管理局领导机关是一套人马两块牌子。这年年初，在大庆开始建设住宅楼后的第三年，领导机关才决定为当时市局的领导干部建设“局级住宅楼”。8 月份，“局级住宅楼”建成了，当时的局级干部们都分到一户条件较好的住房。当时崔海天主管矿建一路的工作，“局级住宅楼”的分配名单是市委确定的。这时在矿建办工作的一位老同志找到崔海天提出要一户“局级住宅楼”。理由很简单，他也是“局级干部”。崔海天解释说，这次分“局级住宅楼”是市委一个名单一个名单讨论的，名单里没有你，你就别再提要楼这事了。这位老同志坚持非要“局级住宅楼”不可，并扬言说崔海天办事不公，你不给我分房，我自己马上住进去。几天后，矿建处的同志告诉崔海天，这位老同志真是说到做到，私自撬开一户房的门锁，已经搬进去了。崔海天一听，立刻火冒三丈，这还了得，无法无天！但他还是压住心头怒火，找这位老同志谈话，耐心动员他把这户房子腾出来，因为一个萝卜一个坑，你占了这户房，这户房的主人就没处住了。出乎崔海天意料的是，这位老同志十分硬气地说："我是局级干部，这房子我有份，坚决不搬出去！"事情闹到这份上，整个二号院沸沸扬扬，被这位老同志私自占房的房主也来找崔海天要房。这位老同志不配合工作，就是不腾房。事情闹大了，在劝说无效的情况下，时任大庆市市长王苏民找这位同志谈话，批评他的错误做法，并安排公安局找几个工人帮助这位老同志把这户房子腾了出来。事后崔海天得知，搬家的人一不小心还把这位老同志胳膊撞了一下，后来胳膊肿胀起来。到此为止，这件抢占"局级住宅楼"的事终于平息了。崔海天松了一口气。

这期间，崔海天身兼两职：大庆市副市长（大庆石油管理局副局长）、大庆乙烯指挥部指挥。1980 年，大庆市、局长办公会决定建设市政设施，例如儿童公园、商场、图书馆、游泳馆等，以便为大庆职工创造初步的文化娱乐生活条件，这些设施对于国内一般城市来讲是再普通不过了。崔海天坚决贯彻执行这些决定，每年 40 万平方米的住宅当年竣工交付居住。1982 年 12 月，原大庆市市长、石油局局长突然从大庆调走，一时间二号院的工作人员们对这位领导调走一事议论纷纷。转年，1983 年初，大庆党委召开会议，批判利用油田资金建设市政设施的"错误"，在中心会议室召开干部大会，有位油田专家在会上说，如果我们把每年花在建设住宅、图书馆、商场的资金拿来搞勘探增加原油储量，那该对国家有多大贡献。崔海天认为，这种大会小会批判搞市政建设的做法完全没有道理，他在会上说："现在大庆开始建设像儿童公园等一些市政设施不是搞多了而是刚刚开始，大庆的职工为国家做了那么大的贡献，大庆为油田职工建设一些市政设施是完全正确的，这项工作应继续搞下去。"于是崔海天受到的点名和不点名的批判开始升级，很多老同志担心他会被停止工作。崔海天将这一不正常情况向省领导陈剑飞作了汇报。不久这事传回大庆。后来，崔海天成为"告大庆黑状"的"罪魁祸首"。崔海天这位心直口快正直的人怎么也想不到，"告大庆黑状"和"打人致伤"两大罪名将导致他的人生可能发生意想不到的拐点。

1983 年 11 月 23 日上午，崔海天接到大庆萨尔图区法院传票，内容是那位抢占住房的老干部起诉了崔海天，法院以"伤害罪"传崔海天到庭受审。崔海天十分恼火，当晚到东风九号院找到市委书记陈烈民和市长郑耀舜，说："我崔某人只是劝说他搬出去，因为这个名单是市委确定的，我根本没有动手，谈何伤害？”当时陈烈民、郑耀舜两位领导表示，可以做法院的工作。崔海天认为，既然两位领导答应做工作，肯定会按事实办事，他想也可能是法院把事清搞错了，他也没计较，照样忙着乙烯的工作。可没过几天法院又传崔海天出庭。崔海天又去找陈烈民书记，陈答应继续做工作。12月6日，省长陈雷带领30多人到乙烯指挥部现场办公，崔海天和大庆乙烯的副指挥们正在向陈雷省长汇报工作，会议为大庆乙烯解决了不少问题，陈省长让崔海天今明两天亲自到省有关部门落实今天会议谈到的问题。这时崔海天有点吞吞吐吐地说他个人有点事要处理，可能需要一两天时间。陈雷省长觉得奇怪，老崔可从来没因为个人什么事影响工作的时候，今天倒是有点反常。于是问："老崔你到底有啥事呀？”本来崔海天不想说这件事，但省长问了，只好实话实说：今天接到法院的传票，要他于明日10：00到法院应诉。陈省长问："老崔，这法院传你是什么原因？”崔海天将事情经过和陈烈民、郑耀舜两位领导答应做工作的事向陈省长汇报了。陈省长感到事情严重，立即对施广仁说："你以我的名义给省高院打电话，马上调查此事，下午向我汇报。为了不影响乙烯的建设，此事由省高院办理，大庆法院不要过问这事了。”施广仁立即联系省高法。第二天，高院搞清了情况：原来是有人状告崔海天利用职权，指使不明真相的工人强行把原告从自己房屋驱赶出去，并围打原告致伤。经了解，原告所告内容与事实严重不符。这件事在一年前早已由原市长王苏民同志处理完毕，与崔海天毫无关系，根本不存在“伤害罪”的问题。省高院依法撤销了此案。崔海天依然战斗在乙烯的工地上，他心胸坦荡，问心无愧。

在谈到“法院”这件事时，施广仁副指挥说："80年代中国人的概念是，如果你被告上法庭，那你的名誉、地位、政治前途等就一律不复存在了。崔海天这样级别的人物竟然会成为被告，确实让人费解。按照我国常规，崔海天是省部级管理的干部，法院要提审崔海天，没有黑龙江省和化工部主管干部领导的同意，任何法院无权给崔海天下达‘传票’，然而大庆法院居然这样做了。崔海天‘打人致伤’可是‘犯法’的。如果崔海天进了法院，那他的乙烯指挥的头衔就自然被摘掉了，这样，崔海天这颗不拔不快的眼中钉就可以拔掉了。令人寒心啊！”

崔海天退休之后，历任大庆市政府、油田有限公司、大庆石化公司领导及老同事、老部下、老战友经常光顾他家，他感到亲切和温暖。曾经和崔海天南征北战一辈子的施广仁说："崔老指挥这一辈子，什么名誉地位都没得到。他到头来只是有一个好口碑：好领导、好干部，好人。"崔海天的确是好人，他责己严待人宽、遇事能最大限度谅解他人的品格是他人生成功的主要原因，更是他一生中最大的财富。

战胜病魔

从 1985 年 1 月 12 日开始，崔海天一行访问了德国、美国、日本后，于 3 月 18 日回到大庆，筹备乙烯领导小组第二次会议。4 月 5 日，乙烯领导小组第二次会议召开，会议确定大庆乙烯工程"86.4"投产的目标不能变。会议期间，中国石化总公司就大庆化工总厂与乙烯指挥部合并的事找一些人个别征求意见，引起许多干部思想波动，一时间工地的干部和工人对自己的去留议论纷纷。老同志要退二线要级别；一些知识分子要求调走，以便发挥自己的特长。崔海天也在考虑自己的去留问题。7 月 24 日，中石化领导盛华仁、陈锦华分别召见崔海天谈话半小时，正式通报了两个单位合并的事，说，大庆乙烯工程干得不错，你老崔又立了一大功。看来大庆油田的队伍搞油田建设、搞化工建设都是好样的，还是你这个指挥当的好，乙烯一期工程"86.4"投产的目标坚定不移。这两次谈话没有明确合并后崔海天的去留，崔海天也不便于问明，他只是表了个态："坚决站好最后一班岗，两个单位合并后我个人的去留服从组织决定。"回大庆不久的 8 月初，总公司通知郑耀舜、曹同勤两人进京谈合并问题，崔海天本能地意识到，没有通知自己去，这是因为他的年龄已经 56 岁了，合并后他当不了领导就退下了。他在日记中写道："现在未下台之前，还要抓好工作，全凭党性工作，现在也看清了，干部任用，要看领导眼色行事，总公司也不例外。"看来，崔海天一方面要凭"党性工作"，这是主流思想，一方面还真有点牢骚。实际上，早在决定他当大庆乙烯的总指挥时，他就意识到自己年龄较大，文凭低，没有专业，出任这个"指挥"不妥；乙烯停缓建的时候，他认为此时应该考虑个人去向了，不能硬挺着，他认为回油田工作不合适，现在油建工作搞得很好，我回去会影响别人的积极性，于是就产生了离开大庆去管道局的想法。崔海天虽然这样想，但他并没有向组织提出。1980 年 4 月 28 日，在大庆人代会上他当选为大庆市副市长，分管乙烯工作。经过乙烯的“复建”，他历经千辛万苦，几乎使尽全身的力气，到 1985 年 8 月，在他领导下，乙烯工程进入了向“86.4”冲刺的关键阶段，在他坚强有力指挥下，乙烯大功即将告成，他又面临着一个去留问题。

崔海天返回大庆乙烯工地后，反复想着“86.4”后，自己可能会提前退下来，或者回油田。他这样想不是没有根据的。当年郑耀舜和崔海天搭班子建乙烯之初，就有风言风语说什么油田的队伍建不好乙烯，能建成乙烯也投不了产，能投产也不能稳定运行，能运行也是亏本企业。他联想起“文化大革命”期间的一个传言，说，毛主席曾说过，我缔造了人民解放军，难道不能指挥解放军吗？崔海天原以为干完乙烯肯定就继续在乙烯工作，4 年后我退休交班，也就画上一生的句号了。我老崔组织建成了乙烯，难道不能管理乙烯吗？我们班子里还有王瑛，这是专家呀，还有王锡清、施广仁，还有几百名知识分子，博士、研究生、本科生，怎么管不了乙烯？他感到头部有些胀痛，双脚也有点不好使。

1985 年 8 月 10 日，星期四，大庆乙烯一期工程基本全面建成，正在进行投产前的管线吹扫。强大的气流吹扫着一条条管线，发出惊天动地的呼叫声。过去，崔海天对这样的声音习以为常，可今天，他有些烦，感到震耳欲聋，他用棉球将两只耳朵塞满，仍然挡不住那撕肝裂胆般的吼叫。这样的吹扫断断续续进行了 4 天 4 夜，这天早晨起来，他就觉得浑身乏力，两脚酸麻，吃不进，喝不下，心慌得很。时任办公室主任的尹玉峰指示公务员说，崔海天身体欠佳，今天上午任何人都不得进入崔海天办公室。尽管如此，他仍坚持工作，下午 2 点多钟他还到工地去了一趟。下午 5 点多钟，尹玉峰发现崔海天满脸红胀，走路也有些不稳，于是立即叫车护送崔海天回到东风新村的家里。尹主任还特意告诉韩德莲要特别注意崔海天的病情。崔海天回到家里上楼梯时，他觉得手都哆嗦了，他仍旧毫不在意地对韩德莲说是感冒了，休息一下就会好的。那时候他已经 10 天没回家了，谁知道深更半夜，这个一心一意为乙烯工程鏖战的铁汉子再也撑不住了，他明确地意识到，长期的超负荷运行已经使自己身上的每一个零件都处于临界状态。近 7 年的时间，崔海天几乎每天都去工地现场，早 6 点到 7 点，他要到工地转一圈，以便发现问题，在大调度会说出个一二三；

每日早 8 点工程例会一开就是一个多小时；接下来又是现场办公、专业会、外事会等等，日复一日，年复一年，在他的时间表上只有工作没有休息。过度劳累莫说是个人，就是一架钢铸铁打的机器也会被磨损出故障的。不仅如此，不断变幻的政治风云、莫名其妙的批评和是非颠倒的指责，使崔海天的身心备受压抑和折磨。而且最近他反复思考退下来干什么，他不计较今后的职位和权力，他思考着还能继续为人民做些什么事，这些内心激烈的活动无疑是给身体的天平向病魔那端加了砝码。

第二天一早，在夫人韩德莲和尹玉峰主任的陪同下，崔海天被送进大庆油田总医院。经初步检查，油田总医院专家胡英华大夫确认崔海天是重度感冒，须住院治疗几天。一天之后，病情不见好转，他开始说胡话。他的大脑是一片混乱，他神经系统完全失控，他肚子急剧鼓胀，同时他的神经系统处于高度亢奋之中。从北京来大庆检查工作的时任化工部部长孙敬文等人得知这个消息，立即建议将崔海天送往北京抢救。崔海天得病的消息传到北京、哈尔滨，各级领导们纷纷打电话表示慰问，大庆市领导陈烈民、郑耀舜相继到医院看望，并与医务人员一起研究治疗方案。

原大庆市市长王苏民得知崔海天病重的消息后，立即专程到大庆医院看望崔海天。他觉得病情非同一般，他立即与时任大庆市副市长郝万春商量马上安排去北京治疗的事项。当天夜里，郝万春冒雨前往哈尔滨乘飞机进京，到北京友谊医院安排崔海天治病事宜。王苏民也立即与齐齐哈尔铁路分局联系安排软包车厢送崔海天进京。齐齐哈尔铁路方面硬是把已经卖了的软卧包厢重新安排给大庆赴京医疗组。大庆乙烯指挥部书记郑耀舜派副书记张泗存、办公室代主任尹玉峰陪同崔海天去北京治病。油田总医院组成以副院长、全国心脑血管著名专家胡英华为首的医疗小组，连同崔海天夫人韩德莲，共计 8 人陪同崔海天进京治疗。

1985 年 8 月 19 日，上午 10 时，得知崔海天要去北京治病，油田、炼厂、乙烯工地、市政府的工人、干部从四面八方赶赴火车站，送崔海天进京治病。

列车向北京急速飞驰，住在北京友谊医院的石油工业部原副部长秦文彩得知崔海天病危的消息，立即让出自己的床位。他说北京友谊医院床位非常紧张，老崔来了就住我的床，免得耽误时间。

40次特快列车驶进了北京火车站，当韩德莲看到石油工业部长宋振明在站台上等待时，她的内心充满了希望和感激。列车还没停稳，大家就一齐动手赶紧把昏迷中的崔海天从车窗里抬出来。救护车直接开到站台旁前，一路鸣着警笛飞奔北京友谊医院。宋振明部长和管道局的老同志也紧随救护车来到北京友谊医院，宋部长对医院的负责人讲，不惜一切代价，一定要救活崔海天。

先行来到北京的郝万春同志经过奔波，已把崔海天就医前的所有准备工作安排得井井有条：崔海天的车停在哪里，走哪个门，主治医师是谁等，这位经验丰富热心肠的郝万春副市长想的比谁都周到。当崔海天刚刚进入病房时，他已经停止呼吸了，医院黄副院长当机立断，命令主治医生立马切开病人喉管，利用呼吸机呼吸。经过医生确诊，崔海天得的是脑炎、脊髓炎和神经根炎。据说，得了这种病，在20万人中只有一例活下来，能活过来就是奇迹。崔海天被安排在重病监护室，医院的强制呼吸机不好用，院方立即从301医院借来两台维持治疗。后来，中国石油化工总公司领导同意大庆乙烯汇款30万人民币给北京友谊医院购买2台呼吸机。

此时的韩德莲在走廊的侧厅内焦急地等待，她看到医务人员不停地出出进进，心里有一种不祥的预兆。

8月21日，医院主治医生告诉韩德莲：根据上级指示，今天经北京友谊医院、301医院、协和医院的专家会诊，认为患者的心、肺、脑、肝、肾各脏器功能严重衰竭，随时都有死亡的危险，我们已经下了病危通知，根据患者的职务，病危通知单已经用电报方式发至黑龙江省、石油工业部、中国石化总公司、大庆市、大庆乙烯指挥部。我现在正式通知家属立即做善后准备。韩德莲听完这话，如雷轰顶，大脑一片空白。她虽然已经想到可能会有这一天，但却没有想到这个结论会来得这样快。她吃力地说声知道了，谢谢你们，然后就闭上双眼默默地想：善后的事没啥可忙的，等老崔真的闭上眼睛时再做也来得及。我和老崔在一起生活了28年，从军队转业到玉门油田，到大庆，到曙光，到乙烯，难道这次真的挺不过去了吗？不会，不会，我相信他！她回忆起崔海天和她共同度过的岁月，她内心里说："老崔这一辈子为工作呕心沥血，没有一刻关心过自己的身体。他这是积劳成疾啊！这一次若能治好病，我说什么也不让他再工作了，我要把他关在家里，关在身边让他好好地重新生活一回。"她问胡英华，老崔真的会就此离开人世吗？胡院长说:“现在就靠崔指挥的自身抵抗力了，我们祝福他吧。”

新购买的2台呼吸机很快用上了。23日医生告诉韩德莲，患者的脉搏逐渐趋向正常。24日，韩德莲听到大夫说：“逐渐趋向正常”。

奇迹真的出现了！在石化总公司领导的关怀下，经过医务人员整整10天的全力抢救，把崔海天从死神手里夺了回来。崔海天的复活成了北京友谊医院创造的一个大奇迹，也是我国医疗史上的奇迹。也成了北京市的一大新闻，北京电视台对此作了专题报导。

大庆的老同志时刻挂念崔海天的病情。原大庆市长王苏民专程从外地到北京看望这位曙光会战的老战友。一个午间，王苏民设宴招待友谊医院的医护人员。王苏民自己斟满一杯酒，从座位上站了起来，神情凝重，说道:“各位专家，我王某是崔海天同志的老同事、老战友，我现在虽然身患颇为严重的冠心病，但，按照中国人的习俗，这杯酒我先干为敬，谢谢各位对崔海天的精心治疗，也衷心希望在今后的治疗中，各位专家继续为他的康复作出重大成就。”说罢一饮而尽。话不在长，语不在多，心诚至极，在座人等无不为之感动，崔海天的夫人韩德莲的眼圈红润，连说谢谢。

在医务人员和老伴韩德莲的精心护理下，崔海天活下来实属奇迹，他又创造了奇迹，他闯过了生死关，又闯过了痴呆关，又闯过了丧失记忆关，他全都恢复了，他依然头脑清楚、思维敏捷。也正是由于他头脑清楚，他必须忍受巨大的精神痛苦。整个医疗过程，他一直处于昏迷状态中，对自身发生的一切都一无所知，当他醒过来知道自己的下肢已经瘫痪时，这个巨大的打击对他是难以承受的。他没有一点儿思想准备，他必须经历一个适应过程。他不敢想自己会变成这副样子。昨天还是生龙活虎一般的崔海天，一夜之间变成了一个废人。他感到自己被整个世界抛弃了。那个昨天还在叱咤风云的世界对他来说永远不存在了，一个在舞台上的活跃人物突然之间不被需要了，成了累赘，由社会的奉献者变成了社会负担。绝望在撕裂着他的心。他说：“我正在完成3个转变：健康人转变为残疾人，领导变成群众，有用人变成无用人。”

躺在静静的病房里，崔海天在怀念那轰轰烈烈的乙烯工程。密如蛛丝的管道，高高的铁塔，宽敞的厂房车间。一切准备就绪，只等开工投产，他却不能和大家一起参与试车生产了。如果是自己能亲自听到千百台机器一齐轰鸣，看到装置瞬间把原料变成产品的过程，那该是何等的幸福啊！然而，这本该是他的幸福，伸手可得的幸福，突然消失得无踪无影了。

崔海天试图指挥自己的双腿，他咬紧牙关尽最大努力要转动一下，下半截身体却像不是他的一样，一动不动。昔日指挥千军万马的崔海天，今日连自己的两条腿都指挥不了。他满腔怒火，他握紧双拳，愤怒让他恨不得捣毁病房里的一切，大吼一声："我要下地！"韩德莲吓了一跳，马上按住他的双臂，护士们一个个流着眼泪，站在他的床前。每次发过火之后，他都要有一种撕心裂肺般的痛苦。他是一头被斩断了双腿的老虎，任它咆哮挣扎都无济于事了。他已经习惯了那种紧张繁忙的生活。走到哪里都前呼后拥车水马龙，往办公室里一坐电话铃声不断，甚至吃饭时都有人向他请示汇报。现在的面前，唯有老伴韩德莲了。几十年的领导者生涯，永远是四周一片喧哗的景象，而现今的宁静倒是使他感到窒息。现在他才有时间好好端详自己的妻子韩德莲，她好像是一夜之间老了许多，令他好不悲伤。

1987 年 5 月，14 日，崔海天结束了在北京中医康复治疗，于 5 月 15 日到达辽宁省兴城市辽河石油局疗养院疗养。8 月 10 日出院，又到曙光油田看望了几位当年会战的老战友，8 月 17 日经沈阳，同夫人韩德莲、3 个子女到老家姚家庄住了一宿。还是在 1953 年，崔海天借到北京参加劳模大会的机会曾回姚家庄老家一次，这一次回老家，他认识了家住沈阳的韩德莲，此后两人书来信往，于 1957 年在玉门终成眷属。崔海天由于工作忙，很少有机会回老家。这次，年已 58 岁的崔海天回到出生地姚家庄时，他见到了同族同辈的几位兄弟和下一辈的孩子，大家相互问好，可孩子们完全不认识这位崔家的长辈，此时的崔海天大有"少小离家老大回，乡音未改鬓毛衰，儿童相见不相识，笑问客从何处来？"的感觉。

崔海天携妻儿于 1987 年 8 月 22 日回到阔别整整两年时光的大庆市，顿时门庭若市，韩德莲又当上了一周时间迎来送往亲友的服务员。

孙敬文部长来看望他，对他说："老崔呀，你光辉的一面翻过去了，另起一行吧。"这是石破天惊的一句话，让他十几年后还在耳边震响。他不得不面对残酷的现实。他已经不是一匹奔跑成习惯的烈马。他甚至必须像刚生下来的孩子那样重新学习坐，学习站立，学习走，一切都要从头开始。

他想到自己还有两年就退休了，这两年他还可以为公司做些事情，为了上班，于是他为自己立了一个“约法三章”：锻炼身体、强化学习、关心时政。

第一件事是锻炼身体。他渴望去上班，但身体是革命的本钱。在北京友谊医院期间，他就下定决心锻炼身体。先是争取坐起来，然后是抖抖颤颤地站立。开始一分钟，两分钟，他累得汗流浃背。在大夫的教导下，他试着挪动一下腿，再挪动一下另一条腿。他比孩子学走要困难十倍。然而为了重新回到世界上，他就必须咬紧牙关锻炼，这是谁也不能代替他的。

回到大庆后，他让人在他家的走廊、门厅、过道的墙面上安装了手扶的栏杆，他手推轮椅到栏杆前，先是用双手握住栏杆，用尽双臂的力量，硬是把自己的身体从轮椅上拉起来双脚落地，无奈，腿不好用，他咬紧牙关，握住栏杆不放手，慢慢向前“走”，第一天，他向前移动了半米，满头大汗。崔海天手握栏杆前进，实际就是运动员在做“引体向上”运动。他这年纪的人硬把170斤重的身体“引体向上”，他需要的不单是力量，更需要的是毅力。他满怀信心，愚公可以移山，我老崔一定会站起来。他天天“引体向上”不止，日复一日，周复一周，两个月后，他终于可以扶着墙壁站起来了。他像看见一座高塔平地而起一样，自己能站立了，他胜利地笑了。

第二件事是强化学习。他深知此时自己的思维不灵敏，也不连续，为了锻炼大脑，他选择学习。他相信学习会改善思维，“读书破万卷，下笔如有神。”他无论是在医院还是在家里，坚持天天看报，读书，上网，看新闻。中央电视台的《新闻联播》和《东方时空》是必看的节目。这期间，他读了许多书，《资治通鉴》和毛泽东、邓小平、曾国藩以及政治经济学一类的文章他都看。他通过读书逐渐感到，思维连贯性得到改善。他开始练习回忆，回忆自己过去的一些经历，用回忆来锻炼思维。功夫不负有心人，他在正式上班之前，除了双腿不大好用之外，其他基本正常了。

第三件事是关心时政。崔海天认为，世界风云变化无常，国内经济建设也是日新月异，不关心时政会导致思想跟不上形势。他经常约一些老同志来家里专门谈论国内外大事，他也经常提出一些值得讨论的问题。他说，中国房地产市场会不会形成泡沫。利比亚问题我国为什么不投反对票。中国的国情：穷，必须开源节流；中国的民心：怨，必须反腐倡诚；中国的军力：弱，必须强军镇海。这么大个国家为什么没有航母。中国人很聪明，为什么没有人获得过诺贝尔奖金。2008 年中国的 4 万亿投资的效果是啥。中国买美国的国债好处有几何。我们国家治贪的根本措施是什么。欧洲国家的道路几十年不返修，我国为什么道路年年修。韩国人不坐进口车，中国的领导可否做到这一点。他还经常给前来看望他的现任领导提出对当前工作的看法。

经常讨论国内外大事，使得休息养病的崔海天思想并没有拘泥在家庭的小范围内，他仍然忧国忧民，想着国家大事，他的思想没有落伍，他的脉搏仍然和时代的脉搏一起跳动。

两年中“约法三章”的实施，使崔海天接连闯过了痴呆关、记忆关，特别是大脑思维恢复到了病前水平。他的身体可以支持他上班，他的思想还和以前一样，考虑着上班之后的计划，他没有闭目塞听，他考虑着，作为咨询委员会主任，他上班的第一件事是什么。他现在唯一的遗憾是借助拐杖艰难行走，但这在夫人韩德莲和子女看来，已经是不幸中的万幸了。

有许多领导干部在位的时候，叱咤风云，一旦退居二线便销声匿迹，泥牛入海。而崔海天退休后却依旧门庭若市，声望日隆，原因就是崔海天身退心未退，他仍以非凡的毅力坚持上班。

崔海天说：“我的一生可用三篇文章来概括，第一篇文章已经写完，这就是从玉门开始到 1985 年有病时为止，这篇文章的好坏优劣由世人去评说吧。现在我在考虑如何写好自己一生中的‘第二篇文章’。”

他很想上班。他开始写自己一生中的“第二篇文章”。崔海天了解到石化总厂产品外运困难较多，便萌发了动员全厂职工集资，购买罐车组建油罐运输公司的想法。他看到许多离退休老干部、老技术人员和老工人的身体都很健康，但整天无事可做，生活单调，心态沉闷，便决定把他们组织起来干点事。他成立了老年服务公司。

1992 年，以崔海天为董事长和总经理的劲松公司（前身为老年服务公司）被评为省老年企业先进集体，被评为全国老有所为“创新奖”，崔海天被授予“重视老年工作领导者”功勋奖。他的口号是“生命不息，创业不止、鞠躬尽瘁，死而后已”。

从1952年石油师转业到玉门油田，直到1989年他60岁正式退休，崔海天在37年的征程中经历了“反右倾、住牛棚、接传票、战病魔”4个逆境时期。他胸怀坦荡、刚直正义、光明磊落、一心为公的高大形象仍然矗立在人们的心目中。他实际是1999年才离开老年公司的，他比一般人多工作了10个年头。历史总是公正的，千秋功过自有后世评说。有的人虽然没有退休，但他却被人们忘却了，崔海天虽然已经退休了，但他仍然像在岗一样活跃在人们的心目中。

现在，崔海天在家里养病休息。崔海天，这是您常说的一句话：“金杯银杯，不如人民的好口碑。”今天，我们把原本属于您的话送给您：“金杯银杯，人民给您一个好口碑”。

大家都说，崔海天的好口碑，有崔海天的一半，也有夫人韩德莲的一半。“人民的好口碑”这句价值千金的话，就是对他们二位一生的真实评价和回报，我们衷心祝福他的全家幸福快乐。

崔海天领导施工阶段分明目标明确

丁仁信❶

1960 年 6 月 1 日，大庆油田实现了首车原油装车外运。这一消息传来，我们油建指挥部受到极大鼓舞。当时崔海天同志是我们油建指挥部的副指挥，主管施工生产。6 月下旬的一天晚上，他在生产会议上号召大家说："第一车原油外运是大庆油田开发取得的伟大胜利，我们油建指挥部一定要再接再厉，用两个月的时间拿下两排一站两条线。"我们当时承担的施工任务是：两个原油生产井排（中二排、中四排），40 口油井，30 千米集油管线，中转站一座（中四站），外输油管线 7.8 千米。现在看来，这两排一站两条线的施工任务不算太大。但在 20 世纪 60 年代会战初期还是比较艰巨的，一是施工条件艰苦，没有道路，建筑材料和管材只能运到土路旁边，离施工现场还有三四千米远，最远的要超过七八千米远，都需要人拉肩扛；二是时间紧任务多，施工期不到两个月，要想完成任务，还是很紧张的。

崔海天抓施工生产的特点是：计划性强，阶段分明，目标明确，正点到达，保证完成任务。当时指挥部党委召开紧急会议，研究施工方案，要千方百计地完成任务。会后崔海天召集我们开会，要求我们编制统筹运行计划，根据施工任务组成四个项目部，中转站为第一项目部，这是主要任务，也是重点工程；两个原油生产井排，40 口原油生产井，集油管线 30 千米，为第二项目部；中转站到东油库外输油管线 7.8 千米为第三项目部；供水管线 4 千米，供电线路 6 千米为第四项目部。根据项目部任务量大小，安排好施工人员，每个项目部

❶ 大庆油田油建公司原经理。

要有队长和副队长、指导员和技术员，任务要落实到队，责任到人，做到各司其职。总的施工期是两个月，10 天为一个阶段，根据项目部任务，确定每个阶段任务，要有明确的日计划，只能提前，不能拖后。

在中转站工地，指挥部设立前线指挥所，做到现场办公，就地帮助解决问题。每天下午 5 点在指挥所召开生产会，崔海天要亲自参加，由指挥部调度长主持会议，计划科科长、施工技术科科长、劳动工资科科长、器材供应科科长、生活福利科科长、宣传科科长、工会主席、团委书记、各项目队长等有关人员参加会议，各项目队长在会上汇报当天计划完成情况以及存在的问题。计划科科长按照每个施工小队的进度完成情况进行讲评，对完成好的项目部进行表扬，没有完成计划的项目部要加班加点赶上去。有关科室长对项目部提出的问题进行回答并提出建议。会议主持人进行讲评，并提出第二天任务安排和要求。最后由崔海天讲话，他根据工程进展情况和存在的问题，提出措施和要求：一是指挥部机关干部白天下基层上前线参加土方会战和搬运材料，解决劳动力不足的问题，机关总支书记负责劳动人员安排，指挥组织每天具体工作；二是由工会和团委组织开展劳动竞赛，计划科在每天生产会后编印生产日报，打印送指挥部领导、工程项目部和有关科室。指挥部工会和团委，根据指挥部领导要求和当时施工任务重、工期紧、要求高的实际，组织四个项目部开展“五比五看”社会主义劳动竞赛、成立竞赛领导小组，工会主席任组长，团委书记任副组长，制定竞赛办法，五天一评比、一小结。“五比五看”的内容是：一比工程质量，看谁的工程质量优良率高；二比施工进度，看谁的任务完成得快；三比安全生产，看谁的施工安全无事故；四比节约，看谁的材料消耗低；五比团结，看谁的协作风格高，团结友爱精神好。通过“五比五看”社会主义劳动竞赛，大大地加快了施工进度，提高了工程质量，确保了安全生产，节约了原材料消耗，促进了团结协作、克服困难、艰苦奋斗的精神，形成了工地红旗招展、热火朝天、欣欣向荣的劳动景象。那时候也没有什么物质奖励，一是没有奖金，二是没有奖品。对评比出的先进单位，只是在指挥部进行表彰，并作为年终评比先进单位和先进个人的依据。另外由单位食堂招待晚餐，增加几个菜，集体就餐，领导陪同喝点小酒，让大家吃好吃饱，大家非常高兴。

回忆当时的情况，指挥部领导和机关干部是很辛苦的，白天参加劳动，晚上处理业务工作。尤其是崔海天指挥，每天步行深入工地，指导施工，帮助基层出主意、想办法，解决施工难题。群众说，我们工人身上有多少泥，崔海天身上也有多少泥。他成天在施工现场转悠，工地没有路，崔海天硬是步行检查工作。尤其是到六月份，雨季提前来临，每天时雨时晴，工人穿着雨鞋和雨衣上班干活。有的人穿着雨衣干活不方便，干脆脱掉雨衣，雨来了，衣服淋湿了；天晴了，太阳出来了，衣服又晒干了。当时施工任务重，条件差，为了保证按时完成任务，确保原油输进东油库装车外运，崔海天提出"小雨大干，大雨特干，晴天一天干活顶三天"的战斗口号，用以激励队伍的斗志，起早贪黑坚持大会战。那时候正是我们国家处于三年自然灾害最困难的时期，国家实行粮食定量供应。会战初期，几万人汇集草原开发油田，粮食定量供应，没有粮食供应渠道，副食品和蔬菜供不应求，会战员工吃不饱，劳动量又大，每天工作劳动十三四个小时，忍饥挨饿。但是大家齐心协力，克服困难，坚持大会战。经过两个多月的艰苦奋战，油建指挥部承担的施工任务终于全部完成，并提前两天于 6 月 28 日 16 时，把原油输送到东油库，确保大庆原油装车正点外运，提前向党的"七一"生日建党 39 周年献了厚礼。

油田建设的专家崔海天

许积盛[1]

崔海天同志是我们的老领导，是一位踏实肯干、指挥艺术高超的领导。至今，油建公司的老干部、老职工及家属在回忆、谈论起他在油建工作的年代，都赞不绝口。

他把党的优良传统和解放军的高尚品质带到了石油队伍中来，带出了一支为革命干保险活、为油田负责一辈子的高素质队伍。崔海天同志打造的这支队伍，是“集中施工讲质量，分散作业不走样，单人独马自觉严”，“能猛攻、能巧干、拖不垮、打不烂”的石油野战军，为大庆油田建设做出了卓越贡献。

崔海天同志常讲，我们是在困难的时间、困难的地点、困难的条件下搞油田建设，光有苦干、实干的精神是不够的，要提高工程质量和速度，一定要重视巧干，要大搞技术革新、技术革命。

崔海天同志特别重视大中专毕业生，每年都要召开座谈会，倾听他们的意见，关心他们的生活。大中专毕业生分到油建报到后，第一顿饭都吃的是细粮。组织人事部门的干部说：崔海天有指示，大中专毕业生都是从大城市来的，咱这条件差，没有什么好招待的，但第一顿饭一定要吃细粮。我至今不忘，我到油建的第一顿饭就是单独做的半盆手擀面。

1963年毕业分配来的大中专毕业生最多，崔海天同志看到这些年轻人热情高，干劲大，但也有的怕艰苦，有的设计工作缺少调查研究，不能做到理论联系实际，有的设计图纸甚至出洋相。

崔海天同志讲过，我们要搞技术革新、技术革命，必须依靠发挥知识分子的作用，但知识分子也要再学习，要向工人学习，深入现场，一定要搞好领导、

[1] 大庆油建公司原党委书记。

知识分子、工人之间；施工、设计、科研之间的两个“三结合”。

特别使人不能忘记的是，1964 年冬季，崔海天把主体工程技术人员集中到东油库进行冬季集训。

集训班请领导、专家、工人讲课，学习大庆精神、铁人精神，大讲国际国内大好形势，讲知识分子的责任，开展红与专的专题讨论。大家住在集体宿舍，在大食堂就餐，每天出早操，搞军事化训练，学习参观听报告，开座谈会谈心得，学习班结束时还要参加考试，考政治、考业务，一个多月的紧张训练，同志们都感受到了自己的进步，同时也看到了差距。

集训班结束时，崔海天回到东油库听取汇报。我当时是一个小组的记录员，当时我汇报：工程技术人员经过训练，政治思想觉悟、分析认识问题的能力、特别是如何对待红与专的问题都有了新的提高。有的人说，集训一个月，胜读十年书。

崔海天还特别问到工程师田肇英的情况。我说，田工程师是个老工程师，他这次集训提高很大。田肇英在小组会上总结时说，我 1951 年西北大学毕业，过去觉得自己是个旧知识分子，家庭出身又不好，思想包袱沉重，工作放不开手脚。通过这次学习，特别是红与专问题的讨论，使我认识到作为一个知识分子，一定要热爱党，跟着党，在建设大油田中多出力，用所学的知识报效人民、报效祖国。我一定要不断研究新技术、新工艺，发挥好作用。这次集训，让我丢掉了包袱轻装上阵。崔海天指挥听了以后，连声说：“好，好！”

田肇英工程师精通英语、俄语和日语，那次集训后，他调到了情报组，夜以继日，收集翻译了大量的外文资料供各攻关组使用，起到了很大作用。在“文化大革命”期间，他受到一些人的诬陷、造谣、诽谤，他顶住压力，坚持工作。1975 年，田工又参加了辽河曙光油田会战，后来，因工作出色，光荣入了党。

1964 年，原油建指挥部、工程指挥部、安装指挥部三家合并后，为加强施工技术研究，成立了油建施工技术研究所，抽调了大中专毕业生 320 多人，技术工人 140 多人，有焊接、机械、土建、防腐、管建、电气、自动化和情报攻关组，还有机关和管理组，设一个试制车间，一个建材实验处。

会战初期，油田建设队伍比较新，机械设备不足，施工主力在野外一线，施工方法主要靠手工操作，现场作业。管线防腐保温绝缘处理，是在现场用大锅熬沥青，用剪刀剪保温材料，熬好的沥青装在大壶里，往管线上倒，下面用一大块拉拉布兜着沥青，完全是原始的手工操作。当年在北二区22千米集油管线防腐绝缘施工中，要穿过好几个水泡子和多处沼泽地，有的地方水深1.2米，施工中，工人站在水里，手举10多千克重的沥青壶进行防腐绝缘，浇完一壶，再上岸装满一壶，非常辛苦和艰难。时间长了，有的工人腿部都泡烂了，还常有不小心烫伤的情况发生。由于野外熬沥青温度难控制，质量往往难达标，保温绝缘性能降低，影响管线使用年限。

为了解决这些问题，在1963年以前，油建各单位根据施工生产实际，开始在现场搞些小型预制，由于受野外环境制约，质量还是难以保证。后来又尝试把现场的部分预制拿到后方来做，一试，效果果然不错。尝到甜头后，崔海天及时总结经验，逐步铺开各大队施工责任，开始施行前队后厂。

一大队在中七路建成了一个小型管道预制厂，搞管线防腐预制，管道在厂里机械除锈、防腐。后来逐步发展成后四厂，即管道预制厂、金属结构预制厂、土木预制厂、机械修理厂。实现了井口、泵站、管线的工厂预制化、现场装配化、施工机械化，做到了前方工作后方干，野外工作室内干，大大保证了质量，提高了工效。

崔海天同志让工程技术人员与各厂、队结合，大搞技术革新，并到现场指导，不断出题目。有一次崔海天说，农民种地用一匹马拉犁，就拉出一条沟。我们有这么多拖拉机，能不能做个大犁，拉出个管沟？机械供应站的工程技术人员在崔海天的启发下，做了多次研究试验。崔海天同志还陪同徐今强副部长在现场讨论总结，最终试制成功了挖沟犁。成功后立即投入使用。最初，用8台C-80拖拉机牵引，一小时可挖1.2米深的管沟2.3千米，真把大家高兴坏了。后来，又用大马力的拖拉机牵引，速度就更快了。

1965年，周恩来总理陪同阿尔巴尼亚部长会议主席谢胡一行，在北区观看了改装完善的挖沟下管联合作业机（“乌龟背长虫”）现场施工，周总理听了崔海天的介绍后，非常高兴。

在防腐预制厂，崔海天看到作业线，高兴极了。他帮助总结说，工件走、胎具转、机械切、自动焊，师傅徒弟都能干。

由于坚持了工厂化生产，有了适应自然条件和地理环境的成套施工机具，土方施工挖沟、下管、回填，机械化作业一条龙；电力线路施工打洞、立杆、架线施工机械化一条龙；机械修理厂，保证设备完好率，研究所技术人员深入现场，使油田施工队伍“三化”施工水平大大提高。

“三化”施工使油田建设克服了冬冻夏涝，冻土泥塘等自然条件的限制，延长了高寒地区有效的施工季节。前有机械开道，后有工厂依托，成龙配套，最大限度做到了常年施工，四季常青。

施工方式的转变，施工技术的发展，使施工速度得到大幅度提高，工程质量更加过硬。此后，油建公司所承建的井口装置、配水间、各种管线、各种站、储油罐、输变电线路、房屋建筑、混凝土构件预制和土方量等主要实物量，年年都提前或超额完成全年计划。崔海天为大庆油田的建设出了大力，建了大功。

崔海天关心国家大事

何思孝[1] 赵庆德[2]

1976年我们在崔海天指挥领导下参加了曙光油田会战。当时我们这些从大庆来到曙光油田会战的同志满怀信心，准备大干一番，建设一个年产2000万吨的大油田。至1976年7月，我们在施广仁副指挥领导下开始搞新井投产工作。连续开了几口油井，有的井自喷了几秒钟就不见油了，有的井干脆就不出油，我们的心凉了半截。第二天，崔海天专门召开一次会议，鼓励我们要深入基层，发动大家想办法，抓好新井投产。崔海天长期从事油田施工领导工作，他认为深入基层调查研究是领导干部的基本功，不接近群众、不懂调查研究就不配当一名领导。

崔海天退休后因病在家休息时，常常约请我们一些老同志去他家。他和大家谈论最多的话题是当干部必须接近群众，接近老百姓。

他说，胡锦涛同志曾讲过，百姓的事无小事。温家宝同志还讲过：不了解穷人就不懂政治。这些话很有道理，所言极是。我们党历来十分注重关心群众，为老百姓谋利益。但现在有些干部离群众越来越远了，上级来考察封路的做法不好，本来就是大路朝天各走一边。天天开会，天天发文，天天剪彩，坐洋车，喝洋酒，不以为耻，反以为荣，理所当然，老百姓有意见。少开些无用的会，没事时别去剪彩吃喝，远一些排场金钱，近一些老百姓。

有一次，崔海天问大家：怎样评价我们的国情，又何以对策？他说，现在我们仍旧是发展中国家，讲对策，无非是“强国、富民、束己”。

他说，中国是13亿人口大国，什么资源、GDP，用13亿作分母，我们的世界排名就是倒数几位了，这就是穷。要强国，就必须开源节流以治穷。大家

---

[1] 大庆油田原科技处处长。

[2] 大庆市原建委主任、大庆高新区管委会原副主任。

要一心一意的干事业，要学习愚公，天天挖山不止，不做无用功，奋斗几十年，旧貌换新颜。“历览前贤国与家，成由勤俭败由奢”。国人历来讲节约，坚决反对吃喝浪费，工程浪费，贫困县举亿元建衙门的现象。节约是我们国家的国策，不讲节约，任其浪费现象自流，后果不堪设想。

他说，还要大力治军，我们是大国，至今没航母，让人笑话。搞他几十艘航母以镇海强军，看谁还敢无理取闹。搞共同开发的前提是必须明确这是我们的领土。

他说，现在有些人有怨气，需要化解怒气。20年的实践证明，平不平事很难。必须破除刑不上大夫、法不责众的固有观念，关键是打铁需自身硬。铲平国内的不平事，这是不能讨论的大问题，这是人们对世道的期望。当务之急，是动真格的。实行一把手问责制：何处盛产贪假浪费，唯正职试问。把这些不平不公的事消灭了，恢复中国的好风气，老百姓的气顺了，对国家的前途才能有信心，才能一心一意干事业，国家才能强大。建国后毛泽东主席的功劳是“东方红”，他主张“为人民服务”，深得民心。邓小平设计的开放大业让中国开始走向富强。要大力惠民，全国上下唯民是要，少出花架子，老老实实为人民服务。

他说，官要束己。官财不可兼得。目前有些官员奢侈现象严重，豪华车，成套、整套的办公室，多处住房，多户口，多人名存款，一人当官，鸡犬升天。政要们要恪尽职守，严格律己。对令不行、禁不止者虽然不要搞运动，但要有行动。官束己，民自律。

崔海天一生工作兢兢业业，现在虽然退休了，但他关心世界大事，忧国忧民之心，令人钦佩。现崔海天年事已高，祝福他幸福安度晚年。

崔海天同志石油人生的点滴回忆

王炳国[1]

崔海天同志是随着1952年的石油师转业来到玉门油矿的。1953年，油田设计处成立后不久，他来到设计处了解和见习设计工作，我们的相识也就从此开始。学习结束后，他调到油田建设单位工作，几年后的1961年，我们又在大庆石油会战重逢，同属基建系统，我搞设计，他搞施工，一晃又是近20年。我与崔在同条战线，一起见证了玉门油田从解放初产量只有9万吨，发展建设到年产40多万吨；大庆油田会战初期的百万吨，发展建设到5000万吨两个油田大发展的全过程，算得上是有缘吧。理应是相识相知的老战友，然由于处境各异，接触不多，还真有点"咫尺天涯"之感。现就耳闻目睹，点滴回忆如下。

了解设计打基础，初露锋芒在玉门

我当时在玉门油田设计处工作。崔海天作为重点培养对象，转业后的第一站，就是来设计处，学习和了解设计工作。来者不止他一人，但由于他表现突出，给人以鹤立鸡群之感。我对崔当时的印象是：学习认真，思想活跃，机智稳健，以礼待人，从而博得群众好评。

据玉门油田设计元老郭维章同志讲，他至今记忆犹新的是，玉门时他曾与崔海天同是"俄文速成班"的同学。崔思想活跃，能言善辩，在结业座谈会上发言时，风趣地说："真没想到我这个穿黄大褂的还能参加俄文学习。"平常工作，特别是在施工现场，难免要与设计人员打交道，由于他口才流利，讲起话

[1] 大庆油田设计院原副院长。

来头头是道，有同志风趣地讲，崔海天能“吹破天”，颇寓才华出众之意。从此，这个雅号就成为同事们经常和他打趣的代号。

崔海天在玉门油田的所在单位，是当时闻名全矿的新中国成立前夕护矿功臣欧阳义同志领导的油田建设公司，在油田产量翻番的大会战中，崔海天表现特别出色，其声望已达到欧阳义接班人的程度。1956年，由杨拯民局长主持，在玉门油矿大礼堂召开的油田产量首次上升到40万吨庆功大会，也是一次表彰大会，崔海天同志以先进人物的身份参加，可惜其详情已记不大清楚了。

作风正派，理智做人

崔海天来设计处的1953年至1954年，正是“三反”、“五反”、批胡风、搞“肃反”前后，政治氛围异常紧张。当时的设计处组成人员，绝大多数是从旧社会接收过来的老专家和老知识分子，是自然的“运动对象”。在这样的历史环境中，崔海天表现稳健平和，从不以革命干部自居，学习上照常请教这些可能是斗争对象的老专家，不另眼看待他们，也无非理言行。在政治斗争如此激烈的场合下，他能同这些“臭老九”和平相处，这在当时来说，真是难能可贵的。

在大庆会战近20年相处的日子里，崔海天从基层到高层，在不断的政治风浪和各种形式的火线整风中，尚未看到或听到过崔海天利用手中权势整人训人或搞什么政治投机、技术投机之类的不齿之事，他始终是一位勤勤恳恳、扎扎实实，冲向阵地的石油会战领军人。

崔海天作为一名主管基建系统的副总指挥，对设计工作和广大科技干部，还是很关心的。

“文化大革命”中期，大庆油田设计院被解散，科技干部被下放到农村、工厂接受“再教育”，大庆油田设计院变成大杂院。后来在恢复过程中，困难重重，问题成堆。一次崔海天同志及时雨般地来院检查工作，我负责接待汇报，我带点情绪，刻意把他带到战备坑道，请他游览一下，堂堂大庆油田设计院的所谓图书资料存放室，大批图书资料散落在又湿又潮的坑道两侧，正在日渐腐烂。我幻想给他诉诉苦，发发牢骚，取得崔海天的同情，求得问题的解决。万没有想到，事后，图书资料大楼终于建成，我感到崔海天与大庆油田设计院知识分子的思想距离一下子拉近了许多。2010年，我回大庆油田设计院参加建院

50周年庆祝活动时，还向大家指着大楼，回味往事。

雷厉风行，廉洁清正

大庆石油会战的一大特点是“说干就干，雷厉风行”。崔海天同志的机智果敢和才华风度，有号召力的讲话气魄，吃苦耐劳、冲锋陷阵的思想作风，很符合这一客观需要。会战初期，参战单位如安装、建筑等诸多施工指挥部中，只有崔海天领导的油建指挥部声望最高，受表扬最多，年终评比总是名列前茅。崔海天的一位得力助手施广仁同志，是一位“不怕苦、不怕死”的实干家。一接到新任务，他两人开始他们的“作战三部曲”：一是捷足先登做调查研究，二是安营扎寨、风餐露宿；三是分秒必争、打歼灭战。我与施广仁同志曾多次同驻前线，如“八三工程”中的嫩江穿越攻坚战，上级要求在冰封前必须拿下，其技术难度和工期压力相当大，可从未听到过他们叫半点苦，讲困难。我从内心感到佩服，我想这与大庆油田会战传统和崔海天、施广仁两位领导的水平、气魄、作风大有关系。

崔海天同志身居高位，大权在手，在事业上独占鳌头，在经济和生活作风方面一贯坚持“三老四严”，从不胡来，不搞特殊化。外出时轻装简从，工作上一丝不苟，经济上一尘不染，可以说是一生廉洁清正，两袖清风，是经得起历史考验的好干部、好领导。

代表大庆上讲台，基建大会显风骚

1975年4月，全国基建会议在北京前门饭店召开，出席大会开幕式的有国务院领导。参加会议的省代表团中，有大庆油田代表崔海天同志。我作为大庆油田设计院代表，也参加了大会。原计划，理所当然地安排崔海天同志开幕后首先发言。但在开会的前一天，却突然通知我立即做好准备，要我在明天开幕大会上作第一发言人。而我却毫无思想准备，既感到相当尴尬，又不敢过分推辞，因为这是命令。为此我曾主动请示我的上级崔海天同志，他态度自然，毫不介意地反而给我做思想工作，要我打消思想顾虑。发言次序之所以如此调整，其原因，我分析是国家设计管理局，为了明年要在大庆召开全国设计系统对口向大庆油田设计院学习现场会，借此东风创造声势和气氛。当然后来崔海天代表大庆油田也做了发言，他的发言事迹感人，加上他的表达能力强，效果很好，反响大。事后我想，这一小插曲也反映了崔海天的政治水平与思想境界的不一般。因为这不是对我一个人的问题，而是对全国设计战线工作的支持和对广大科技人员和科研分子的关爱行动，使我联想到当年崔海天在玉门设计处学习的时候与设计工作和知识分子结下的良缘有关吧。

出师未捷身先病，挑战石化展宏志

20 世纪 70 年代，石化工业在我国还是一个空白。为改变这一落后面貌，石油工业部改制为石油化学工业部。康世恩部长在兰州的一次石化工作会议上指出：今后石化企业要坐在油田上。并要求首先从大庆做起。明确指出，要在卧里屯建成我国第一套 30 万吨乙烯装置，由大庆油田提供原料。当主管化工的杨一邦副部长来大庆落实这一指示时，立即在领导上层引起了一场激烈的思想碰撞。最后结局是，不但要大庆油田提供年产 60 万吨轻烃化工原料，还要抽出精兵强将，抢建乙烯工程。这一新的挑战，又一次落在崔海天和他的得力助手施广仁同志身上。

油田建设队伍对石油化工还真有点是门外汉。但在经过几十年石油大会战、千锤百炼的崔海天同志面前，从来就没有向困难低过头，而是知难而进。他继承和发扬了“没有条件，创造条件也要上”的大庆精神，一切从零开始。只可惜崔海天同志只顾工作，不顾个人，终于积劳成疾，在乙烯投产前夕病倒，造成终生遗憾。崔海天同志的光辉业绩，将会永志石油史册，激励后辈。我衷心祝愿崔海天同志早日恢复健康，特赋诗一首：赞崔海天同志献身石油的光彩人生。

金戈铁马战油田，
破冰乙烯挽狂澜。
出师未捷身先病，
光彩人生照海天。

我是“五毫米见精神”的见证人

王振亚[1]

1964年4月19日下午5时，中队领导通知我们，吃过晚饭后不要乱跑，晚上8时20分，以中队为单位，集中在工区院内，收听工区广播站转播中央人民广播电台的公开广播“大庆重要新闻”。我猜想，可能是要公布大庆完成原油生产任务情况。

到了20∶30分，中央人民广播电台节目主持人葛兰开始广播说：现在广播一篇由新华社记者袁木、范荣康采写的重要新闻报道《大庆精神大庆人》。她重复了一遍后，接着开始宣读全文，她念得较慢，我认真仔细地静听，越听，越兴奋；越听，越激动，她宣扬了我们大庆艰苦创业的精神，宣扬了以王进喜、马德仁、段兴枝、薛国邦、朱洪昌为代表的各路英雄模范人物先进事迹，字字句句都说到我们大庆石油职工的心坎里。

特别是念到《好作风必须从小处培养起》，说的是今年春天，油田上召开了一次现场会。会场中央，端端正正放着10根10米长的钢筋混凝土大梁。这些大梁表面光滑平整，根根长短粗细一致，即使最能挑剔的人，也找不出它们有什么毛病。但是，油田建设指挥部的负责人却代表全体干部在会上检讨说，由于他们工作不深入，检查不严，这些大梁的少数地方，比规定的质量标准宽出了五毫米。

五毫米，宽了不过一个韭菜叶，值得为它兴师动众地开一次几百人的现场会吗？值！大庆人性格的可贵之处正在这里。

会上，工程师们检查了他们没有严格执行验收标准，关口把得不好；具体负责施工的干部和工人纷纷检讨了自己作风不严不细，操作技术不过硬。

---

[1] 大庆油建公司退休干部。

人们纷纷检查以后，干部、工程技术人员和工人们，抄起铁铲，拿起磨石，把大梁上宽出五毫米的地方，铲掉磨光。人们说：“咱们要彻底铲掉磨掉的，不只是五毫米混凝土，而是马马虎虎，凑凑合合的坏作风！”

我听完以后，觉得袁木、范荣康写得很好，但没有写明具体日期和地点，以及一些细节问题，也没有交代清楚。我是“五毫米见精神”这件事的亲历者，事情经过是这样的：

1964 年 2 月 17 日上午，春节后第一天上班，各班召开收心会，学习元旦社论，学习毛主席著作老三篇，学习雷锋，学习贯彻落实中共石油工业部松辽石油会战工作委员会 1964 年会战工作指导方针：“三条要求”（人人出手过得硬，事事做到规格化，项项工程质量全优）和“五项原则”（有利于安全生产，有利于增产节约，有利于节约时间，有利于提高工作效率，有利于提高工程质量）。

2 月 20 日，总机厂工区木工五中队职工按施工计划，在铸工车间西山墙外一处宽阔场地制作了 10 根 10 米长的混凝土大梁模板，总机厂工区混凝土六中队（半自动化混凝土预制厂）职工，利用厂房内半自动化搅拌机搅拌好混凝土，用手推车推到施工现场，用铁锹将混凝土铲到大梁模板内，用电动震动器捣固混凝土，由于有的模板不够牢固，使少数大梁个别地方比规定的质量标准宽出五毫米。

2 月 26 日，崔海天率领油建代表，出席了松辽会战指挥部副指挥张文彬在采油三矿四队主持召开的全油田向三矿四队学习的现场会。会上，崔海天很受启发。为在新的一年开始抓好典型，起好步、开好头，他与书记郭生吉认真学习了大庆《战报》“三矿四队书记队长除夕之夜上井巡回检查和职工严细成风”的故事。两位领导经过商量，一个想法产生了。

2 月 28 日下午 1 时，郭生吉、崔海天来到总机厂工区铸工车间施工工地检查，看到摆放的钢筋混凝土预制大梁，两人就检查大梁是否合格。他们用皮尺和钢卷尺反复丈量，发现少数大梁局部比规定的质量标准宽出了五毫米。

为在新的一年起好步、开好头，认真贯彻落实会战工委“三条要求”和“五项原则”，两人立即通知所属八个大队的大队长、教导员、中队长、指导员、工程师、技术员和工人代表 604 人，来到现场，召开了现场会。

会议开始，崔海天指挥首先做了自我检查，他说：“我是抓生产的，由于我要求不严，检查不及时，而出现了低标准产品，这是我的责任。”接着总机厂工区二大队长王积荣抢着发言说：“这是我们总机厂工区施工的工程项目，是我责任心不强，检查不及时而出现的低标准产品，与指挥部领导没关系。”抓生产的副大队长王兴基，立即跑回相距50米的办公室拿了一只方板凳到开会现场，站在凳子上大声说：“我是抓生产的副大队长，又是瓦工出身，预制混凝土构件是我的本行，出现质量问题，就是我的责任，我向领导和广大职工请罪，请求领导给我严厉处分。”

崔海天和郭生吉几次让王兴基从凳子上下来，王兴基坚持不下地，以此体罚自己，一直坚持到散会。

工程师倪盛福、游古训也抢着发言说：“出现工程质量问题，这是我们技术人员的责任。”五中队中队长武汉清、六中队中队长李德俊及两队的工人，也都抢着承担责任。

此时，郭生吉书记做了“好作风必须从小事抓起”的总结发言。

现场会最后，由闻讯赶到现场的松辽石油会战指挥部副指挥兼生产办公室主任宋振明做指示，他首先肯定了油建领导的做法是对头的、积极的，应该从小事抓起，出现问题要敢于承担责任，而不是推卸责任，首先检查了自己，带动了干部和工人的严细作风。

散会后，郭书记、崔海天带头用扁铲铲、磨石磨，各大队长、工程师都上来抢领导手里的扁铲和磨石；中队长、技术员和工人们也上来抢扁铲和磨石，不一会就把局部宽出的五毫米铲掉磨光。

总机厂工区领导为了记取这次低标准产品的经验教训，提高职工主人翁责任感，为人民干保险活，为油田负责一辈子，令其下属六个中队以班组为单位，利用当日晚7时至9时的政治学习时间，继续讨论当天现场会议精神。

2月29日，工区领导决定：一至五中队职工正常上班，六中队停产一天，学习毛主席《矛盾论》、《实践论》，要把坏事变好事；学习张思德全心全意为人民服务的思想，学习白求恩精益求精的精神；学习两分法，找原因、找差距，建立健全领导分工负责制，完善各种岗位责任制，交接班制，分项分段负责制，自检互检、集体检查验收制，并提出了响亮的口号：“宁要一个过得硬，不要九十九个过得去。”

工区领导为完善制度，促进工作，又组织下属六个中队干部和工人代表进行相互检查、取长补短、互相学习、互相促进。

这就是新华社记者袁木、范荣康写的《大庆精神大庆人》中的“五毫米见精神”的整个经过。

这是大庆油田严细认真作风的形成起因，它像播种机一样，把严细认真的作风种子播入油建职工的脑海中，在各项工作中起到了效应。

此后，不论任务量大小，工作条件好坏；不论是单兵作战，还是诸兵种联合作战；不论是在油田内干活，还是到外油田干活；不论是支援包钢建设，还是支援唐山抗震救灾；不论是在国内干活，还是到国外干活，干到哪，红到哪，走一线，红一遍。

时任石油工业部部长余秋里在听说这件事后说：“崔海天做得对，他要不去铲，我还要去铲呢。”他赞誉大庆油田建设指挥部，“领导班子是坚强的，职工队伍的基础是好的，工作作风是扎实的，能猛攻、能巧干、能集中、能分散，是一支打不垮，拖不烂的过硬队伍。”

这种严细作风，在1964年工业学大庆的高潮中，轰动了各个油田，传遍了全国。并且一直在大庆油建职工队伍中传承了40余年，成为指引油建新老职工对待工程质量的基本指导精神。

在油建公司展览室中，至今还保存着“五毫米见精神”的照片，以此教育年轻工人继承和发扬会战光荣传统，对待工程质量要严格要求，要严细认真，只有严细认真才能建出高质量的工程。

事过20余年，油田建设公司工会一位副主席在为一位劳模撰写大庆电视台讲话稿时，为了突出这位劳模的业绩，就张冠李戴，把“五毫米见精神”的事写到了他的讲话稿中，经大庆电视台一播，引起了当年“五毫米见精神”当事人的强烈不满。我听了议论，觉得不合时宜。我想：这位劳模的讲话稿子，肯定是工会给写的。于是，我较起真来，我到工会办公室问一位工会领导：“那篇在大庆电视台的讲话稿是谁写的？五毫米的事，是我们二大队施工总机厂铸工车间时发生的事，与别人没关系。”

2009年，大庆市（局）为纪念大庆油田发现50周年，评选最具影响力的20件大事，其中就有“五毫米见精神”这件事。我想，这下我可有机会“拨乱反正，正本清源”了。我于当日晚写完《我是“五毫米见精神”的见证人》这篇报道。为慎重起见，我约几位老同志去看崔海天，崔海天退休在家养病，提到这事时崔海天说：“‘五毫米见精神’这件事发生在油建二大队施工的油田总机械修理厂铸工车间，与其他单位的人没有什么关系。凡事都要实事求是，千万不可张冠李戴。”第二天我把《我是“五毫米见精神”的见证人》稿子交给了大庆油田报社。我又拿着复印稿件到了崔海天家，请崔海天审阅。他仔细阅读后对我说：你写得很具体，把“五毫米见精神”现场会议的全过程都写出来了。并且补充说：“此事过后的第二天早晨，即1964年2月29日早6∶20分，在会战指挥部召开的电话会议上，宋振明又表扬了我们从严要求、从自身做起的精神。要尊重历史，要实事求是。”接着，他用颤抖的右手提起笔，在我稿件的上方写下了“情况属实。崔海天，4月27日”一行字。看到这场景，使我的心里又增添了一份喜悦，心想，我的稿子得到当事人的认可，更具有说服力。于是，我返回油田报社，把崔海天签字的稿子交给报社。

2009年5月6日，大庆广电局李局长率领大庆电视台，到油建公司拍摄“五毫米见精神”。李局长首先让我讲述“五毫米见精神”的全过程，然后由代凤臣、胡耀举、李耀泽补充。我是亲身经历了“五毫米见精神”现场会的全过程，宋振明、崔海天、郭生吉等领导的讲话至今我还记忆犹新，我用了半个小时的功夫，详细讲述了当年的情景。

后来不久，“五毫米见精神”以其真实的内容展现在电视的屏幕上，当年的大庆油建人重温了那段动人的情景，感到欣悦和激动；当年大庆人的后人，看到父辈们的严细认真精神，受到了莫大的鼓舞。

“五毫米见精神”的现场会，已经过去近50年了。“五毫米见精神”在过去曾经发挥了，现在正在发挥，将来必将发挥更大的作用。还是崔海天说的对：“要尊重历史，要实事求是”，任何人对过去的历史必须实事求是。

我用这篇小文恢复了历史本来面貌，是对原来油建二大队参与“五毫米见精神”所有“老会战”的历史交代，也是对崔海天的一个历史交代。我在这里也谢谢崔海天帮助我完成了这一历史交代。

“海天”情

张世琪[1]

石油、石化，大庆民生，似碧海蓝天无瑕的激情，成就了您的人生。我们今天满怀豪情在这里恭祝您——我们的老指挥崔海天同志八十华诞。

喜悦的心情难以言表，您那光辉的历程照耀着大庆石油建设者的前程。一又三分之一个花甲年的时间，是如此的漫长而又异常的短暂，伴随着您的坎坷、艰辛，见证了您的拼搏奋斗，一路前行。

生逢乱世的您，从小经受深重的灾难，战乱纷争，漂泊动荡，饥寒交迫注入了您年幼的心灵；少年时期，您成了流亡学生；青春年华，历史的选择，让您参加了革命；祖国的解放使您获得了新生，您选择了将青春、将终生奉献给了新中国的建设事业。

1952 年石油师的转业令，“为中华崛起”揭开了您为石油事业献身的痴情。

从玉门到新疆，祖国的第一条长距离输油管线，您用行动唱响了“石油工人之歌”，从玉门到大庆，“我为祖国献石油”的嘹亮歌声，响彻在大庆石油会战人的心中。

“崔海天”，是正规场合上对您的叫法；“崔老板”，是工人们对你的昵称。您——大庆石油会战工作委员会委员，我们的指挥，大庆石油石化人的“老板”，20 世纪 60 年代，是您带领油建指挥部的职工，建造了北二注水站，油田第一座刻字留名，大庆岗位责任制策源地在此诞生；是您带领油建工人，在大庆总机厂建设中，用“五毫米见精神”，写下了为油田负责一辈子的历史名言；是您亲自总结了工程质量不好有五大罪状：即造成返工、拖延工期、浪费原材料、给生产单位带来长期隐患、挫伤了群众的积极性——至今，在确保工程质量上

---

[1] 原大庆石油管理局局长助理、计划部主任。本文为献给崔海天 80 寿辰的祝贺词。

发挥着不可替代的作用。

您既是油田建设的组织者、领导者，更是执行人。与宋振明、欧阳义、李虞庚、王苏民、郝万春、张家骐等闪亮的名字连在一起，您和千万名油田职工，结成了大庆会战的钢铁队伍，您亲手打造的队伍，既适合油田基建点多、面广、战线长的特点，又能适应高温、高压、剧毒，易燃易爆、工艺复杂的石化工程。能集中、能分散、能猛攻、能巧干、拖不垮、打不烂，抢时间、保质量、叫得响、过得硬。

面对着大庆油田的开发建设、石油化工建设这些艰巨而又繁重的任务，您谈笑自若。甩掉“石油落后国”的帽子，有着您不可磨灭的贡献。大庆炼油厂、化肥厂、乙烯化工厂的建设等标志性工程，您付出了艰辛的劳动，一座座样板工程，都凝聚了您几乎全部的心血。

责任、付出、奉献，始终是您的心愿，作为建设者，您常说的就是：“我们只有奉献的义务，没有索取的权力。我们有的是完成任务的措施，没有完不成任务的理由。”您是这样说的，您这样说，因为您就是这样做的。特别是 20 世纪 80 年代后，您战胜病魔的经历，更让人们肃然起敬。您用自己钢铁般顽强的意志、坚强的毅力与死神抗争，亲历了倒下去的痛苦和站起来的艰难，您那一步步前行的身影，您那孜孜不倦学习的精神，永远是我们的楷模，是我们用之不尽的财富宝库。

您心系油田、心系大庆、心系民生；您见证了大庆的昨天、关注着大庆的今天、憧憬着大庆的明天。大庆有了您这样的建设者、领导者，有了您这样钟情热爱大庆，有了千千万万个和您一样的人热爱大庆，大庆才有了今天的辉煌。

我们深信大庆的明天会更美好，正是因为在您的带动下，千千万万个大庆人都更加热爱大庆，更加努力地建设大庆。

在这幸福喜悦的时刻，祝您老健康长寿、幸福安康，家庭和谐美满。

和崔海天在一起苦中乐无穷

李生太[1]

1958年我在玉门油矿工作时认识了崔海天指挥，后来在大庆油田在他领导下我参加过许多工程建设。崔海天工作肯干，为人正直，值得我们学习的地方很多。

"克独管线"两次被"骗"

最初比较近距离接触崔海天，是在1958年。当时，新疆的克拉玛依到独山子炼油厂之间要修一条长距离输油管线，这项任务交给了玉门油田建筑公司。玉门油田临时组建了一个"新疆油田工程大队"，从各建筑公司抽调了300余人员，包括管工、焊工、木工、瓦工，崔海天任大队长。

大队共有2个中队，我是二中队搬运班的班长，领着20多人，负责把管线运到沟边摆放好。那时的工作，没有星期天和节假日，每天除了吃饭睡觉，就是干活。工作时间是看太阳，日出而作，日落而息，没有几小时的概念。

正式动工之前，崔海天搞了一场动员大会，这是打擂比武式的大会，各中队、小队都上台表态。我是班长，也要求上台讲话，那是我第一次上台发言，讲的什么现在记不太清楚了，只记得当时非常紧张，加上天气又热，从台上下来时，从头到脚，全身都被汗湿透了。

5月开工，到了8月，分给我们班的70千米任务就干完了，工期提前了两个月。干完了我们的工作，班里人都很高兴，以为过不了几天，就可以回玉门了。因为开工前曾经说过：谁先干完谁休息，谁干完谁就可以回玉门。8月底的一天晚上，崔海天和书记找我谈话，问我休息得怎么样了。我说，休息得

[1] 大庆油建公司原党委常委、让胡路区原区长。

差不多了。接着我傻乎乎地问，我们啥时可以回玉门啊？崔海天就对我说，暂时不能回玉门。你们能不能发扬风格，支援一下一中队搬运班的工作。于是，又给我们分了10千米。

我那时岁数小，刚满20岁，很天真。我又问，这10千米干完了就可以回玉门了吧？崔海天回答：干完了再说吧。呵呵，听了这话，我明白，不可能提前回玉门了。

工友们大干了15天，这10千米又干完了。崔海天让我们再支援，有些工友就不同意了：都是同样的人手，同样的装备，为什么老是让我们支援？

崔海天这个人很善于做思想工作，他说，你们干得好，大家心里都有数，到时候给你们记功。又说，大家一起从玉门来的，干完活以后，也要一起回玉门。于是，我们又到工地上干活。

到了10月中旬，真正的考验来了。克拉玛依那个地方属于寒带，“胡天八月即飞雪”，当时下起了大雨，接着就下雪了。雨夹雪停了以后，沟里冻了冰，管线就下不去了。

这时，崔海天又来找我，动员我们班去清理沟里的水和冰。我们就把冰凿开，用筐抬走。冰好清理，下面的水就不好清了。那时候还不知道铁人，但大家都有股子不要命的精神。我们就下到水里去清，那真是冰冷刺骨啊。从玉门来的时候也没带棉衣，从水里上来，双腿冰凉，根本暖和不过来。很多同志后来都得了关节炎，一到变天的时候就腿疼。

大队长、书记、工程师们看我们这么玩命地干活，都很感动。晚上吃饭的时候，都拿着酒给我们敬酒、庆功。

修完“克独管线”，回到玉门，大家各自回到了原单位。

回来后，崔海天又指挥建了一个热电厂。他是二大队的，我是一大队的，所以修建热电厂的工程我没有参加。

大庆会战苦中乐无穷

1960年，党组织动员我们参加东北地区的石油大会战，当时也不知道是要去什么地方会战。于是，5月1号，由玉门建筑公司的副书记郭生吉、二大队队长刘万宝带队，从玉门出发，我们就上了火车，5月8号到了萨尔图。到的时候天已经黑了，还下着雨。一位同志领着我们到了现在的大会棚那地方。一块大牌子，写着“玉门油建大队”。当时行李、帐篷都没到，郭生吉就傻眼了，什么也没有，还下着雨，怎么过夜呀？院里只有一个大柴草垛。

大家吃了点干粮，都是自己带的。上半夜大伙儿都没睡觉，都冒着小雨说笑。后来雨大了，有人就把柴草垛抽出个洞来钻了进去，一进去，很暖和，还淋不到雨。于是大家纷纷效仿，就这样，很舒服地休息了一个晚上。

第二天早上做的高粱米饭。也没有饭碗，正好每人刚发了一把铁锹，就用铁锹当饭碗，在旁边找草棍当筷子吃了一顿。吃完饭就到了工地，开始挖管线，工地就在现在的儿童公园那一带。雨还没停，也没有雨衣，大家就在雨里泥里干活。

那年雨特别多，那段时间基本上天天下。大家天天是吃饭、干活、钻柴草垛。过了一个礼拜左右，帐篷、行李到了。支上帐篷，没有床，大家抱点干草往地上一铺，就把行李铺在上面。后来，运来了柳条编的那种篱笆片、草垫子，铺上这些，那档次就提升了不少。

挖完了管沟，我们又运管子，管子运得差不多了，指导员来找我，让我检查焊口，不能有漏点，不能有气孔、沙眼。说实话，那时的电焊工技术过硬、责任心也强，基本上是不需要检查的。检查焊口时，还发生了一个小插曲：管子下到沟里，焊口朝下的一面看不到。我就跑到商店买个镜子，用镜子放在管子下面照，一目了然。有一天，郭生吉到现场检查工作，走了过来，问我：“你干啥呢小李子？”听了我一介绍，他又下到沟里试了一下，说：“嗯，好，挺好。”

崔海天是第二批来大庆参加会战的。因为当时大庆会战规模大，人手不够，所以玉门除了老弱病残，全都来了大庆。到了大庆不到一个礼拜吧，崔海天、刘万宝就被任命为油建指挥部副指挥，刘万宝兼任一大队大队长，崔海天兼任二大队大队长。

1960年的下半年，全国粮食都紧张了，吃饭困难了。于是大队重新分工，让我当副业班班长，带着20来个人搞副业、种秋菜，有大白菜、萝卜，解决一部分吃菜问题。

临危不惧指挥救火

1960年10月25日发生的一件事，让人们对崔海天敬佩不已。

这一天，老领导张文彬主持的冬防保温大会战誓师动员大会，在万人广场隆重召开。大会正在进行，突然从附近传来了呼啸声，随之，大家就看到不远处一股火光冲天而起，接着，滚滚的浓烟冲向空中，说不清有几百米高。

火光就是命令！张文彬立马指挥正在开会的数千人奔赴火场。

着火的油井是中区6排20号井。这口井北面是油田的主要交通干道，南面不足百米处，就是红色草原牧场的农机修配厂，厂里有10台正在修理的拖拉机，厂外还有一座50立方米的柴油储罐，正在出油的19号、21号井距此均不超过500米。可以说，火势随时可能失控，形势相当严峻。

现场的秩序相当混乱，人们都乱了手脚。此时，张文彬展现了大将风度，他从容地登上了一辆距着火油井50米远的卡车，放开喉咙指挥大家救火。大家有人就地取土，有人在附近水泡子里用盆端水、用桶拎水，以接力的方式救火。

几分钟后，消防车也赶到现场，几辆消防车轮流上前试图控制火势。但是，那时的消防车都是喷水的，水是浇不灭油着火的。这些举措真的是杯水车薪。此时，正是大庆多风的季节，野草也已经干枯，风助火势，火借风威，火势不但没有被控制，反而有愈燃愈烈之势。

张文彬命令崔海天马上调推土机前来，推土掩埋油井。同时，在场的几位领导商定，在万不得已的时候，就只能请求沈阳军区派飞机前来灭火了。这时，崔海天展现了临危不惧的风范。他迅速调来了3台红旗推土机。可是，此时距油井二三十米以内，灼人的热浪烤得人皮肤生疼，头发仿佛都烤焦了。推土机如果冲得太近，油箱随时可能被引燃、爆炸。3名推土机手都犹犹豫豫，不敢上前。崔海天当机立断，置个人安危于不顾，跳上了一辆推土机，指挥着推土机冲向熊熊燃烧的油井。另外两名推土机手见状也奋不顾身地跟着投入战斗。火势渐渐被控制。经过两个多小时的奋战，火被压制住了，像小山一样的土堆掩埋了油井。

这一年，因油建指挥部完成工程建设任务出色，又在这次抢险中表现突出，年底，被授予“战区一级红旗单位”称号，奖给战旗一面。3名推土机手被评为“战区一级红旗手”。

经过这次救火抢险，大家也更加清楚地认识到，崔海天不单单有谋略，还有勇气，临危不乱，真正是有勇有谋的领导者。

自觉从严好字当头

1961年建的北二注水站，是大庆油建公司二大队干的。在前线指挥的有张家骐总工程师，当时我是钳工，负责安装注水泵。

当时提出了要求，要建成样板站。崔海天具体提出要指标明确、阶段分明、措施具体。在各个细节上做好建北二注水站样板工程的准备，比如设计院驻工地代表向工人交代设计图纸的技术关键；沙子要过筛子，用水洗，不合格的坚决不用；焊工打记号，施工单位名字上墙，要刻字留名，等等，就不一一细说了。最终，北二注水站建成了样板工程。

那个时候好多好的作风，在大庆基建战线一直延续了下来。“自觉从严，好字当头”，就是从那时开始的。

宋振明总结的：人人出手过得硬、事事做到细致化、项项工程质量全优。就是对这次工程的一个总结，这三点后来也成了全大庆的一个标准。

会战工委政治部派人总结，在充分肯定北二注水站工程先进经验的基础上，通过大量的调查研究，最终形成了大庆早期的工程质量保证体系和质量监督机制。

工程竣工后的祝捷大会也搞得很热闹。崔海天组织了一个庙会，那天天气也很好，商店到现场送货，食堂做了好吃的，还组织各种文艺演出。消息传到了二号院，宋振明到现场参观指导，他当场就表扬了这种做法，并马上给总调度室打电话，让全战区建筑单位都来参观、学习。那时，职工没有文化生活，所以参加一次这种庙会，印象很深，可以说是终生难忘。

说起崔海天，不能不提“五毫米见精神”。当时在现场会上，他说：“问题出在下面，根子在上面，都是上面要求不严才会出现这种情况。”

开完会以后，崔海天、郭生吉带头拿着榔头、扁铲在那铲，一边铲一边哭鼻子。这对工人触动很大，私下说，以后干活可不能马虎了。通过这次现场会，基建单位改掉了很多坏作风、老毛病。

“三化”施工显威力

1963 年，为了改变落后的工艺，会战工委提出向“四化”进军的口号，具体说就是：职工思想革命化，工厂预制化，现场装备化，施工机械化。

后来，有人把这种说法称为“三化”，省去了“职工思想革命化”。其实我认为这一条很重要。那个时候也没有“改革”这一说法，“职工思想革命化”这个提法，就是要求职工转变思想，改革创新。

那个时候晚上经常开会，会上就要求职工提合理化建议。

当时提出了很多有创意的想法。拉管子的大拖车，就是我们那个中队搞起来的。当时提的“工厂预制化”，在工厂里把 2 根 12 米长的管子焊在一起，做好保温防腐。与把管子下到沟里再焊接、再做保温防腐相比，大大提高了效率。但是，当时的车都是拉 12 米管子的，现在焊接好的管子成了 24 米，普通车就没法拉了。于是，我们中队就想办法，把拉管子的车加长。这种车辆至今还在使用。

由于“文化大革命”的原因，挖沟犁只存在了很短的时间，但在当时，可是挺轰动的事。挖沟犁搞出来以后，用 10 台东方红拖拉机拉着，前面挖沟，后面直接就可以下管。

崔海天看了以后说，这个东西搞得好，东方红马力不够，找大拖拉机拉。于是调来 4 台红旗拖拉机，那真是一跑一溜烟，前面“哗哗”跑，人都追不上。一个小时挖的沟，相当于 1000 多人力的工作量。崔海天还不满足，说要是有更大的拖拉机就好了。后来他向宋振明一汇报，说一天能省几千个劳动力。宋振明一听也高兴，马上就向石油工业部汇报了情况，石油工业部就通过沈阳军区调来了两辆退役坦克。

坦克的马力足够强劲，一拉一股烟。大家又琢磨：把管子放在坦克顶上，前面挖好沟，后面直接就可以下管，这就是著名的“乌龟背长虫”了。这样，从挖沟到下管，后面焊接好了就回填，真正做到了施工一条龙。后来周总理陪同阿尔巴尼亚的外宾来大庆视察，来看了“乌龟背长虫”现场演示，听了崔海天的汇报后，非常高兴。“文化大革命”开始了，坦克就被开走了，“挖沟犁”也就中断了。再后来，有了新的挖沟机械，挖沟犁也就完成了它的历史使命。

那时，还没提出“科学发展观”，其实，这些不就是科学发展观的产物吗？

让我敬佩的好领导

我认为，一个好的领导对一个单位、一个地区的发展，是有着巨大作用的。大庆的老领导宋振明、崔海天等人，就对大庆的发展起到了至关重要的作用。说实话，对于大庆的老领导，崔海天是让我打心眼儿里佩服的一个。后来，让胡路区成立，我就被调到了区里工作，因工作关系，与崔海天的接触就少了。

2009 年，崔海天 80 大寿，我前去为他祝寿。崔海天在寿筵上为大家唱了一首《我为祖国献石油》的歌，他的声音依然是那么优美动听。当时我们一起回忆往事，可以说是苦中乐无穷。

现在，崔海天已经退休在家养病。他当年给大庆留下了数不清的马路、数不清的油井、数不清的楼房、数不清的工厂设施，其中不乏标志性的建筑。或许有一天，这些建筑也会被翻新，会被拆除，但是崔海天为大庆发展所做的贡献，是永远无法磨灭的。

日三省身 克己律己

赵庆德[1]

崔海天自1952年投身中国石油事业至他1999年“第二次”退休止，他在工作岗位战斗了47年，他为油田建设培养了队伍，在玉门、在大庆、在曙光、在石油化工厂、在乙烯工地，他组织建设了无数的油水井、泵站、石油化工设备。更为可贵和令人感动的是，1987年在他得了重病行走十分困难的情况下，他仍然带领广大退休干部办起老年公司，继续为人民做了极其大量的工作，深得广大群众中的爱戴。他的一生，为祖国为人民立了大功，他的一生是很成功的。纵观他的经历可以发现，他的成功是和他严格律己、克己奉公的一贯品格分不开的。《论语》中有一句曾子（曾参，孔子弟子）的话，曰：“吾日三省吾身：为人谋而不忠乎？与朋友交而不信乎？传不习乎？”这里的“省（音xǐng)”，是检查、察看、反省之意。古文中常将“三”作为不定量数词用，三省有几种解释：一是三次检查；二是从三个方面检查；不一定是三次，可理解为多次。这一段话的意思是：“我每天应在三个方面反省自身：替人家谋虑是否不够尽心？和朋友交往是否不够诚信？老师传授的知识是否复习了呢？”

崔海天经常在日记中、在各种会议上、在和同事、领导的交谈中指出自己的缺点和改进意见。他这种严格自责的做法不是作秀，不是哗众取宠，而是发自内心的以求尽快改正不足，不断前进。

崔海天经常反思自己在处理工作问题时产生的不当之处或缺点。 崔海天认为自己思想修养差、政策水平低是导致“祸从口出”的根源。他经常告诫自己，凡事要考虑成熟方可开口。1957年7月，在玉门丫儿峡，一座泵站试运开泵后泵压很高，管线压力为零，水泵发热烫伤手。崔海天到现场一看，发现问

[1] 大庆市原建委主任、大庆高新开发区管委会原副主任。

题了：泵出口的单流阀装反了。此时他火冒三丈，对那位安装工人大发雷霆说："你的脑子是猪脑子吧，单流阀上有箭头，你是瞎子看不见吗？"也巧，几日后，这位工人的安家费给发少了，来找崔大队长要求补发。崔海天一看是他，马上火了："你还有脸来找我要钱，上次单流阀的事还没算你的账呢，回去回去。"晚上，崔海天回忆了这几天连续向工人发脾气的事，觉得太过火了。安家费、单流阀是两码事，没有因果关系，为什么非要发火不可呢？这代表我的责任心强吗，为什么不能换一种态度？他觉得对不起那位工人，于是立即到宿舍找到那位工人师傅，说明自己是来道歉的，安家费的事，公司有规定，按照规定办。他在日记中写道："我以后每天要找两位工人谈话，了解基层的工作情况，征求大家对我的意见，今后和工人谈话，要和蔼，不要盛气凌人，切记！""以后如果碰到不如意的事，要动脑筋，想一想，停一停再发表意见，不要以片面对片面，对待工人说话，火气要压一压，要让对方多说，学会善于听取别人的意见。"此刻，28 岁的崔海天大队长能够经常反省自己的缺点，不时提醒自己改正毛病，也实属难能可贵。

1961 年，作为大庆油建公司指挥部副指挥的崔海天到总部开生产会。总部领导问油建指挥部为什么还有 2 口油井没投产？崔海天说："钻井的工作干得太快了，我们人少设备少没法赶上。"局领导听了很不高兴，正色批评道："你老崔的这个态度极端错误，难道别人的优点能成为你们完不成任务的根据？"崔海天回到油建指挥部，立即向指挥欧阳义作了检讨，又在生产会上检讨说："今天犯了一个大错误，说人家钻井太快，为我们自己完不成任务找根据。没有完成任务要重点从内因上找问题。最近我的组织工作不好，工地情况不清，北 1–25 井口周围有水，在没有解决排水之前队伍上去了，一个班的人马加上 1 台车，窝工 4 个小时，而 42 号井条件很好，却安排第二天进场，这不是我们自己的原因吗？我没去工地，坐镇瞎指挥。李德武去工地了，但晚了，下午才想起调整队伍，一口井的进度没了。"晚间他在日记中写道："应该很好作自我检讨。出了问题首先查内因，今天的错今后决不可再犯，信口开河，嘴上没有把关的，说明自己修养太差，政治水平太低，今后要大力加强学习，不断提高政策水平。"

崔海天历来严格要求自己多学一些知识，他说我自己是转业兵出身，现在是搞工程建设，没有专业知识不可能有作为。1952 年他集体随团转业到玉门，崔海天刻苦努力，虚心好学，不耻下问，经常在下班以后读一些油田建设基本知识方面的书籍，不明白的问题，他五次三番地去问一些老同志，很快掌握了油田建设的基本知识。他通读了《采油工程安装》、《土木工程》、《机械制图》等专业技术知识书籍。在同一批转业军人里面，在技术方面成长最快的就是崔海天。除了学习油田建设的有关技术外，崔海天还阅读了大量的国内外文学巨作、哲学书籍、文学杂志等。

1957 年 8 月间，新工程没下来，白天崔海天组织工人们学习，晚间崔海天到工人集体宿舍找人谈话了解情况。他发现大家在玩麻将，很好奇，也和大家一起玩了起来。十天时间过去了，因为晚间玩麻将，崔海天有一次俄语补习班考试缺席。他悔恨自己贪玩误事，立即下决心改正，他在日记中这样写道："如再发生此种情况，夜间 12 点自己罚站 30 分钟。从今日开始，每天利用休息时间 2 个小时把缺席的俄语课补上，下次俄语考试成绩不得低于 95 分。"也是因为玩得上瘾，他竟然忘记订阅文学期刊《收获》。他下决心必须补上这期《收获》，在玉门订不上，他一封封给兰州、西安、宝鸡、北京等地的朋友写信，一定要补订这期的《收获》。因为这样做也算是对自己的一种惩罚，让自己今后牢记贪玩要付出代价。

1961 年前后，他因胃病曾几次住院和去北戴河疗养。他不放过大量的休息时间，每天的时间安排都有读书、打太极拳、娱乐等内容。在这段时间里，他写了不少施工经验方面的总结，也看了国内外的文学书籍，例如《奥德河的春天》、《在和平的日子里》、《钢铁是怎样炼成的》等，他都不止看过一遍。为了使自己工作规律化，避免随意性，他在 1961 年 4 月为自己定了一个严格的作息时间表：7：00 起床，太极拳；8：00 电话检查昨日工作情况；8：30 参加总部电话会议；9：30 布置总部指示；10：00 至 16：00 去重点工地；16：00 至 18：00 生产会；19：30 至 20：00 深入各队活动；20：00 至 23：00 读文件、报刊；23：00 就寝。人们看见这份时间表会不会有这样的感慨：崔海天不是 8 小时工作，他是 16 小时在工作，在拼搏。

崔海天严于律己的品质经常反映在工地施工的全过程中。油建的队伍常年和管线、井口、泵站、加热炉等设备打交道，有一整套有效的施工规程和制度，但久在河边站，没有不湿鞋的。1961 年初，大庆北一区油管线发生两次失火事故，经了解是设计问题：管线温度应力计算错误，没有加张力弯，致使管线裂口漏油失火。崔海天大发雷霆，把设计人员“好顿呛”。在当日晚间生产会上，崔海天对这件事做了自我批评。他说，设计固然有错，但我的态度太粗野，这不对。要共同吸取教训。我们都参加了设计交底会议，我们的技术干部为什么没有将问题消灭在施工前？会后，他专门找来几位技术人员，让大家给他讲解温度变化导致管线伸长的计算方法。他告诫大家，设计院是第一道防线，我们要做好第二道防线，出了问题多找自己的原因，这样才能立于不败之地。

1961 年 10 月，油建公司的任务完成的差一些，总部计划部门提出“今后应注意”。在油建公司生产会上，不少人不接受总部计划部门提出“今后应注意”的警告，说上面计划乱变，都到 10 月 20 号了还加任务，神人也完不成。崔海天发言找了六条油建自身的原因，其中有两条是属于他自己应该检讨的：一是农业秋收时从工地抽调人员过多，二是运力不足。这两条是他亲自决定的，说明自己的综合能力差，在组织大战役中还有很大差距。他在会议总结时又一次强调：“无论出现什么情况，我们要把找自身的原因列为主要的总结内容，实事求是自查，找原因，找根源，做到同样错误不重犯才是聪明人，这是领导者最起码应具备的素质。”

崔海天勤于做总结，或每天、每月，或每当工作告一段落，他都要给自己来一个总结，这总结的内容也很简单：这一阶段自己存在的问题是什么。

1963 年，油建领导班子开民主生活会，大家给崔海天提了一些意见。晚间，他在日记中做了总结：“大家给我提的意见，一是工作中有骄傲情绪，二是工作不老练，遇到不顺利时就表现出不愉快、急躁，还有畏难情绪。这些意见非常正确，应该很快纠正，纠正的方法是认真学习毛主席著作，对照自己的问题进行检查，逐一改正之。”1963 年 10 月间，油建公司的任务量大，投产临近，各级领导显得忙乱，施工进度不快。他连续找几位大队长谈话了解情况，最后他找到了问题的根源和解决办法：指挥部计划部门没有分析任务的具体情况，平均安排人力，结果是忙闲不均，有的工程窝工严重，有的工程还没有人干活。在生产会上崔海天做了自我批评：“当前任务多，年底将至，队伍摆的太散，不能形成拳头。最近我忙于会议，工地情况不清楚，缺乏调查研究，工作不分轻重缓急，该保的重点没有保，进度慢一些，是我的责任。”会后对施工力量进行了调整，他又到重点现场帮助施工队研究问题，很快完成了任务。一个月后，崔海天对这段工作进行了小结：“本月计划完成得很好，原因有四条，一是各个大队长全部都到现场边劳动边指挥，发现问题立即解决问题，三大队做得更好一些；二是思想统一，协作风格高，机修厂能主动抽出大批人员支援原油集输工地，精神可嘉；三是重视质量，这一阶段没有出现大小质量事故；四是组织得力，阶段分明，土方和绝缘作业安排的恰到好处，有劲使得上，计划部门表现得不错。也有问题，多少还有些忙乱，岗位责任制贯彻的欠功夫，土方机械在关键时候不过硬，事先保养不及时。”

1963年底，会战工委召开扩大会议，给油建指挥部和崔海天个人“评功摆好”，几位局长先后表扬崔海天“年轻，有气魄，懂业务，会做思想工作，组织能力和协调能力很强，贯彻上级指示坚决果断。”听到这些高级领导的表扬，他“坐卧不安，心情非常激动，使我无地自容”。他晚上睡不着觉，到中三站工地检查，发现值班人员在记录本上只写了四个字：“平安无事”，交了班。他本想批评这个人，但他想到，领导表扬自己会做思想工作，自己的思想工作做到哪里去了？值班人员这样不负责任，不正是说明我的工作还不到家吗？下面出了问题，根子在我这里。于是崔海天在日记中写道：“我个人几年来取得的成绩，尤其是到松辽来以后的进步，都离不开党的领导和关怀，都是工委领导带出来的，今后，赴汤蹈火，在所不辞。现在看自己的水平太低了，我要很好向老前辈学习，立即跟上去。”

1964年8月，油建公司的工作很主动，他所领导制造的挖沟犁在现场起到了关键性的作用，不到10天的时间，就抢建完成注水工程配水管线10多千米，这是个大成绩。但作为油建指挥部的领导，他无时无刻不在查找自身的不足之处。他说：“自己的领导方法还是老一套，缺乏洞察全局的能力，还不能自如地做到走上步、看下步。还有急躁情绪，不顺心就发火，方法简单，老毛病必须改一改。机关职能部门作用发挥的不够，没有大力树立样板，这些都要一一改正。要做到，打一仗前进一大步。”

崔海天长期坚持顶岗劳动的做法也是他严于律己精神的体现。大庆会战年代，总部要求各单位领导干部要定期参加劳动，通过和工人们同吃同住同劳动，可以密切干群关系，使领导干部们进一步了解生产，以便更好指挥生产。崔海天十分重视定期参加劳动的规定，他告诉办公室，除了总部开会或公司开党委会他必须参加，影响参加劳动，事后必须补上外，他的劳动安排一律不得缺席。崔海天每次参加劳动后都要总结一番，指出自己的不足，力求下次改进。他在1964年一篇日记中写道：“从上月的20日开始顶岗劳动，第一天在上管岗，第二天在绝缘岗，第三天在下管岗。技术看似简单，但在绝缘岗上我却两次把接头埋在玻璃布里，还没有当好学徒。不能眼高手低，通过这次劳动亲身体验了一些东西，了解了一些东西。发现，管道预制厂二班工人睡眠不够8小时，这必须改。”通过劳动，他亲身体验到工人们的劳动强度很大，而且，很多时候为了赶进度，工人们的休息时间被占用，严重的是为了赶进度导致工人们的睡眠不足。崔海天感到作为一名指挥，他的责任重大，他决心改变这种不正常现象，要设法既要减轻工人的劳动强度，又要把工程进度赶上去。他开始考虑“三化”施工问题，决定成立一个科研小组，着手研制挖沟犁。在崔海天的领导下，1964年油建公司完成了“后四厂”的建设，油田建设开始大踏步地向“预制化、装配化、工厂化”施工作业的目标前进；管道施工联合作业机械（俗称“乌龟背长虫”）试验成功，并于1966年光荣受到了周总理的检阅。

崔海天“克己律己”的品格也反映在他对待子女和亲朋好友的问题上面。

崔海天不用自己的权力违规为朋友、同事、战友提供方便，许多人认为可能是关系不“铁”，人情不到。错了！就是跟他最铁的关系，他也同样如此。说来令人难以置信，但这的确是事实。

1988年前后，我国的石化产品，例如塑料颗粒、腈纶毛条、化肥之类的东西一度十分走俏，如果是能弄到百八十吨这些原料，就能大笔大笔地赚钱。崔海天的同学得知他曾经是乙烯指挥部的指挥，现在虽居二线，但说句话肯定好使，就纷纷写信或派人来恳求帮忙，并答应给予一定数量的“回扣”。崔海天对来人说：“能不能批？靠我的老面子只要跟厂领导说一声，批个十吨八吨的肯定没问题，但是这个话我不能说。我现在已经退二线了，在二线就要安分守己地干好二线的活儿，不能干预现政，不能在现任领导面前说三道四，不能伸手批这要那。我在位的时候，最反对有人找我走后门，我深知走后门实在是强人所难，所以我不能给人家领导找麻烦，请你们理解、谅解。”就这样，乙烯工程投产至今，崔海天没找过任何一位领导为自己、为亲属、为朋友批过一斤化工产品。

还有两件事，最能说明崔海天的为人。

第一件事，他拒绝为自己的亲外甥安排工作。他有个比自己大六岁的姐姐，曾在牡丹江桦林橡胶厂工作，后因爱人有“历史”问题而被下放。他们生有四个子女都无工作，家庭生活十分艰难。姐姐得知弟弟崔海天是领导乙烯工程会战的大指挥，现在正在从各地大批调人进入大庆乙烯的消息，就打发大儿子王德琪来找舅舅，想要个招工或调干指标。见是外甥来了，崔海天关切问道：

“你妈好吗？找我有事吗？”

“我想在你们乙烯找个工作。”外甥说出了看舅舅的目的。

“我们所招的工人是德才兼备的高中毕业生，要调的干部都是专业技术人才，这两条你们家谁都不够。回去告诉你妈，这件事我不能办。”崔海天直来直去，安排工作，没门。

不甘心的老姐姐三番五次地派儿子来找都没有结果。万般无奈，已经62岁的她只好亲自来到崔海天的家，这也是她第一次登弟弟的家门。

“海天，姐姐这一辈子命苦啊，又没能耐，四个孩子现在都窝在家里，如果老大你看不上，就在他们兄妹三个中挑一个吧。你是乙烯最大的官儿，说了算，又有这个机会，姐姐就求你这件事啦！”老太太说着，两行老泪像断了线的珠子滚落下来。

人老有泪不轻流，只缘未到艰难处。姐姐想，自己结婚不久，丈夫就被戴上一顶“历史”问题帽子，这一扣就是整整二十年，腰都压弯了。四个子女因受父亲牵连，招工上学都没份。如今有了这个机会，掌权的又是自己的亲弟弟，孩子三天两头来求情，崔海天就是不答应。思前想后，怎能不老泪纵横！论关系这个姐姐该是最铁的了吧，放在别人头上，莫说找上门来，就是捎个口信，都得头拱地去办。然而崔海天没有这样做。他对姐姐说：“在乙烯我是说了算，可那是工作，不能啥都说了算，说话办事处处都要考虑影响啊。四个孩子都不够招工条件，不能招啊。至于家里有困难，我条件比你们家好，一定尽到做弟弟的责任。”从那以后，每逢过年过节，崔海天必给姐姐寄钱。

至今还在沈阳新民市的小姨子谈起她们的姐夫崔海天，都不无遗憾地说：

“当年在大庆找工作是那么容易，姐夫就是不帮忙。”

第二件事是他为了避嫌拒不提拔内弟职务。工作在乙烯的韩忠良是崔海天的内弟，该同志为人忠厚，老成能干。乙烯指挥部成立第二年，运输处计划提拔一名副调度长。韩忠良工作中威信很高，理所当然被指挥部组织科考核选定为副调度长的人选。可是崔海天在审核过目时，发现了韩忠良的名字，掏出钢笔毫不犹豫地就把韩忠良这三个字划掉了，根本没让上党委会。刘宪庚科长不解地问：“崔指挥，韩忠良是经过我们严格考察的呀，怎么能不讨论就……”崔海天说：“考察也不行，他是我的内弟，要注意避嫌。”就这样，韩忠良失掉了提拔的机会，直到现在还是一名普通干部。韩忠良事后说：“我姐夫这个人，什么事都规规矩矩地按政策办，一点不会走样，真是党的好干部。那些年，不论当副市长还是当指挥，从没给亲戚朋友办过一件违背原则的事。党的领导干部若都能像他这样，说不定纪检委早就撤销了。”

崔海天从来不用手中的权力谋私，也不准家人假借他的名义办家事。为此，他给家人定了个“三不准”：一不准老婆参政，二不准家人为朋友说情，三不准求他违反规定办私事。包括夫人韩德莲在内，家人谁也不敢违犯这三条纪律。

对亲戚是这样，对子女也一样“苛刻”。那一年，大儿子光磊高中毕业在青年点待业一年多，临近分配工作时，韩德莲跟崔海天说，“光磊身体瘦小单薄，去找人说一声，离家远近咱不挑，分个好工种就行，别把孩子累坏了。”韩德莲话还没说完，好家伙，崔海天就急了：“分配工作是组织上的事，你去搅和什么？都想找好工作，脏活累活谁干？不准去！”结果光磊被分到采油一厂离萨尔图 40 多里地的北一队当泵工。半年后队领导才知道他是崔海天的儿子。那些年，吃粮困难，细粮更少，豆油也不够吃。队里考虑光磊积极肯干，工作表现好，他爸又是大庆革命委员会副主任，指望通过光磊找他爸给队里批一些粮油，就想提光磊当食堂管理员。可是光磊回家只能偷着对妈说：“你看队里这样待我，一点粮食批不回去，怎么向队里交代呀。”韩德莲说：“你爸的脾气你还不知道？别说了，说了也没用，不但不给你办，还得骂你一顿。”果然就冲韩德莲的话来了。那天晚上崔海天回家挺高兴，进屋就唱歌。一见爸高兴的样子，光磊就把队里想提他当管理员的事说了一遍。崔海天一听，“啪”地拍了一下桌子，一下就把脸拉下来，气呼呼地说：“没正事，当什么管理员？好好当你的工人，抓紧复习功课，能考上大学才是正路。批什么粮油？职工多少细粮那是有数的，都批给你们别人吃什么？净搞歪门邪道！”光磊吓得没敢再吱声。光磊利用这一年的业余时间再加上休假两个月，努力学习，终于考上了大连工学院，遂了崔海天的心愿。

对于孩子们的婚事，崔海天的原则是一律从简。

长子光磊结婚是在北京羊坊店乙烯驻京工作组的会议室兼仓库的房间里举行的。那时候，崔海天正在北京住院，光磊带着未婚妻看爸爸。崔海天说，你们也不小了，该结婚了。现在我在住院不能回大庆，就是回到大庆也不能给你们大操大办，正好你妈也在这块儿，我的意见你们就在这儿举行仪式吧。那几天正赶上施广仁在北京开基建会议，他就把施广仁叫到床前，请他具体帮助操办。施指挥一听就犯了愁，对崔海天说：“我看别急，你的病也快好了，明年春就能出院，等你出了院，一来你大难不死，再给光磊办喜事，那时双喜临门，普天同庆，亲戚朋友都请到，好好热闹一番多好。在这举行婚礼，要啥没啥，冷冷清清，就是把招待所的服务员都拉上，也不过30多人，孩子的脸上也觉得无光。”这时崔海天坚定地说：“别考虑那么多，就这么办吧。”他坚持的事谁也拗不过他，施广仁只好给张罗，草草办了婚事。事后韩德莲也觉得这个婚礼太过简单，她说：“心里既高兴又惭愧，高兴的是媳妇娶到了家，我当了婆婆了，听到媳妇叫声妈妈，心里乐滋滋的；愧的是我拿不出什么像样的礼物送给孩子，只给了800元钱。从媳妇跟光磊相识到结婚总共就给了800元钱，这钱还是从老崔转业时存的3000元钱中拿出来的。把钱放在儿媳妇手里，我说孩子委屈你了，别嫌少，等你爸病好了，咱家有了钱再给你补上。好在儿媳妇贤惠，通情达理，多少没挑。”

大女儿立莎的婚事也是在崔海天在北京住院时办的，由她在齐齐哈尔的婆家主办，简简单单的。立莎婚后还有个小插曲：立莎的丈夫叫王彬，小伙子人品好，1983年大连工学院毕业分到乙烯塑料厂，1987年被提为车间主任。结婚的第二年，在一次处理反应器结块时，发生意外爆炸，整个脸被烧成三度轻伤。别看崔海天在别的事情上心粗，在这方面心可细了，思想工作可及时了。王彬出院后，崔海天担心立莎会有什么想法，就把光磊、立莎叫回家对他们说：“王彬是石化总厂的功臣，现在脸烧了有点走样，可他心灵美。以后星期礼拜，逢年过节，你们上街逛商店，必须带王彬一起去，不准把他一个扔在家里。你们不能嫌弃他，不能让他有自卑感。特别是立莎思想上不仅不能有杂念，而且待他要比以前更好，听见没有？”丈夫受了伤，立莎当然挺苦恼，可心里并没有什么变化，经她爸爸这么一提示就更加细心照顾丈夫了。光磊也每到星期天主动到妹妹家，领着妹妹、妹夫一起上街，一家人欢欢乐乐，现在已经生了个小女儿，夫妻恩恩爱爱，崔海天心里对立莎很满意。

崔海天对自己的子女要求严格，但他对待别人的事，原则是“他人第一”，能帮忙的就大力帮忙。

大约是1999年一天，崔海天家里来了两位不认识的客人。男客人进到屋里战战兢兢地说：“我是乙烯的工人，现在身体多病，生活自理困难。我来厂已经17年了，这是我老伴，户口在外地，由于指标少，一直不能来大庆。两地生活花销大，我又得不到照顾，求求崔指挥说句话。”韩德莲忙着沏茶倒水，削好苹果，拉着客人坐下。崔海天自己推着轮椅靠近客人，详细地问明情况，就让“秘书”韩德莲代笔给时任化工总厂书记的郑怀义写封信交给客人。随后，他觉得少点什么，便推着轮椅到电话桌前，韩德莲打通郑怀义的电话，崔海天在电话里让郑怀义在百忙中过问一下此事，争取办成。打完电话，崔海天说：“电话打了，信也写了，但我退休了，不一定起作用。你们回去后，先找车间，求他们帮忙照顾一下，过几天我再问问郑书记。”一个月后，这二人又来到崔海天家，手里拿着两瓶罐头，刚一进屋，立即跪在崔海天轮椅前，磕了三个响头。韩德莲急忙上前扶起，这二人说什么也不坐下，语无伦次地说道：“青天大老爷，你真是，崔指挥呀，我户口来了，解决了，我们来谢你。”又要叩头，吓得韩德莲又拉又扯，这二人好不容易坐下了，竟然呜呜地哭了起来。过了一会，又说：“上次是我们车间主任出的招，叫我来找您，我不敢来，您是大官，能见我吗？主任说，你要想解决问题就得找崔海天。是他逼着我来的，您的话真好使，解决了，解决了。”又要叩头。韩德莲忙上前拉住，说，这罐头你们拿回去自用吧。崔海天来到他们跟前，用手提起两瓶罐头，说：“这年头办事哪有不收礼的？这礼物我收下了！你老韩去把苹果和香蕉拿给他们吧。”这两口子慌忙中不知如何是好，怎奈韩德莲还算有力气，硬是把七八斤重的两袋子苹果和香蕉塞进客人手里。这二人擦着眼泪高兴地走出崔海天家。

崔海天于 1987 年 8 月从外地养病回到大庆，他对来访的同事说 ：“过去我对你们要求严格，但关心的少，尤其是对大家工资、职位升迁问题关心不够。现在物价涨了，不少退休较早的老工人和干部收入不高，应想个办法为这部分人增加点收入。”后来，他牵头和原乙烯指挥部退休领导王锡清、李景荣等人办起了老年服务公司。崔海天提出，把老年服务公司的一部分收入作为生活补助金发给大庆石化总厂的退离休人员。与此同时，主动退回了他作为其他公司的顾问而领得的“咨询费”1500 元。办了这两件事，了却了崔海天的让多数人富起来的“他人第一”的心愿。

在处理家庭和工作的关系时，崔海天的原则是“工作第一”。

在崔海天病倒之前，结婚 28 年来他没有在家里过一个春节，没在家陪夫人韩德莲过一个星期天。作为一个领导者的崔海天，他总觉得自己的工作太忙，总是找不出来时间帮夫人干点家务事。他看到韩德莲一个人忙来忙去，心里觉得很歉疚，他也下过决心干一些家里的事，但是这家里的活计还没上手，工地的电话就来了，没办法，还得走。他说，真是难为韩德莲了，她这一辈子一个人承担了全部家务劳动，我感激她。刚结婚的 10 年间，共搬了 12 次家，崔海天没有动过一次手。有一次家搬到哪里去了他竟然不知道，等到回家时找不到家门了。韩德莲也时不时地埋怨他不顾家，这时，崔海天倒是说了句开玩笑的话：“以后搬家找邻居，一定要找个不干家务活的男人做邻居。”在过去的 56 年当中，身为丈夫的崔海天虽然没干过家务活，但他的心里的确时时装着韩德莲。当他病倒回到妻子身边的时候，他经常对子女说的一句话是 ：“这个家，全凭你母亲了，她是我们家的顶梁柱 ；我能活到今天，也全凭你们的母亲。如果有下一辈子，我还是选择你们的母亲作我的终身伴侣。”他说着，流下了激动的泪水。那个生龙活虎的崔海天已永远追不回来了，但他的内心确在永远地感激韩德莲，牵挂着孩子们。

崔海天说，若下一辈子让他挑选，他还要干基建这一行。韩德莲说 ：“天下三百六十行，我最怕的就是搞基建。南征北战一辈子，没有一天安稳的日子。对过去，说什么也没用了，只能说两个字——理解。他也确实活得不容易。有一次我们在帐篷里过夜，半夜里风刮得帐篷呜呜响，像打雷，我一点儿也睡不着，他说，我可是在帐篷里睡了几十年哪，他这一生有几个夜晚是在安安静静暖暖和和的房子里睡的？”

有一天下午，风雪在广袤的大平原上像一群扬着白色鬃毛的野马一样奔驰。在白茫茫的雪野上只有几间低矮的干打垒土房，韩德莲带着孩子刚刚搬进这座干打垒里，她费尽九牛二虎之力才架着了火。不料屋里一热，四面墙壁开始冒水了。原来这土墙是结冰时才砌起来的，根本不干，天冷结了冰，现在屋里一热，自然要融化，墙壁掉土，顶棚也滴水，屋里没一处干燥的地方。大人吃不饱，没奶，孩子又饿得直哭。韩德莲感到这日子真挺难过，但对于坚强的她来讲，此情此景已经不是第一次了，她已经习惯了。

一天晚间，崔海天在工地上搞会战，早已过了吃饭的时候他下班回家，进门就叫着快吃饭，说吃完饭还要去工地。韩德莲有点气，但她理解崔海天，因为丈夫总有干不完的工作。这天，因为天然气停了，韩德莲忙着找木柈子生火做饭。崔海天一看饭没做，饿着肚子又返回了工地。韩德莲抱着孩子，回想起崔海天在玉门时长年吃不上热饭，他有一台摩托车，成天怀里揣上两个冷馒头，骑着摩托车在工地到处跑，饿了就摸出个冷馒头啃上几口，他得了胃溃疡。来大庆会战，胃病更加严重，开始便血。组织上让他到北戴河疗养一段时间，也没有痊愈，以后每年都便血，到医院住几天止住了，就出院。他从不休息，也不愿意住院治疗。他是经常忍着疼痛指挥生产。直到 1967 年，他的胃病才好。说起来真是奇怪，因为“文化大革命”他被关进牛棚期间生活有些规律了，治好了他的胃病。今天，崔海天没吃上饭就走了，韩德莲心疼他，默默地流出了眼泪。

韩德莲对于过去的岁月里没有能够和丈夫一块好好地“浪漫”过觉得惋惜。年轻时，她和他没有一同进过电影院看过一次电影，也没有携手一块逛过商场。1984 年崔海天带领全家去了一趟红旗泡，竟成了韩德莲一段珍贵的回忆。在中国像崔海天这样级别领导人的夫人听听“枕边话”，了解点内部消息的事可能是大有人在，但韩德莲却例外。笔者在写这篇文章时，因为此时的崔海天无法提供有关情况，于是我想通过韩德莲了解 1985 年 4 月间崔海天去北京时，石化总公司领导与崔海天谈乙烯投产后崔海天的工作安排问题。我原以为作为崔海天的夫人应该会知道一些情况，但我错了。韩德莲真的不知道。韩德莲说，崔海天有规定，他工作的事家里人不得过问。

大概是人到了老年容易喜欢回忆过去事情的原因吧，崔海天曾几次对来访的人谈过，要组织人员写一写大庆建设的历史过程。他在内心里也初步形成了一个提纲。他说，油田这边有蔡沛霖、张世琪可以动笔，乙烯那边王瑛可算一个。由于身体原因，崔海天的这个愿望没有实现。但是他在病中还始终想着为人民为职工办点好事，他的过去和今天值得我们学习的地方太多太多。

日三省身，克己律己，已经成为崔海天严格要求自己的一句格言。千里之行始于足下，几十年间，正是由于他“工作第一，他人第一”的品格无时无刻不在鞭策自己，不放过已经发生的微小的不足，也时刻追求明天哪怕是点滴进步，崔海天的人生为人民创造出一个又一个的成绩。

与崔海天接触的日子

李一先[1]

听说是李敬老部长倡议，要为石油师的几位老同志写传记，其中包括我的老领导崔海天同志，把他们的事迹记录和传播开来。听到消息，心情久久不能平静。我这个人，心里一有事就失眠，这一夜翻来覆去没有睡好。那个火热的年代已经渐渐走远，但发生过的很多事情仍然历历在目，仿佛就在昨天。

1955 年，我在重庆统计学校毕业，被分配到了玉门油田安装工程队（油建公司的前身）计划科工作。那时，崔海天同志是安装工程队第三区队的队长，我们有所接触，但是不多。

对崔海天同志印象最深的，就是这个人非常能干、非常活跃，三区队的工作很出色，崔海天经常受到上级领导的表扬。那时候都是一群年轻人，有朝气。

那个时候，大队经常举办“打擂比武”大会，每次开大会，为了鼓舞士气，在正式开会之前，各区队先“赛歌”，我们称为“拉歌”。因为崔海天同志在部队就是搞文艺宣传的，歌唱得很好，三区队在崔海天的指挥下，每次“拉歌”都不落人后。

经过“拉歌”，现场的气氛马上就升上来了，再开会比武。

接下来，各个队长上台讲话，讲指标。那时各队伍之间都铆着劲地比生产，比速度、比质量。崔海天就代表三区队上台讲话。他讲话水平很高，逻辑性很强，并且抑扬顿挫，很有节奏感，很有“煽动”性。他讲话我们都爱听，听完他的讲话，大家的干劲就上来了。他嗓门高，声音洪亮，口才又好，于是大家给他起了个外号：“崔破天”，谐音“吹破天”。这个外号丝毫没有贬义，完全出于大家发自心底的对崔海天的钦佩。后来，这个外号就传开了，一直带到了大庆。

[1] 大庆市原经委主任。

1958年，油建工程队改为油建公司，崔海天就任公司三大队的队长。

3月，玉门油田成立“新疆工程队”，前去新疆修建克拉玛依到独山子炼油厂的长距离输油管线，崔海天任工程队的队长。

真正和崔海天同志近距离接触，就是从这时开始的。那时，我被下放到一线当钳工，我们班也被选进了工程队。在崔海天的带领下，工程队200余人远赴新疆,开始修建“克独管线”。这条管线长147千米,横穿准噶尔盆地西部戈壁，设有4个泵站，是我国第一条长距离输油管道。

来到克拉玛依，我们在一个叫做“九公里”（因此地距离克拉玛依9千米而得名）的地方安顿下来。

安顿好之后，工程正常开始。每天，崔海天同志安排完各小队的工作，就到一线去视察，大部分时间他还参与劳动。他经常来到我们钳工班，帮我们清洗设备，向我们询问各种设备的性能等情况，还跟我们谈一些生活方面的事。

参加过那次工程的人，还对一件事印象深刻：吃黄羊。

那个地方有很多野生黄羊。我们施工挖了2米多深的沟，有的时候黄羊在奔跑中不小心就掉到沟里。那个时候还没有保护野生动物的说法，大家也没有这个观念，我们就把黄羊抓住，送到食堂，改善一次伙食。黄羊肉味道很好，很鲜美。

另外当时还有个花絮。工程队的总工程师是由北京石油学院的教授张英兼任。张英教授是个很开朗、很活泼的人。当时，张教授40多岁，他和我们这些20多岁的年轻人一起，相处得很融洽、很和谐。

为了改善生活，崔海天派人去克拉玛依买来西瓜水果，晚上大家就在一起吃西瓜。大家都知道，新疆的瓜果是很有名的。一个西瓜一劈两半，每人抱着一半吃。张英吃完西瓜后，他别出心裁，把瓜皮扣在头上，大声喊：“吃西瓜，戴（谐音带，意思是一点都不浪费）西瓜皮。”然后，崔海天也把瓜皮扣在头上，然后，大家都把瓜皮扣上，高喊着：“吃西瓜，戴西瓜皮”，现场的气氛活跃到了极点。

正是由于崔海天的讲话有鼓动性，善于调解气氛，所以大家都喜欢跟着他干活，觉得跟着他干活不累。

11月，主体工程基本竣工，只剩下一些收尾工程，大部分人员开始集体整训，每天主要的事就是集体开会、谈心。那段时间，崔海天找我谈话，任命我当排长，领着 20 多人干土方回填活，我一下子“当官”了，每天带着队伍干得热火朝天，很起劲。

接着“大炼钢铁”开始了。独山子那地方有矿区，崔海天把大家组织起来，去矿区背矿石。他跟工人一样劳动，一起背矿石。领导的带头作用是很重要的，那个时候很多领导都是那样，跟群众一起劳动。

12 月，我们从新疆回到了玉门，我回到了二大队统计科工作。

1959 年的 2 月，我结婚了。崔海天是证婚人，也是主持人，现场的气氛也被他调解得相当热闹。那时候的婚礼相当简单，就是大家坐在一起，吃点糖，吃点花生，说笑一会儿。那天，崔海天唱了他的拿手歌曲《老司机》。

崔海天结婚比我早一年左右，他的婚礼是由欧阳义主持的，我也参加了他的婚礼。

到了 1960 年，大庆会战开始。8 月，我们队从玉门来到大庆。9 月，崔海天找我谈话，派我以油建公司代表的身份，到三探区作战室（大庆油田总调度室的前身）工作。

因这次工作变动，带来了不少麻烦。仅仅 3 个月以后，作战室更名为调度室，我们油建公司代表的名字没了，变成了调度，这样，我们的身份成了问题，工作关系也成了问题。于是，油建公司让我回去工作，可是总调度长郑浩同志不同意，他认为我想回油建公司是为了升官。因为当时不知道从哪儿传出风声，说是油建公司要提我当科长。接下来多次开会时，郑浩都点名批评我，说我是“宁作鸡头，不作牛尾”。

没办法，我就想把关系办到总调度室。可是，油建公司人事科的同志告诉我：崔海天交代过，李一先的关系不给转。崔海天批评我是进了大机关，不想回基层了。

于是，我成了“老鼠钻进风箱里——两头受气”、“猪八戒照镜子——里外不是人”。

但是，当时领导们之间也纯粹是工作上的争执，丝毫不掺杂个人恩怨。据我了解，郑浩和崔海天之间的个人感情是不错的，后来崔海天在办老年服务公司的时候，郑浩还帮了不少忙。

当时还发生了一件趣事。有一次，我到油建办事，财务室的人问我，你怎么3个月不来领工资？我当时一愣，这几个月，总调度室一直在给我开支啊。后来才知道，郑浩同志交代了，油建公司不给调关系不要紧，在总调度室又给我报了一份工资。

最后，崔海天没有拗过郑浩，我的关系被调到了总调度室。

郑浩虽然在会上多次说我“宁作鸡头，不作牛尾”，但其实并没有亏待我。随后不久，他给我申报了经济工程师职称，并顺利通过。1961年，我成了经济工程师，那是大庆第一批、也是全国的第一批经济工程师。郑浩还半开玩笑地对我说，经济工程师的待遇、级别都跟科长一样，这下你可以安心工作了吧。当时弄得我哭笑不得。

后来，到了1972年，我又被抽调到崔海天手下，参与了龙凤炼油厂的工程建设,但是时间不长就又回到了总调度室。在大庆30万吨乙烯工程的建设中，崔海天又把我抽调过去，干了一段时间。

崔海天退休后，还拖着病体，做起了老年事业，成立了老年服务公司，办了一些小型的厂子，对各化工厂的副产品、废品进行充分利用，取得了不错的经济效益和社会效益。

如今的崔海天同志正处在病中。他的一生可以说是学习的一生、战斗的一生、工作的一生，他在我国石油战线上所做的工作很多，在大庆的油田基本建设上，在大庆的石油化工建设上，都有着很大的功劳。大庆今天的辉煌，包含着崔海天的心血。崔海天和他的战友们，对建设、开发大庆这一世界闻名的大油田，有着不可磨灭的贡献。

严细认真　高瞻远瞩

李泽清[1]　田玉峰[2]

工作作风严谨，严细认真，是崔海天工作的最大特点。他在主管大庆油建公司期间，吃苦耐劳、任劳任怨，做了很多事情。尤其是他留下了许多好的作风，积累了很多施工管理的好经验，至今在大庆油田仍起着巨大的作用。

崔海天于 1952 年由石油师转业到玉门油田。1958 年，崔海天接受了一个重大考验：带队铺设克拉玛依—独山子输油管线。这一年，崔海天年仅 29 岁，他是玉门油建公司施工队的队长，此时，他刚和韩德莲结婚没多久。接到任务后，他马上带队从玉门来到新疆。当时国内还没有长距离输油管线施工的经验。可不要小瞧这条管线，这是中国第一条长距离输油管线，这条管线长 147 千米，横穿准噶尔盆地西部大戈壁，中间设有四个泵站。

崔海天首先组织大家研究设计图纸，要求技术人员、施工队长、班长做到不但能看懂图纸，还必须对工程的设备和材料的性能了解得一清二楚。他还经常到施工小队去考查工人们对图纸的熟悉情况，如发现情况不大理想，他马上叫来技术员给大家补课，直到大家对图纸完全了解为止。

崔海天总是在开工前召开动员大会，每个施工队都得拿出一整套的施工措施来，包括开工竣工时间、工程预算等都要有具体的安排。通过动员大会，进一步调动全员职工的积极性，形成工程比质量、干劲比大小、进度比快慢的争当先进的良好气氛。正是由于崔海天号召能力很强，讲话有条理，有鼓动性，善于调解气氛，所以大家都喜欢跟着他干活，觉得跟着他干活不累，整个工程干得热火朝天。

---

[1] 大庆油田建材公司原经理、书记。

[2] 大庆油田油建公司原副书记。

崔海天不打无把握之仗。他要求每个施工队开工前做到材料落实、人员落实、设备落实、施工措施落实，一切准备就绪马上开工，因此在他的指挥下，工程进度正点率几乎是百分之百。

崔海天指挥施工有布置、有检查，言必信，行必果。每天他在晚间召开生产会，听取各路汇报当天任务完成情况，好的予以表扬，对不足之处提出改进的办法，限期必须改进，然后安排明天的工作，日复一日，天天如此。他办事干净利落，说到做到，在他手下干活，任务明确，要求清楚。

崔海天每天安排好工作之后就到工地去检查。他一到工地，在检查质量和进度时还经常参与劳动。他也经常来到施工小队或班组，帮大家干点零活。他通过这一办法可以亲自掌握基层的情况，做到心中有数，在开生产会时，他把情况说得一清二楚。

这条管线当年开工，当年竣工。质量那是没得说，用两个字形容：漂亮。受到了当时石油工业部的表扬。近几年，质量监管部门检查了国内的一些管线，“克独管线”依然状况很好。这与当地的气候干燥有着一定的关系，但是，这条管线经受了50多年风风雨雨的考验，显然不单单是因为当地气候的原因。

从新疆回到玉门已经是年底了，崔海天又带队建设玉门热电厂。

当时国内还没有能力生产发电设备，采用的设备是在苏联的协调下，从罗马尼亚进口的。当时罗马尼亚的生产工艺水平也不行，设备质量不过关。工程师高俊凯和张昭明发现了这个问题，就向崔海天汇报了。按照当时的普遍做法，苏联“老大哥”提供的设备，谁也不敢说它有质量问题，敢说“老大哥”的问题，那还了得？但是崔海天顶着压力，冒着风险，坚持更换这些不合格的设备。最后，找到了罗马尼亚在中国工作的专家。专家来到玉门一看，他们的设备确实质量不过关，于是，给予更换。后来，因为这件事，还有他当时对大跃进也提出了一些看法，崔海天被定为“右倾”。

来到大庆后不久，崔海天被任命为油建指挥部副指挥，1961年油建负责建设的北二注水站一直被人们津津乐道。这个站，管线排列整齐，横平竖直，横看竖看都是一条线，不愧为样板工程。工程在施工的过程中，他要求工会、宣传部门要结合工程进展情况，组织编写工人们喜闻乐见的工地小节目到工地表演，调动大家的积极性。在这方面，海天同志更是内行，他每天都在工地上转悠，一是看进度，查质量，也时不时地给工人们亮俩嗓子，他经常唱的是《咱们工人有力量》。他还在现场开了一个“庙会”：商业部门到这里卖东西，厨师们在这儿蒸馒头、炒上几盘菜；还组织各种文艺演出，工地200多人，每20人站成一行，每行排头兵手里拿着一面小旗，崔海天站在指挥台上主持会议。第一项议程是高唱革命歌曲《咱们工人有力量》，先是齐唱，后来是轮唱，此起彼伏，一浪高过一浪。后来宋振明了解到北二注水站的施工情况十分高兴，就表扬了这种施工方法，让全战区建筑单位都来参观、学习。

崔海天那时就具有超前思想，他提出就是要做到20年不落后。让人难以接受的是，后来油田一个重要领导居然拿“20年不落后”来做文章，还为此批评崔海天“冒进”。

1963年，崔海天在油建提出“四化”施工，建起了后四厂，对油田建设做出了不可磨灭的贡献。

“四化”具体说就是：职工思想革命化、工厂预制化、现场装备化、施工机械化。后来，有人把这种说法改称为“三化”，省去了“职工思想革命化”。其实，“职工思想革命化”，就是要求职工转变思想，大胆改革创新。

对于“四化”最初是谁提出来的，我们现在也搞不清楚了，有人认为是会战工委提出来的。就算这不是崔海天亲自提出来的，但肯定是崔海天把它落到实处的。施行“四化”以后，职工们提出了很多合理化建议，改进了很多传统的落后做法。再配以工厂预制化，现场装备化，施工机械化。施工的进度大大提高，质量也明显提高。真正实现了“多、快、好、省”。

崔海天不仅头脑灵活，做事办法多，善于总结，而且心胸豁达，不计前嫌。一位在“文化大革命”中批斗过崔海天的人，后来有提升的机会，组织上征求崔海天的意见，崔海天没有挟私愤而反对提升这个人，相反，还为这个人说了不少好话，认为此人有能力做好这项新的工作。从这一点上，我们可以看出崔海天真是光明磊落的人。

我们都是在油建公司工作了多年的人，我们认为，崔海天对油建公司的发展，起到了不可替代的作用；对油田的发展，做出了不可磨灭的贡献。

崔海天二三事

赵庆德[1]

见到了毛主席

2010年10月的一个星期天，秋高气爽，早9时，崔海天来电话问我，今天有什么活动？我立即回答："退休之人，何谈活动。"他说："那好哇，你过来，我告诉你一件好事。"

来到崔海天家，韩德莲大姐端过茶："你这位糖尿病好招待，一杯清茶足矣。"我点头称谢，忙问崔海天，你有什么好事？崔海天手里翻着一本很旧很旧的笔记本，大概是日记吧，他慢声慢语地念道："1965年，2月22日，今天是我难忘的一天，我见到了伟大领袖毛主席。"我一听，很兴奋，忙说："愿闻其详。"他摘下老花镜，很认真地给我讲了一段45年前的故事。他说：

"1965年我在油建公司任指挥，2月10日，二号院通知我去北京参加石油系统厂矿长会议，当天我来到二号院，开始准备去北京的汇报材料。我特意找了几位'笔杆子'，星夜兼程，赶写去年组建的新油建公司在施工中的经验和教训。忙了一周时间，我还打了几个夜班，几经修改，宋振明说，可以吧，我松了一口气。"崔海天病后说话时间不能太长，他停了一会接着说：

"2月16日，大庆油田参加石油系统厂矿长会议的人员统一在萨尔图上火车，17日下午到达北京站，住金鱼胡同和平宾馆。宋振明指挥召集大家开会，要求我们身处闹市一尘不染，学习南京路上好八连。从2月18日开始，厂矿长会议分组会议，我在会议上发言一次，大家反应还可以。2月22日下午，开大会，康部长作报告。下午3点，有一个人走上主席台，跟康部长说了点什么，康部长立即停止报告，抬起头来，大声宣布说：'同志们，好消息，今天下午，

[1] 大庆市原建委主任，大庆高新开发区管委会原副主任。

伟大领袖毛主席要接见我们了！’康部长话还未讲完，会场上响起了热烈的掌声。我们立即退出会场，等待工作人员发进入接见地的入场票。不知是啥原因，参加会议的人没有全部拿到入场票。我很幸运，得到一张入场票，然后大家练习排队。我们是第三排，真好，肯定能清清楚楚看见毛主席。”这时崔海天很兴奋，喝口可乐，继续讲：

“大约下午4点多钟，我们乘车出发，直奔新华门。到了新华门门前，卫兵不让进，说是你们错了，不是在中南海，是在大会堂接见。大家七嘴八舌埋怨司机，司机也理解大家的心情，掉头向大会堂开来。大家上台阶的步伐很快，紧紧张张进到宴会大厅。工作人员立即带领我们到照相的位置排队，这时已经快6点了。由于被接见的人员很多，工作人员把被接见的人员安排成三个方队。我们目不转睛地盯着宴会厅的正门口。忽然，暴风雨般的掌声响起来了，我看见毛主席走过来了！毛主席有节奏地拍着双手，健步向我们走来，跟在后面的中央领导有周总理、李富春、薄一波等人，我们的目光都看着毛主席，后面约有十多位领导，也记不清都是谁了。大家一个劲地鼓掌，只见毛主席和第一个方队前排的领导不时交谈几句。过了一会，毛主席向我们这个方队走来，他老人家离我很近很近，我清清楚楚看见毛主席身体很健康。毛主席微笑着，挥手向我们致意，我们一个劲地鼓掌。毛主席和中央领导分别会见完三个方队的人员后，在工作人员的带领下，又分别和三个方队的人员照相合影。合影后，毛主席和中央领导走出大会堂，暴风雨般的掌声久久不能平息。”

崔海天讲完了这个故事，我也兴奋了好一阵子，这才想起喝茶，水杯也凉了。我好奇地问：“司机怎么能找错地方呢？”崔海天说：“是国务院机关的司机，他们轻车熟路，常常跑中南海和大会堂，也可能有时会听错。”

八十寿宴

2009年农历四月初九，是崔海天指挥八十寿辰。之前，大庆石化总厂几位退休的老同志商量为崔海天办一次像样的祝寿活动，大家推举总厂已经退休的物业公司经理王新武同志出面组织办理此事，时间定在5月3日10时，地点为卧里屯一餐厅。

5月1日，我接到邀请参加崔海天寿宴的通知，很高兴，心想，崔海天是大庆重量级人物，在油田和石化干了一辈子，他组织建设的大庆乙烯工程被国家评为金牌工程，八十大寿非同小可。现下时兴学宴、婚宴、寿宴一律对外大办之风，赴宴之人送个不大不小的红包乃是情理中事。于是我先来个火力侦察，电话问问王新武经理，我们这些退休的人赴宴该拿多少钱为宜。王新武知道我的意思后告诉我："你老兄多虑了，你只带一张嘴来，吃饭、说话，一分钱也别拿，拿来也白拿。崔海天特意有交代，只是朋友聚会，见面、叙旧，仅此而已。"话虽这样说，可崔海天退休前毕竟曾是大庆的副市长、乙烯总指挥。我原来在大庆市政府建委工作，他是我的主管领导，今逢崔副市长八十大寿宴会，总不能两手空空吧。我冥思苦想，搞了一副对联，问明宴会地点挂对联地方的大小，用黄纸红字打印出来，规规矩矩地挂在宴会厅的首桌两侧的门楣上，当时摄像的人专门给对联一个特写镜头，我挺高兴。

前来参加聚会的人很多，大多是市政府、油田、石化总厂的一些退离休老同志，这些人和崔海天先后在玉门油田、大庆油田、曙光油田和乙烯工程共事多年，感情真挚深厚。在主持人未宣布开始祝寿之前，大家纷纷到崔海天面前握手问候。崔海天今天打扮得格外利落，蓝色西服，满面红光，双眼炯炯有神，他坐在轮椅上和大家一一握手，不断说谢谢、谢谢。会场充满欢乐、友好、轻松、愉快的气氛。

9 时 58 分，主持人王新武拍拍手，亮亮嗓子说道："现在，我宣布，崔海天指挥八十寿宴现在开始！"一阵热烈的掌声过后，大庆原副市长郝万春被请出作主旨发言。郝副市长现在虽然已经退休，但他作为大庆著名的社会活动家、"外交家"的能量不减，为人热情友好的品格不变，他在这种场合下一向应付自如，谈笑风生。他说："人活七十古来稀，今天崔老先生已经八十岁了，值得大大的庆贺一番。那年是 1985 年，一场大病没怎的，好人有好报，他已经多活 25 年了，他再活 25 年，我请客，今天到会的人一个不能少，谁不来，我让阎王爷的小鬼把你绑来。"大家报以热烈的掌声，他接着说："今天是给崔老先生祝寿，我历来不会讲话，咱们欢迎老寿星唱一首歌，鼓掌！"崔海天正在认真地听着这位玉门时期老战友的下文，没想他来个先下手为强。会场上立马响起了掌声和欢呼声。

掌声过后，崔海天笑了笑，说："你老郝真有两下子，主持人让你讲话，你倒把皮球踢给我了，好，我唱一首《我为祖国献石油》吧。”这时大家立刻静了下来，因为谁都知道崔海天会唱歌，以前在大型会议之前往往他先唱上一段，可自从他有病以后，大家好久没有听见他的声音了，今天机会来了，可以一饱耳福。崔海天定定神，清清嗓子，他那响亮、高亢、优美的声音立刻回荡在这间餐厅的空间："锦绣河山美如画，祖国建设跨骏马，我当个石油工人多荣耀，头戴铝盔走天涯，头顶天山鹅毛雪，面对戈壁大风沙，嘉陵江边迎朝阳，昆仑山下送晚霞，天不怕，地不怕，风雪雷电任随它，我为祖国献石油，哪里有石油，哪里就是我的家……红旗飘飘映彩霞，英雄扬鞭催战马，我当个石油工人多荣耀，头戴铝盔走天涯，茫茫草原立井架，云雾深处把井打，地下原油见青天，祖国盛开石油花，天不怕，地不怕，放眼世界雄心大，我为祖国献石油，祖国有石油，我的心里乐开了花……”

让人惊讶的是，大约 2 分钟多的时间，八十岁的崔海天竟然一个字不漏地唱完全部歌词，没有音响伴奏，没人指挥，当年风采不改，令人高兴和佩服。崔海天的歌声刚刚结束，大家不约而同地拍着拉拉队式有节奏的掌声大声喊道："来一个，崔指挥；崔指挥，来一个"。此刻，毕竟是郝副市长有经验，他站起来，双手示意大家静下来："咱们老寿星毕竟八十了，龙体欠佳，我提议让何思孝唱一首《黄土高坡》好不好？"

何思孝是西北人，原油田科技处主任，他也不推脱，立即站起身来，开口便以浓厚的西北口音唱起来："我家住在黄土高坡，大风在坡上刮过，无论是东南风还是西北风，都是我的歌我的歌……"何思孝的歌声音调极高，铿锵有力，真是高八度，让人听起来，比那《星光大道》的选手们有过之而无不及。这歌声声声入耳，听起来真有身临其境的感觉。"我家住在黄土高坡，大风从坡上刮过"，此时此刻似乎让人看到了当年崔海天在新疆大沙漠指挥"克独管线"施工的场景：新婚不久，年轻的崔海天站在管沟边，手握指挥旗，大风从身边刮过，掀起阵阵黄沙，一条条焊接合格的管线从克拉玛依铺设到了独山子。当年的东南风就像闪闪的红星一样，照亮崔海天的心，大庆油田的许多样板站成为施工的楷模；但他也经历了严寒的西北风，大庆的西北风之寒冷没有把崔海天刮倒，他顶着风风雨雨指挥建成的大庆乙烯装置，获得了国家金牌工程荣誉。

下一个议程是张世琪发言。张世琪早年曾在崔海天领导下担任过著名的标杆施工队油建二大队的队长，后曾任大庆油建公司副经理、油田计划部主任、大庆油田局长助理等职务。张主任朗读了一首自己写的名为“海天情”的散文诗为崔海天祝寿。这首诗文字精练，有情有意，结构严谨，一气呵成，生动地概括了崔海天一生的重大成就和理想。笔者在此简略摘录几段以飨读者：“生逢乱世的您，从小经受深重的灾难，您成了流亡学生；青春年华，历史的选择，让您参加了革命；1952 年石油师的转业令，揭开了您为石油事业献身的痴情。从玉门到新疆，祖国的第一条长距离输油管线，您用行动唱响了《石油工人之歌》，从玉门到大庆，《我为祖国献石油》的嘹亮歌声，响彻在大庆石油会战人的心中。北二注水站，油田第一座刻字留名；‘五毫米见精神’，写下了为油田负责一辈子的历史名言；您既是油田建设的组织者、领导者，更是执行人，与宋振明、欧阳义、王苏民、李虞庚、郝万春、张家骐等闪亮的名字连在一起；大庆炼油厂、化肥厂、乙烯化工厂的建设等标志性工程，您付出了艰辛的劳动。”人们钦佩张主任的文采，也更被文中表达的崔海天的事迹所感动。

下一个节目轮到我来解释那副祝寿的对联。我首先读了对联的全文，上下联和横批是：

东海见证　披荆斩棘　建大庆　战曙光　克乙烯　功丰业伟震江河

南天有评　弹精竭虑　顾大局　敬岗业　严己身　德高望重感日月

海阔天高

接着我解释说：“这对联的上联记录了崔海天一生中经历的几场大战役。他的一生困难重重，披荆斩棘，意志坚强，在大庆油田、曙光油田、大庆乙烯工程中立下了汗马功劳，辽阔的东海作为证人，他为国家为大庆所做出的丰功伟绩震撼大江大河；下联描述的是崔海天的内心世界，他殚精竭虑，无时无刻不在想着工作，胸怀博大，一生经历过多次逆境，他顾全大局，兢兢业业，恪尽职守，以中国人的道德标准要求自己，深得党和人民的爱戴。他道德高尚，众望所归，广漠无云的青天对此都有评价。而横批中包含了寿星的名字海天二字，‘海阔天高’是对他的人格、内心世界的高度概括和颂扬。上下联文字中利用‘东海见证’‘南天有评’八个字，不仅是对仗工整，而且利用宇宙中大海和蓝天这两个宏伟的名词使整个对联气势磅礴。”

大庆市政府第一届秘书长、曙光油田政治部副主任、大庆炼化公司党委书记朱鼎科发言时，他简单说了几句，然后从怀里掏出一张红纸，朗读了事先写好的一首诗：“贺崔海天同志八十寿辰。二十立志进军营，四川剿匪首立功。祁连山下鏖战急，劳模勋章挂满胸。大庆会战展英姿，油田建设传美名。曙光出战结硕果，乙烯攻坚情更浓。政治风浪炼筋骨，雨雪交加显青松。意志刚强战病魔，无愧一代老英雄。”朱书记的诗，更是对崔海天革命的一生，战斗的一生，进行了言简意赅地总结，人们都大声鼓掌叫好。

接下来，崔海天的玉门老战友、原大庆让胡路区区长李生太等人都发表了即席讲话，高度评价了崔海天的一生，并衷心祝福他晚年幸福长寿。

到会的大庆市副市长任贵生同志被安排在最后一位讲话。他说：“我今天是以我个人名义来参加这个聚会的，我讲三句话，一是来祝贺的，祝愿崔老晚年幸福，健康长寿；二是来感谢的，我在乙烯工作期间，崔老教我怎样做人，怎样做事，受益匪浅，我贵生有今天，全仗崔老的教导和帮助，今天在此致以衷心的谢意；三是来学习的，今天各位老前辈所演讲的崔老一生中丰功伟绩和高贵品德，令我十分感动，崔老永远是我学习的榜样。”任副市长深深地向崔海天鞠了一躬，在热烈掌声中结束了他的发言。人们发现，即便是在这样一个非正式的场合，任副市长简短发言也是内容实实在在，结构严密、用词准确。

崔海天的弟弟崔海南先生，专程从石家庄来大庆参加哥哥的寿宴，他代表家人致答谢词后，这个简朴、实在、意义深远的寿宴就结束了。当我走出这个极为普通的餐厅时，我想，人们都在追求人生的幸福。什么是幸福，今天崔海天的八十寿宴是否能给出一个答案。原苏联小说《钢铁是怎样炼成的》主人翁保尔·柯察金说过：“人，最宝贵的是生命；它，给予我们只有一次。人的一生，应当这样度过：当他回首往事时，不因虚度年华而悔恨，也不因碌碌无为而羞耻；这样在他临死的时候，他就能够说：我已经把我的整个生命和全部精力，都献给了这个世界上最壮丽的事业——为了人类的解放而斗争。”

今天当我们回首崔海天的往事时，我们可以说，崔海天，你的一生的全部精力都献给玉门、大庆、曙光油田和乙烯工程，你真正做到了问心无愧，你就是幸福的人。崔海天奋斗了一生，为祖国的石油化工事业做出了世人公认的贡献，他胸怀坦荡，一生不做亏心事，他得到的是人们的好口碑，他是幸福的人。

第一次见到崔海天

1966 年 10 月间，我从油田设计院被借到油建办公室工作，主要任务是搜集大庆西区一带红卫兵的活动情况，每天晚上向二号院电话号为 2577 的人汇报。大概是 12 月的一天，2577 指示我："在今天下午 3 时赶在安达红卫兵到达之前，你以西区赤卫队大队长的身份，调集运输公司 10 台大客车，召集 250 名赤卫队员，到二号院来造大庆会战工委的反，任务是把二号院的各个进出口守好，不能让一个红卫兵进入二号院内。" 2577 告诉我，你们要高喊"革命无罪，造反有理"的口号，等红卫兵撤走后，你们再撤走。

我严格按照 2577 的指示，调集 10 几台大车拉着 250 多名带着红袖标的赤卫队员，于下午 2 ∶ 00 时到达二号院，这时早有人指挥我们把二号院的进出口围了个水泄不通。我们这些"造反派"站在 1 栋门口，大喊"革命无罪，造反有理"的时髦口号。稍后，一位年纪不到 40 岁的人穿着军大衣从 1 栋门口走出来，站在台阶上，举起右手大声说："革命的赤卫队员同志们，我叫崔海天，是大庆会战工委委员，油田会战副总指挥。今天，大庆工委领导让我接待大家，回答同志们提出的问题。" 这时二号院外边已经来了二三百名红卫兵，他们高喊"打倒宋（振明）、陈（烈民）、季（铁中）、王（新坡）"的口号，从二号院正门冲过来。由于我们早有准备，按照"要文斗，不要武斗"的精神，赤卫队员们组成人墙，学生们无法进入二号院，当然见不到"宋、陈、季、王"了。一个小时以后，红卫兵没办法，只好退了。后来我们才知道，崔海天为了保护工委主要领导，自己主动请缨接待赤卫队"造反"。实际上，这是一件风险很大的事，万一赤卫队的人墙被红卫兵冲个缺口，崔海天就有被红卫兵拉走揪斗的危险。

关心知识分子

1974 年夏，崔海天同志在喇嘛甸油田会战前线全权指挥地面建设工作。按照大庆油田的常规做法，设计院也必须派遣各专业人员住在现场，以便随时解决工程施工时发生的技术问题。一天中午，崔海天和供应指挥部的王虎群副指挥来到设计院的帐篷里看望大家，这时他发现帐篷里人多床少，有几张床是两个人挤在一起休息的。崔海天回头对王虎群说：“老虎，你明天给设计院弄几张床，床垫子也要好一点，这些‘老九’不容易，他们在喇嘛甸油田会战中立了大功。”因为王虎群同志的名字里有一个“虎”字，跟他比较熟悉的人都称他为“老虎”。第二天午间，我们从工地回到帐篷一看，床不但多了，而且床垫子也变成新的了，原来是稻草垫子，现在是稻草垫子外面包了一个布面的外罩，在当时看来，这已经是高级品了。这时我院三室一位同志立马躺在床上打了一个滚，高声喊：“床垫子不掉草末了，毛主席万岁！”

“八一”这天前线召开庆功大会，午间会餐，我们设计院的人正好一张桌。忽然，基建处施广仁副处长来到我们桌前大声说：“设计院的同志们，崔指挥来给你们敬酒了！”我们立即站了起来，只听崔海天说：“工程师们，大家好，你们辛苦了，今天是庆功总结会，我代表前线指挥部谢谢你们，干一杯！”说完他举杯一饮而尽，我们也全部干杯。崔海天转过身对一室的女同志高淑兰说：“小高，你好，你天天背着图纸满工地跑，不怕苦，不怕脏，不怕累，好样的，我单独敬你一杯。”高淑兰很激动，也没啥准备，慌慌张张说一句谢谢，干了一杯啤酒。接着，崔海天说，知识分子也是劳动者，搞建设，搞科研，实现四个现代化，没有知识分子不行。在大庆油田的发现和建设过程中知识分子起到了十分重要的作用。不重视知识，不重视知识分子，不尊重科学，盲目瞎干，不是马列主义，不是毛泽东思想。毛主席历来重视知识，重视知识分子，尊重科学。希望你们要认真钻研技术，把大庆油田的地面建设规划搞好，把每一项施工图搞好，做到技术先进，工艺合理，节约投资。崔海天的一席话说到了我们的心坎上，40年过去了，现在回忆起来也十分亲切，可在当时，能说出这样的话真是不容易。

1976年，我们在曙光油田会战。一天午间，崔海天来到设计所食堂，问大家伙食怎样。大家说还不错。这时崔海天端起一位同志的菜碗说：“怎么没有肉哇？知识分子是脑力劳动，大脑需要营养。”他转过身来对设计所领导宋庆德说：“你去找固（革）指挥，让他给你们多批点猪肉。”后来，我们发现食堂经常有肉吃。

工作雷厉风行

1981年，大庆成立城市规划局，我被任命为副局长。3月的一天，我奉命前往二号院时任副市长、大庆石油管理局副局长的崔海天办公室报到。崔副市长见到我很高兴，说，你现在是副局长，市委任命的局长因有另用，不能到任，从现在起你就主持规划局工作。首先办三件事：一是招人，招一批大学生；二是要搭建临时办公室，现在二号院没有你们的办公室；三是尽快和省建委接上头，那是咱们的业务指导机关。

我一听，暗暗吓了一跳，我一直在设计院工作，这三件事我都没接触过，现在就我一个人，怎么干呀？这时崔副市长似乎看透了我的心思，鼓励我："万事开头难，我和主管你们的建委副主任宣惠金会大力支持你的，不要怕困难。先招人，立即打开局面。"第二天我和宣惠金拟了一个名单，找崔副市长签字，他看了名单说，没有建筑学的人。我说，韩连仲和王长海可以来。崔副市长说："韩连仲来不了啦，王长海可以考虑，不过，长海应该当个副局长，我得跟苏民市长报告一下。"他说完在名单上签了字，又立即给组织部长宁增瑞打个电话，并让我立即找宁部长。宁部长简单问了下这些人的情况，亲自拿起电话，通知这些人明天到组织部报到。第三天下午，崔副市长让我去向郝万春副市长报告搭建板房事宜，郝副市长快人快语，说声崔老板的事就是命令，于是，对规划局搭建板房的材料、人工、资金问题一一落实。第四天，板房运到三号院，两天时间，两栋板房拔地而起，挂上规划局的牌子，规划局就开始办公了。

一天晚上，崔副市长到板房来看我们，我和吴长吉（规划局副局长）向他报告说，崔副市长布置的三件事，我们已经完成两件，现在可否增加一件：我们这些人来自让胡路和卧里屯，现在吃住在办公室，每周回家一次，还要外出调查，请批给规划局一台车。崔副市长立即签字。第二天我去机动处，拿一把汽车钥匙，到萨尔图仓库把一台尼桑面包车开了回来。

不久，王长海被任命为规划局副局长，规划局已经有十几位本科大学生，开始在板房里办公，我将省建委规划处的周处长请来，一同向崔副市长汇报和讨论下一步的工作。当时崔副市长明确提出，大庆城市建设有两大问题，一是目前的居住区布局太过分散，二是居住区建在油田上，会产生城市建设和油田建设相互争地的现象。崔副市长的这个分析符合大庆的实际情况，实际上，这两个问题一直是后来大庆建设规划必须面对的两个原则性的问题。

在一周时间内，崔副市长为规划局解决了人、车、房三大问题，我们又把省建委的规划处处长请到大庆，共同讨论规划大计。

崔副市长办事雷厉风行，在一周内从无到有，指导我们把规划局组建起来，体现了他办事一贯雷厉风行的作风。后来在一次市长办公会上，听完规划局、园林局、房产局的组建情况后，王苏民市长对这件事也很满意，说，崔海天同志办得不错。

身残志坚谱新歌

胡英华[1]

1965 年崔海天同志由油建指挥部指挥提升为油田会战指挥部副指挥。由于工作需要，后又调任乙烯建厂指挥部指挥。1985 年 8 月的一天，正当乙烯热火朝天准备投产之际，他突然患病入住大庆职工医院（现大庆油田总医院）。那天是我给他做了初步检查。他的夫人韩德莲口述，昨天他回家时就像得了重感冒，今天早晨起来，吃不进、喝不下，看样子心慌得很。

第二天值班医生告诉我，夜里崔海天起来上厕所时，竟然闯进别的病房大吵大闹，催促大家赶紧上班。从这一天开始，崔海天的神经系统完全失控。他的腹部急剧鼓胀，不能排尿，大家想尽了办法也没能解决。他的神经系统进入高度的亢奋之中，一刻不停地说着胡话。虽然是胡话，可他说的却又很有条理，就像平时做报告发表演讲一样。大夫护士百般劝说、制止，让他休息，他都浑然不觉，仍自顾自讲个没完。我们初步判断，可能是一种病毒致使崔海天病倒了，但医院几经会诊仍确定不出他得的是什么病，从哈尔滨请来了专家也不能确诊。大家一个个心急如焚。

正在大庆检查工作的石油化学工业部副部长孙敬文得知这个消息后，火速赶往医院，见此情景立即决定将崔海天送往北京抢救。

原副市长郝万春立即飞抵北京，为崔海天联系住院就医事宜。原市长王苏民随即打电话与齐铁分局预订软卧包厢抢运崔海天赴京。正在北京友谊医院住院的石油工业部副部长秦文彩得知崔海天病危的消息，立即让出自己的床位。他说，北京友谊医院床位非常紧张，老崔来了就住我的床，免得耽误时间。

市领导立刻成立一个小组，护送崔海天进京，小组人员有崔海天夫人韩德

[1] 大庆油田总医院原副院长。

莲、乙烯指挥部副书记张泗存等，医院派我带队，成员有窦云田医生及几名护士。在火车上我们密切注视着崔海天的动态，他病情不断恶化。大家商议，如果继续恶化，就在沈阳下车抢救。于是，大家就盼啊盼，过了沈阳就盼快点到山海关，如果能过了山海关，就能坚持到北京。到达丰台站时，崔海天呼吸很困难，我当时直冒冷汗，预感即使到了北京，也可能回天无力了。

随着一声长鸣，火车终于到了北京站。列车还没停稳，大家就一起动手，把昏迷中的崔海天从车窗里抬出来上了救护车，我第一眼就看见了宋振明。救护车一路鸣着警笛飞速奔向北京友谊医院。

到了医院，连手术室也来不及进，在病房里就切开气管进行抢救。宋振明部长和石化总公司领导亲自向院方说，这位病人是从一线来的，是大庆乙烯工程的领导，请尽一切努力抢救。医院也集中了各科的专家，一切能调动的人员都投入了抢救工作。经确诊，崔海天得的是脑炎、脊髓炎、神经根炎。据说患了这种病，在 20 万人当中只有一例能活过来。

然而，崔海天顽强的生命力使得奇迹出现了。经过医务人员整整 10 天的全力抢救，硬是把崔海天从死神手里夺了回来。

生命是保住了，但他还面临着痴呆关、记忆关。

在医务人员和崔海天爱人韩德莲的精心护理下，经过了 2 年的时间，崔海天又奇迹般地闯过了这些难关，特别是他大脑思维恢复到了病前水平。但是他的下肢却瘫痪了。虽经医务人员的精心治疗和自己的刻苦锻炼，他也只能借助拐杖艰难行走了。

两年后，崔海天出院回到大庆。我每隔一段时间就要给他检查一下身体，他的身体情况比预想的要好得多。他的家里门口的墙壁安上了几道扶手，他夫人说：他天天手把扶手练习走路。

我每次给崔海天检查身体时，他都兴趣十足地讲些他最近的有关情况。他说，根据他的身体和年龄，组织上决定让他退居二线工作，任命他为大庆石化总厂企业管理咨询委员会主任。这是个闲职，也是照顾他，去不去上班都可以，但他仍坚持上班。上班的第一难题，就是上楼。他的办公室在四楼。这个人毅力十分坚强，上到四楼，别提那个费劲了，浑身都湿透了。我说你就别上班了，他说，我不能就此躺下。他决定把退休人员组织起来干点事。于是成立了一个老年服务公司，他出任董事长兼经理。看他的样子还挺高兴，说这个职位可不一般，退休老年事业没小事，只能干好，不能干差。我经常给他开些调节神经方面的药物。

崔海天经过刻苦的锻炼，他可以拄着拐棍慢慢走路了，这是个不小的进步，他很高兴。他说，我们老年服务公司，大家自力更生，用回收来的废旧钢铁和厂里批给的一些原料，很快办起了一批加工厂，并在当年就获利近百万元。用这些赚来的钱给职工搞了不少福利。他动员全厂职工集资，购买罐车组建了一个运输公司，崔海天任名誉董事长。由于管理有方，公司效益很好，既解决了产品积压的困难，又增加了集资职工的收入。1992 年，老年公司被评为黑龙江省老年企业先进集体，荣获全国老有所为“创新奖”，崔海天被授予“重视老年工作领导者”功勋奖。

1999 年，崔海天 70 周岁时，第二次退休了，他比别人多干了 10 年工作。2009 年他 80 岁时，我发现他记忆力依然很好，还经常评价国内国外要闻时事，这时他身体各项指标都不错，只是走路越发困难了，但他仍然坚持读书、看报，经常和客人讨论世界大事。

在身体受到病毒摧残之际，崔海天又以他的行动，谱写了一首身残志坚之歌。

和崔海天共同做过的几件事

张昭明[1]

听说了要给崔海天同志写传记的消息，心情久久不能平静，仿佛又回到了那个条件艰苦、却又充满激情的年代。

崔海天同志是转业军人，在部队时，是团里的宣传干事。转业后，他先是在玉门油田学习管理，后来，在实际工作中“干中学、学中干”，通过不断的学习、进步，取得了令人瞩目的成就，实在是难能可贵，令人钦佩。

充满温情的小钢磨

在玉门时，我是队里的技术员，崔海天是队长。因为他以前是搞宣传工作的，对一些技术上的事不太懂，图纸都不太会看。他就跟我学习看图纸，并自己学习绘图纸。给我印象最深的，就是崔海天这个人脑子活，肯钻研，学什么东西一学就会、一看就懂。很快，他就能自己绘图纸了。

1960 年，我们来到大庆，当时崔海天是油建二大队的大队长，我是技术员。那时正是三年自然灾害期间，当时国家提出要保证大庆的粮食供应，1960 年，情况还好，可是到了 1961 年，粮食就保不了了。人要吃饱饭才能干活啊，吃不饱饭怎么有力气？那时，三大队到了一批粮食，队里人都饿急眼了，要放开肚皮吃一顿饱饭，大家很高兴，干起活来特有力气。

在这样困难的形势下，崔海天很善于调动大家的情绪。那时候会议多，几乎每天都开生产会。正式开会之前，他领着大家唱歌，唱的都是些革命歌曲。唱完歌，大家都劲头十足，仿佛忘掉了饥饿。

崔海天每天都要去工地，回来时，就在路边挖些野菜，交给食堂，让工人

---

[1] 中国石油天然气管道局原总工程师。

们能多点食物。

后来，为了保证大会战的正常进行，黑龙江省委紧急给大庆调拨了一批荞麦原粮。可是,大庆当时没有面粉厂,没法加工面粉。只好把麦粒分给了各单位。没经过加工的荞麦外皮坚硬,只能煮粥喝。后来,老领导张文彬找到崔海天,说,能不能组织技术人员，设计一种钢磨，把荞麦磨成面粉。

崔海天马上找到我和机械供应站的工程师邱贤明，让我们设计、研制小钢磨，并提出要求：钢磨体积要小，要轻便，还要求操作要简单、性能要安全可靠、效率要高。我和邱贤明连夜绘制图纸，工人师傅也加班加点地加工，第 5 天，第一台小钢磨的样机就制造出来了。经过试验，性能完全符合要求。于是，我们又赶制了 10 台，送给各兄弟单位使用。有了小钢磨，荞麦可以磨成面粉，吃法就不那么单一了。

小钢磨存在的时间不长，可以说是短命的。也许在今天看来，它根本不值得一提，但在当时那种困难的条件下，它体现了领导对工人的关怀之情，对提高职工积极性起到了很大的作用。至今回想起我们亲手设计制造的小钢磨，仍然能感受到一股暖意。它是陪着我们度过那个特殊年代的一种具体的、实实在在的、看得见摸得着的实物。

“三化”施工显威力

1961 年，陈李中同志去苏联考察，回来后，讲了在苏联的见闻，当时石油工业部的领导提出，我们也要搞“三化”一条龙施工。“三化”就是机械化，预制化，装配化。于是，崔海天着手建起了一个金属预制厂，一个管道预制厂，一个混凝土预制厂。当时，我负责这几个厂的技术工作。

我们只是听陈李中他们口述，也没有现成的图纸，于是，我们就自己摸索着设计。油建研究所的技术人员设计出了斜板推土机，工程师邱贤明设计出了挖沟犁。当时管子的除锈、防腐工艺比较落后，效率低，效果还不好，我就想设计个提高效率的装置。

那时，北京石油学院的张英教授就在大庆（崔海天带队铺设克拉玛依－独山子管线时，张英教授也在施工前线），我就去向张教授请教。张教授给了我一本书，我回来后就学习。不久，设计出了一个装置，把管子放上后，可以旋转。

这样，除锈和防腐的工作就轻松多了，效果也好了。

后来，我们又提出，在厂里就把两根管子焊接到一起，除锈、防腐工作都在厂里完成。管子是每根 12 米长，焊接后变成了 24 米，这样一来，运输就成了问题，于是又想出一个办法，把车辆加长，解决了这个问题。实施后，工效有了明显提高。当时，吊装设备比较紧张，我们还自己动手，把推土机改装成吊装设备。

通过大家齐心努力，想出了很多好主意、好办法，应用到施工中，使工程质量、效率都有了极大提高。后来，很多好的做法被推广到了别的油田。

1970 年，崔海天被“解放”后去了龙凤建设炼油厂，我留在了油建公司，从那以后我们的接触就少了。有一天，他给我打来电话，询问：两个炉流量不均匀，应该怎么办。我给他讲了处理的方法，一说他就明白了。

此后，因工作调动，我就没有再和崔海天一起共事。我们在一起的日子虽然条件艰苦但每个人都充满干劲，是一段值得回忆的日子。

大庆油田的建设工作能够快速稳定地发展，并取得举世瞩目的成就，正是在崔海天的领导指挥下进行的，所以说崔海天功不可没。

如今，我们都已进入耄耋之年，身体情况是一天不如一天。但是回首往昔的峥嵘岁月，我想说，崔海天这一辈子很精彩，很有意义。

抓生产就是要理直气壮

周士英[1]

1974年夏季，“四人帮”兴风作浪，社会上刮起了一股“批林批孔”、“反击右倾翻案”的歪风，其罪恶目的是企图打倒邓小平同志，矛头直指我们敬爱的周总理。

有一天晚间，时任大庆油田生产办公室副主任的崔海天同志在4栋会议室召开生产会，分析当前油田生产运行情况，并部署下一阶段的工作，我作为科技处的负责人参加了会议。当时，受文化大革命的影响，人们心有余悸，谁也不清楚“反击右倾翻案风”会发展到什么程度。参加会议的多数人到会议室后都选择坐在后排的位置上，这是因为坐在前排的位置会给人以积极抓生产、消极搞运动的印象，搞不好会和“右倾翻案”联系在一起。崔副主任走进会议室，招呼大家到前面的位置来坐。大家左顾右盼，依然没有几个人行动。崔是位聪明人，也没有说啥，宣布开会，让各处室按照通知精神汇报工作。这时一位处长按照事先准备的发言稿开始汇报，开头用了五六分钟时间讲了当前国内形势，大致是说，我们认真学习中央关于“反击右倾翻案风”的文件，认为全国形势一片大好，越来越好，抓紧“批林批孔”，不断掀起高潮，把运动推向前进等等。这时我发现崔副主任眉头紧皱，看看手表说：讲讲生产的事。等到下一位处长发言讲到国内大好形势时，崔海天斩钉截铁地说：“我们今天开的是生产会，你们要讲的是生产问题，上个月做了什么，有什么问题，下个月想干什么，少讲那些东风吹战鼓擂一类无用的话。”听了这句话，我内心里觉得他说得对，但我真的为他担心。他是油田的副指挥，是一位局级干部，这话要是传出去，后果不敢设想。当时，会议室内气氛紧张，鸦雀无声，我们几乎屏住呼吸。这

[1] 大庆市原科委副主任。

时崔海天站了起来，很严肃地说 ：“同志们，毛主席教导我们要抓革命促生产，我理解，抓革命的目的就是要达到促生产的结果，我们这样一个大国，这么多的人口，不抓生产，不创造财富，吃什么，穿什么，四个现代化怎样实现？”他觉得口气太严肃了，于是，缓和一下口气说 ：“你们是搞生产做具体工作的同志，你们有啥怕的，大家天天上班，就是要天天做好本职工作，大庆是油田，我们的本职工作就是要天天打井，天天建造管线，建设泵站，天天出油，我们要理直气壮地抓生产，抓生产就是要理直气壮，天天讲生产，讲一辈子生产 ；天天抓生产，抓一辈子生产。”

30 多年过去了，崔海天在那次会议上的讲话，至今还常在我的耳边响起，记忆犹新，觉得讲得很有气魄，很有水平，是一位十分称职的领导干部。现在觉得理直气壮抓生产这句话似乎也很平常，但像我们这个年龄段经过“文化大革命”全过程的人看来，作为一位领导干部，在当年“四人帮”横行霸道的时候敢于大讲特讲生产问题，说明他具有很高的觉悟，具有坚强的无产阶级党性，是忠心耿耿为人民为国家服务的、值得敬佩的领导干部，联想到崔海天在以后的岁月里，转战辽河曙光油田，又任大庆乙烯工程总指挥，退休之后仍然是身退心不退，办老年公司，继续发挥余热。现在他在病重中仍然常和大家谈论油田和国家大事，这些足以说明我们的崔海天真不愧是当年石油师战士，他把毕生的精力都献给了人民，值得我们学习。

大庆基建领军人崔海天

李秋明[1]

崔海天同志从57师转业分配到玉门油田后，从基层做起，从玉门转战新疆，再回到玉门，再到大庆，又到辽河，又回到大庆。历任中队长，大队长，油建公司副经理，经理，再到大庆油田地面工程的总负责人，可以说是一步一个脚印。

可以说，崔海天勤奋过人、并且天赋极高，而中国石油工业的大发展，为他提供了一个施展才华的大舞台。

大庆开发初期，会战领导小组提出口号：要高速度、高水平拿下大油田，这也是会战总的指导方向。

俗话说“入耳容易入心难”，让我说，是“入耳不易，入心更难”。

而在基础建设上，崔海天“入耳入心”，严格按照“基础要稳，焊接要牢，安装要精密，防腐绝缘要好”的要求，通过扎实细致的工作，建起了一个又一个样板工程。

崔海天在多年的工作中，可圈可点的事情很多，我就说几件我比较熟悉的。

北二注水站，永远的样板工程

1961年建设的采油一厂北二注水站，是崔海天在大庆任油建副指挥时由张家骐担任工地主任建的较早的样板工程。

开工前，设计院驻工地代表指出设计要点，工人开会探讨，大家都了解了要点之后，就必须按照要求施工。

首先选料严格，砖瓦点数、砂石成方，施工人员验收材料，决不马虎。接下来，从地下到地面，从土建到安装，每道工序严格把关，并且要求焊工打记

[1] 中国石油天然气管道局《石油管道报》报社原书记、社长。

号，土建刻碑留名。哪个工程是哪个单位干的，单位领导是谁，谁具体施工的，都有迹可查，形成严格的责任制。

施工中，崔海天深入油建各施工现场检查指导，及时总结经验与教训。

完工后还要复检、互检，一旦发现有问题，坚决推倒重来，绝不能对付，绝不能降格使用。

北二注水站 5 月中旬开工，7 月下旬完工，达到了四项要求，而且是项项全优，做到了一次投产成功。

完工后，崔海天组织召开了现场会，把后勤人员、职工家属也叫到现场参观，并总结施工中出现过的问题。总结完，大家开始逛庙会。后勤人员，理发的、缝补衣服的、修鞋的，现场为工人们服务。当时的大庆百货商店，开着车，拉着从全国各地采购的副食、糖果、针织品等各类百货供大家选购；货物还有油建公司生活办粗粮细做的月饼、面条等。在主席台前，指挥部电影放映队放映各种影片；在会场一侧，有文艺演出队表演节目；会场另一侧，还有各单位自编自演的各种形式的地方戏、快板书、三句半等文艺节目。

宋振明闻讯来到了现场，他也被现场的气氛所感染，连声称赞崔海天做得好。宋振明回去后，还打电话给总调度室，要大力推广这种做法。

就是这样，通过各种形式，崔海天总是能把工人的积极性调动起来，进而发挥到极致。三年会战，油田建设指挥部年年被评为全战区一级五好红旗标杆单位，足见崔海天领导艺术之高超。

宋振明后来还总结：什么是高水平？人人出手过得硬、事事做到细致化、项项工程质量全优，这就是高水平。后来，这三点也成了全大庆的一个标准。

“五毫米见精神”，狠抓质量不放松

油田建设存在着点多、面宽、线长的特点。会战开始以来，油建队伍一直以来存在着“一粗二松三不稳、马虎凑合不在乎”的老毛病。

1964 年 2 月，正值春节期间，时任油田建设指挥部指挥的崔海天与书记郭生吉，决定用一个实际的例子出手，改变职工这种老毛病。

2 月 8 日下午，他们两人乘车到了大庆油田总机械厂。当时油建指挥部正在为总机厂盖厂房。油建二大队施工的铸工车间西山墙外，摆放着 10 根 10 米长的预制好的钢筋混凝土大梁，崔海天和郭生吉下了车，用皮尺和钢卷尺量长度、量宽度，发现少数大梁局部比规定的质量标准多出 5 毫米。

这多出的 5 毫米，是因为职工们春节期间思想放松，该在场的基层领导没在，木工在支盒子时，钉得有点松，质量不太牢靠，结果浇筑时，盒子受到重力，就涨出了 5 毫米。

崔海天立即召开了一个由各大队、中队、小队领导及技术干部和工人代表共 600 余人参加的现场会。崔海天首先做自我检查："我是抓生产的，由于我要求不严、检查不及时而出现了低标准产品，这是我的责任，我向全体职工做检讨。"接着各施工单位负责人、工程师、木工负责人、混凝土预制中队长及各班组长、工人，纷纷抢着表态：活是我们干的，由于我们没按照要求施工，出现了低标准产品，与指挥部领导无关。

会上宣读了大庆《战报》"采油三矿四队严细成风"的故事。郭生吉做了"好作风必须从小事抓起"的总结发言。

大庆油田会战指挥部的副指挥宋振明也来到现场，并讲了话。他肯定了油建领导从小事做起，出现问题不推卸责任的做法。

散会后，崔海天与郭生吉带头抄起扁铲、榔头和磨石，前去铲、磨那多出的 5 毫米。各级队长和工人一起上前，争抢扁铲和磨石，最终把多出的 5 毫米铲掉磨光。

第二天，我写了一篇稿子，发在了油建公司内部的简报上。后来，新华社记者袁木、范荣康听说了这件事，采写了《大庆精神大庆人》。这就是著名的"五毫米见精神"的过程。

也许有人认为这是小题大做，其实，崔海天正是利用这件事警示大家。领导在现场拿起扁铲、磨石来把多出部分打磨掉，使工人心灵受到震撼，比什么长篇大论的说教都有用。这件事充分展现了一种高超的领导艺术。

其实，5 毫米的误差，也不会对工程质量造成大的影响。但正如崔海天后来说，如果允许这 1 根大梁使用，以后就会出现 99 根；这次误差 5 毫米，以后就会误差 8 毫米、10 毫米。

石油工业部领导余秋里听说了这件事，连声称赞崔海天这件事做得好。余秋里说："崔海天做得对！如果大梁上房，蒙混过关，明天就会有 6 毫米、10

毫米的误差！他要是不去铲，我还要去铲呢！”

要知道，余秋里向来以严厉著称，那时候，领导训人，被大家私下称为“刮胡子”。很多人都说，余秋里“刮胡子”那是“不打肥皂，硬刮”，可见他的严厉。他表扬人的时候可是不多见的，这次这样表扬崔海天，可见他对此次行动的高度认可。

所以我认为，“五毫米见精神”，完全是崔海天和郭生吉“有预谋”的，是有的放矢，是有着很强的目的性和针对性的。这一举动取得了立竿见影的效果。崔海天同志就是这样善于从细微之处入手，培养职工为油田施工质量负责一辈子的核心价值观。

在油田会战初期，“一粗二松三不稳、马虎凑合不在乎”的情况很严重，没有崔海天这样要求严格的领导是不行的。

“三化”施工，大胆创新显威力

1963 年，为了改变落后的工艺，会战工委提出向“三化”进军的口号，具体说就是：工厂预制化，现场装备化，施工机械化。

提出“三化”施工以后，崔海天马上行动起来，着手建起了一个金属预制厂、一个管道预制厂、一个混凝土预制厂。并组织大家群策群力，出主意、出点子、想办法，把“三化”施工高质高效的优势发挥到了极致。

那个时候晚上经常开会，会上就要求职工提合理化建议，搞技术革新。

当时提出了很多有创意的想法，比如“工厂预制化”中，在工厂里把管子的除锈防腐工作做好，除锈防腐也实行了半自动化。工程师张昭明同志，专业知识丰富，技术过硬，善于动脑。他发明了一种装置，把管子放上，可以转动。这样，就让管子的防腐工作效率有了极大的提高，质量也更有保证。从前，除锈防腐工作都是先用手工把管子除锈后，再浇上沥青，缠玻璃布，然后再浇一层沥青，再缠玻璃布。这样做，管子下面的沥青很难涂均匀。这个装置把管子转起来，使除锈工作容易了很多，最重要的是沥青可以浇涂均匀了。

还有人出主意，把 2 根 12 米长的管子焊在一起，这样又避免了在现场焊接、防腐的不方便。但是，当时的车都是拉 12 米管子的，现在焊接好的管子成了 24 米，普通车就没法拉了。于是，相关单位就想办法，把拉管子的车加长。这种车辆至今还在使用。

在此之前，管子的除锈、防腐工作，都是在施工现场进行的。这样做，面临着困难多、工人工作量大等弊端，而且效率低、效果差。

新的施工方法大大提高了效率，加强了防腐保温的效果。

金属预制厂的工作是提前把一些零部件做好，就相当于半成品了，运到现场，就能快速安装。省时省力，速度加快了很多。

最初建泵站，也是要把砖、水泥、沙子等材料运到现场，然后由瓦工进行垒砌。混凝土预制厂建起后，在厂里就用水泥钢筋预制出混凝土板块，拉运到现场，经过简单处理，就可以拼合成房子。

由于"三化"施工大大提高了工效，节省了人力、物力，而且从此施工不再受天气的影响，大家都很高兴，就编了个顺口溜："三化"施工威力大，冬冻夏涝都不怕。要让老天听咱管，想要干啥就干啥。

可以说，"三化"施工为大庆油田提前上 5000 万吨，起到了关键性的作用。后来，这种施工方法被推广应用到了全国各大油田的基本建设中，至今仍在发挥着作用。

"乌龟背长虫"，挖沟效率上台阶

由于"文化大革命"的原因，挖沟犁只存在了很短的时间，但在当时可是件挺轰动的事。1966 年，周总理陪同阿尔巴尼亚部长会议主席谢胡来大庆视察时，观看了挖沟犁现场表演，对这项发明给予了充分的肯定。

大庆会战开始时，有大量的输油管线需要敷设，挖管沟的工作都是人工用铁锹来挖。当时，职工们天不亮就要起床扛着铁锹到工地，一直干到天黑看不见了才收工。一日三餐都要在工地上吃。一天的工作干下来，工人们双臂酸痛，手指发胀，有些人吃饭时端着碗的手都直打颤。就是这样，每人每天也只能挖十几立方米。费时费力，效率却不高，工作进度远远跟不上油田建设的节奏。

当时也有挖沟机，是前民主德国生产的。那种机械块头很大，可是效率却不高，而且故障不断，根本起不到什么作用。

1965 年，有一次，一位工人说，要是有个像耕地一样的犁来挖沟就好了。这句话看似玩笑，却引起了重视。崔海天听到这个话，马上让科研人员和技术工人组成了一个“挖沟犁”攻关小组，成员有张清玉、闵维太、周矩光、伍明忠等人。

当时一没有图纸资料可借鉴，二没有相关的装置。攻关组面临的，完全是从头开始。

他们利用简单的自制模具、设备，制作出了犁头，再用左右两块翼板把挖出的土分送到沟的两边，形成了梯形沟。在实际生产中，又遇到了许多事先没有想到的情况出现。经过几个月的不断试验、改进，第一台挖沟犁诞生了。

那一年的8月，挖沟犁正式现身工地，开始了第一次正式试验。可是，这次挖出的沟不成型，深度不够，挖出的土也又回落到沟底。根本无法下管。挖沟犁受到了嘲讽，攻关组成员非常沮丧。

崔海天及时组织大家开了一个会，充分肯定了攻关组所做的工作，鼓励他们不要害怕失败，“失败乃是成功之母”，支持他们继续攻关。

这个会开得很及时，攻关组得到了支持，重新有了干劲。他们总结经验，重新设计，经过多次失败，多次改进，年底，挖沟犁试验成功，并很快应用到正式施工中。

挖沟犁挖出的沟，沟形统一，并且可以根据生产需要，调整改变沟渠的形状。

试验成型的挖沟犁，用10台“东方红”拖拉机拉着，可以挖出1.2米深的沟，前面挖沟，后面直接就可以下管。

崔海天说，“东方红”马力不够，拖着太吃力，要找大拖拉机来牵引。于是调来4台“红旗”拖拉机，速度大大提高。崔海天还不满足，说，要是有更大的拖拉机就好了。后来他向宋振明一汇报，说一天能省几千个劳动力。宋振明一听很高兴，马上就向石油工业部汇报了情况，石油工业部就通过沈阳军区调来了两辆坦克。

坦克马力强劲，牵引力大约是当时的“红旗”拖拉机的6倍，应用以后，一跑一溜烟，效率又上了一个台阶。

大家又琢磨，把管子放在坦克顶上，这边把沟挖好，那边直接就可以下管子了。于是，就在坦克顶上安上一个鞍子，放上滑轮，把管子放在鞍子上，一边挖沟，一边下管、回填，实现了作业一条龙。这种新型的联合作业机，被工人师傅们形象地昵称为“乌龟背长虫”。

挖沟犁的工作量每小时可挖 1000 米到 1300 米，排出土方 2000 立方米，相当于 1400 人的工作量。挖沟犁的成功使油建工人的生产力得到了大解放。

在以后的生产实践中，挖沟犁又进行了多次改进，先后研制成功了单管流程挖沟犁、双管流程挖沟犁、排灌水渠挖沟犁。按结构形式分为：支撑轮挖沟犁、振动挖沟犁、悬排挖沟犁。

1966 年 5 月，周恩来总理陪同阿尔巴尼亚领导人前来大庆参观考察，现场观看了挖沟犁作业表演。听了宋振明、崔海天的汇报，周总理非常高兴，连连点头。

挖沟犁共挖了近 3 万千米管沟。后来，有了新型的挖沟机，挖沟犁被陈列在博物馆里。挖沟犁虽然成为历史，但它为油田的建设和发展立下的功勋，永远留在油建人的记忆中。

“自觉从严，好字当头”，常抓不懈树典型

在多年的工作中，崔海天一直非常重视先进典型的作用，一直把树典型当做一项重要工作来抓。闻名全油田的“最讲认真的人”——周占鳌，以及他工作过的油建十一中队，都是崔海天、张福禄等领导在油建公司树立起的典型。

1963 年的年底，崔海天担任了油建指挥部指挥。1964 年初，经研究决定在油建指挥部树立一个典型。时任油建指挥部政治部副主任的张福禄、宣教科副科长刘长辉和我，开始组织材料，树立典型，对象就是周占鳌。

周占鳌是管工班的班长，这个人干起活来有股子不怕苦、不怕累的精神，而且严细认真，在小事上从来不马虎。有人说，他的脑子里，只有“认真”二字。在他的带动下，他的班组也成为油建战线上“严细认真作风硬，集中作业讲质量，分散施工不变样，单人独马自觉严，领导不在不转向”的五好班组。

周占鳌所在的十一中队，在施工中也是把“自觉从严，好字当头”当做第一要求。这个队在油田转战南北，打过多次硬仗，在施工质量上从不马虎，在油田有一定的知名度。甲方单位曾这样评价：“十一中队干的活，我们信得过。”

我和张福禄、刘长辉一道，经过走访，搜集了十一中队和周占鳌的大量事迹，最后，形成了文字材料，报到了崔海天那里。崔海天看了以后，非常高兴，就把材料又向上级做了汇报。

于是，周占鳌、十一中队脱颖而出。1966年的10月1日，中华人民共和国建国17周年之际，周占鳌到了首都北京，受到了毛主席、周总理等党和国家领导人的亲切接见，并参加了国庆观礼。这在当时，是一个劳动者最高的礼遇。这件事，也让周占鳌终生难忘。

油建十一中队成立于1960年8月，是油建指挥部三大队组建的第一个安装施工队。它的主要任务是承担井口安装、泵站建设、管线敷设等项工程建设。会战中，这个队以“两论（《实践论》、《矛盾论》）”为指导，年年完成生产任务，而且工程质量全优。队伍逐步形成了“自觉从严，好字当头”的作风。1960到1965年的6年中，5年被评为大庆标杆队，只有一年没被评为标杆队，但也是红旗队。

1965年5月，会战工委正式授予十一中队“自觉从严，好字当头”的光荣称号，并做出了“向十一中队学习”的决定，从此，油建十一中队闻名于整个油田。

先进队伍、先进个人的树立，激发了其他队伍的斗志。于是，各队伍之间比着劲地干，谁也不服输，在整个油建指挥部呈现出一番劳动的新高潮，也培养了大家“为油田质量负责一辈子”的核心价值观。

“打铁先要自身硬”，领导自身做得好

俗话说“打铁先得自身硬”。要想让别人做好，崔海天首先是自己做好。

在几十年的工作中，崔海天一直是身先士卒。哪里工作最艰苦、最劳累，他的身影就会出现在哪里。几十年来，他的足迹踏遍了大庆油田的各个角落。可以这样说，他所付出的丝毫不少于王进喜、马德仁、段兴枝、薛国邦、朱洪昌。正是有了崔海天这样的领导，以及众多像“王进喜、马德仁、段兴枝、薛国邦、朱洪昌”一样的劳动者，才创造出了举世闻名的“大庆精神”、“铁人精神”。

大庆油田基建工作能有今天的成就，有着崔海天的功劳。他是油田基建的优秀领导，他带领大家创造的一个个样板工程，油建人不会忘记，大庆人不会忘记。

退休的崔海天关心我

王长海[1]

1989年初，大庆石油管理局动工兴建年产6万吨的甲醇厂。当时已经退休的老领导崔海天指挥特别关心这项工程。此时他身患疾病，行动有诸多不便，但在1990年和1991年甲醇厂的建设和投产期间，他在家人的陪同下，多次从家驱车前往30千米以外的甲醇厂工地来看望甲醇厂的施工人员和工作人员。工地的很多同志过去都和崔海天在一起共过事，同志们看到崔海天来了，都十分高兴，纷纷和老领导打招呼，问寒问暖。大家说，崔海天在组织施工过程中总是经常深入工地，一是检查工作，二是来看望我们，有这样的领导关心我们，工程有再大的困难我们也不怕。

到现场后，崔海天拄着拐杖看遍了厂区十几套装置，详细了解有关工艺、技术、设备、管理等方面的情况，认真听了我的汇报，边听边看，不断提出一些宝贵的意见。他说，这个甲醇厂是大庆第一座天然气化工厂，这也是油田第二次创业的重要举措。说到这里，他把话锋一转："长海，大庆搞替代产业是谁第一次提出的？"我愣了一会，他接着说："是苏民，我们原来的王市长，是在1982年政府报告中提出的。"他说，甲醇厂的建设为油田可持续发展开了个好头，你们一定要解放思想，精心组织施工，百年大计，质量第一，要编制好投产方案，做到一次开车成功。你们可以去乙烯学学"86.4"的经验，要瞄准国际先进水平，从现在开始，就要全面规划开发甲醇厂的下游产品，不断提高化工产品的综合利用率，要最大限度地节约能源，还要十分注意环境保护，对废水、废气、废渣要处理，不能乱排乱放。崔海天说的"86.4"，是大庆乙烯工程于1986年4月投产的事。

[1] 大庆市原规划局副局长、油田实业公司原总经理。

现场考察完毕后，崔海天十分关切地对我说，你长海原来在设计院是名建筑学专家，后来到市政府和石油管理局的规划基建管理部门工作，你的经历丰富，现在你是油田实业公司的总经理，任重道远。搞化工可不简单，要在技术上成为内行，要在管理上成为高手，要务实。咱俩多年不见了，今天我来看看这个厂子，看看工地。我搞建设多年，有一个习惯，哪块有施工工地，我就愿意去那儿看看。今天也是来看看你，我祝你这个设计标兵在油田化工行业中也成为一个标杆。说完，他将拐杖从右手换到左手，伸出右手和我握手。我当时十分激动，不知说啥好，我双手紧握他的右手，这时热泪就要涌出，我极力控制自己，语无伦次地说："崔指挥，您是我的领导，现已退休了，还来工地看我们，我真的太感激您了。您放心，我一定向您学习，干一行爱一行，您在国家的石油事业中，从玉门开始搞石油，到会战大庆、开发曙光、建成乙烯，您的一生就是战斗的一生，就是我们这一代人的楷模和榜样。今天您的一席话，我王长海永生不忘，我一定要搞好本职工作，报答您对我的关怀。"

我把崔海天请到办公室，详细地询问了他最近的身体和工作情况，我劝他，您在油田和化工厂干一辈子了，现在身体也不大方便，已经退休了，以后别上班了。他笑笑说："干惯了，呆不住，我现在是石化总厂老年公司的领导，比起油田和乙烯工程，我这老年公司是小巫见大巫，可老年的事没有小事，我们用总厂的边角废料做原料，搞几个小化工厂，挣一些钱，发给我们的离退休的人作生活补贴，这也是为人民服务。为人民服务的事就是大事。"

我在矿建办和规划局工作时，崔海天是我的领导。后来崔海天去了乙烯工地，至今我很久没见到他了，按常理和个人感情，该请崔海天吃顿像样的饭。我安排办公室的人去让胡路一带找个好一点的饭店。他紧忙说："不，不，不要讲排场。"他执意走了。

我亲眼看见崔海天十分费力地上了车，我目送他的车渐渐地在我的视线中消失。我的耳边依然响着"为人民服务的事就是大事"和"不要讲排场"这两句话，我的内心久久不能平静。现下我们这些公司的老总，每年用于吃请招待的费用也是以万、十万、百万计，招待吃请，迎来送往，已成定规，习以为常。

听了崔海天这两句话，胜读十年书，我暗暗地下决心，今后一定用这两句话鞭策自己，多干些为人民服务的事，不要讲排场。

1992年上半年，甲醇厂投产一次成功，崔海天给我打电话特意表示祝贺。

我现已退休。我想，崔海天“为人民服务的事就是大事和不要讲排场”这两句话不但应经常在所有人的耳边响起，而且要身体力行。

对崔海天同志的片段记忆

王思文[1]　丁启云[2]

崔海天同志是原中国人民解放军第 19 军 57 师 171 团宣传干事，1952 年 8 月 1 日，党中央和毛主席命令 57 师集体转业为中国石油工业第一师。崔海天脱下军装换上工装，投身于玉门油矿的建设中。他继承发扬了人民解放军的光荣传统，吃苦耐劳、刻苦钻研，不会就学、不懂就问，在很短的时间内由外行变成内行，由施工技术员，提升为队长、大队长，由基层领导提升为局级领导，成为石油师人在我国石油石化行业的一颗闪亮的明星。

优秀的一线生产建设组织者和指挥员

崔海天同志组织生产的特点是两手抓：一手抓思想动员，他把每项施工任务，当成一场战役来打，进行战前总动员，讲清完成这项任务与玉门油田原油上产量的关系，使每个人心中有全局，干活有目标，有困难能克服；另一手是认真做好施工准备。玉门油田的油井十分分散，而且远离矿区的生活基地，由于油站、井场装置以及集输管线的施工战线长、路途远，中午返不回来，必须带上午饭。为此他要求工人要精细施工，充分做好班前准备，对于所需管阀配件等材料，一定要领齐领全够一天的用量，决不能由于疏忽大意，因为材料准备不足影响一天任务的完成。这样，从领导到职工，心往一处想，劲往一处使，确保了施工任务的按期完成，为玉门油田的 100 万吨原油上产和炼厂扩建配套工程做出了卓越的贡献。

---

❶ 原胜利石油管理局副书记、副局长。

❷ 原胜利石油管理局基建处工程师。

长输管道建设的奠基人

1958年，玉门油建公司接受石油工业部指令，到新疆建设克拉玛依到独山子炼油厂的输油管线。该管线长147千米，管径为168毫米。当时国内施工长距离输油管线尚无经验可以借鉴。

这项艰巨的任务落到了崔海天的头上。崔海天发动群众，集思广益，制订出一套施工方案。其要点为：一是抓两头休中间。在戈壁滩上施工，夏天，中午温度高达40多摄氏度，为了保护职工身体、确保工程质量，采取中午休息，早晚干活的办法；二是发挥工人师傅独立作战能力，将管线施工组成以焊工为首的班组，承包完成，超额有奖。这一举措的实施，极大地调动了工人师傅的积极性，自觉加班加点，超额完成了管线施工任务，为我国长距离管线建设积累了宝贵的经验，崔海天不愧为我国长输管道建设的奠基人。

而且更为可贵的是，他敢于做自我批评，决不推卸责任。崔海天同志后来多次在大会上讲："克独管线"有一段防腐绝缘做得不好，投产不到4年，就穿孔了，我作为施工领导，要负主要责任，大家一定要记住这些惨痛教训。

严字当头，狠抓管理

在20世纪60年代大庆油田会战期间，崔海天同志身为油建公司的领导，虽然地位变了，但他联系群众的本色未变。他能够听取不同意见，非常重视工程质量。质量是企业的生命线，要把工程质量与完成施工任务放在同等重要的位置。因此，在企业经营活动分析会上，他把质量优良率放在评比活动的首位。同时他狠抓企业管理，他要求大的项目开工必须有施工组织设计；小的项目开工必须有施工组织措施，并经公司批准方能开工。要做到文明施工，工完料净场地清。他经常深入工地，掌握第一手资料。如在萨尔图北一排井排施工中，完工后每个井场都剩余了近千块耐火砖，崔海天质问预算科是怎么算的。预算科经过检查，承认计算有错，耐火砖的数量搞多了。崔海天召开机关干部会议，认真查找原因，并主动承担他作为领导有审查不细的责任，然后去现场装车拉回。这一事件对各机关科室触动很大，教育深刻。

由于崔海天同志能够做到身带言教，严格管理，确保了工程质量达到优良，所以他指挥施工的工程都做到了投产验交一次成功。并实行了交钥匙制度（当时，会战初期，甲方新人员很多，乙方施工完成后，还负责教流程、教操作，直至甲方人员完全掌握为止，俗称交钥匙制度），达到了“三满意（甲方满意、上级满意、自己满意）”，在三个基建指挥部（工程、安装、油建）年度评比活动中名列前茅，油建指挥部多次被评为先进单位。

崔海天同志在几十年的工作生涯中，值得学习和令人敬佩的事例很多，以上只是我们记忆中的几个小片段。

一生情系大庆建设

韩连仲[1]

回忆起来，与崔海天一起共事的日子其实并不长，但是有几件事印象却很深刻。

1966年4月，大庆油田成立了“矿区建设办公室”，职能相当于现在的规划局、建设局、土地局等部门，由崔海天出任主任。因为我是学建筑专业的，就被抽调到了矿建办。

这段时间，只是感觉崔海天这个人做事雷厉风行、严细认真。这一年的年底，“文化大革命”开始了。崔海天作为领导，也受到了批斗。而崔海天是生产领导，不是搞政工的，除了干活就是干活，交代不出什么问题。再说，当时矿建办刚成立不久，大家对崔海天的了解也不深，所以揭发不出什么可以批斗的问题。

当时还有别的单位来参与批斗，有人就让崔海天交代其他领导的问题。崔海天一直没有交代别的领导的事，没有“咬”别人。来自生活办的一个人，后来有点恼羞成怒，就飞起一脚，踢在崔海天的左腕部，那时是冬天，那个人穿着很硬的那种大头皮鞋，被踢部位当时就肿了起来，好多天以后才消肿。机关的一个人还去抄了他家。

因为没找出什么问题，矿建办就想“解放”他，让他继续回到工作岗位上。可是，崔海天的原单位——油建公司的人来到矿建办，要把崔海天揪回去批斗。矿建办就让我陪着他回到油建公司，看看他是不是真的有问题。

在油建公司的批斗也没有找出崔海天什么问题，相反，他还为油建公司一些其他人承担责任。这些问题仔细听起来都是生产中的一些事情，其实不

[1] 大庆油田建筑安装公司原副总经理。

算什么问题。在那个时期还敢为别人承担责任，足可以看到这个人的人格之高尚。不久，崔海天回到矿建办，就“解放”了，随后，他就接着投入到工作中。

1980年，油田成立了房产公司，其实就是物业公司的前身，当时还没有“物业”这个词。我被调进了这个新成立的房产公司。我们接了当时居民组成比较混杂的6个大的居住区，所谓混杂，就是这个小区内居民来自各个单位。包括东风、萨尔图、铁西、团结、乘风庄、解放村。

崔海天当时是我们的直接领导，他多次嘱咐我们，花钱一定要省，一定要花在正地方；服务一定要跟上，要为油田职工做好服务工作，不要让他们有什么后顾之忧。

成立之初，大家都没什么经验，就到哈尔滨去学习。结果回来后，可以说是闹出了笑话。

因为哈尔滨的楼房大都是老楼，上下水管线、电路电线等等老化的情况都比较严重；而那时大庆的居住区都是新建的，根本不存在设备设施老化的情况。我们参考着哈尔滨的维修维护费用，就向上面申请拨款。款拨下来后，随着运行我们发现，在大庆根本用不了那么多钱，这笔钱简直成了我们单位的累赘。后来，就在外地建了职工疗养院。

后来，因为工作关系，我居住在让胡路，崔海天居住在东风新村，我们的接触就不是太多了。

前两年，有一次我们几个老同志一起去看望崔海天。这时他双腿已经不行了，坐在轮椅上。他一见到我，显得特别兴奋，说：“我找你的电话号，问了好几个人都没问到。”

这么急着找我，是因为几天前报纸上刊登了一篇采访我的文章，说的是大庆城区规划的事。因为崔海天一直是大庆市建设的带头人，他看了这篇文章以后，就想找我谈一谈，结果没找到我。这时我到了他家了，所以他很高兴。然后，他兴致勃勃地和我讨论大庆目前的基础建设情况，谈城市的规划和发展。我们讨论的话题有：大庆城市的性质，发展规模，发展方向，大庆城市的特色等等。他提出了许多问题，例如，如何解决大庆城市布局分散的问题，大庆的供水和供热如何实施经济有效的管理。谈了很多，他一直是兴致不减。最后，他要了我的电话，说是以后有这类的事情，我们多多沟通。

崔海天这时已经退休多年，而且身体又不好，但仍然在关注着大庆的发展、建设。通过这件事可以看出，崔海天的命运，已经和大庆的建设融合到了一起，大庆的建设，已经成了崔海天生命中不可分割的一部分了。

崔海天指挥的故事

王振亚[1]

向周总理汇报和演示挖沟犁

1966年5月3日下午3时，中共大庆油田建设指挥部委员会政治部通知施工北二注水站的四中队和二中队的管、钳、焊各班约150人提前下班，做好迎接周总理陪同阿尔巴尼亚部长会议主席谢胡一行参观挖沟犁现场施工表演的准备工作。挖沟犁也叫“乌龟背长虫”，即挖沟、卜管、土方回填一条龙施工作业新型施工设备。通知要求参加欢迎贵宾的人员，需洗澡、理发、刮胡须，衣着整齐，穿戴干净工作服和鞋帽；每人手持一束由红绿黄纸粘成的花束（把红绿黄纸剪成花瓣，用浆糊粘在多叉树枝上，代替鲜花），每人手拿一杆三角形红绿彩旗，上写“中国共产党万岁！毛主席万岁！中阿友谊万岁！热烈欢迎谢胡主席一行访华！”

油田管线施工实行挖沟犁作业后，提高工效三倍至五倍，大大改善了施工条件。这一技术是崔海天同志在大庆油建指挥部任指挥期间，集思广益率领广大技术干部和工人研制成功的。挖沟犁主要研制人员有邱贤明、田肇英等人，经历了一年时间的试制、现场反复实验修改，才正式应用到工程实践中。

1966年5月4日早晨6时，我们大庆油田建设指挥部二大队参加欢迎周总理及贵宾的职工队伍起床、洗漱、吃饭，7时着装，拿上彩旗和花束，到驻地北侧一宽阔场地集合，练队形和口号，做到整齐合一。中队领导向全体欢迎职工提出要求，一定要服从命令听从指挥，千万不要出现差错，这是关系到我们国家对外声誉的大事。

8时，中队领导指挥我们排成两路纵队，由驻地出发，人人脸上挂满着笑

[1] 大庆油建公司退休干部。

容，怀着兴奋激动的心情，边走边说，有说有笑，“今天我们可以见到周总理了”，“毛主席号召‘工业学大庆’，周总理三次来大庆视察，这体现了党和国家领导对我们大庆油田的重视和大庆在国家的重要地位，我们作为大庆人真是太幸运了……”我们走起路来腿也觉着轻松，不一会儿步行三华里到达油田北区三排施工现场。大家排成东西两列横队对面而立，相距6米，在东侧横列队伍中间，并排摆放着面向西，用红、黄、蓝、白粉笔，以仿宋体书写的四块黑板。

一块黑板上写着“热烈欢迎阿尔巴尼亚部长会议主席穆罕默德·谢胡一行来大庆参观访问”。

一块黑板上写着“热烈欢迎周恩来总理等中央领导来大庆视察”。

一块黑板上详细记录了油田建设指挥部研究革新挖沟犁反复试验的经过情况。并有挖沟犁的图案，在图案下方写着技术革新挖沟犁亲身感受的一首诗：“没有经验靠实践，遇到困难学‘毛选’，专家大家是一家，排山倒海力量大。”

我们欢迎队伍人人兴奋，个个激动，盼望人民敬仰的周总理赶快来到我们中间，嘴里还念叨着：总理啊，您快来呀！让我们好好看看您那大度、潇洒、俭朴、谦和、平易近人的伟人神态，实现我们久久盼望见到总理的梦想。

大约9时，我们敬爱的周恩来总理陪同阿尔巴尼亚人民共和国部长会议主席穆罕默德·谢胡一行乘坐的一台大客车，来到我们夹道欢迎的人群中间停下，司机打开自动车门，我们欢迎人群目视总理第一个走下大客车，接着谢胡和陪同人员陆续走下大客车，向我们欢迎人群走来，我们双手高举，挥舞着手中的彩旗和花束，嘴里高呼着口号：“热烈欢迎谢胡访问大庆！”“欢迎周总理视察大庆！”“向周总理致敬！”“中国共产党万岁！”“毛主席万岁！”“中阿友谊万岁！”……

周总理和谢胡主席一行频频向我们欢迎群众挥手致意。当总理健步走到人群东侧四块黑板前，停下脚步目视黑板时，中共大庆石油会战工作委员会委员、大庆石油会战指挥部副指挥崔海天，急步走到总理身旁，手指黑板，向总理介绍挖沟犁技术革新经过情况和工艺流程及工作效率，崔海天声音洪亮，有声有色，讲得清清楚楚，并形象地做个“乌龟背长虫”的手势，总理面带微笑，频频点头。通过翻译，谢胡听得十分用心。崔海天汇报完后，总理对黑板报上工人写的一首诗很感兴趣，他笑着对记者说：“你们这些记者，这里工人诗歌不快记，还记什么？”而后回过头来问石油工业部副部长康世恩、中共大庆石油会战工作委员会副书记宋振明等人，“你们记住了吗？我背给你们听：没有经验靠实践，遇到困难学‘毛选’，专家大家是一家，排山倒海力量大。”一字不差地背了下来，在场的人都惊叹不已，感佩总理的记忆力和对工人的感情。接着总理向前步行了10余米，登上刚被挖沟犁挖出的鲜土堆上，在康世恩、宋振明等人陪同下，观看油建一大队一中队3台红旗100拖拉机摆成三角形，拖着挖沟犁，中间一台拖拉机顶盖背着159毫米口径管线，挖沟、下管、土方回填一条龙施工作业。总理指着正在劳作的3台拖拉机问崔海天：“让女同志开拖拉机行不行？”（当时拖拉机是手摇启动，不是自动打火，女同志启动不了拖拉机。）崔海天回答：“这是重体力劳动，女同志不行。”

接着周总理及外宾坐大客车向北驶向丰收村，视察大庆井下作业指挥部职工家属生活基地。这时，崔海天知道总理一行视察丰收村返回时，将沿10路车线西行10华里，赴油田建设指挥部职工家属生活基地红卫星视察，便让我们通知二大队副教导员姚洪章，让欢迎总理及外宾的职工队伍，跑步撤到董地房西500米岔路口西侧道路两旁，等待总理一行返回时，再次欢迎和目送总理一行西行，以示对总理和外宾的热情和敬重。

大约10时30分，周总理及外宾乘坐的大客车由丰收村返回，来到我们油建二大队夹道欢迎的人群中间，我们向总理乘坐的大客车挥舞着小旗和花束，高呼着口号。大客车放慢速度，总理手扶着大客车前侧扶手，向我们欢迎人群挥手致意。我们激动不已，人人流下了激动的热泪，目送着总理乘坐的大客车渐渐远离采油五矿、八一新村之后，我们油建二大队迎送总理及外宾的职工队伍才返回到采油三厂五矿施工驻地。

崔海天向总理汇报挖沟犁一事已经过去40多年了，但周总理平易近人、慈祥可亲的音容笑貌和崔海天汇报时的洪亮声音，永远留在我的脑海中。

带我们向会战工委报捷

1962年5月1日上午8时，松辽石油会战工作委员会在当时的大庆油田第一中学（现23中）院内，召开《热烈庆祝五一国际劳动节暨总结动员誓师大会》，到会3万余人。

大会首先由会战工委秘书长李荆和宣读“五一”国际劳动节的来历和纪念的重大意义，然后由会战工委副书记、会战指挥部副指挥张文彬总结第一战役工作。接下来，王进喜、薛国邦、朱洪昌分别代表钻井、采油和油田建设单位的全体职工表决心。最后，到会的最高首长——石油工业部部长、松辽石油会战工作委员会书记余秋里做指示，他要求全战区63000余名职工，要遵照党和国家建设社会主义总路线的建设方针，“鼓足干劲，力争上游，多快好省”地建设松辽油田，齐心协力完成国家下达的计划任务。余部长要求各指挥部、大队完成计划任务后，应该及时向会战工委报捷，以便工委能及时掌握生产计划任务的完成情况，“哪怕是基层中队完成一个泵站、转油站，也要向我们报捷，我们会战工委也向你们贺喜。”

崔海天历来是执行上级指示非常坚决的。1962年8月20日，油田建设指挥部二大队提前11天保质保量地完成了萨尔图油田中三转油站、中三注水站和中区油水井等22项8月份的工程任务。

8月21日一早，大队长刘万金和宣传干事高瑞印和我一起，用红纸写了一份报捷书。油建指挥部办公室副主任赵兴贤张罗好了报捷人员和锣鼓。不到8时，崔海天来到我们二大队门前，带领我们八九个人，步行向二号院走去。

路上，崔海天看见有的人打不起精神，就说：“年轻人要有朝气，不要死气沉沉的。来，大家唱歌儿。”说完，他就起了个头，领着我们唱了《我是一个兵》、《三大纪律八项注意》、《歌唱祖国》等革命歌曲。一唱歌，大家的精神头就上来了，走起路来都雄赳赳、气昂昂的，脚步坚实而有力。

走到距二号院大约还有500米时，崔海天指挥大家：“把锣鼓敲起来！”到了二号院门口，就看见宽敞的院子里摆放着4张木制办公桌和8把椅子。余秋里、康世恩、张文彬、焦力人、陈李中、王新坡、宋世宽、李荆和等领导早已等在那里。等我们走到距领导们10余米时，锣鼓停了下来。以余秋里为首的领导们一一和我们握过手，余秋里说：“开始吧。”

崔海天指示两人打开报捷书，让我高声宣读。读完之后，余秋里笑呵呵地带头，用右手拍打胸膛（余秋里在战争中失去左臂，号称独臂将军，所以他鼓掌时或是拍打胸膛，或是拍打桌子），其他领导也都笑容满面，热烈地鼓起掌来。

康世恩说：“请余部长讲话做指示。”

余秋里说：“张文彬，你代表会战工委说一说。”

于是，张文彬对我们说：“我受余部长的委托，代表会战工委，祝贺你们油建职工在阴雨连绵的季节里，克服重重困难，提前完成8月份的计划任务。这充分说明你们油建领导班子是坚强的，职工队伍基础是好的，工作作风是扎实的。是真正能猛攻、能巧干、能集中、能分散的一支过硬队伍，也是我们战区四大基本建设队伍中的一支过硬队伍。对你们所取得的成绩，我们表示热烈的祝贺，希望你们戒骄戒躁，再接再厉，乘胜前进！”

领导讲完话，我们正准备往回走，余秋里说：“先不要走，一起合个影。”于是大家排列好，由大庆《战报》的记者，“咔嚓”一下，留下了这珍贵的历史记忆。

1960年到1963年，崔海天协同指挥部书记、指挥扎扎实实地抓好各项工作，让指挥部取得了突出成绩，连续三年被评为战区一级红旗标杆单位。得到这样的成绩，崔海天功不可没。1963年10月24日，松辽石油会战指挥部把油田建设指挥部所在地命名为群英村。

由于工作突出，1963年12月10日，崔海天被松辽石油会战工作委员会任命为油田建设指挥部指挥。

阻止工人们给红卫兵写大字报

1966年11月22日上午，大庆油田会战指挥部为认真贯彻落实《人民日报》、《解放军报》、《红旗》杂志两报一刊《再论抓革命、促生产》的社论精神，在南三联合站召开以油建为主，各二级单位出席代表的南三联合站竣工投产祝捷大会。

会议由中共大庆油田会战工委委员、大庆油田会战指挥部副指挥崔海天主持。

刚准备开会，大庆石油学院部分造反派红卫兵学生冲上主席台，从崔副指挥手中抢走麦克风，对与会3000余名职工说：“工人师傅们，觉醒吧，不要再受大庆黑工委蒙蔽，他们走刘邓路线，用资本主义管卡压的规章制度束缚你们手脚，使你们成为他们一小撮人的奴隶，站起来吧！与我们一道揭开大庆黑工委的盖子……”

这时与会职工群情激奋，纷纷冲向主席台，呼号着要打抢走麦克风、扰乱祝捷大会的部分大庆石油学院的红卫兵学生。崔副指挥临危不惧，向与会职工高声疾呼："同志们，你们一定要冷静！"这时，他张开双臂，做向前推的手势，不让职工冲向主席台。他说："大家千万不要胡来，'文化大革命'是毛主席发动的，红卫兵是毛主席支持的呀！千万不能打红卫兵啊！"大家听了他的话，情绪缓和了许多，避免了一场工人和红卫兵之间的武斗事件发生。

但与会职工气愤难平，油建指挥部管道预制厂三中队与会职工回到集体宿舍，愤愤不平，滔滔不绝地你一言我一语，诉说当天上午发生事情的经过场景，并纷纷提出"给红卫兵写大字报"。中队办事员听了大家诉说，非常气愤，针对大家提出的问题，按顺序撰写完草稿，而后用两张红纸、墨汁、毛笔抄写完"给大庆广大红卫兵"一张大字报。大字报中对红卫兵胡乱造反，深入厂矿车间串连，干扰厂矿企业正常生产秩序的行为，给予了严厉的批评，我们很多人都在大字报上签了名。

23 日早 7 时，我和宋其伦吃完早饭，相互催促去中七公交总站贴大字报。中七总站是大庆的交通枢纽，是大庆人流的集散地，看大字报的人多，消息传播得快。于是我们来到让胡路中央大街公交车站，乘坐二路公交车至萨尔图中七路公交总站下车，直奔坐西朝东的公交车站候车室。这时正是油田职工家属倒班休息，乘车前往萨尔图购物人潮高峰期。我选好张贴大字报的位置，让宋其伦在贴大字报的公交车站候车室西墙中间，用毛刷蘸着铁罐里面的浆糊往贴大字报的地方刷浆糊。宋其伦往墙上贴大字报，我距三米远处瞅着指正。

中七路公交总站给红卫兵贴大字报一事，很快传到二号院会战指挥部，大庆油田会战工作委员会主要领导知道后，立即部署："这场'文化大革命'是毛主席亲自发动，红卫兵是毛主席支持的，在这风口浪尖上，给红卫兵写大字报，这是不合适的"。会战工委责成崔海天，于当天晚上 7 时，趁着中七路公交总站无人乘车时，在中七总站召开大庆油田各二级单位书记、指挥或政治部主任现场会议，揭掉大字报，说明这张大字报可能引发的严重后果，要求各二级单位领导做好职工家属的思想教育工作，阻止职工家属再给红卫兵写大字报。

24 日早 6 时，我还没起床，崔副指挥在油田建设指挥部政治部副主任刘运辰和一大队教导员韩友谟的陪同下，来到让胡路油建一大队三中队集体宿舍

我的床前问我 :“是你给红卫兵写的大字报？”我回答 :“是我写的。”崔副指挥用亲切的口吻责备我 :“你怎么能给红卫兵写大字报呢？”我说 :“中央领导提出‘抓革命，促生产’。红卫兵为什么要把大庆在南三联合站召开的竣工投产祝捷大会搅黄？为什么随便截我们拉运油水管线的汽车去厂矿车间串联，搅乱厂矿企业正常生产秩序？”崔副指挥听我说的条条是理，他也不好说我的“不是”，只是说“这是毛主席发动的‘文化大革命’，今后再不要给红卫兵写大字报了”，又补充一句“多学习”，就离开了我们宿舍。

我们给崔海天做鉴定

张和平[1] 边庆海[1]

1967 年七八月间，“文化大革命”崔海天被抓回油建公司挨批斗。

那个时候，大庆的造反派分为“八二八”和“红筹会”两大派系。当时的情形是派与派之间斗，单位与单位之间斗。有许多家庭成员分属两个派系，于是，家庭成员之间也斗得不可开交。可以说，斗争是异常激烈。

我们这些工人的文化水平不高，当时对“文化大革命”也不太明白。开始时，以为只是批斗有文化的人，后来，就把各位领导和有文化的人画上了等号。

因为崔海天是从油建调出去的，所以被油建公司抓回来批斗。我们称他们为“黑鬼”。

油建公司共有 17 个人挨批斗。这些人白天到工地劳动，晚上开批斗会。在工地上，也不给他们安排很重的活，就是搬搬砖、抬点水泥。搬水泥，正常工人是每人扛一袋，像崔海天这些人，是让他们两人抬一袋。他们睡觉都是单独的房间，门口还有民兵把守，说是为了防止他们“串供”。

因为崔海天以前在油建时对工人很好，工人们也都对他比较尊重、比较敬佩，所以挨批斗时很少挨过打。当然也有些不文明的人、好出风头的人动手打过他。崔海天在我们六大队五中队挨批的时候，有一次，要求他站在板凳上，大家主要是喊口号批他。有一个不太文明的人，上去一脚把板凳踢倒了，崔海天跌坐在地上，马上自己爬起来，低着头、弯着腰、撅着屁股继续挨批。

崔海天被揪回油建之前，在新成立的油田矿建办挨斗时，有一次，生活办的一个人穿着大头皮鞋踢在崔海天的手腕子上，肿了好几天。

崔海天这人很有学问，他在我们六大队劳动的业余时间，经常给大家讲一

[1] 大庆油建公司退休工人。王海群协助整理。

些技术知识和国内外形势，他说秦砖和汉瓦早晚要被取消，将来大庆也要盖高楼，在地面打桩，很高很高，100 米高。用大型砌块做保温，墙倒屋不塌。他还说，以后要大力发展“三化”施工，咱们油建在 1964 年就搞了，今后什么房子、阀组的，都在“后四厂”做好了，拉到现场组装一下，找平，好了。

在我们油建，有一位姓李的管理员挨打比较重。因为他当管理员时，看到几个年轻人浪费粮食，训过这些年轻人，他被评为“红管家”。“文化大革命”时期这人自己也不注意，有一次半夜听苏联的广播，这下子可坏了，他被定为“苏修特务”。原来他住在工读学校的食堂库房里，冬天天气冷，他在房间里点红外线取暖炉，晚上蓝光一闪一闪的，夜里，从外面看像是在“发电报”。造反派看到了，就打开门冲进去，一进去，冷风一吹，红外线炉子就灭了，查找半天什么也没找到。后来，硬是给他扣上了“苏修特务”的帽子，挨批斗。挨过他训的几个年轻人就打他打得比较狠，把他腿打肿了，肿得快赶上水桶粗了。那时是冬天，他连棉裤都穿不进去了，只好把棉裤剖开，用铁丝缠到腿上。后来一些人胡说，这个“苏修特务”是崔海天安排到油建指挥部的，又给崔海天安了一条罪状，大会小会批个没完。现在看来真有点好笑。当时每天晚上各个单位排号，轮着批斗崔海天这些人。有文化的人组织些材料批，像我们这样文化不高的人就是跟着喊喊口号。

在吃饭的时候，崔海天他们要排在最后，等我们都打完了饭，才能轮到他们吃。他以前经常上前线，吃饭不及时，饥一顿饱一顿，还经常吃不上热乎饭，所以得了胃病。挨批的这段时间，虽然在精神上给他带来很大的折磨，但是，每天都能及时地吃上热乎的饭菜了，过了一段时间，他的胃病居然好了。他后来经常说，挨批斗这段时间，我的胃病治好了。

三中队的队长马世坤，是“红筹会”的头头，有权单独“提审”“黑鬼”。后来，马世坤就经常把崔海天叫走，说是要单独批斗。时间长了，有人看出了门道：马世坤根本不是批斗崔海天，他是弄了几个菜，两个人喝酒去了。后来，很多人都知道了这件事，但是大家谁也没把这事说破。我们本来打心眼里也恨不起来崔海天，巴不得有人能照顾一下他。我看，马世坤这样明斗暗保的做法最好，我们一天干活挺累的，哪有心思批呀斗呀的，可总有那么几个人一天到晚没啥事，成了批斗的专业户，烦死人了。但在当时可是不敢说，那时候，一句话不对劲就是反革命。

斗了一年半左右，因为崔海天实在也没什么问题，就“解放”了，崔海天回到了会战指挥部，接着开始工作了。记得他临走的时候，我们给他做鉴定，我们用时髦的词句给他写鉴定，说正确对待群众，正确对待“文化大革命”。我们还说崔海天热爱劳动，这倒是真的。我们真的不懂为什么要搞“文化大革命”，“文化大革命”前在工地上干活热火朝天，都很认真，可现在是胡闹，没人管质量。他走那天，我们都哭了，有点舍不得。可这么大的干部，也不能老在我们小队劳动呀。

后来，有批斗过他的人有了升迁的机会，组织上征求崔海天的意见，崔海天认为这个人有工作能力，同意提升这个人。由此可见，崔海天为人心胸开阔，光明磊落，不计较个人恩怨。这一点，让人打心眼里佩服。

海天一色——亦师亦友崔海天

任贵生[1]

我想这样叙说我的一位忘年交。

他的胸怀像大海一样宽广，他的志向像苍天一样高远，他的意志像钢铁一样坚强。他可谓大庆开发建设的先驱者。

对我来说，他亦师亦友，是我人生路上的引领者。对大庆来说，他是老会战、石油人、石化人。对这座城市来说，他是市政老领导、石化老领导。在我们这一代青年人前面，他是长者，是智者，是顶天立地的汉子。从他的举止言谈中，我无时不体会到榜样的力量，更加坚定自己的信念：作好人民的公仆，为大庆这座光荣的城市发展建设贡献力量。

这样说的时候，我的眼睛一阵阵发热。多少次登门求教，或偶然相遇，无数次聆听教诲，让我怎能不忆起这位忘年交的点点滴滴。

他，崔海天。

他指挥建设我国第一个以油田轻烃为主要原料的乙烯化工大项目，是大庆年产 30 万吨乙烯工程总指挥。他从一位老军人、老会战、老领导、老建设者的责任出发，讲述军人传统、石油师作风、大庆会战创业历程、城市建设理念，多种方式，传递薪火，教导后者。

忆师忆到心深处，常将敬意充满怀。

他是我的老领导，也是我工作生活中的导师。从他身上，我潜移默化地收获了许多对人生、对工作的感悟和启发。

1985 年，我担任车间主任时，有幸相识崔老。一次，我参加全厂的一个生产大会，会上，崔老做了石化生产方面的重要讲话。

---

[1] 大庆市副市长。

我当时注意到，崔老讲了整整半个多小时，共三个问题，没有用稿。讲话思路清晰，内容前瞻，语调动情，不时掌声阵阵。讲完之后，会场响起长时间掌声。

作为一名刚刚走出校门，满怀远大志向的大学生，崔老用他的话语，坚定了我建设美好大庆的理想，我似乎看到了共和国石化发展的光辉未来。

那是我第一次内心深处受到强烈碰撞，默默感悟到这位领导者的睿智和远见卓识，他钢铁般的意志和雷厉风行的工作作风，犹如春风化雨，直击我的内心，深深地感染和打动了我。

那也是我第一次近距离的聆听，那种触动永远难忘。

有缘结识崔老，更幸运的是我们成为忘年交。这还得从他的家人说起。

他的长子崔光磊和女婿王彬与我都毕业于大连理工学院，一个是高一届、一个是同届，一直同窗好友来往，算是校友，也称为同学。有了这个机缘，我经常去崔老家里。每逢元旦、春节、“五一”、“十一”等节日，我都要到家里去坐坐，特别是光磊到外地工作后，家里有个大事小情的，我都要过去看看，我一去他老人家就让家人沏一壶茶，古今中外说个没完没了。

久而久之，相互有了很多了解，积攒了深厚情谊。

“啊，贵生，这个问题你怎么看哪，怎么处理？”看到我来，他经常手里拿着报纸，慢声拉语地跟我讨论。

崔老很愿意和我唠嗑，我也感到和他老人家在一起是交流，是沟通，是收获，甚至是享受！

他经受多年的病痛折磨，行动有困难，但是头脑一点不守旧，思想解放，思维超前。讨论一个问题时，他会思路清晰地把这个是怎么回事，那个是怎么回事，娓娓道来。提问题时非常尖锐，回答问题时总是一语切中要害。老人家身上那种军人骨子里的自强不息，头脑中的睿智与敏捷，体现在言谈举止间还是那么的透彻、清晰，完全看不到曾经失忆、痴呆的影子。

有几次上班前或下班后，碰巧遇到保姆带崔老围着市政府办公楼锻炼。我上前接过轮椅，推着老人家边走边聊。

年过八旬的他坐在轮椅上，表情温和慈祥，目光执著而深邃。每次刚说上几句话，他都会看着我乐呵呵而不乏坚定地说，“你忙去吧，你是大忙人，我这没什么事，闲转悠”。

几句言语，听着简单，细细品量其中的心境，透露出作为老革命、老领导那种品质，豁达，看得开。

崔老常说的一句话，“历尽艰辛我为啥能挺到今天？我觉得就是靠军人的意志，正确的趋向，对人生命运的把握。”

他也常常鼓励、鞭策我，“啊，你任贵生，要好好工作，多为国家、社会效力……”

就这样，他持着老一辈的经历与厚重，肩负着老前辈的托付，对身边年轻人进行贴心教导，寄予殷切期望。作为年轻一代，我们铭刻在心，永远难忘，受益终生。

2011 年前我去他家中，看到他读书看报，关注国际大事，关心国家变化，思虑油田建设和大庆未来发展，特别是在大庆城市规划建设与管理、接续产业发展、城市转型上，他总是紧扣时代脉搏，津津乐道，其中不乏远见卓识，不乏洞察世事，这让我的敬意又进一步加深。

2012年，他的病情加重了，已基本上不能用语言与人交流，认人也逐渐困难，甚至连家人有时也认不出。我却受到一些偏爱，每去家里时，一听我的声音就说：“任贵生、贵生。”总是慈祥地看着我微笑，还时而动动手指或轻轻颔首。

而我，虽然面对一位不再健谈的老人，但走近他，看着老人家的眼神，就有如一股涓涓细流流经我的心田，坚定了我服务大庆、建设大庆的信心和决心。这是一种无声的力量，虽无声，却重于泰山。

此时有首歌在我脑海中回荡，我为祖国献石油、踏着铁人脚步走……

我想把这首歌送给亦师亦友的崔老，希望在接下来的日子里，从他慈祥的微笑、睿智的眼神中，感悟崔老人格的伟大。同时，我更相信，在历史的烟尘里，在松辽平原夏日的原野上，在北方冬天的寒风里，永远会传诵崔老的故事。

这个人，海天一色，包容天地。

指挥大庆乙烯工程建设的大家

郑耀舜[1]

1977 年，中央在大庆召开“全国工业学大庆”会议后，时任石油化学工业部部长的康世恩对大庆党委的人说：大庆油田已经年产 5000 万吨，已有 500 万吨炼油、30 万吨合成氨、53 万吨尿素工厂。现在要规划充分利用油气资源，决定在大庆建设一座大型乙烯工程。后来石油化学工业部和黑龙江省联合就建设乙烯问题向国家计委正式提交了报告。1977 年 9 月 2 日，国务院批准了请示报告，并告知：大庆的乙烯工程必须由搞石油的人来建。此项工程从此落到大庆人的肩膀上。当时大庆党委决定由崔海天同志和我负责筹建准备工作。经过多处实地踏勘、充分论证，大庆乙烯的厂址选在大庆化肥厂以南的现址。

1977 年 11 月下旬，崔海天和我、王瑛等同志到石油化学工业部汇报大庆乙烯的筹建工作问题，康世恩部长明确指出：中央领导同志亲口交代，大庆乙烯由大庆油田负责建设，你们大庆要坚决执行中央精神，一定要干好，这是中央领导对大庆人的信任。你们要按照“工农结合、城乡结合、有利生产、方便生活”的方针建设；大庆油田要搞“三脱三回收”，要把乙烯原料工程作为重点工程来抓；大庆乙烯及原料工程要引进当今世界最先进的技术和设备。回到大庆，崔海天和我、施广仁等同志开展大庆乙烯的筹建工作。

1978 年 8 月，崔海天被任命为大庆乙烯会战建设指挥部指挥，并于 1979 年进驻乙烯工程建设现场开始组织施工。

1980 年 11 月 4 日，中央财经领导小组会议决定，大庆乙烯工程缓建；1981 年 1 月 14 日，国务院决定大庆乙烯停建。

---

[1] 大庆市原市长、原大庆乙烯工程指挥部党委书记、大庆石化总厂原党委书记。大庆市原建委主任赵庆德参与了文稿整理工作。

后经国家计委、国家科委组织专家到大庆实地调查，又听取各方意见，充分论证后，认为在大庆建设乙烯工程是正确的，对国家经济发展大有好处。由国家计委报国务院批准于1981年9月2日复建。经过近5年的艰苦建设，于1986年4月大庆乙烯一期工程投产试车一次成功。大庆乙烯在国内4套乙烯项目中取得了5个第一：第一个全面竣工建成；第一个全面投产，试车投产一次成功；第一个经国家正式验收；第一个全面达标，即产量、质量、品种、能耗、环保全部达标；第一个获得国家颁发的工程金牌（也是国内4套乙烯工程中唯一的一个）。

崔海天同志在大庆乙烯建设过程中，历尽千辛万苦，发挥了卓越的指挥才能和高超的领导艺术，为大庆、为国家立了大功。

处惊不乱，每遇大事总能拿出有效办法

1979年乙烯工程迅速掀起了施工高潮。年底，乙烯装置的土建工程不仅全面开工，而且整个现场的水、电、气、讯全部畅通，为整个工程全面开工创造了有利条件。但是，在当时“反洋冒进”的气氛下，1980年至1981年中央财经领导小组和国务院先后决定大庆乙烯工程缓建和停建，这对刚刚成立的大庆石油化工会战指挥部党政领导班子是个严峻考验。从国外购买的十几亿美元的设备、材料、精密仪表、电器、十几种高纯度的化学药剂、贵重催化剂如何保管，都是一个很大的难题。当时人心浮动，队伍不稳，不少人申请离厂，现场各路工作也急需理顺。究竟何去何从，几万双眼睛都在盯着崔海天和我。在这关键时刻，我们必须从实际出发，拿出一套切实可行的措施来，解决停建所导致的一系列问题。作为指挥的崔海天在关键时候，展现出大智大勇的大家风范。首先他先后找各位副指挥谈话，听取意见，然后召开处局级领导干部会议，会上他说：“郑耀舜给我抄了一首郑板桥的诗，‘咬定青山不放松，立根原在破岩中，千磨万击还坚劲，任尔东南西北风’。我们一定要咬定青山不放松，这个青山就是国家一定会恢复大庆的乙烯建设，管他什么东南西北风，我们坚决做好3项工作。我看大家就以此诗共勉吧。”他根据大家的建议，提出了在停缓建期间做好3项工作：

（1）办学习班，学英语、学新技术，提高工人和干部的技术素质。

（2）直接向沈阳军区李德生司令发电，请求派解放军来大庆，看护现场的设备、材料等。

（3）派施工队伍进入油田承揽工程，解决资金短缺问题。

经指挥部研究决定后，这3项工作开展得不但迅速，而且很有成效。

首先，崔海天针对乙烯工程生产装置工艺复杂，自动化水平高，关联性强，控制要求严格的特点，采取了脱产和业余相结合的办法，先后开办了石油化工、乙烯生产工艺技术、设备、仪表、电子计算机以及管理等92个专业学习班，参加学习的职工达3000多人。经过一年多的技术培训，有的工人技术达到了六级的技术工人水平。还有800多人通过文化学习，拿到了相应文凭。崔海天要求职工学习，自己首先带头学，工作再忙，每天早晨5点准时起床，背英语单词，夜里不到12点不熄灯，就连外出开会也带上英语书籍学习。功夫不负有心人，通过刻苦学习，他不仅能阅读外文资料，阅读《人民日报》外文版，还能用外语直接与外国专家进行长时间会话。

第二件事是沈阳军区李德生司令接到大庆的电报后，立即派一个排的解放军，同我们一起看好设备材料，此后没有发生材料被偷抢的现象。

第三件事是把剩余人员组织起来，到油田找活干，既可为油田建设服务，又可搞一些创收，解决当前资金短缺问题，同时还可锻炼施工队伍；在指挥部内开展一个增效节约活动，大力提倡勤俭办事情，一分钱掰成两半花，把有限的资金用在刀刃上。崔海天安排施广仁、王锡清到油田找工程，当年就结算回750万人民币。

这三件事的顺利实施，稳定了队伍，提高了队伍，进场的设备得到了安全保护，这是一举多得。大庆乙烯在国家停缓建期间基本做到没有损失，国家机关有关部门对此十分满意。

善于抓主要矛盾，集中兵力打歼灭战，一个战役一个战役地成功解决问题

1984年秋季，乙烯工程主要厂房施工进度慢，而当时的生活区住宅建设工程进度很快，热火朝天，这里是江苏队伍干的。在指挥办公会上，崔海天提出，将生活区建设的部分江苏队伍抽调一部分到乙烯装置厂房工地来抢建土建工程进度，以便确保“86.4”乙烯一期工程投产。这时主抓生活区工程的副指挥提

出反对意见说，这样做会造成住宅建设拖工期，不但职工会有意见，而且队伍调动也会造成很大浪费。崔海天详细分析了当前的工程进度形势，指出当前的主要问题是，装置的土建工程进度慢，影响设备安装，这是主要矛盾，这个问题不解决，整个乙烯工程就要拖“86.4”的后腿。会议经过讨论，虽然还有不同意见，但从大局出发，崔海天做会议总结说：“为了确保‘86.4’乙烯一期工程投产万无一失，我决定，立即实施调动生活区的江苏队伍进入工厂区土建工地施工方案，计划、施工管理部门按此决定编制实施措施，3 天后队伍调整到位。”会后，崔海天详细过问资金、物资、队伍的分配情况，经过各位副指挥的共同努力，新的施工部署取得了积极成果，工厂区的土建工程进度加快了，生活区的进度也未受到影响。在乙烯的全部建设过程中，这样的事例很多，这说明崔海天具有驾驭大兵团作战指挥自如的能力，只要看准的事情就绝不含糊，坚决实施。

崔海天善于利用典型的力量推动工程建设，实现百年大计质量第一

乙烯工程中各种塔类、换热器、反应器之类的工艺设备很多，施工难度大，这些塔是高温高压设备，万一某一个环节出了问题，会给投产和日后的运行带来严重的隐患。他决心亲自树立一个样板工程，带动所有塔类设备工程做到万无一失，全部达到质量全优。于是他亲自过问关键大塔的吊装方案，吸取了大庆化肥厂吊装 300 吨合成塔时碰弯了地脚螺栓的教训，吊装 600 多吨重的丙烯塔、乙烯塔，不能碰弯地脚螺栓。他强调，一定要充分准备，不打无把握之仗，他亲自听取吊装方案，提出“稳、准、一”的方针，就是一定做到起吊平稳、落塔准确、一次成功。在准备会上，他反复从不利的角度提出许多问题，让施工单位予以解答，反复论证，多次修改吊装方案，决定在地脚螺栓上加护丝套，能做到万无一失。作为总指挥，他亲自到吊装现场鼓励现场指挥人员要冷静。当多台大型卷扬机启动，将平卧的合成塔缓缓拉起时，他屏住呼吸，目不转睛，仰望徐徐升起直立的钢塔，他亲眼看到地面预埋的十颗螺栓准确地从护丝套尖上插进塔底盘安装孔，实现了“稳、准、一”的要求时，带头鼓掌，大声道：“同志们辛苦了，你们立功了，谢谢大家，谢谢大家”。全场响起一片欢呼声，此时在场的外国专家也伸出大拇指说：“中国了不起，你们是好样的”。

他告诫其他副指挥，对于关键设备的施工，一定要以丙烯塔为榜样，做到领导自己心中有数，亲自过问施工方案，亲自指挥，实现“稳、准、一”。

榜样的力量是无穷的，大庆乙烯工地所有的塔炉工程全部无一例外地实现了“稳、准、一”的目标，为大庆乙烯工程成为国家级金牌工程奠定了坚实的基础。

崔海天善于与人共事，帮助和协调同事共同完成任务

乙烯工程原设计中有一套年产 20 万吨乙醇装置。上级领导征求我的意见，我多次表态，不同意建设乙醇装置，但我缺少一些论证数据。崔海天和我沟通了这方面的情况，他立即组织一个论证班子，从黑龙江省酒精生产情况、东北铁路容量、东北酒精无销路等基本事实开始进行论证，形成完整报告后，崔海天和我、王瑛等人进京汇报一次成功，大庆乙烯取消了乙醇装置。

在同级领导班子中，崔海天十分尊重他人的意见，善于和同事们沟通，和他一同工作感到愉快。一次他谈起如何争取乙烯复建问题，说光等也不是个事，我们是不是主动到北京跑一跑。他对我说：“你长期在北京工作，认识人多，人熟为宝嘛！”崔海天马上组织人员编写一份大庆乙烯复建报告，崔海天和我负责，组成由王瑛、王锡清、金玉藩、王忠信等人参加的工作小组进北京，先后到国家计委、国家建委、石油工业部、化学工业部，弄清了大庆乙烯缓建停建以及迟迟不恢复建设的一个重要原因是担心原料不足。

对乙烯原料问题，我们有理有据回答了大庆油田能提供大庆乙烯足够的原料方案。1981 年 9 月 2 日，国务院终于正式批准大庆乙烯工程恢复建设。崔海天积极支持别人工作，许多事都是他亲自组织亲自干的，功劳都记在别人身上。

高超的协调能力和卓越的组织能力，乙烯建设工作井井有条，做到了又好又省

乙烯工程工艺复杂，参加建设的设计和施工队伍不但单位多，而且还是来自四面八方，彼此互不熟悉，客观上给设计协调和工序交接等工作带来很大困难。参与乙烯工程的设计单位国内有大庆、哈尔滨、兰州、洛阳、成都等地的设计部门，国外的有日本、美国、德国、意大利、荷兰等国的设计部门。

根据多年的油田建设经验，崔海天认为这么多设计部门共同完成一大项工

程设计，必须有一个“拿总”的设计院作为龙头设计院。在工程缓建期间，设计工作没有停，他多次和大庆石化设计院的陶遵礼院长详尽讨论了由谁“拿总”的问题。论设计经验和资质，大庆石化设计院有些不足。但从熟悉现场情况、职工责任心方面来看，大庆有优势。崔海天经过深思熟虑，决定由大庆石化设计院“拿总”，即大庆 30 万吨乙烯工程全厂总平面、物料总平衡、总项目表、工艺总流程、总概算、总定员由大庆石化设计院完成设计。这一决定使全院职工受到很大鼓舞，大家刻苦钻研，日夜拼搏，既承担了“拿总”重任，又完成了 162 个单项设计。另外，和国内外多家设计单位的设计对接工作开展的也很顺利。对于关键的设计联系事项，崔海天尽最大努力为设计人员创造条件，提供方便，亲自和设计人员一起讨论，一起出国，及时确定工艺参数，保证了设计进度。

工程投产后，经国家考核，认为乙烯工程“设计合理，技术先进”，大庆石化设计院因此取得了石化系统甲级院的资格。

参与乙烯建设的施工队伍有几百家，为了尽量避免地上工程和地下工程发生时间和空间的矛盾，崔海天领导工作人员把一个大工号分解成若干小工号，并以小时为单位，确定每个小工号的进度，管理人员按照小时检查进度，这样就有效地避免了工程之间时间和空间的矛盾。这种以小时为单位的细化作业模式在国内是一大发明。崔海天不愧为是一位施工指挥的大家，在他的指挥下，每个施工小队都有时进度、日进度，千军万马战斗在一块土地上，工地忙而不乱，井井有条，局部的正点高质量运行，保证了全局的正点和高质量运行。

国务院批准大庆乙烯工程复建，并定为国家重点工程，成立领导小组，由孙敬文部长为组长，协调中央机关和黑龙江省的关系。崔海天考虑到乙烯工程是国家重点工程，资金问题、材料问题可能会成为制约工程进度的重要方面，于是他向陈雷省长提出省里成立乙烯工程领导小组，以便及时协调省里 40 多个单位的工作配合。陈雷表示原则同意这个建议，并决定，这次大庆乙烯工程建设，省里不成立领导小组，只搞个支援小组，由省计委、建委和石化厅等单位组成，于 1981 年正式开展工作。1982 年 5 月 24 日，由陈雷省长亲自带领省政府十个厅局长及有关部门的领导，到乙烯工地召开了第一次办公会。这次会议不仅解决了大量的问题，还专门做出决定：一是成立黑龙江省支援大庆 30

万吨乙烯工程建设小组，陈雷省长任组长；二是成立了由省计委、经委、化工厅、物资厅、商业局、土地局等部门参加的“支援乙烯办公室”，并确定三名领导驻现场，了解情况，协调关系。对这一办法，国家给予了肯定。不久在广石化乙烯、茂名乙烯、宁夏大化肥、福建炼油厂等一大批重点工程中，都成立了工程建设领导小组，来统一领导和指挥工程的建设。

关于施工队伍的招用问题，崔海天考虑得比较多。在我国实行改革开放前，长期以来的习惯是安排哪支队伍承担施工任务，一律由上级主管部门推荐，作为现场指挥部没有直接确定队伍的权力。因此，在 1981 年大庆乙烯建设期间，完全实行招标的办法确定施工队伍，也是不现实的。但此时已经有了用招标办法选用队伍的崔海天来讲，对此种由上级主管部门推荐队伍的做法既不甘心也不情愿，但又不能完全拒绝上级主管部门的推荐，于是在办公会上崔海天提出一个变通的办法：“推荐—考核—合同—包干”。这一办法的实质内容是对上级推荐的队伍实行“签订合同，概算包干”的办法对其进行考核，再通过签订合同实行投资包干的办法来约束甲乙方控制投资标准。经过讨论，会议通过了这个办法，这一办法是我国后来实行的“招标”方式的初级阶段。根据每个生产装置和单项工程的特点，可以用不同的形式与施工单位签订合同，例如，概算包干、单位工程造价包干、施工图预算加系数包干、施工图预算加现场签证包干四种形式，同时，还把开竣工日期、工程质量、材料供应等事项都以经济合同的方式确定下来，一次包死，奖罚兑现。在 1983 年与承担乙烯主要装置施工单位签订经济合同的基础上，1984 年所有单项工程的施工全部实行了经济包干制。

经过考察筛选，有建设乙烯工程经验的吉化建设公司、有长期炼油厂建设经验的石油工业部第四建设公司、有长期建设化工厂经验的化学工业部第十一化建、有优质焊接经验的核工业建设公司和沈阳球罐公司等施工单位都纷纷云集大庆乙烯工程建设现场，各显神通。事实证明，这种办法对于保质保工期、避免建设工程的不正之风起到了重要作用。

近几年来，我国基建工程施工超预算的事是家常便饭，习以为常。当时，崔海天思考着：这么大的工程最终要多少投资，弄不好，工程成了“无底洞”。到那时，我们无法向国家交代。大庆乙烯是国家第一个恢复建设的项目，我们应该在这方面拿出办法来，把概算控制住，把投资控制住。他决定向中国石油化工总公司实行概算总承包。他亲自挂帅，以大庆石化设计院、指挥部经济预算处为主成立了概算复核小组，本着实事求是的原则，根据国家有关规定，按工程的实际情况，对国家计委、国家经委批复的“大庆乙烯联合化工厂总体设计”的概算进行了复合。经过半年的工作，认为原概算的取费标准基本是准确的，原概算确定的 42 亿元投资也是准确的。1983 年 8 月，经盛华仁副总经理同意，崔海天、王瑛代表指挥部与总公司签订了《关于大庆乙烯联合化工厂工程建设投资包干协议》，指挥部对国家承担五包，即包投资、包工期、包质量、包主要材料用量、包生产能力；总公司对指挥部承担五保，即保建设、保设备材料、保外部协作条件、保生产定员、保投产所需原料。

崔海天说，承包不是目的，而是一种手段，或者是一种方法。目的在于通过承包建立约束机制，明确责任，规范工程行为，进而来促进人们加强管理，精打细算，把资金用在刀刃上，又好又快地把工程搞上去。按照这个包干协议精神，崔海天和指挥部领导潜心研究，把整体工程项目逐一细化，他把总投资逐一分解，落实到每个单项工程上，然后分别与各施工单位签订投资包干合同。包干中不搞一刀切，针对不同情况，分别实行概算包干，单位工程造价包干、施工图预算加系数和施工图预算加现场签证等四种形式的经济承包合同。这样就把工程造价、工期目标、施工质量、材料供应等与工程相关的事宜全部以经济合同的方式确定下来。在崔海天的精心指挥下，大庆乙烯这样大的工程的建设资金竟然完全控制在承包合同的投资范围内，这不能不说是一个绝大的奇迹。

截至 2012 年，大庆乙烯工程已经安全运行了 27 年，为国家的石化工业做出了重大贡献。崔海天同志在乙烯建设中的贡献是极大的，他的功劳永远记载在人们的心中。

大庆乙烯获得了金牌工程荣誉，是和崔海天的高明领导分不开的。

作为曾经和崔海天在大庆乙烯工程中一起战斗过的战友，我衷心祝愿崔海天同志晚年幸福，好人有好报。

老当益壮　高风亮节

关绍明[1]

我十分敬重的老领导、石油师人、原大庆市副市长、原大庆乙烯指挥部指挥、党委副书记崔海天，2013年已经是84岁（虚岁）高龄了。虽然他早已退休在家，但是大家对他的眷恋丝毫未减。他那种实事求是、敢于直言、对事业执著追求的精神风貌；他那种开拓进取、勇于创新、埋头实干、奋斗不息的工作态度；他那种深入实际、关心群众、艰苦朴素、两袖清风的优秀品德；他那种博大的胸怀、坚忍不拔与疾病抗争的坚强意志，永远感染、鼓舞和激励着我们。

像突然的雷电，击倒了一棵苍劲的大树；像急速的流弹，击中了一位久经沙场的战将。1985年8月，就在乙烯一期工程投料成功的前夕，崔海天病倒了，连续高烧不退，昏迷不醒。经北京权威医院最后确诊为脑炎、脊髓炎、神经根炎。在石油工业部、中石化总公司领导的关怀下，经过医务人员全力抢救，崔海天终于转危为安。两年后，又奇迹般地闯过了痴呆关、失忆关，大脑基本恢复到了病前的水平，但下肢瘫痪，虽经康复治疗，仍需借助拐杖和轮椅艰难行走。

1987年4月，崔海天从北京回到大庆。根据他的身体状况和年龄，组织上决定让他退居二线，授职为大庆石化总厂企业管理咨询委员会主任。看到他每天靠两根拐杖支撑着身体的全部重荷，坚持到办公楼上下班，周围的同志们都劝他说："崔指挥，您这么有资历的老领导，又为工作累成这样，干脆在家休息吧，天天上班遭这个罪干啥？"崔海天听后笑着回答说："身体虽然残了，人的意志品质不能残，工作在二线，事业心不能退二线啊。"

崔海天上班后做的第一件事情，就是千方百计、想方设法帮助大庆石化总厂解决当时产品外运困难较多的实际问题。他先后找炼油厂、塑料厂、化工生

[1] 大庆石化总厂原党委书记、大庆市政协原副主席。

产厂、运销处等单位的领导进行调查研究。大家一致反映，铁路罐车紧张，调配难度大。有些产品为了等调配罐车，长期积压运不出去。厂内储存罐爆满，严重影响总厂的生产效益。而需要产品的用户，因产品运不出去，急得像热锅上的蚂蚁一样，天天到总厂督战，把搞调配和运输的同志弄得焦头烂额。崔海天觉得，现在国家铁路运输紧张，既不能等、也不能靠，要从长计议，找到一个切实可行的办法，既解决燃眉之急，又能长期见到效果。

智慧是出奇制胜的良策，勇气则是制胜的动力源。经过深思熟虑，崔海天把动员全厂职工集资买罐车的想法和打算，提交到石化总厂咨询委会议上讨论，全体委员一致赞同。经报大庆石化总厂领导班子研究同意，1988 年 11 月，由石化总厂运销处发起，组建了大庆石油化工总厂运输股份有限公司，崔海天被聘为名誉董事长。该公司组建后，职工自筹资金 1452 万元，均系职工个人股，主要经营石化产品的运输任务。自组建以来，大大缓解了产品外运罐车紧张和库罐爆满的矛盾，年红利一直保持在百分之四十。直到现在，每年运输股分红时，职工们都高兴地说：“这股没白入，既解决了企业的困难，又让我们真正得到了实惠，崔海天这位老领导功不可没。”

1987年8月7日，大庆石化总厂成立了老龄工作委员会，崔海天任名誉主任。他把这份名誉真正当成了一份责任。他说：“我这条老命是共产党给抢救回来的，只要有口气，就要努力为党工作。”他看到许多离退休老干部、技术人员和老工人身体很好，但整日无事可做，生活很单调，心态很沉闷，于是决定把他们组织起来干点事。在他和一些老干部的倡导和建议下，同年大庆石化总厂成立了老年服务公司，崔海天出任董事长兼总经理。

老年服务公司成立后，崔海天牢牢抓住“老有所为”这一中心环节，做到以“为”促养、促学、促乐。“老年企业老年办，老年企业为老年”，这是老年服务公司当时提出办老年企业的宗旨。本着这个宗旨，崔海天首先想到的是充分调动和发挥离退休老干部的积极性，把他们当做办老年企业的骨干力量。他先后组织周树琪、王可驹、李景荣、张凤权、周子华、曹广海、祝德宝等一大批老同志座谈，讨论、研究，找出创办老年企业的途径、场所；明确办老年企业的方向、起步资金和原材料的来源；并制定出具体方案，报请总厂领导批复。当得知总厂党政领导同意办老年企业的消息后，许多老同志奔走相告，纷纷报名参加。大家自己动手，修旧利废，自力更生创办自己的事业。从1987年到1992年，经过5年的创业、整顿和发展，先后组建了年运输能力达50万立方米的机械化土方运输车队、机械化运输吊装运输车队、以乙腈试剂为主要产品的加工厂、塑料制品厂、制蜡厂等8个经济实体，固定资产达800多万元。经过老同志的忠诚劳动、合法经营，5年累计总产值5659万元，利润1561万元，上缴税金284万元；为全厂离退休职工、文体活动等补贴达207万元；为社会教育、托幼等各种福利事业资助37万元。当时大庆石化总厂共有离退休职工1156人，在老年服务公司上班的有470多人，占离退休职工总数的三分之一。同时还创办了康复诊所、职工物价监督站，设立了绿化、环卫、交通监督员，有220多人参与其中。老年服务公司真正让离退休职工老有所为、老有所知、老有所乐，余热生辉。

1992年，老年服务公司被评为黑龙江省老年企业先进集体、全国老有所为"创新奖"。崔海天获得"重视老年工作领导者"功勋奖。

1994年，老年服务公司已经有了一定的规模。在崔海天等一些老同志的积极建议下，老年服务公司由民办转为厂属的正式编制，由大庆石化总厂在职干部管理。至此，由崔海天、李景荣等人创办的老年服务公司，名正言顺地被列为大庆石化总厂三产业序列，使老年事业能够持续发展下去。

1991年4月2日，大庆石化总厂党政领导班子研究决定，成立大庆石化总厂关心下一代委员会，崔海天被聘为名誉主任。从这天开始，"关工委"工作也成了他工作的重要内容。他说："我这个名誉主任不能徒有虚名，关心下一代的工作，是社会主义的千秋大业。我要好好学习有关文件，吃透精神。要多出点子、多想办法，调动关工委委员和一切可以调动的力量，做好这项工作。"

"关工委"成立后召开第一次会议，崔海天到会并讲了话。他要求"关工委"组织要认真落实上级有关会议精神，要在关心下一代的工作中狠抓四个落实：一是组织落实，二是对象落实，三是经费落实，四是工作任务落实。要制定出各阶段的工作计划，充分发挥好离退休老同志的政治优势。要从抓青少年的思想教育入手，多方位、多渠道、多形式地开展好这项工作。他经常同"关工委"主任王可驹，副主任王瑛、李景荣、王锡清、周树琪等研究工作，并出谋划策。

"关工委"成立初期，他建议大家先从思想教育入手，举办了王瑛同志主讲的“社会主义好”专题报告会。组织大庆四中的700多名学生参加，反映强烈，收到了较好的效果。同时使大家认识到，校外思想教育的必要性和重要性。“关工委”先后请老“三八”周树琪，老劳模、老标兵李景荣，老领导王锡清，老干部杨荫亭、徐宝善等讲革命传统、讲大庆会战史、讲大庆石化总厂发展史。这些老同志用自己的亲身经历、所见所闻，给青少年们上了一堂堂生动的思想教育课。截至1993年8月，在两年多的时间里，共进行革命传统教育、党史教育、大庆会战史、总厂厂史等报告会18次，受教育的青少年达2800多人次。

崔海天还十分重视失足青少年的帮教工作。他说：“许多孩子他们犯罪是事实，但它反映出的是社会、家庭、学校等多方面的问题。对于这些失足青年，我们要想方设法帮助他们改过自新，让他们成为自食其力的劳动者。”他请“关工委”副主任李景荣带队，年年到少管所、监狱去看那些失足青少年。在给他们讲法制、讲大好形势，进行传统教育的同时，给他们送去日常用品，送去亲人们的问候和关爱。许多失足青少年被感动得落泪，纷纷表示要好好接受教育和改造，争取早日回归社会。

“关工委”工作是多种形式的。在成立两年的时间里，他们联合有关单位，先后举办了独生子女教育、如何当好校外辅导员、如何帮教失足青少年等多种内容的研讨会，共收到各类研讨文章120多篇。通过互相交流，使大家的思想理论水平得到了很大提高。同时还在广大青少年中开展看百部爱国影片、唱十首优秀歌曲、读一本好书的系列活动。在开展这项活动中，总厂“关工委”购书《祖国万岁》1000册，发放到各中小学。在开展这项系列活动中，崔海天和“关工委”委员参与其中。他们分别参加讨论，谈观后感、读后感，一起和青少年朋友唱优秀歌曲。实际的言传身教，使广大青少年受到了潜移默化的教育。

“关工委”成立两年多，由于全体委员的不懈努力和辛勤工作，这个集体被黑龙江省、大庆市评为先进集体。以崔海天、王可驹、李景荣为代表的老领导工作成绩突出，被黑龙江影视中心录制成专题片《不熄的火炬》，在黑龙江电视台播放。

1993年5月31日，为庆祝“六一”国际儿童节，“关工委”与幼儿园在龙凤体育馆举行首届“老幼同乐”运动会。爷孙同跑、智力答题、祖孙托球等20多个项目，一项接一项地进行着。馆内锣鼓喧天，欢声笑语不断。此时，坐在轮椅上观看比赛的崔海天不停地拍手，为大家鼓掌加油。运动会就要接近尾声，他接过工作人员递过来的麦克风对大家说："看到你们祖孙同乐，我从心里往外高兴，我要给大家献上一首歌《不白活一回》。"

不白活一回
凤飞彩云追
不白活一回
雁叫鸟相随
不白活一回
大鹏往高飞
活就活他个船撵浪
活就活他个龙摆尾
活就活他个云升霞
活就活他个地增辉
不白活一回
活他个拼命三郎才有滋味
……

高亢激昂的歌声在体育馆里回荡，有节奏的掌声在这里拍响，整个体育馆沸腾了。爷爷奶奶们走近了崔海天，问候声不断；少年儿童们把崔海天的轮椅团团围住，"崔爷爷好！崔爷爷好！"喊声一遍接一遍，不绝于耳。

《不白活一回》，这首歌深深地表达了崔海天的心情，春蚕到死丝方尽，人至期颐亦不休。他这种生命不息、奋斗不止的革命精神，必将激励着一代代的石油、石化人，为祖国的强盛繁荣开拓奋进。

我所了解的崔海天同志

王　瑛[1]

从1970年初到2013年，我和崔海天同志相识相处，已43年了。43年的接触中，崔海天的为人处世给我留下了深刻的印象。

在我眼中的崔海天同志：他是一位厚德、诚信、清廉的人；他是一位勤奋、俭朴、好学的人；他是一位受人尊敬、爱戴、信赖的人；他是一位在大庆石油化工发展中有着突出贡献的人。

初涉化工　旗开得胜

1970年4月，国务院业务组在北京召开了由石油、煤炭、化工、纺织、第一机械部、建材、科学院、北京市、黑龙江省、大庆炼油厂等多个部门和单位参加的座谈会，会议形成了《关于加速发展合成纤维座谈会纪要》，明确提出要利用大庆丰富的油气资源，在大庆建设一座生产丙烯腈单体和腈纶的试验性装备，并由原石油工业部部长余秋里、副部长徐今强负责领导这项工作。

领导提出，试验装置要采用我们自己的新工艺、新技术，采用非金属材料代替当时我国尚不能生产的合金钢和不锈钢。

黄伟和崔海天被任命为现场负责人。

崔海天同志作为上级主管部门负责人，对这项工程给以相当的关怀和重视。

设计工作由当时的化学工业部、纺织部、建材部、黑龙江省、大庆及有关高等院校的设计人员组成的“设计联队”承担，采用现场设计的方式进行。负责设计联队具体工作的，是黑龙江省的华树嘉、建材部的高志和我（我当时是大庆炼油厂的工程师）。

[1] 原大庆乙烯工程指挥部副指挥兼总工程师。

施工单位则以大庆安装公司和大庆炼油厂的力量为主。

崔海天等领导同志认为，这是一项时间紧、工程急、要求高的，十分艰苦的任务。这是因为：

其一，当时我国自行开发具有自我知识产权的新技术，只有丙烯腈催化剂和丙烯腈合成反应器，并且只在上海的1000吨／年的小装备上试验过。如今，要建的是5000吨／年的装置，如何应用在新装置上？

其二，丙烯腈单体装置，如何同腈纶及其他装置配套？

其三，非金属防腐材料用在同一个装置上，个别使用还可以，像如此大面积配套使用，国内外都没有先例，我们更是没有经验。

其四，当时“文化大革命”还没有结束，人们思想不稳定，社会也不是很稳定。对这项工程，有人担心，有人怀疑。有人还这样说：“这是革命革过了头。”

针对这些问题，崔海天认为，既然国家确定这套装置是试验性的，就是说有可能成功也有可能失败。新生事物如果不试验或怕试验，那么连成功的影子都没有。所以我们应当坚决按中央的决定办事，还要办好，不能动摇。

但是，崔海天此前一直是从事油田基本建设的，石油化工对于他来说，完全是件陌生的事。对此，他自己也很清楚，所以绝不敢掉以轻心。经过一番调查研究后，他采取了如下措施：

第一，加强管理。他从大庆油田调来几十位年轻干部，这些人能干，同时有文化、有技术，久经会战锻炼，基建业务熟练。这些干部中包括：李一先、熊吉楷、朱铁林、王明国、刘厚恕、马慧舜、王忠信等，这些人充实到各部门，极大加强了领导机关的管理力量和水平。在丙烯腈装置建成后，这些人中有少数又回到油田工作，大部分则留在了大庆石化总厂，成为石油化工发展中的骨干力量。

第二，抓队伍作风，贯彻大庆精神、三老四严，雷厉风行，严、细、快、准、狠的作风。在当时的历史背景下，不少人纪律涣散、工作马虎。崔海天深入基层，到各单位去和职工谈话，动员并深入调查研究，有的放矢，积极解决问题。

有一次，崔海天发觉“设计联队”中，从北京来的主体设计院的同志劲头有点不足，他立刻让我和大庆政治部的几位同志，其中包括一位女同志，前往北京去了解情况。我们在北京深入到设计院机关和家属区了解了情况。原来，北京化工设计院刮了一阵风，说是大庆的设计工作完成后，全院要整体搬迁到大庆。这个传言引起了家属的不安，从而也就影响了在大庆搞设计的同志。我们回来汇报后，经指挥部领导做工作，大家的情绪很快平静下来。

第三，抓施工技术。多种非金属防腐材料施工，大庆没有经验。崔海天采用“派出去，请进来”的办法，派人外出学习，并请有经验的人员到现场传、帮、带。外单位有成熟队伍的，就直接请他们承担施工任务。

工地很快掀起了施工高潮，群众的热情可以说是空前高涨。此时，崔海天非常冷静，他认为，群众情绪过度高涨，热情很难持久。于是他动员机关干部下工地，下基层，看情况，寻找问题，及时解决，维持了“热烈而镇静，紧张而有序”的施工局面。

由于广大工人群众的艰苦奋战，由于指挥部团队的齐心努力，由于崔海天的有力指挥，更由于这项工程是很有背景的工程——是石油工业部余秋里部长提出的。所以工程进展迅速，仅用一年零三个月的时间，就将丙烯腈单体装置和其他工程建成，并于1971年7月顺利投产成功。其余配套装置也都逐步完工投产，开创了我国石油化工的一个新局面。

对崔海天来说，真可谓是“初涉化工，旗开得胜”。

发展石化　原料先行

1970年6月，国务院业务组又召开了一次座谈会，并下发了《十号会议纪要》，该纪要上报给了毛泽东主席、周恩来总理审阅。

纪要中又一次明确提出，要充分利用大庆的丰富油气和轻烃资源，发展石油化工。应尽快将大庆建设成为我国石油化工生产基地，同时还指出了发展的具体方向。

《十号会议纪要》下发不久，国家就决定，在大庆建设一座30万吨合成氨和48万吨尿素的大型化肥厂。该项目要求从国外成套引进技术和设备，国内自行组织施工和安装。这个项目对当时的我们来说，确实是一项规模大、技术新、设备精、要求高而且也并未接触过的工程，必须全局一盘棋，各个方面都竭尽所能，为项目保驾护航，才能胜利完成。

首当其冲的是原料。石油化工没有原料，是半点产品都生产不出来的。石油化工所需要的原料，就好比人要吃粮食一样重要。

然而在大庆油田开发初期，由于条件限制，开采出来的石油伴生气（天然气），不能充分利用，除很少一部分作了工业锅炉和民用燃料外，绝大部分天然气都在各个油井旁的临时火炬烧掉了。每到夜晚，这些火炬照得满天通红。让人惋惜、让人心疼。

但是，要想把石油伴生气聚集起来作石油化工的原料，也绝不是件轻而易举的事情。由于采油井布局分散，遍布油田各个角落，地面上下工程复杂，施工艰苦，要搞油气收集，工作量非常大。

当时崔海天是油田建设的主管领导，他身经百战，面对当前这项艰巨任务，他胸有成竹，勇敢地接受了"三脱三回收"（"三脱"指油气收集和输送过程中的原油脱水、原油脱天然气和天然气脱轻质油；"三回收"指污水回收、天然气回收和轻质油回收）任务。

他动员群众、发动群众、宣传群众，向群众讲述油气集输和"三脱三回收"的意义，特别是对石油化工发展和正在建设的大庆化肥厂的重要作用。他认为将丰富的油气资源提供给石油化工做原料，不仅可以促进我国工业和农业的发展，并可以带动一些其他行业，可以促进市场繁荣，改善人民生活，是功在当代、利在千秋的事情。

"三脱三回收"油气集输工程，在崔海天的领导下，在油田轰轰烈烈地展开了。

崔海天的指导思想是"宁愿油气工程等化肥厂建设，绝不能让化肥厂建设等油气工程"。崔海天忙上忙下、忙东忙西，协调整体，整天在工地了解工程进度、检查质量，发现问题，改进工作。可以说，"三脱三回收"的主体工地在哪里，哪里就有崔海天忙碌的身影；输气管线铺设了多远，崔海天的脚步就丈量了多远。工人身上有多少油和汗，崔海天身上一点也不少。他的脚步踏遍了油田的各个角落，为大庆的发展不辞辛苦地奔波着。

就这样，"征寒九，战三伏"，奋战了数年，在3000平方千米的油田大地上，建成了一个庞大复杂的集气输气系统工程。为以后发展石油化工奠定了坚实的原料供应基础，并为当时正在建设的化肥厂投产提供了所需要的6亿立方米原料的保证。

特别是喇嘛甸油田的开发，为保化肥厂投产更增加了一道保险。

从喇嘛甸到卧里屯，百余里的长途输气管线也是这段时间施工完成的。当油气顺着输气管线到达卧里屯，并在化肥厂边的火炬上燃起熊熊大火时，人们激动了、兴奋了。

呼啸的火炬，激励、振奋了化肥厂全体职工，激发了他们的斗志，促进了化肥厂的施工进度，有人打趣说：饭都送到我们嘴边了，我们还等什么。

化肥厂有了原料，就像有了动力，一切工作都活了。

1976年，化肥厂顺利投产，取得了试运投产一次成功，产出了合格的产品。大庆人高兴了，黑龙江人高兴了，工人、农民，都高兴了，就连在现场工作的外国专家也连声喊道：好、好，非常好。

从20世纪60年代起，崔海天同志就为大庆石化发展做出了贡献。每当大庆石化向前发展一步，他带领的团队就超前行动。大庆石化发展的每个阶段，都凝聚着崔海天的心血和智慧。

看看他为石油化工所做的工作：

60年代前期，大庆炼油厂投产前，他带队铺好了原油管线；

60年代中期，炼油厂生产航空煤油的加氢投产前，铺好了输气管线；

70年代，化肥厂投产前，铺好了油气管道。

80年代乙烯工程投产时，已完成了轻烃回收输送工程。轻烃回收工程也是从国外引进的技术和设备，施工中有很多难点，但这些问题难不倒崔海天和他的团队，都被他们一一攻克。

乙烯建设　业绩辉煌

从1975年开始，国家多次派设计、规划、环保等方面的专家来大庆进行油气资源、供水排水、电力供应、交通运输、环境保护发展前景等方面的调研，于1976年上报国家计委。同年，经国家计委和石油化学工业部慎重研究后，决定在大庆建设一座以30万吨/年乙烯为龙头的大型石油化工联合化工厂。所有设备和技术从国外成套引进，并由石油化学工业部和黑龙江省联合提出《立项请示报告》上报国务院。

当时参与这项工作的有，省里的刘振荣、于庆学，大庆油田的张立中，大庆石化总厂的我和陶遵礼、沈涤深。

立项请示报告经国家计委同意，上报国家领导人。1977 年 9 月 2 日，党和国家领导人李先念批示“批准干，而且要快干，还要干好！”

项目批准后，由黑龙江省、大庆石化总厂组织有关设计单位和专家，编制《设计任务书》，也就是可行性研究报告，并上报大庆会战指挥部、黑龙江省和石油化学工业部。

1977 年 11 月下旬，大庆方面派时任副书记郑耀舜、副市长崔海天和我进京向原石油化学工业部康世恩部长汇报。康部长详细听取了汇报，并不时提出问题向我们询问，最后，康部长做出了七点指示：

一、坚决执行中央的指示精神，大干、快干、干好；

二、大庆发展石油化工，屁股要坐在油田上；

三、要按“工农结合，城乡结合，有利生产，方便生活”十六字方针建厂；

四、建设过程中，要充分发挥大庆现有企业的作用；

五、大庆油田要继续搞好“三脱三回收”，要把乙烯原料工程作为重点工程来抓；

六、乙烯工程的领导班子由大庆自己组织；

七、大庆乙烯及各种工程，要引进当前世界先进的技术和设备。

康世恩部长最后还说，通过建设，要“出经验、出人才、出产品、出效益”。

大庆乙烯项目的设计任务书被批准后，外贸部立刻启动对外工作，向国外知名的石油化工公司发出询价书，要求报价，并请他们到中国来进行技术交流与合同谈判。同时组成东西两个考察组，出国对这些公司进行现场考察。

东路组的考察目标是日本和美国，由郑耀舜、我、杨育之、包维泉组成；

西路组目标是西欧，由崔海天、王可驹组成。

按照康世恩的指示，大庆党委立即组建了乙烯工程建设的领导班子。任命郑耀舜为书记，崔海天为指挥，我为副指挥兼总工程师，还有其他几位同志为副指挥。第一届大庆乙烯会战指挥部立即开展了现场施工准备工作。

崔海天当时一方面组建管理机构，挑选工作干部，另一方面选择厂址，选定办公场所，就近搭建指挥部，最终，地点选在靠近工地附近的位置。这是大庆会战的传统做法，也是“指挥要靠前，指挥员眼皮周围都是战斗员”传统思想的体现。指挥部是标准统一的临时木板房，冬天，在房上加盖一顶棉帐篷。唯一有点显眼的板房是指挥部的作战室和会议室，比别的板房稍微大一点、高一点。

指挥部盖的第一栋楼房是资料室。崔海天一贯认为，人吃点苦受点累没什么，条件好点差点都可以适应。如果资料、图纸、文件管理不好，受到损失，那问题可就大了。

一项大工程的前期准备工作十分繁杂，而且因工程性质、目的不同而不同。就以大庆乙烯工程来说，它包括：生产准备、设计准备、外事准备和施工准备。其中的施工准备工作最为复杂，它工作量大，要求又高，涉及面广，问题还多。

施工准备工作恰恰就是崔海天主抓的工作，也是指挥部的中心工作。在工程正式开工前，要求土地征用到位、现场勘察设计到位、概算编制到位、施工队伍到位、物资设备到位、外商设计到位等。可以想象，在短时间内，这些工作全都堆在崔海天周围，让他处理，他要付出多大的精力、承受多大的压力。

崔海天是个善于打硬仗的人，他没有退却，而是迎难而上。他将这么多复杂的工作分成若干条战线，每条战线由专人负责并配备若干个助手，责任明确，要求明确，并采用了一套新的工作方式，即：集中—分散—再集中—再分散的方式。也就是说，将各条战线主要负责人集中起来，按既定的计划和要求具体安排工作。然后，各战线负责人回去落实后，又集中汇报工作情况和存在的问题，经研究安排，各条战线负责人再返回去处理……如此往返不息，工作节节推进，问题逐步减少。

到 1979 年下半年，各项施工准备工作都已就绪，并于 1979 年 8 月 5 日召开了“大庆 30 万吨乙烯工程开工动员誓师大会”，崔海天在会上做了动员报告。

会后，乙烯工地上掀起了轰轰烈烈的施工高潮。到年底时，乙烯装置的土建工程全面开工；整个现场的水、电、气、讯全部畅通，“三通一平”全部完成，为整个工程全面开工创造了必备条件。

然而，就在乙烯工程紧张而有序进行之时，1980 年夏季开始，就有风声传到了工地，说是工程要缓建停建。

由于国家经济紧张，为了调整经济形势，国家决定，要将所有引进的项目停缓建，大庆乙烯工程当然也不例外。终于在 1980 年 11 月 4 日，国务院下文，大庆乙烯工程缓建，1981 年 1 月 14 日停建。

工程停下来，遗留下来很多问题，这对崔海天同志及当时的指挥部来说，带来的压力是很大的。这些问题怎么解决？出路在哪里？崔海天夜不能眠，苦思冥想。

已经施工的半截子工程怎么保护？

此时已到冬天，大量设备和仪器怎么保管，特别是从国外引进的设备和器材，有的需要特殊的保存条件，有的试剂有时间期限，将如何处理？

已经进入现场的大量引进的技术资料和图纸，要怎样妥善保存才能免受损失？

大量施工队伍如何安排，特别是随来的家属的生活，该怎么办？

工程停建，资金没了来源，现场维护费用、职工的工资怎么解决？

这一个个巨大的问号，像一座座大山，压在了指挥部的头上，压在了崔海天的头上。

指挥部党委多次开会研究了当前的形势和面临的问题，最后达成共识，决定发动群众，讲清形势，动员大家想办法、出主意，解决问题。于是，情况愈讲愈明，办法愈讲愈多，从上到下，大家又有了希望、有了盼头，也就有了办法，有了措施。

崔海天认为，工程停建只是暂时的，待国家经济调整后，肯定会恢复建设的。大家应该有这个信心，并坚定信心，这是最根本的。于是他提出：“班子不变，队伍不散，做好准备，以利再战”的工作方针。

后来，有人又补充了具体工作方针：“面向油田，承揽活干；管好设备，保证齐全；抓好培训，技术精炼；齐心协力，迎接复建。”

这个时候，黑龙江省伸出了援手，给予了大力支援。省里拨给了乙烯工程指挥部5000万元的暂借工程款，同时，展开了生活区、家属楼和职工宿舍的建设，由大庆市政府按照建设计划，核定了建设面积，拨付了工程款项。

这样，由于以上工作方针和措施的逐步落实，乙烯工地的局面稳定了，人心稳定了，队伍稳定了。

指挥部党委为进一步打开局面，将工作分成两条战线，同时进行。

一条战线由施广仁、王福生组成现场指挥部，负责现场工程设备、器材保管等措施的落实和监督，避免闪失；

另一条战线由郑耀舜、崔海天和我负责，主要任务是保持经常和上级联系，向省政府、中央有关部委汇报情况，了解有关复建的动向，争取尽快复建。

这两条战线都取得了不错的结果。

大庆乙烯工程停缓建这段时间，大家的工作并没有停，崔海天依旧下工地视察现场情况和各项措施的执行情况。由于他经常外出，接触上级部门和领导，得到了大量的信息，通过对这些信息的梳理，他的脑海中形成了这样的印象：

第一，对大庆乙烯的恢复建设增强了信心；

第二，对自己继续指挥乙烯工程增强了信心；

第三，恢复建设后，要将乙烯工程干得更出色，争占排头，增强了信心。

同时，一整套的措施和办法也在崔海天脑海里形成。

精诚所至，金石为开。终于在 1981 年 9 月 2 日，国务院批准乙烯工程恢复建设。由于现场的建筑材料保存完好，1982 年 4 月，全面开始了施工建设。

1983 年 2 月，中国石油化工总公司成立并任命了新的大庆乙烯工程建设指挥部的领导班子，增加年轻并有技术、有经验的人员进班子，加强生产准备的领导力量。新增加的成员有：曹同勤、张殿印、林学智、刘双全、施广仁，使领导班子更有活力、更务实、更能干。

在以后的紧张施工中，在崔海天的倡导、领导和直接参与下，对原来石油化工建筑施工管理模式进行了大量的、多方位的改革，引进了现代化的管理新理念。

在选择施工队伍方面，以往石油化工项目的施工队伍，都是由上级领导机关推荐或指定的，存在着不少问题。这次崔海天同志决定采用“推荐—考核—合同—包干”的八字方针，这在当时算是一条创新而有风险的路。

经过严格的审查、谈判和调查，最后择优选取了 40 多家合格的施工队承担乙烯工程的施工任务。

在工程概算承包方面，从以往的基本情况来说，最大的问题是，“花钱心中无数，国家投资心中没底”，致使工程造价提高，造成浪费。

崔海天同志决定采用经济责任承包制的方式来解决这一问题。首先，他找来有经验的刘伯韬等同志，详细分析以往此类工作中出现的问题，并查找根源所在。然后组织人员对国家计委、国家经委批准的《大庆乙烯联合化工厂总体设计》概算进行审查，审查结果认为基本准确。经与中国石油化工总公司协商，大庆乙烯工程指挥部实行概算承包，盛华仁副总经理批准了总承包协议。崔海天与石化总公司工程部主任葛立兴签订了《关于大庆乙烯联合化工厂工程建设投资包干协议》，协议中规定：指挥部对国家承担五包，即包投资，包工期，包质量，包主要材料用量，包生产能力。总公司对指挥部承担五保：保建设，保设备、材料，保外部协作条件，保生产定员，保投产所需原料。

根据与总公司承包协议的精神，崔海天回来后，在1982年，对承担主要生产装置的施工单位，实行概算包干，单项工程造价包干，施工图预算加现场签证等形式的经济承包责任制，在此基础上，1984年，各单项工程全面实行经济承包责任制。指挥部内部也实行承包责任合同。

承包制的推行，给施工现场带来了生气，各项工作突飞猛进。崔海天很有感慨地说："承包制是工作的责任，是监督的机制，是前进的动力。"

在现场施工管理方面，崔海天运用了"目标管理"方法，经过充分论证，将整个工程确定为两个大目标：一期工程投产目标时间定在1986年4月，简称"86.4"；二期工程投产目标定在1988年4月，简称"88.4"。并要求各单位按总目标的要求制定自己的分目标，并保证总目标的实现。

为了确保总目标的实现，崔海天听取了各方面的意见，组织技术人员按"系统工程"的原理和"统筹论"的方法，编制了《大庆乙烯工程统筹网络计划图》挂在墙上，让每个人都能了解当前工程进展情况，自己的工作在整体工程中所处的位置和周围工程的关系。此外，各单项工程也编制自己的网络图，以便及时了解情况和发现问题，并及时整改。

如一期工程前半年多的时间，崔海天在网络图中发现，有三项关键工程制约着"86.4"投产，这就是"两火一电"，即裂解装置的锅炉点火，关系着乙烯龙头装置的投产；热电厂锅炉的点火，关系全厂投产所需的"热"、"电"；正式电源的工程完工，关系着全厂正式投产时所用的电力。这三项工程都属于"能源"工程，没有能源，工厂投产就是一句空话。

崔海天马上同有关单位采取紧急对策，并确定了"3、6、9"的工程目标，即：1985年3月，供电工程正式完工；1985年6月，乙烯辅锅点火；1985年9月，要求自备电站一号炉点火。

“3、6、9”是一场硬仗，也是一场恶仗。在崔海天的指挥下，在指挥部所有同志的努力下，经各施工单位的努力奋战，“3、6、9”工程如期顺利完成，保证了“86.4”一期工程的如期投产。

在工程质量管理方面，崔海天对以往的质量管理做法进行了改革，采用了全面质量管理、全过程质量管理的新模式，从工程施工之初，就注入质量管理思想，提出工程开工必须具备“十有”，即：开工有报告、图纸有会审、施工有措施、质量有检查、技术有交底、完检有复查、隐藏工程有记录、材料有复检、变更有手续、交工有备案。在工程质量检查方面，他要求推行自检、互检、专业检的全过程检。多条防线把住质量关。崔海天认为，质量是工程的生命线，没有质量的工程就是一种犯罪，要坚决把质量隐患消灭在交工之前。

在施工安全方面也有新创意，在崔海天同志的指挥下，在崔海天团队努力工作下，在数万人施工队伍的辛勤劳动下，经历了10年的风风雨雨，大庆乙烯工程建设胜利完成，并投产成功。

这是大庆石油化工发展历史上的一座里程碑。这项工程在7个方面创下了历史最好水平：

一、施工工期。按预期目标和计划完成了全部工程，工期稍有提前。

二、工程投资。完成了总概算包干，没有超支，还有节余。

三、试运投产。所有引进装置和国内配套设施，试运投产均取得一次成功，生产出了合格产品。

四、生产全部达到国家要求的标准。

五、经国家审计合格。审计结果，建设单位、设计单位、八个施工单位、建设银行、地方环保等评价为A级。

六、国家正式进行了验收，总评价是：大庆30万吨乙烯工程建设做到了设计好、质量优、投资省、工期短。

七、被评为国家全优工程，建设质量金奖。

另外，康世恩要求的通过建设“出经验、出人才、出产品、出效益”的指导精神，也全部圆满完成。

出经验：乙烯工程投产后，由中国石化总公司总经理盛华仁组织编著《大型乙烯建设与管理》一书，全面总结乙烯建设经验，大庆的经验为第一分册，可供后人借鉴。

出人才：大庆乙烯投产后，输送出不少人才，有去茂名乙烯的，有去惠州乙烯的、有去广石化乙烯的、有去武汉乙烯的、有去泉州石化的、有去黑龙江省、中国石化总公司、中国石油总公司的，他们在新的工作岗位上都有着出色表现，有的担任了重要的领导职务。武汉 80 万吨乙烯工程总经理就是从大庆乙烯工程中成长起来的、崔海天的大儿子崔光磊。

出产品、出效益:乙烯工程建成投产后，在 20 多年时间里，安全平稳生产，为国家创造了巨额的财富。

十年的辛勤，十年的心血，十年的智慧，崔海天终于完成了一个宏伟的梦想。大庆 30 万吨乙烯工程的投产，是大庆石油化工产业的一个里程碑，也标志着中国向着成为世界乙烯生产大国迈出了坚实的一大步。

好学善学　学以致用

崔海天同志有爱读书、爱学习的良好习惯，这是所有熟悉他的人都知道的。在我和他接触的过程中，有几件事给我留下了深刻的印象。

1978 年 1 月，为建设大庆乙烯工程，国家决定派出两个考察组出国进行考察。出国前夕，所有考察组成员在北京集中，进行外事教育、身体检查和出国前的各种准备。崔海天、王可驹和我被安排住在北京友谊宾馆。除每天例行公事的活动外，其余时间我们三人就在一起讨论出国后应该怎么考察、考察些什么。我们三人对乙烯生产都不熟悉。虽然我和王可驹是搞炼油的出身，但是对乙烯这个行业也没有接触过。崔海天说，他一直搞油田基本建设，很少有机会和石化打交道。前几年虽然搞过丙烯腈，但那也只是搞工程施工。这次有机会出去看看，应该好好学习些新的东西，多学一点，多知道一点，今后工作就会少一些被动，多一些主动。

有一天，我们去北京燕山石油化工总厂参观，因为燕山石化有一套以前从国外引进的乙烯装置和其他配套装置。在参观现场，崔海天一直专心地听，认真地记，还不时提出一些问题，态度十分认真。晚上回到宾馆，他独自一人在房间里，一手拿着笔记本，一边还不停地比划着，嘴巴还不停地念叨着。我进到他的房间，他对我说，要复习一下参观学习的内容，增强记忆。他还经常和我探讨一些问题。

过了一段时间，我们分别随同各自的考察组出发了。

在国外，我们的考察刚进行到一半的时候，因国内工作需要，将西路考察组的崔海天召回，将东路考察组的我召回。这对我们两人来说，不能不说是留下了一些遗憾。不过，我们两人虽然提前一个月回国，却给我们俩更多的时间交流。

崔海天说，这次有机会出去走走看看，开阔了眼界，增加了见识，学了不少东西。西方在技术方面、管理方面都不错，有很多值得我们学习的地方。譬如说人家用工少、效率高，质量管理也形成了体系，都值得我们借鉴。他也曾仔细看了正在运转的生产装置的安装情况。如果改进一下我们的管理方式，提高一下我们的管理思路，对保证建成大庆乙烯工程还是有信心的。

通过交流，使我感到崔海天的学习是有目的性的，针对性很强，很善于钻研。他很善于通过学习发现如何改进自己的工作，特别是通过学习来增强自己的信心。

有一天，崔海天找到我说，我们搞乙烯工程建设，是要和外国的技术设备专家打交道，我们应该学点英语，我们不可能达到翻译的水平，但是应该能翻翻资料，能简单和专家进行对话也就够了。对他这个倡议，我非常赞同。

在以后的日子里，他经常利用业余时间请翻译来讲英语。

在乙烯前线指挥部，我们俩被安排在同一间板房里，中间用木板隔开，晚上睡觉也在办公室。每天的早上、晚上，经常听到他在办公室里朗诵英语的声音。过了不久，我惊奇地发现，他居然可以借着英汉字典的帮助阅读英文的技术资料和英文小说了。

我清楚地知道，他在 1949 年参军之前，在中学时曾学过英语，有一定的基础，但是，当时已经事隔 30 余年，并且中间再没有用过。在短短的时间里，他能恢复到现在的水平，确实需要下很大的工夫、需要付出很大的精力，然而，崔海天同志做到了。

1979 年 6、7 月间，石油工业部委派我带着 16 位同志去欧洲，对外方提供的设备进行检验。临行前，崔海天找到我说，你这次出国的任务很重，设备检验实际上就是质量检查，借这个机会，你可以多了解些国外质量管理的情况和做法，以及他们如何保证质量。

在国外，我有意识地多了解了这方面的情况，回国前，我写了一篇《西德工业企业的质量管理》的报告，回国后，把这篇报告交给了崔海天。他非常高兴，对这份报告看得很仔细很认真，并提出了很多问题。有的问题我也说不明白，我们就一起研究。通过此事，足见崔海天刨根问底的学习精神。

1985 年，崔海天又有一次出国考察的机会，这次他的考察目标是如何将石化新材料运用到工程建设上。如有机会，他还想到国外职工的家中看一看。他对一家生产大口径塑料管和一套可同时现场铺设塑料管的设备很感兴趣，这就是所说的“三同时”，即在施工现场，在挖管线的同时，就做出了塑料管，同时就将塑料管铺设好。他看得很细致，笔记做得很详细。

我现在回想起，大庆乙烯建设初期，崔海天曾设想在乙烯工地旁边建一座“后三厂”，即木结构加工、水泥结构加工和钢结构加工厂集中在一起，为今后更大规模石油化工工程服务。

他这时看到的这些是否想给“后三厂”添加新的内容？可惜的是，回国后不久，他就病倒了，而且病得很重、病了很久。这个美好的设想最终没能得以实施。

总体来说，我认为，崔海天是一位好学、善学、勤学、主动学、有目标地学，并且能做到学以致用的好同志。

身体病残，壮心不减

崔海天病了，病得很重，被送到北京友谊医院抢救，虽然抢回了一条命，但从此下肢就不好使了。

有次我出差到北京，去看望他时，他已经清醒，当时他躺在床上，见到我时，第一句话就是问我工程进行得怎么样了。我对他简单介绍了情况，然后说，等他病好了再继续干。

两年后他才出院，但是落下了严重的后遗症，下肢不好使了。

后来根据他的身体状况及年龄情况，他退居到二线工作，被任命为大庆石化总厂企业管理委员会主任。

此时的他行动已经十分不便，要拄着双拐行走，上楼更是困难，每上一个台阶就要费很大的力气。但是，他仍然坚持每天上班。他的办公室设在四楼，开始时，看到他上楼很吃力，有人上前去要帮他一把，但他坚决不用。他上楼好似攀登山崖般困难，上到四楼已是满身大汗。

另外，他此时大小便十分不便，所以他就控制自己的饮食。这一点绝对是常人难以承受的。时间长了谁都受不了，但他硬是凭着顽强的意志坚持着。我们多次劝他，单位没有什么重要的事，就不要来上班了。但他认为，既然还没有正式退休，还有工作岗位，就必须上班。

因为二线工作比较轻松，没有什么具体事情做，他就主动找事做。

首先，他想到应该给退休职工找点活干，搞点福利。于是，他和李景荣同志商量办了个老年服务公司（后改名为劲松工业公司），组织退休老职工回收废旧钢铁等物品，后来陆续办了蜡烛厂、肥料厂、保温材料厂等厂子，产品也有些销路，经济效益也不错。其中，保温材料厂的产品用于炼油厂，效果很好，后来还销往西安的一家大型工厂。

厂子效益好了，崔海天又开始了“关心下一代”工作。经常有“关工委”的同志找他商量研究工作。他多次组织人员，为青少年讲大庆会战的历史和大庆精神，讲老会战们如何在艰苦的条件下拿下了具有世界水平的大油田。他还亲自上阵，讲述王铁人的动人事迹，为把大庆精神传递下去做了很多具体的事情。

他还经常去托儿所看望小朋友，并高兴地参加“老幼同乐”联欢活动。他动员大家唱歌跳舞，他也唱些歌曲。因为他在军队时在文工队工作，所以唱歌很有基础，有一定的水平，在外行人听来，那就是专业水准，很受大家的欢迎。

他拖着病残的身体与大家同乐，无形中传递给大家不断向上、永远向上的精神。

1997年，组织编写《石油师人》一书时，崔海天是编委会成员，因为他就是石油师转业的。虽然行动不便，但他仍然积极主动地向编写人员介绍当时的历史背景和一些细节，帮着查找分散在全国各个角落的石油师人并协助联系。

解放初期，毛主席下决心将解放军一个师的兵力全部转业到石油和石化系统参加工业建设。这些转业官兵几十年来在石油、石化系统做出了巨大贡献。崔海天认为，毛主席这个决定是具有中国特色的，在西方人眼里是不可思议的，也是他们永远学不到的。我们应该将这些历史记录下来，永远记忆并流传后世。

说起我所回忆的这些事情，我们不得不提及一个人，就是崔海天的夫人韩德莲同志。

在我看来，韩德莲是一位贤妻良母，是崔海天工作、生活上的好帮手、贤内助。自从来到大庆后，她一面要工作，一面还要照管家中老少的生活，家庭日常零星琐事，都由她一个人承担。特别是她严格遵守家庭“三不准”规定，不给崔海天的工作添麻烦，在崔海天病重的两年期间，她始终在北京陪护，身心憔悴。当时，崔海天住在北京友谊医院，韩德莲住在乙烯驻北京办事处。办事处位于羊坊店，距医院很远。她每天早起挤公交车去医院，照看崔海天，劳累一天后，晚上又乘公交车返回羊坊店，还要给崔海天做可口又有营养的饭菜。办事处有辆面包车，她从来不搭乘这辆车。就这样奔波了两年，挤了两年公交车，直到崔海天出院。

出院后的崔海天落下了严重的后遗症，韩德莲始终默默地照顾着崔海天，从不发一句怨言。对这位平凡而又伟大的女性，我们应该向她致敬。

最后，我想用几首诗来表达一下我的感情，写得不好，但这是我内心情感的表述：

陪 伴

——写给崔海天夫人韩德莲

千里独闯玉门关，姻缘红线心相连。莫管戈壁风与雪，洞房花烛比蜜甜。
比翼双飞落草原，干打垒中把家安。家中一切分内事，保证夫君为油战。
海天常年搞油建，吃住工地只等闲。难得回家吃顿饭，全家老少心中暖。
丈夫病重心情乱，不思茶饭泪洗面。医院陪护两年整，吃尽苦头和辛艰。
贤妻良母韩德莲，省吃俭用生活简。崔海天的贤内助，弱肩担起半边天。

征　程

——写给崔海天同志

玉　门

祁连山顶白雪帽，风吹戈壁野草摇。脱下军帽换铝盔，石油河畔战旗飘。（石油河为流经玉门的一条内陆河）

大庆油建

千军万马会松辽，夺油龙腾虎跳跃。地上地下并肩战，迎娶油姑上花轿。

大庆乙烯

石化重担铁肩挑，培土浇水心操劳。十年会战春风暖，乙烯花开分外娇。

老年服务公司

身体病残志气高，大树遮阴为众老。爱心关怀下一代，高山劲松夕阳照。

大庆建设的领军人

王锡清[1]

1961 年，经黑龙江省省委决定，哈尔滨市建筑一公司参加大庆油田会战，我随队来到大庆不久，就认识了崔海天同志，算起来，我们的交往已经超过了半个世纪。

崔海天这一生是不平凡的。他对大庆油田的开发建设、石油化工建设，都有着很大的贡献。在我的眼中，崔海天同志首先是个忠厚长者，有着如兄长般的感觉，是我敬佩的长者、尊敬的领导。

崔海天同志 1952 年从中国人民解放军石油师转业到玉门油田，开始从事基本建设工作，到 1999 年第二次退休，他足足在我国的石油化工战线上工作了 47 年。他是在 1989 年 60 岁时正式退休的。后来又在大庆石化总厂组建老年公司，又干了 10 年，才真正退了下来，称为他的第二次退休。

1960 年初，崔海天同志从玉门来到大庆油田，参加石油大会战。会战初期，崔海天同志身居第一线，日夜抓生产，无论什么时间、什么事情找他，他都立即处理，当日事当日毕，事不过夜，绝不影响工作。他先后任油建指挥部的副指挥、指挥。在工程建设管理上，他提出工厂预制化、现场装备化、施工机械化的“三化”法施工，并组建了管道预制厂、金属预制厂、混凝土预制厂。实现野外施工组装化，管道施工一条龙，改革了油田管道施工工艺，提高了管道施工效率。1965 年，他被任命为大庆油田会战指挥部的副总指挥，主管大庆油田的基本建设工作，成为大庆油田基本建设战线上的领军人物。

---

[1] 原大庆乙烯工程指挥部副指挥。

一贯尊重知识分子，重视设计科研工作

大庆油田开发建设之初，曾有领导提出："大庆一百年不盖楼"。崔海天同志不同意这种观点。他重视知识，尊重科技人才。"科技是第一生产力"，现在已经成为人们的共识。他认为应该先给油田两院（研究院、设计院）盖楼，让科技人员有个舒适的生活、工作环境。后来，油田两院就盖起了办公楼。他经常鼓励大庆油田设计院大搞技术革新，设计要敢于创新。大庆油田两院取得了多项成果，不少科研成果已经达到世界领先水平，这些成就与崔海天同志重视设计科研工作，尊重知识、尊重人才的一贯指导思想不无关系。

他在油田会战指挥部主持基建工作时，十分重视设计的"三结合"工作。即在工程开工前必须经过两个三结合会议审查图纸，一个是设计、施工、建设单位的有关人员共同审查；另一个是设计、施工、建设单位的领导干部、技术人员和工人共同审查图纸。这个过程也叫做设计交底，通过设计交底，施工单位明白了设计意图，了解工程的技术关键，对于施工中减少或杜绝技术性的错误起到了重要保证。另外设计交底也是发动工人、干部、技术专家共同审核图纸的最好方式。在审查中不但可以消除设计上的漏洞，还可以提出一些很好的建议，对提高工程质量起到很大作用。后来这一方法被推广到全国的基本建设战线，这也是崔海天同志对大庆油田建设做出的重要贡献。

有胆识，有远见，工作有超前意识

大庆这片地域，原本是沼泽地。油田开发初期，所有的路几乎都是土路，路况非常差。大庆的道路经历了土路、沙石路、渣油路、水泥路几个阶段。要想"大干快上"，没有好的道路是不行的。"要快上，先修路"，已经成为共识。

在20世纪70年代，崔海天同志就提出大庆要修水泥路。他吃住在工地上，和工人们一起人拉肩扛，修了中三路和萨大路。一纵一横，建立了大庆两条主干道路。这两条路，30多年没有大的翻修，在大庆油田会战大干快上、全面发展建设中起到了至关重要的作用。此后，经过多年的发展，大庆的道路逐渐形成四通八达、交织成网。

1981年6月，在大庆乙烯工程停缓建期间，他主持了二号院门前的中七

路设计方案讨论会，他指出：干工程要量力而行，质量第一，干就干好，一次到位，绝不拖泥带水。在他的指挥下，这段路成了样板工程。工程投资不多，但质量很好。当时这条路是大庆最好的一条水泥路。可以说，崔海天同志是大庆道路的奠基人。如今，大庆的道路四通八达，这里面凝聚了崔海天同志的心血。

敢想敢干，是崔海天同志的一大特点。“创造奇迹”、“敢为天下先”的意识，让崔海天创造了不少奇迹。

20 世纪 60 年代，全国都在搞基本建设，物资供应比较紧张。1968 年，油田要建一座油库。此前的油罐都是用钢板焊成的，可是，当时钢板紧缺，怎么办？崔海天敢想：他提出建砖混油罐的建议。这在当时国内是没有先例的，是要冒着极大的风险的。崔海天同志和技术人员经过多次研究，认为是可行的。于是，经过一年多的施工，国内第一个非金属油库建成了。这座油库经过了渗漏、防震、防冻的考验，至今仍在使用。后来，大庆又建了三个这种砖混结构的油库。砖混油库成功的消息传开后，很多地方慕名前来取经。不久，山东黄岛也建起了国内第一个砖混的战备油库。国内很多地方也陆续建了砖混的油库。

转战化工工业，功在当代，利在千秋

70 年代初期，国家和黑龙江省决定充分利用大庆油田的天然气、轻烃资源建设大庆化肥厂和大庆 30 万吨乙烯联合化工厂工程。崔海天同志在大庆化肥厂、乙烯工程的建设中立下了汗马功劳，为我国的石油化工工业的发展付出了大量心血。

省里的历任领导都非常重视化肥厂的建设工作，当时的省领导在评价化肥厂时说：“过去，我们是抱着金饭碗要饭吃。天然气就在身边，我们应该加快建设化肥厂。”后来，大庆上了 30 万吨合成氨工程和 48 万吨尿素工程，把天然气变成化肥，可以说是意义十分重大。此前，黑龙江地广人稀，种地是广种薄收，靠天吃饭，粮食产量很低。有了化肥以后，“北大荒”才变成了“北大仓”。

1975 年，根据全国统一规划，充分利用大庆油田的油气资源，国务院决定在大庆地区建设 30 万吨乙烯工程项目。

当时，国内的乙烯产量很低，燕山石化公司有个 30 万吨的乙烯装置，金山石油化工公司的 15 万吨乙烯，吉林化学工业公司的 15 万吨乙烯，辽阳的 8

万吨乙烯及兰州等，年产量共约 80 万吨。与美国、日本、德国等先进国家相比，远远落后。1977 年，中央正式批准同意在大庆地区建 30 万吨乙烯工程。

崔海天同志担任大庆 30 万吨乙烯工程建设的总指挥，我有幸担任了副指挥。根据市委、市政府的决定，他马上积极组织筹备，组建乙烯会战指挥部，积极开展工程建设的前期准备工作。工程建设工作刚刚开始一年左右的时间，国家决定，乙烯工程要缓建、停建。至于何时能够复建，谁心里也没底。

此时，从国外引进的设备、材料、技术资料大部分已经到位了，工程施工现场已经全面铺开，却突然遭遇了停、缓建。崔海天同志处惊不乱，马上组织班子成员开了一个会。会上，经过分析讨论，大家统一了认识，达成如下共识：

（1）班子不变，队伍不散，机关办公人员不散。如果一散，恢复建设时再组建机关人员就很难了。

（2）国内国外的设计工作接着做，不能停。

（3）工人的培训继续进行等。

要想尽快复建，工作有千头万绪。此时作为指挥，崔海天同志展示了他的优秀组织才能，他善于抓住主要问题，一个一个地予以解决。

首先，崔海天同志非常清楚，摆在他面前的有三件事：第一，引进的设备材料的维护、保管问题；第二，现场维护保护和材料的保管；第三，职工队伍问题，应利用停缓建的时间进行职工的培训。然后，他又专门组织了一个大庆乙烯工程复建的论证班子，经过从原料、设计、资金、厂址等方面充分的论证，崔海天亲自挂帅，组织编写了工程复建报告。上报国家有关部门后，经过中央财经小组专家的几次讨论，1981 年，国家批准了大庆乙烯工程重新开工建设。当时所面临的最大问题是资金问题，就是要尽快筹集建设资金。崔海天安排我负责此事。

那段时间，我经常去省里、部里联系落实相关的复建工作和复建维护费，在大庆和北京之间来回跑，大约跑了有 30 多次。

经过多方努力，国家有关部门同意以齐鲁石化公司的名义向日本贷款，由国家出面担保，作为大庆、齐鲁、扬子三套 30 万吨乙烯工程的建设资金，由乙烯建成后自还本息，这样，资金问题终于有了着落。当时大庆的领导郑耀舜也做了大量的工作，他到当时的石油工业部要来了 100 辆车辆，包括大卡车、推土机、水泥罐车、大轿车，专门用来保乙烯工程。部里领导对油田领导说，其他小的资金、设备等就由油田来解决。省里的领导对我们也是大力支持。那时候，省里也面临着很多困难，也不宽裕。但是省长陈雷同志决定，先保大庆。他决定借给大庆乙烯5000万元。这些钱，虽然对于整个项目来说根本就不够用，但也起到了缓解困难的作用。

接下来是设计问题。事实证明，乙烯停缓建过程中设计工作没有停的做法是非常正确的。崔海天同志在油田建设中十分重视设计工作，在乙烯工程建设中，崔海天经过深思熟虑，认为大庆石化设计院熟悉现场情况，院领导陶尊礼同志责任心强，该院作风过硬。于是他建议，乙烯的总体设计由大庆石化设计院负责，这一举措大大激发了大庆石化设计院的积极性，设计工作开展得十分顺利。事实证明，大庆石化设计院对在统一协调国内外几十家设计单位共同完成乙烯工程设计时，积极主动，保证了图纸的供应。

万事俱备，只欠东风。大庆乙烯指挥部在停缓建期间的一系列工作干得有声有色。在1981年9月，国务院批准大庆乙烯工程复建。经过1年半的时间，5万人的施工队伍复建开工顺利进行。

大庆乙烯工程生产装置工艺之复杂，工程规模之浩大，在国内是数得上的。从1981年国务院批准大庆乙烯工程复建，1982年全面开工，到1985年崔海天病重时的几个年头中，他作为指挥，领导有方，组织有力，指挥千军万马作战，井井有条。他第一次在国内实行工程承包制度，他和石化总公司签订了乙烯工程概算包干使用合同，充分调动各个方面的积极性，充分发挥指挥部机关、施工队和所有设计部门的积极性。他善于和副指挥们协同作战，对各位副指挥要求严格，职责明确，机关各部门坚守岗位，恪尽职守。这是一场科学的大会战，崔海天不愧是一位施工指挥家，而且是一位大家，在他聪明智慧的指挥下，1986年4月，大庆乙烯工程建成并投产一次成功，还获得了国家乙烯工程第一个、也是唯一的一个金牌工程。

天有不测风云，人有旦夕祸福。1985年8月，就在乙烯工程进入尾声的时候，崔海天同志病倒了。得病之初，他还以为是感冒，所以没太在意，一直还在工地上指挥。直到他去油田大医院检查还不能确诊是什么病。从哈尔滨请来了大夫，也不能确诊。那时，原化学工业部孙敬文部长正在大庆检查工作。经孙敬文建议，市委市政府决定立刻送崔海天去北京治疗。到了北京，经过几天的抢救，他的生命是保住了。但是从那以后，他的下肢就不听使唤了。后来经过两年多的治疗、康复，他拄着双拐可以行走了。这时，乙烯已经建成投产。崔海天拄着双拐去乙烯察看生产情况，了解各种装备的运行情况。

看着曾经生龙活虎、叱咤风云的崔海天后半生要依靠双拐、依靠轮椅才能行动的情景，当时我心里感觉很酸楚。看着他拖着病体，还惦记着乙烯的生产，真的很让人感动。

乙烯工业是石油化工工业的龙头，标志着一个国家石油化工事业的发展水平。如今，乙烯产品已经深入到我们生活的各个领域：抬头看窗外，看到窗子是塑钢窗；冬天，北方大雪纷飞，在塑料大棚里，长着南方的水果、蔬菜，冬天我们也可以吃到新鲜的南方水果；曾经供不应求的大庆“拉舍尔”毛毯，轻盈、保暖，造价却很低廉……乙烯产品，已经深入到我们生活的方方面面，成了不可或缺的物品。

如今，我们中国已经迈入世界乙烯生产大国的行列，这其中有着崔海天同志的汗水和心血。

退而不休，余热生辉

崔海天在病中仍然重视人才、重视科技、重视知识。退休后的崔海天也没闲着，他把一些退休的老科技人员组织起来，成立了“技术咨询委员会”。他说，这些都是企业管理、科技进步的精英，“不可小觑”。他牵头和这些人一起兴办起了老年事业，成立了老年服务公司，办了一些小型的厂子，对大厂的一些副产品、废品进行充分利用，当年就盈利近百万元。

老年服务公司后来更名为劲松工业公司，公司拿出钱来，给职工搞福利，解决了一部分残疾人就业，还为其他一些慈善事业捐款捐物，做了不少贡献。作为大庆乙烯工程的建设者，我后来留在乙烯工作，成为一个乙烯人，我也感到自豪。我在1992年退休后，又跟崔海天一起，做了10多年老年事业。在崔海天的帮助下，我后来也做起了“关心下一代”工作，组织老会战，给青少年讲创业经历，传播大庆精神。

回首我和崔海天认识、共事的经历，我觉得，我们这一辈子活得很充实。

对工作极端负责的崔海天指挥

韩生田[1]口述　徐淑芹[2]整理

大庆30万吨/年乙烯工程从1982年复建以来，在崔海天的精心指挥下，经过全体参战人员两年多时间的艰苦拼搏，到1984年，大庆乙烯工程建设进入了高潮期，整个生产厂区初具规模，工艺主体装置拔地而起，基础设施系统工程形成了覆盖全厂的地上、地下网络结构。生产准备工作被提上了工作日程。这时指挥部机构迅速扩大，人员增加。当时很多二级单位还在板房里办公，办公条件十分艰苦倒是小事，像乙烯这样复杂的工艺工程的投产和运行要全部由计算机来控制，办公场所应具备必要的条件，临时板房满足不了要求。为了迎接乙烯的投产，迅速做好各项准备工作，急需解决几个二级指挥部永久性的办公场所问题。

同年年末，我被指挥部指定负责组建销售处工作。我报到时的单位叫"公用工程装置组"，借用物资供应处一个库房的临时办公楼，十多个人挤在一个房间里办公。

1983年末，指挥部下设有21个直属二级单位（处级）。对这种情况，乙烯指挥部领导特别是崔海天指挥已经早有准备，决定为几个新增二级单位建机关办公楼。并且已提前安排有关部门委托设计院进行办公楼的方案设计，要求每个办公楼要做两个以上的方案，以便进行比较和选择，销售处的办公楼就在其中。

在办公楼设计方案汇报会上，崔海天指挥提出几点要求：(1) 要有时代特色和二级单位的工作特色；(2) 要留有适当的发展余地，楼层要控制在三层以下；

---

[1] 原大庆石化总厂副厂长。

[2] 大庆石化总厂企业文化处（党委宣传部）工作人员。

(3) 要控制投资，只做一般装修，不做豪华装修；(4) 要抓紧时间，争取当年投入使用。

新增的二级单位按照崔海天指挥的要求，积极组织设计和施工，为了抢时间，赶进度，都向设计院协调设计图纸，先出基础图和地下管线图，出一部分就拿到工地施工一部分，为当年按期建成争得宝贵的时间。

在这期间，整个乙烯工程建设每周都要召开工程例会（大调度会），在会上，崔海天指挥在听完主体装置等工程进展情况汇报后，都要了解一下几个二级单位的办公楼施工进展及施工中还存在的问题，并一一予以协调解决。

从4月开始施工，到10月办公楼就交付使用了。在这期间，崔海天指挥经常去现场办公。按常理，崔海天指挥可以在指挥部坐镇指挥，但考虑到时间紧、任务重，还要保质保量地完成任务，他经常亲临工地，在主体装置和办公楼施工现场上经常能看到他的身影。

从办公楼设计方案、到施工，再到竣工以及装修的整个过程中，崔海天指挥都亲临现场，对每一个环节和进度，他都能做到心中有数。对当场出现的施工问题在第一时间内就能得到有效解决，再加上采用现场临时办公和在大调度会集中办公的办法，形成立体交叉式的办公模式，许多问题一次性解决，大大提高了施工进度。

榜样的力量是无穷的，在场人员被他那种认真负责的态度所感染，在他的影响和带动下，办公楼如期交付使用了，投用后的办公楼外形给人的感觉是大气，室内装修虽不豪华，但也给人以舒服、明亮、大方之感。

与乙烯工程的主体工业装置及基础设施工程相比，几个二级单位的办公楼不是什么大工程。但崔海天指挥并未因为这些办公楼的分量轻就不重视它，他还是一如既往地认真、严肃对待，从这些小规模的工程中，我们看到了他对工作极端负责的精神。

大庆基建队伍的奠基者崔海天同志

韩有谟[1]

我是 1959 年 3 月从原中国人民解放军七一六二部队转业到玉门的。1960 年 5 月，随着大庆油田的开发建设，集体从玉门调往大庆油田建设指挥部一大队工作。

从我认识崔海天同志起，他就主抓油田和石油化工的基本建设工作。他是大庆油田和石油化工基本建设战线的主要领导人之一，是基本建设队伍的奠基者，为大庆油田、辽河曙光油田和大庆 30 万吨乙烯工程建设做出了重要贡献。在他的领导和教育下，有些事给我留下了深刻的印象，至今难忘。

好字当头，自觉从严，真正坚持“百年大计，质量第一”的思想，为大庆油田和石油化工建设打下了牢固的质量基础。

1964 年 2 月，我是油建一大队的一名宣传干事，参加了油建指挥部在总机厂工地召开的一次土建施工现场会，首先看到的是指挥崔海天同志手拿铁锤、扁铲，与其他干部、工人一起，正在铲除一根已预制好的混凝土大梁。现场气氛非常严肃，无一人喧哗，参加会议的人都在看。我仔细对这根大梁看了又看，这根梁表面光滑，没有蜂窝，更没有“马赛克”。我暗自在心里想，这根已预制好的混凝土大梁不是很好吗？为什么要铲掉一点呢？正在百思不得其解时，会议开始了，首先是施工方的油建二大队有关领导做了深刻的检讨，重点检讨了他们在施工时有马虎、凑合的思想，结果这根大梁比图纸要求局部地方宽了五毫米。我暗自在想，宽出五毫米，也不影响工程质量啊，还必须铲掉不成？

[1] 原大庆石化总厂销售公司党委书记。

正在想不明白的时候，指挥崔海天同志讲话了，他说，今天重点强调一下工程质量问题，有人会想，一根已预制好的混凝土大梁，按图纸要求，只宽出了五毫米，这并不影响工程质量。这是一种低标准，是一种马虎、凑合思想在作怪。我们经常讲搞油田工程建设，一定要做到“百年大计，质量第一，好中求好，勇创一流”。说起来容易，真正落实到行动上那是很艰难的。今天放过了这五毫米，就是放弃了我们油建工人“事事高标准，处处严要求，严细准狠，一丝不苟”的好传统，我们搞油田工程建设一定要做到好字当头、自觉从严，就是要紧紧抓住“百年大计，质量第一”这一核心思想，狠反低标准，马虎、凑合的老毛病，要做人民放心的事，做子孙后代放心的事。

他的讲话使我受到很深刻的教育。也正是由于这次现场会，后来被总结为“五毫米见精神”的大庆光荣传统之一，至今仍被基本建设战线上的广大职工难忘。

1964 年 10 月 19 日，崔海天同志与油建指挥部其他领导去工地检查工程施工进度和质量。当时我在油建一大队一中队任指导员，我们中队正在北三区三排进行机械化管道施工，通过革新制造，从管线焊接，到挖沟犁挖沟，轮式吊管机下沟一条龙作业，不仅工程质量好，而且施工进度快，将过去需要三天完成的施工工作量，提高到只用一天时间就完成了。崔海天指挥与其他领导检查完别的工地之后，到我们中队施工现场进行检查。看到我们机械化管道施工一条龙作业都比较满意。我和中队长王景义同志心里都暗暗自喜。待快收工时，接到大队通知，让中队以上领导干部 6 点钟到油建指挥部大礼堂开会，我心里想，要受到表扬了。到开会时，崔海天讲的第一句话就是：今天请大家来开会，不是听表扬的。不可否认，这几年我们油建施工队伍在大庆油田基本建设过程中，在施工进度、工程质量、队伍建设等方面都取得了长足的进步，涌现了像“好字当头，自觉从严”的标杆十一中队。但是在成绩面前，我们有些领导干部头脑发热了，出现了一种骄傲自满情绪、固步自封的思想，如果这种骄傲自满情绪不能得到及时的纠正，任其发展下去，那是非常危险的。我们必须在成绩面前找差距，始终坚持高标准、严要求，始终保持清醒的头脑，不骄傲不自满，只有这样，才能使我们的工程质量和队伍建设更上一层楼，才能更好地适应大庆油田建设和发展的需要。他的话确实震动了所有参加会议的人，也使我体会到一个领导干部的高瞻远瞩的思想水平。正因为这种严格要求，才培养出了一支能打硬仗，始终坚持好字当头，自觉从严，好中求好，勇创一流的油田基本建设队伍。

从 1976 年 1 月开始，崔海天同志任辽河曙光油田会战指挥部总指挥，领导大庆油田万名精兵强将到曙光油田会战，他发扬大庆精神，事事严要求，处处作表率。

曙光油田地处一片沼泽，而且那年雨天很多。与大庆油田会战初期一样是头顶青天，脚踏沼泽，除了一条土公路晴天可以走汽车以外，多数井网井口的施工材料需要人抬肩扛。我们一大队负责曙二号、曙六号转油站及井网、井口建设，施工力量严重不足，困难很大，为了保证施工进度，解决基层困难，会战指挥部党委及时组织总部机关干部到基层劳动。党委书记王苏民、总指挥崔海天亲自与机关干部一起往井口上送材料，抬管子，真是工人身上有多少泥，干部身上就有多少泥，工人身上流多少汗，干部身上就流多少汗，极大地鼓舞了我们参加会战职工的士气。有一天，天刚刚亮，我就看到一个人身穿雨衣、脚穿深筒胶鞋，从我们大队所施工的井口走过来，直走到曙六号转油站。我一看是崔海天到我们工地检查来了，就迎了过去，他对我说，看了你们的施工进度和施工质量还算可以，但有些地方质量标准不高，不能为了抢进度而对工程质量有半点马虎。后来在一次大队以上干部参加的生产会议上，他讲，我们来曙光油田会战，摆在我们面前的各种困难是很多的，但我们一定要发扬“爱国、创业、求实、奉献”的大庆精神，发扬“三老四严，四个一样”的好传统和艰苦奋斗、拼搏奋进、好字当头、自觉从严的好作风，所干的工程质量一流，不能给大庆人丢脸。正是在他的这种思想指导下，在短短不到两年的时间里，高质量高标准地将辽河曙光油田建成了百万吨的规模，为以后的发展奠定了良好的基础。

1978 年，崔海天同志任大庆 30 万吨乙烯会战指挥部指挥，领导油田和石油化工基本建设队伍开辟了石化建设的新战场。他发扬了大庆精神，以对党、对国家、对人民高度负责的责任感，决心把 30 万吨乙烯工程建设好。

大庆 30 万吨乙烯建设初期，人员来自四面八方，有油田的，有炼厂的，有省建二四建筑公司等十几个单位的队伍，干部和职工思想很不统一。为了把乙烯工程建设好，会战指挥部党委多次组织召开干部会议，崔海天同志在多种会议上反复讲：30 万吨乙烯工程建设是国家批准的重要工程项目，投资 40 多亿。高质量、高标准、高水平建成 30 万吨乙烯工程，对大庆，对黑龙江省的发展都具有重要意义。能参加大庆乙烯重点工程建设是我们的光荣，高质量、高标准、高水平的建成 30 万吨乙烯工程更是我们每个参战干部职工的责任，从而统一了思想，调动了参战职工的积极性。

在大庆 30 万吨乙烯工程建设过程中，崔海天同志强调最多、抓得最狠的仍然是工程质量问题。从“三通一平”开始，他就严格要求工程质量，他在大小生产会议上讲得最多的就是石油化工高温、高压、易燃、易爆，在工程质量上不能有半点马虎，不能出半点闪失。乙烯西主干道公路建设是从芦苇塘水泡中穿过，施工单位在填土夯实过程中“三合土”碾压不实，他硬是要求返工重来，路面部分地方混凝土配比不合要求，他硬是叫停重干。在化工一厂、塑料厂、腈纶厂、自备电厂等主厂房，设备安装，管道建设过程中，他几乎每天都要到现场检查一遍，发现问题立刻纠正。

在乙烯建设期间，他已是年过半百的人了。但他每天除了开会，研究工作，检查工程进度和质量工作十多个小时外，我常常见他晚间在办公室里看图纸，学习英语。好几次我值班时，看见他在深夜一两点还亮着灯，我真怕他累坏了身体，就敲门进屋劝他早点休息。他对我说，我们搞油田基本建设比较熟悉，但搞石化建设还不太熟悉，而且乙烯建设不同于油田建设，它工艺流程复杂，质量要求更高，不了解它，不熟悉工艺流程，是绝对不行的。再说进口装置和设备很多都是用英语说明的，不懂点英语哪行呢？他的言行真使我深受教育，直到现在，很多已退休的认识和了解他的人在一起聊天时都说，崔海天同志革命事业心强，表面看似严肃，但平易近人，有工作能力、组织能力和领导水平，一心为公，不谋私利，像他这样的领导现在可真的是不多了。他不愧为是基本建设战线上的奠基者，为大庆油田、辽河油田、大庆 30 万吨乙烯工程建设与发展做出了重要贡献，他的一言一行，至今让我敬佩和难忘。

好党员　好干部　好领导

袁相启[1]

与崔海天同志一同工作过多年，在我的印象中，他坚持原则，为人正派，是一个好党员、好干部、好领导。

严格要求，自觉从严

大庆油田会战初期，人员组成成分繁杂，有些队伍工作作风不够严谨。为改变这一状况，崔海天同志有针对性地提出，要想队伍过硬，首先干部要过硬，对个人对单位都必须严格要求。崔海天一直要求油建队伍在施工中要坚持“自觉从严，好字当头”的精神，他一手打造的油建二大队，尤其是三大队的十一中队，一直坚持“严细认真作风硬，集中作业讲质量，分散施工不变样，单人独马自觉严，领导不在不转向”的原则，被会战工委授予“自觉从严，好字当头”的光荣称号，并做出了“向十一中队学习”的决定，从此，这个队扬名于整个油田。

以油建二大队为主要力量建设的北二注水站，更是经久不衰的样板工程。正是以北二注水站工程的先进经验为基础，在宋振明等领导同志的组织下，经过大量的调查、工作，最终形成了大庆油田早期的工程质量保证制度和初步的监督机制。

学习刻苦

我和崔海天同志真正接触是在大庆乙烯工程开始。给我留下最深印象的是他的学习精神。他十分强调，参加乙烯建设的人要懂外语，因为乙烯的装置全

[1] 原大庆乙烯工程指挥部副总工程师。

部是从国外引进的，要建好乙烯工程，就必须掌握一些相关的外语。那时我们就都开始学习外语。

崔海天在上学的时候学过英语，但距当时已经是30多年前的事了。在乙烯工程建设中，崔海天一边面对每天繁重的工作，一边在工作之余学英语。那时我们都是吃、住在工地上，每天就睡在木板房办公室里。崔海天忙完一天的工作，就开始背单词。早晚时间经常听到他大声念英语。他还找来了英文版的《人民日报》、《中国日报》、《求是》等报纸杂志和《红楼梦》、《安娜·卡列尼娜》等中外名著，我们一起交换着阅读。

没用多长时间，他就可以在工具书的帮助下直接阅读英文的技术资料了。其学习精神和学习能力让人钦佩。

敢想敢干，号召能力强

要当一个好领导，必须对时事有深入的了解。崔海天每天都认真阅读党报党刊并用心去琢磨，所以他对时事了解得很透彻。这对他干好工作起到了很大的作用。

经常，在会议上和私下聊天时，崔海天纵论国际形势，往往分析得精辟入里，让人听了心服口服。

与崔海天相识之初，我常常想：1965年，年仅36岁的崔海天就担任了中共大庆石油会战工委委员、大庆油田会战指挥部副指挥，是会战工委中年龄较小的。既没有显赫的战功，又没有名牌大学的光环，他凭的是什么？

经过一段时间的接触后，我慢慢明白，这个人干活不怕苦不怕累，而且头脑灵活，点子多。

那时候，经常“比武打擂”，工程开工前，队长都要上台讲指标，订计划。每到崔海天上台发言，他声音洪亮，言词激昂，而且有条有理，逻辑性很强，有着很强的鼓动性，往往能博得热烈的掌声。在玉门油田时，就因为这一特点，大家送他雅号“崔破天”。

工作中，他敢想敢干，带队创造了不少奇迹。1958年，他年仅29岁，就带队修建了中国第一条长距离输油管线——克拉玛依到独山子的“克独管线”。这条管线当年开工，当年竣工，而且质量全优，受到了当时的石油工业部及多个部门的表扬。

知道了这些，再经过近距离的接触，我明白，崔海天在那个年龄就担任了重要的领导职务，可谓是实至名归。

讲 原 则

崔海天这个人原则性特别强，一心只想着工作，这样就显得有些古板。

有一次，我们几个人跟着他去上海出差，本想办完了事，在上海逛一逛，毕竟上海是个大都市，看一看，也长长见识。可是崔海天说，大家别逛了，大庆还有很多工作要做，还是马上回去吧。弄得大家一点办法都没有。

还有些同志跟着他到别的地方出差，情况大致也是这样。

对家庭的事，他也属于那种“油瓶子倒了都不去扶起来”的主儿。他的夫人韩德莲拿他一点办法也没有。据韩德莲讲，每次发下工资，崔海天把工资袋一交就完事大吉。韩德莲给他买什么就是什么，不给买他也不会特意要什么。家中日常琐事他也全都不管不问，一切由韩德莲打理。崔海天对子女要求很严格，他不允许家人打着他的旗号办私事，他的亲友和家人也没有在个人工作的安排上借过他的“光”。

光明正大，心胸豁达

乙烯工程正如火如荼地进行之时，一天，崔海天来到工地，唉声叹气，心情明显不太好。我们一问，他说是因为一点小事接到了法院传票。工地上有位姓鞠的工程师，读过一些法律方面的书，对法律有所了解，就为他想办法，教他在法庭上如何辩护。

后来，这件事传到了陈雷省长的耳朵里，陈雷让省高法过问这事，结果是一桩诬告案件，于是撤销了这个案件，崔海天才没有上法庭。

乙烯工程快要竣工时，由于积劳成疾，崔海天病倒在工地上。这次病得非常重，差一点没要了命。石油工业部的几位老部长非常关注，把他送到北京，九死一生，才抢回了一条命。可是从此以后他下肢瘫痪了。

在“文化大革命”期间，崔海天坚持了他“不整人”的品格为做人底线。

当时崔海天被揪斗时，因为不乱揭发别人还挨过打，受了不少罪，但他始终没有乱说，而且他还替别人揽责任。要知道，在那个年代很多人都说过大量违心的话。

后来，对于一些在“文化大革命”中整过他的人，他也不记仇，没有借自己手中的权力去“报仇”，相反他还同意提拔过“文化大革命”中整过他的人。

崔海天能始终保持自己做人的准则，非常不容易。

在几十年的工作中，崔海天带领着他的团队，创造出了一个又一个奇迹，书写了一笔又一笔精彩的篇章。在工作中，他几十年如一日，不辞辛苦、任劳任怨，不愧为一个杰出的好党员、好领导、好干部。

顽强的毅力　坚定的信念

韩德莲[1]　林铁石[2]

1985 年前后，崔海天由于常年在施工现场奔波和劳累，得不到很好休息，他的健康状况大不如前了。在韩德莲眼里，崔海天是个工作狂，夫妻二人在一起生活 28 年了，他就从来没和自己谈过有关工作的事。可近一两个月来韩德莲发现，崔海天曾主动问过她说："从玉门到大庆，不少人跟我南征北战，你说，我现在能为这些人办点什么好事吗？"韩德莲觉得这还真是老崔第一次和自己谈工作的事，她觉得自己也不了解老崔工作的具体情况，老崔提出这个问题，也不是一句话两句话能够说清楚的事，她没法回答老崔的问题，也没多想老崔为啥提出这个问题。

1985 年 8 月 9 日下午，崔海天感觉自己的精神状态不是特别好，类似感冒，办公室的人建议他去医院检查一下，他说不用了，吃点药就好了。这段时间他脑子里一直想着一件事：如何能为战斗在乙烯前线的同志们办点好事。

这天，许多二级单位的领导都像往常一样到崔海天的办公室来请示工作。大家都感到他的身体状况不大好，发现他的脸红红的，神经特别亢奋。崔海天热情地和大家打招呼，他说，我现在有一个想法，我们通过什么渠道能为战斗在乙烯前线的同志们办点好事，现在乙烯马上就要建成投产了，这一问题该好好研究一下，你们帮我出个主意。大家看他的身体不大舒服，就说，崔指挥你好好休息，这事以后再研究吧。下午 5 点钟的时候，崔海天觉得体力不支就坐车回到家。老伴韩德莲给他一量体温，40 度。韩德莲让他立即去医院，他说，没事，感冒，小问题，睡一觉就好了。

第二天是星期日，即 1985 年 8 月 11 日。早晨 7 点钟，韩德莲看崔海天的

---

[1] 崔海天夫人。
[2] 大庆市谱牒研究会理事。

病不但没有好转，反而加重了，就动员他去医院，可他就是不去。经老伴再三劝他，最后他才同意去医院。到大庆职工医院后，副院长胡英华给他做了检查，当时认为是病毒性感冒，建议住院治疗。经再三劝说，最后他终于同意住院治疗。

这天晚间，崔海天的病情越来越重，肚子越鼓越大，已经昏迷，虽在昏迷中，他却翻来覆去说要给职工们办点好事，要给职工涨工资，涨一级需要多少钱，涨两级需要多少钱，他说当前乙烯指挥部有两件大事要办，一是“86.4”一期工程要建成交工，二是我们要给职工们涨工资，指挥部开会已经定了原则方案，人事部门要立即落实。

当时大庆的领导和正在大庆的化学工业部孙敬文部长、石油工业部张文彬和李敬副部长都到医院去看望崔海天。孙敬文部长看到崔海天病情这样严重，说：“应该马上去北京治疗。”大庆市原市长王苏民、副市长郝万春也分别从外地赶到医院看望崔海天。王苏民立即找到胡英华商议去北京给崔海天治病的方案。郝副市长冒雨乘车到哈尔滨坐飞机去了北京，为抢救崔海天做准备。

乙烯指挥部领导们知道崔海天病重住院的消息后，都来医院探望。大家说，崔指挥大半辈子为我国的石油工业而奋斗，现在病成这样子，真叫人心痛。大家心情都很沉重。

8 月 18 日晚，大庆市陈烈民书记和郑耀舜市长来到医院看望崔海天，研究决定第二天送崔海天去北京抢救。并决定由乙烯指挥部副书记张泗存、油田医院胡英华等人和韩德莲组成护理小组护理崔海天一同进京。稍后王苏民又来到医院，王苏民和韩德莲等人商量，给在北京的郝万春副市长打了长途电话，告诉他明天崔海天去北京抢救。郝万春说，北京友谊医院已经联系好了，石油工业部秦文彩副部长主动提前出院，床位留给崔海天。当时从萨尔图火车站方面得知，第二天的 40 次特快软卧票早已售完，要解决软卧包厢问题，只能与齐齐哈尔铁路段联系。这时王苏民马上与齐齐哈尔铁路有关人员联系，齐齐哈尔铁路方面答应可以解决一间软卧包厢。

1985 年 8 月 19 日上午，在 40 次火车到站前的十分钟，救护车从医院出发，直奔火车站。大庆市委、市政府的领导，大庆乙烯工程指挥部的领导，大庆石油管理局的领导都到车站送行。救护车到站后对准列车的车门，大家把崔海天抬进软卧包厢。他躺在那里一动不动，已经不知道身边发生的一切。特快列车鸣着气笛缓缓地驶出大庆火车站。韩德莲松了一口气，终于上车了，她心里充满了希望，但看了看崔海天的状态，她紧皱眉头，心仍然是悬着的。

火车全速前进，韩德莲还觉得慢。当时通讯不发达，在火车上无法与北京的郝万春联系。在车上护士，不停的给崔海天测血压，点滴换药，调整吸氧。胡英华、同来的窦云田医生和韩德莲坐在崔海天对面的铺位上，崔海天的病情不断加重，昏迷，血压急速下降，韩德莲大声喊着崔海天的名字，他没有一点反应，大家十分焦急。

在火车上，大家看着崔指挥，他一丝一毫的变化都会引起大家的注意。韩德莲眼睛里含着泪花。她清楚地知道，此时此刻她不能跨下来，坚持就是胜利，她坚信崔海天一定能活着到达北京。胡英华翻着他的笔记本，不断地与窦云田医生交换意见。胡英华说："如果中途崔指挥不行了，我有个想法，可以在中途下车就地抢救。"他查笔记本是在找他同学的地址和电话，这些同学也是搞医的。

车轮和铁轨的撞击发出有节奏的隆隆声响，铁路边的树木，一排排地向后面倒下去，所有陪同人员的心都怀着一线希望和信心：一定要坚持到北京。列车在夜幕中驶出了山海关。大家松了一口气说，看来崔指挥可以坚持到北京了，人们紧张的心情一下子缓解了许多。大家在出发前就有一个信念：到北京崔指挥就有救了。这时韩德莲的脸上也露出了一丝微笑，马上就到北京了，老崔有救了！

清晨 6 点多钟，列车准时到达北京火车站。真是天助崔海天，因为 40 次特快列车到达北京站基本都是晚点的，不是 10 分钟就是 8 分钟。对于崔指挥来说 5 分钟都是宝贵的，5 分钟就是生命。

北京友谊医院很有经验，他们在郝万春的引领下，救护车的车门准确地对准崔海天包厢的窗口。列车停稳后，大家看到宋振明部长以及北京友谊医院的黄副院长、高干病房的王护士长等人都站在了车窗前。车窗打开后，大家用手托住崔海天的头、脚和臀部，把他顺利地送到救护车上。宋振明部长见到韩德莲第一句话就说："老韩，泰山压顶不弯腰，你一定要坚持，我相信你会坚持住的。"韩德莲连声说谢谢，内心里充满了感激之情。郝万春、韩德莲和几位医务人员快速登上救护车。救护车飞快地离开了北京站。

救护车一路鸣着警笛开到北京友谊医院。北京友谊医院相关科室主任全部在门口迎接。崔海天被抬进病房，胡英华简单介绍完病情后，就退出了抢救室。没过几分钟崔海天停止了呼吸。黄副院长马上命令外科杜主任（全国有名的“一把刀”）做手术切开气管。杜主任切开气管，启用呼吸机，病人很快恢复了呼吸。病人有了呼吸，但仍然还是昏迷状态。

北京友谊医院把大庆陪同的同志领到接待室，大家远远地看着救护崔海天的房间，只见大夫护士一脸严肃的表情，鸦雀无声。他们进进出出，行动利索敏捷，井然有序地进行着抢救工作。

中国石油化工总公司的领导陈锦华、张浩若、张万欣、盛华仁、费志融以及办公厅主任闵宸环等同志先后来到北京友谊医院看望崔海天，领导们一一和韩德莲握手，说些劝慰的话。陈锦华总经理关切地说：“请大庆的同志们放心，总公司一定会全力协助医院抢救崔海天同志，总公司是你们的后台。北京友谊医院是全国有名的医院，有全国一流的专家，相信一定能成功救治崔海天同志，你们要有信心。”

后来王护士长告诉韩德莲，杜主任这一刀切得非常有水平，真不愧为全国“一把刀”。由于北京友谊医院的呼吸机效率很低，友谊医院又从中国人民解放军总医院借来一台进口呼吸机，并配了两名大夫值班。

宋振明部长从火车站一直到北京友谊医院，直到崔海天恢复了呼吸以后才离开。孙敬文部长来了，张文彬和李敬副部长也来了，石油工业部的一些老同志也都来了。孙敬文部长对北京友谊医院的黄副院长说，崔海天同志是大庆油田建设的英雄，你们一定要千方百计地把他从死亡线上拉回来。石油工业部管道局的张福禄书记也是从火车站一直跟到北京友谊医院，直到崔海天有了呼吸后才回廊坊。可以看出北京友谊医院做了最大的努力，紧紧张张抢救了一整天，仍然没有效果。经专家诊断结论是：崔海天得的是病毒性脑炎、脊髓炎、神经根炎综合征。第一天就这样子过去了。

这几天忙坏了郝万春。郝万春副市长是一位热心人，他自那天连夜飞到北京以后，就到处奔走，反复联系北京火车站、北京友谊医院，从护士到院长，从车站站长到值班员，他都亲自过问每一个接待细节，他告诫自己千万做到，崔海天从出车厢到进入医院的病房，整个过程绝对不能出一点差错。8 月 19 日夜间，他躺在床上，大脑里默默地过“电影”：第二天上午，40 次列车进站了，救护车停在车厢窗前，护士一左一右，宋振明部长站在车旁，崔海天被人慢慢地抬上担架 ，轻轻地挪到救护车上，他和韩德莲二人迅速登上救护车，随着汽笛声音，救护车开出北京站，直奔北京友谊医院。他反复检查和考问自己：哪个环节可能出现问题？崔海天在抢救过程中，作为崔海天在玉门时的老战友郝万春不断的和护士长、主任医师、科主任、副院长、院长联系并征求意见。他态度鲜明：只要医院需要，我老郝就是上刀山下火海，也万死不辞，这是义务，是责任。这几天，郝万春心里只装着一件事：无论如何也要把老战友崔海天抢救过来！

因为医院有规定，在抢救时不准有家属进入病房护理，所以大家带着沉重的心情去了大庆乙烯驻京办事处羊坊店。第二天，韩德莲和大家很早就来到了医院，依然在接待室坐着，怎么能坐得住呢？真叫人坐卧不安。北京友谊医院的黄副院长和王护士长不时过来看看韩德莲，通报一些治疗消息。黄副院长告诉韩德莲说，北京友谊医院的王院长昨天下午已经从外地开会提前回来并参加了会诊，王院长开三副中药正在给病人服用。听了黄副院长的话，韩德莲的心情略微宽慰了一些。大家坐在接待室里。韩德莲盯着抢救室的门口，她盼望出来的每一个人都能带来抢救的好消息。一整天，从抢救室出出进进几十人，却没有一个人带来病情好转的好消息。没有亲身经历过这种事情的人是不会体会到这种焦急的心情的。一天又这样过去了。崔海天肚子继续鼓胀，病情进一步恶化，没有大便，上下不通气。韩德莲觉得希望越来越渺茫，她几乎要崩溃了，心里一点底都没有。

第三天，医院一位工作人员找到韩德莲说，病人的症状十分严重，我们已经向黑龙江省、石油工业部、中国石油化工总公司、大庆等部门发了病危通知书，现在家属应立即准备善后的事情。韩德莲的脑海里一片空白，说声谢谢。这时张泗存对韩德莲说：“崔指挥从玉门来到大庆，一辈子干了不少事，吃了很多苦，咱们先给崔指挥买几件衣服吧。”韩德莲心里默默问自己，难道老崔真的不行了吗？她想，现在不忙着办后事，如果老崔真的闭上双眼再做后事也来得及。她问胡英华：“老崔会马上就不行了吗？”胡英华回答说：“这就要看崔指挥自身的抵抗力了，希望保佑他吧。”此时，每个人心里可能都觉得没有希望了。

山重水复疑无路，柳暗花明又一村。好人总有好报。8 月 24 日早，当韩德莲等人到达北京友谊医院时，就发现今天抢救的气氛与往常不太一样，好像大夫、护士的脸上露出了笑容。这时黄副院长来到接待室告诉大庆的人说，今天早晨崔指挥的大便通了，肚子的鼓胀消了。这时大家的心里就是高兴，不知该说什么好，韩德莲眼睛里闪着泪花，一切的努力没白费，经过几天的努力，终于把崔指挥抢救过来了。大家随黄副院长来到会议室，黄副院长说，王院长为崔海天开了三副中药，昨天晚上服完最后一副，今天早晨病人就上下通气了，排了大便，人是救活了，但可能有三种后遗症，其一是植物人；其二是瘫痪，不能走路；其三是痴呆。

经过 20 多天的抢救，崔海天的高烧已退，慢慢撤了呼吸机。这就是奇迹。患这种病的人，二十万人中只有一人能活过来，崔指挥活过来了。他很快会说话了，这又是奇迹。根据北京友谊医院的安排，除了服药继续治疗外，主要还是进行理疗康复锻炼。

在北京友谊医院期间，崔海天试图活动自己的双腿，他咬紧牙关尽最大努力要转动一下，下半截身体像不是他的一样，一动不动。昔日指挥千军万马的崔指挥，今日连自己的两条腿都指挥不了啦。他满腔怒火，他握紧双拳，愤怒让他恨不得捣毁病房里的一切，大吼一声："我要下地！"韩德莲吓了一跳，马上按住他的双臂。长期以来，崔海天习惯了那种紧张繁忙的生活，办公室里电话铃声不断，甚至吃饭时都有人向他请示汇报。现在的面前，唯有老伴韩德莲了，周围一片宁静倒使他感到窒息。现在他才有时间好好端详自己的妻子韩德莲，她好像是一夜之间老了许多，令他好不悲伤。

1986 年 6 月，崔海天的病情大为好转，他神志清楚，他转到北京中医院进一步做康复治疗。崔海天上身可以动弹，腰部以下不能动，不能站立，更不能走路，贴墙站不了 10 分钟，就全身流汗。

在住院期间，崔海天除了坚持锻炼自己的身体外，他还坚持天天阅读英文版的《人民日报》，这样不但可以了解国内外大事，还可以巩固自己的英文知识，他兴致勃勃地告诉来医院看望他的盛华仁、孙敬文、王苏民、郝万春、王瑛、张福禄等领导说，我回大庆后，还要上班。

在住院期间，崔海天为自己规定了严格的作息时间：起床、锻炼、读书看报等都要在规定的时间内进行。他坚持锻炼身体的毅力是十分惊人的。开始他不能走路，就像小孩学走路一样在地上爬，向前爬，向后退着爬，一切从头开始。从此他在夫人韩德莲的帮助下开始了两年艰苦的康复锻炼，功夫不负有心人，后来他终于可以扶着轮椅向前移动，一步、两步，坚持向前走。经过在北京友谊医院和北京中医院两年时间的康复锻炼，崔指挥拄着手杖可以自己行走了。在两年的时间里，韩德莲帮他穿衣，喂他吃饭，扶他走路。现在，崔海天一刻也离不开他的老伴了。

1987 年 5 月 14 日，崔海天结束了中医康复治疗，他和夫人于 5 月 15 日到达兴城市辽河石油局疗养院疗养，8 月 10 日出院，又到辽河曙光油田看望了几位当年会战的老战友，8 月 17 日经沈阳同夫人韩德莲、三个子女到老家姚家庄住了一宿。1987 年 8 月 21 日，崔海天回到了他阔别 2 年的大庆的家。他在继续坚持锻炼身体的同时，考虑最多的是：我必须上班，办一个公司，挣些钱，为离退休人员办点好事，为他们增加点生活补贴，了却自己病前的心愿。崔海天在这 2 年里经常和夫人、子女谈心，希望大家支持他的这个想法。

1987 年崔指挥因为年龄和身体的原因，中国石油化工总公司任命他为大庆石油化工总厂企业管理委员会主任。这标志着他退居二线了。他身退心未退，以非凡的毅力坚持上班。在上班的时候，为克服大小便失禁的的问题，他严格控制饮食，上班前在家里把大小便处理好，在班上少喝水，几乎整天不喝水，减少或不排小便，克服常人难以忍受的整天不喝一口水的困难，坚持与正常人一样上班。能工作是他最大的乐趣。

崔海天把已经离退休的一些老同志组织了起来，成立大庆石油化工总厂老年服务公司。他是老年服务公司的董事长兼总经理。他面对的是一穷二白，既无厂房，又无资金。在他的组织下，大家发扬艰苦奋斗，自力更生的精神，自己动手，维修总厂支援的旧厂房，动员职工入股，回收废钢铁，很快办起一批小加工厂，当年获得利润近百万元。后来又组建了油罐运输公司，实行集资办股份制公司，许多老同志都入了股。

在办公司的过程中，崔海天明确地提出“不能为个人挣大钱，要为老年事业做贡献，要想挣大钱，就别进这个门。”他不允许任何人把老年服务公司作为个人生财之道，也不能借助老年服务公司为个人发家致富。崔海天决定把老年服务公司的利润发给全厂离退休人员，大约每位离退休职工每年可得到400元左右的补助，还捐40多万元建立了老年康复诊所。后来，老年公司改名为大庆市劲松工业公司。

1992年，大庆市劲松工业公司被评为黑龙江省老年企业先进集体，获得全国老有所为创新奖，崔海天被授予“重视老年工作领导者”的光荣称号。

崔海天在岗工作期间，南征北战，历尽艰辛，创造了一个又一个的辉煌，人们都说他是好领导、好党员；崔海天退休之后，他以坚定的信念和顽强的毅力又一次创造了奇迹，他以非凡的意志战胜疾病，成功地创办了老年服务公司，实现了他为职工们办件好事的夙愿，他的形象高高矗立在人民的心中。现在他在安度晚年，虽然不能用语言表达自己的想法，但可以看出他非常高兴和坦然。

崔指挥，我们知道您是谁，我们更知道您的一生为了谁。您的一生最累，您却从来没有说声累。您的一生最美，因为您的一生是光辉的一生，是幸福的一生。

我们祝愿崔指挥的生命之花盛开不败。好人一生平安。

我们的好指挥崔海天

吴长吉[1]

1978年前后，国家决定在大庆地区建设一套年产30万吨的大型乙烯装置，并配套建设多种化工产品装置，这是我们国家继北京燕山石油化工厂之后兴建的第二套30万吨乙烯装置。国家计委确定，大庆的30万吨乙烯装置生产的产品以向全国其他化工企业提供化工原料为主。黑龙江省成立了大庆30万吨乙烯项目建设指挥部，时任大庆市副市长、大庆石油管理局副局长的崔海天同志任总指挥。

崔海天有多年领导基建工作的经验，他办事雷厉风行，善抓主要矛盾，解决关键问题。上任后，立即组建设计、施工、供应、后勤保障、翻译等部门，组织全体工作人员学习、消化外文编制的30万吨乙烯装置全部图纸及技术资料。作为指挥，他身体力行，带头学英语，并多次在机关大会上讲，每位工作人员一定要看懂本职范围内的外文资料，独立工作，不靠拐棍（翻译人员）。指挥部的工作忙而有序，工作进展迅速，上级领导十分满意。

1980年，国务院根据全国基本建设投资过多的情况，决定缓建包括大庆30万吨乙烯在内的四套大型乙烯装置。这一消息无疑是一瓢冷水浇到了大庆乙烯会战人员的头上。在这关键时刻，崔海天严密布置了下一步的工作，要求大家坚守岗位，反复告诉大家，国家的决定是缓，而不是停，一定要坚定信心，做好复工的各项准备，一定要确保已经进场的设备完好无损。他高瞻远瞩，立即组织专门论证小组，对大庆乙烯工程各项装置进行论证，争取国家尽早决定大庆项目开工。

原设计的大庆乙烯工程中有一项是20万吨／年酒精装置，计划在大庆生

[1] 大庆市原城市规划局副局长，大庆市原计委主任。

产出酒精后，要用几百辆不锈钢槽车经铁路运往兰州和重庆。当时滨洲铁路还未建设复线，滨洲线的运力已经饱和，如果再加上大量的酒精槽车进入滨洲线，对滨洲线压力很大，会对整个东北的经济运行产生极大的负面影响。崔海天认为这一问题是件大事，亲自参加论证会，大大激发了专家们的热情。最后，论证小组建议大庆乙烯项目中缓建酒精装置，改建腈纶装置；将原设计燃油自备电站改为燃煤。后来，由崔海天带队去北京向国家计委汇报大庆的论证意见。由于大庆提出缓建酒精装置改建腈纶装置和油改煤的建议，完全符合东北地区经济发展的实际情况，也符合国家的能源政策，大庆的各项准备工作又很充分，所以国家计委经研究后立即批准大庆乙烯工程首批开工。

崔海天在工作中一贯注重科学，作风严谨，凡事都要有十分把握，不打无准备之仗。

他重视设计工作。我当时在设计院工作。崔海天多次到设计院叮嘱设计人员一定要精心设计，并十分关切地对我说，“老吴哇，你是老设计了，要广开思路，做到方案正确，把错漏碰缺消灭在图板上，做到出图过得硬”。

他亲自过问关键装置的吊装方案。300吨合成塔的吊装不但在大庆是第一次，在世界也不多见。他开会强调，一定要充分准备，不打无把握之仗。他亲自听取吊装方案，提出“稳、准、一”的方针，就是一定做到起吊平稳、落塔准确、一次成功。在吊装现场，作为总指挥，他热情握住现场指挥人员的手说，要冷静，我相信你，你一定会成功。随着一声笛声，当几台大型卷扬机启动将平卧的合成塔缓缓拉起时，他屏住呼吸，目不转睛，仰望徐徐升起直立的钢塔，他亲眼看到地面预埋的十颗螺栓准确插进塔底盘安装孔，实现了“稳、准、一”的要求时，崔海天带头鼓掌，大声道：“同志们辛苦了，你们立功了，谢谢大家，谢谢大家”。全场响起一片欢呼声，此时在场的外国专家也伸出大拇指说：“中国了不起，你们是好样的”。

在崔海天领导下建成的大庆乙烯工程项目被国家建委评为金奖。在一次总结会上，崔海天对我说：老吴，乙烯项目的成功，设计院是功臣。崔海天总是这样，他一辈子为人们干了许多好事，可功劳总是记在别人身上。

和崔海天在一起的日子值得回味

林彦荣[1]

1960年4月25日，我从部队转业，被分配到了大庆（那时还叫松辽石油勘探局，总部在安达）参加石油大会战。1970年，我调到大庆炼油厂建厂指挥部，担任政治部副主任。这年2月，崔海天结束了长达两年多的“牛棚”生活，被分配到大庆炼油厂建设指挥部工作。

崔海天在石油师转业时，是团里的宣传队队长，是连级干部转业。因为我是团级转业，在年龄上我又比他大两岁，所以他对我非常尊重。我在大庆石油学院工作期间就听过崔海天的名字，知道他是大庆会战总部的副指挥。这次我们二人在炼厂一起工作，真是缘分。从此，我开始了与崔海天的40年交往。

崔海天为人正直，敢说真话并敢于主持公道。

他刚到炼厂建设指挥部时，上级没有明确他的职务，我很好奇，因为他原来是一位副厅级干部，现在没有职务不合乎常理。我们二人都是军队转业的，方便沟通，慢慢就熟悉了。我问他这是什么原因，他笑笑说：“刚当完‘黑鬼’，现在有一份工作就不错了。”

我当时管政工，工作上与他平时接触不多，但时间一长，我发现他这位特殊的人物天天在工地转悠，工人们对他很尊重，称他老崔、崔师傅、崔海天、崔队长的都有。不管别人称呼他什么，他一律笑呵呵地答应。崔海天施工经验很丰富，工地的小队长经常请教他一些问题。当时正是硝酸铵和合成氨工地施工阶段，他发现工地组织不力，缺乏综合平衡，窝工现象十分严重。有几次我

[1] 大庆石化总厂离休干部。

作为政工人员参加生产会，崔海天有时也参加会议。那个时候不少会议是议而不决，甲方和乙方互相扯皮。一次在谈到合成氨工地进度太慢时，甲乙两方在会上大吵大闹，互不服气。这时崔海天站起来说，“我谈点意见”，主持会议的人点头同意。崔海天分析了工地的情况说 ：“整个工期拖了一个月，主要原因在甲方炼厂。一是 20 号钢管晚到工地 21 天，二是零星加工件供应拖后一周。这是造成工期拖后的基本原因。另外，施工单位也有组织不力的时候，昨天管工小队 8 个人分两伙打扑克 2 小时，无人过问。大庆以前的好作风全丢了，这样搞下去，拖工期、出事故不奇怪。我建议，从今天下午开始，我们把小队长以上的干部找来，炼厂管材料的人也来，甲方和乙方拧成一股绳，细化目标，责任到人，一天一检查，所有工作进度必须正点到达，每天晚间开调度会，奋战 35 天，达到通料投产条件。”崔海天讲话时，满座鸦雀无声。崔海天作为甲方人员，不护短，无偏见，公正地指出了工地的问题所在。他正直、公道，又有办法，令人佩服。后来，甲乙双方共同组织工地领导小组，崔海天也参加了小组，33 天后工程达到了通料投产条件。

1971 年 2 月，他被任命为炼油厂革委会第二主任，仍然负责施工管理工作，他上任后，硝酸铵和合成氨工程进展加快了。

1972 年崔海天调回大庆会战指挥部当生产办的副主任，在这以后的一两年间，我只见他来炼油厂三次，每次只是打一个照面，问声好。他这时既管油田建设，也管炼厂建设。再以后，他去喇嘛甸油田组织会战；后来他又去曙光油田会战；再后来，又回到卧里屯搞乙烯施工。我 1971 年调到大庆石化总厂炼油厂任政治部副主任，由于当时电话也不是很方便，我们的接触少了。

崔海天作风踏实，关心干部，关心群众，给我留下了深刻的印象。

1982 年，我在石化总厂医院（大庆第五医院）任党委书记时，赶上职工涨工资。厂领导说，这次涨工资，你们谁也不要问，也不要找，找也没有用。结果，我没有涨上工资，心里不大痛快。因为，按照规定我是应该给涨一级的。于是，我就把这事跟崔海天谈了，他详细问明了情况。过了一段时间，我的工资补涨了一级。我想，肯定是崔海天过问这事了。但是过后问崔海天，他却避而不谈，他可能是不想揽这个功劳。

时间过得真快，一转眼，到了 1988 年 3 月，我和崔海天又凑到了一起。

我见到崔海天拄着拐棍，走路不大方便。那时候，我已经离休了，他也退二线了。因为二线工作不多，崔海天就想找点事情做。他就找到了总厂老干部处处长张凤权、运输处处长李景荣等人，倡议成立老年服务公司，为离退休职工搞点福利。老年服务公司成立后，我到公司担任总支副书记。书记、经理由崔海天兼任，副经理有原总厂副厂长王锡清、原处长张万宝，还有老标兵李景荣等人。

老年服务公司成立之初没有多少事，崔海天主张先搞一些修旧利废的工作，慢慢积累，积少成多，要扎扎实实工作，一步一个脚印。他和李景荣商议，把一些报废的推土机、汽车收集起来，重新组装，拼成了 5 台推土机和几台汽车。李景荣找来几位退休的推土机手、司机，到各单位揽了些土方活，半个月只挣了几万元。

崔海天担心我们泄气，就鼓励大家说，万事开头难，今天有一万，明天就可能赚到 10 万。没有活干的时候，崔海天让我带着 5 台推土机，在乙烯农场推出了几个养鱼池，开始养鱼。当年秋天，就给离退休职工每人分了 10 斤鲜鱼。后来，崔海天将这事形成了制度，每年的“十一”都给离退休人员分鱼。

每到过春节时，他都带着我们几个领导干部到一些老同志家里去拜年、走访。一圈转下来，就到他家去，他的爱人韩德莲早已经准备好了饭菜招待我们，我们在他家热闹一番，吃饱喝足，然后各自回家。

后来，老年服务公司办起了化工厂、塑料厂，经济效益挺好。当时离退休职工月工资最少的还不足 100 元。崔海天主持老年服务公司董事会，他首先问大家：“我们退休的人办老年服务公司的目的是什么？”会上有人立即回答：“赚钱，分钱呗。”他停了一会，很严肃地讲道：“对，完全对。”这时大家立即鼓掌，崔海天又马上接过话茬：“但是，我们分钱的原则是离退休人员人人有份，我们的目标是让全厂的离退休人员都得到实惠。”大家没有人鼓掌，过了半分钟，有几个人带头鼓掌，然后，与会人员全部鼓起掌来。

会议决定：根据离退休时间长短，凡是大庆石化总厂的离退休人员一律给予补贴，早退者每人每月发 30 元生活补助，后退者每月发 15 元。

1989 年，公司的效益更好了，于是，公司的运输队先买了苏联产的 8 吨翻斗车，后来又买了 8 台 15 吨的大拖拉翻斗，还有 2 台装载机、5 台推土机、1 台加油罐车，组成了可以承担较大工程的运输车队。1992 年，车队在深圳承包了建筑工程，为老年公司创造了很可观的经济效益。崔海天主持会议决定，每年春节给退离休人员加补 100 元。

崔海天工作原则性强，坚决反对不正之风。

工程队在深圳施工期间出现了问题，运输队队长把自己亲属的两台推土机弄到了我们运输队来，还让这位亲属管理职工食堂，结果把食堂搞得一塌糊涂，职工意见很大。有次副经理张万宝去深圳，了解到了一点情况，回来后向崔海天汇报了。崔海天立即召集领导班子开会，研究决定派我去深圳详细了解情况。我马上乘飞机去了深圳。经了解，这位运输队队长在深圳大搞特殊化，自己很会享受，对职工的吃住却不管不问，而他的这位亲属一伙四五个人在食堂白吃白喝，根本就不交伙食费。我把情况向崔海天汇报后，他和其他领导研究决定，立即将这位运输队队长撤回大庆，并派我在深圳全面负责。1994 年，根据深圳的情况，崔海天决定深圳的车队撤回大庆。这期间，崔海天由于身体原因，辞去了总经理职务。

人上了岁数，开始怀旧，回想起我的一生，想起我和崔海天、李景荣等人一起共事的日子，我觉得很光荣，很自豪，值得回味，值得记录。

磊磊风骨照后人

王新武[1]

和崔海天相识快四十年时间了，这一生有幸在他的手下工作，耳提面命受到他的教诲，受益匪浅，对我事业和生活各个方面的影响已经远远超出领导与部下的关系。在崔海天身上不但有老一代石油人双肩担国运、革命加拼命的精神，而且崔海天具有超越那个时代的睿智和远见卓识，至今仍让我感怀不忘、记忆犹新，仿佛那火热的大庆 30 万吨乙烯建设工地上的沸腾场面，仍然历历在目，催我奋进。

记忆最深刻的是崔海天担任大庆 30 万吨乙烯工程建设指挥时，第一次向国家提出了工程建设总承包这一战略决策。那时这个字词一直是被批判的、反动的，一直是个很敏感的话题。当时安徽小岗村提出承包土地，大部分中国人还不能全面理解，还只是一个试行阶段。崔海天在一个工业领域工程建设中能够提出总承包的做法，这在我国石油化工建设史上也是一次敢为人先的开创。实践证明，正是当时的这一英明决策，在国家困难时期，把有限的资金发挥最佳化，他真正做到了不愧于国家赋予的使命。承包的结果是乙烯工程质量获得了国家金奖。

给我感触最深的是崔海天有着那个火热年代的精神特质，他工作方法讲究调查研究，工作作风讲究雷厉风行，有着非常强烈的责任感，工作起来拼命不惜健康。在那个艰苦的岁月里，在施工最艰难的地方，总是能听到崔海天那洪亮的声音，在工程建设的第一线经常能看到他忙碌的身影。那时土建作业最为艰辛，很少有现代化的工具，一切都是人拉肩扛，拼的是体力，比的是耐力，更没有为了挣钱不用去动员的私人工程队伍。那时靠的就是“我为祖国献石油”

[1] 原大庆石化公司物业公司经理。

的强烈责任感，靠的就是“大庆精神、铁人精神”的英雄气质。但条件的艰苦、作业环境的恶劣等一系列困难，不是一两句口号就能解决的。在实际工作中就是领导者用他的亲力亲为、务实作风带动大家、感动大家，去完成看似不可能的一个又一个艰巨任务。

能和崔海天一起共事，能在他的领导下工作，也是自己这一生的荣幸。在他的身上有着非凡的组织才能，现在叫领导力。那时的机构设置远没有现在这么复杂庞大，各方面人才稀缺，人力也非常少，各种程序化的章程和标准也缺失，工作各个方面靠的就是个人的能力和素质。很多项目都是第一次经历，没有可借鉴的材料和经验。就是在这种非常困苦的条件下，在崔海天的领导下，我们完成了一项又一项艰巨的任务。无论是土建施工还是吊装设备，每一天每一项工作都面临着全新的挑战，每一项重大工作他都是亲临现场指挥，给现场奋战的同志们很大的鼓舞和自信。每一个环节他都了如指掌，对业务的精通让他身边的同志敬佩有加，他也传授了很多的业务知识和管理经验。

有时想想，那个时代虽然有它的局限性，很多标准与规程没有现在这样严密和科学，但那个年代却有着人性本身更重要的品质，干良心活，做良心事，决没有人为的半点虚假成分。想想那个时代有许多方方面面的困难，既有政策性的，也有自身条件的局限性，但崔海天总是开拓思路，走在前面，这体现了一名管理者品质超群的才能。

当时许多建设者都是转业军工，爱人都是家属，农村户口无法落户，更无法安置工作。在这种困境下，崔海天为职工利益费尽心思，走省里、跑市里，为解决这五六百军工家属的落户问题，他与上级多次协商。最后上级给了一个政策，就是办一个农场，在距乙烯 15 千米的三永村南侧建起了乙烯农场，解决了军工家属的两地生活问题，让建设一线的职工更安心工作，工作积极性进一步增强了。

1988 年 8 月，崔海天想让农场这块宝地能发挥出更好的作用，大胆尝试走经营承包的路子，这个想法得到当时领导班子的支持。通过竞争，在全厂范围内选出一名承包人来承包农场，带领大家闯出一条自力更生、自主生存的道路。好多够条件人士纷纷来报名，当时我也是参与竞争的一员。通过答辩，在 32 名竞争者中代表们竟把我推了上来。当时农场的条件非常艰苦，要想带领大家闯出一条自力更生、自主生存的道路，首先要发展轻小工业，以工养家，安排家属就业，让他们有活干，有钱挣。在崔海天的指导下，我的思路更开阔了，从而在农场建起了劳保加工厂、鞋厂、蜡厂、酒厂以及养鸡场、鱼塘、对外加油站和毛绦厂等小工业。

此时，职工子弟学校对外招聘教师，提高了教学质量，全体职工家属解决了担心孩子得不到正规教育的后顾之忧、全身心地投入到农场建设中。大家热情高涨、干劲十足，2300 亩大田连年丰收，农场的环境有了翻天覆地的变化。承包三年，不仅职工家属的收入上了三个台阶，而且让总厂职工吃上了自己种的蔬菜、自己养殖的鱼、肉等，享受了自己辛勤劳动的成果。我本人也实现了答辩中的承诺。这些都验证了崔海天所说的“走经营承包的路子来发展农场，实践证明农场是块宝地”。

如今时代变了，人也在改变，社会上各种思潮纷呈。但那个革命建设时代的精神不能改变，为国分忧、为民谋利的宗旨不能变。静下心坐下来回味那个年代，回忆那段历史，就是要昭示今天。尤其是在当下的社会，我们更呼唤，应该经常性回想那个火热年代，那是留给大庆石化职工一代又一代的宝贵精神财富。我们应该懂得去珍惜，并鼓舞更多的人，为了国家的繁荣富强去努力奋斗！

我所认识的崔海天

周书俭[1]

1968年初冬，在大庆油建六大队的野外安装中，我见到了崔海天。后来，他在乙烯工程指挥部任指挥，在市里任过副市长、石油管理局副局长，我始终称呼他为崔指挥。当时，他是“走资派”，接受批判、劳动。我是刚分配来不久的大学毕业生，在油田建设指挥部六大队劳动锻炼，也是在接受工人阶级再教育。有一天，我和小队里的师傅们正在抬管子，从我们身边走过了几个抬管子的人，我的师傅告诉我说，这几个都是“走资派”，并一一做了介绍。我当时认识了崔海天，他并不认识我。真正认识并熟悉是在大庆乙烯工程指挥部工作开始的。

由于工作需要，1978年2月我被调到大庆石化设计院，是乙烯工程指挥部直属单位。先后任院机关党总支副书记、情报室副主任、主任兼党支部书记。1983年我任大庆乙烯工程指挥部党委组织部副部长，主管技术干部。崔海天就是当时的大庆乙烯工程的指挥，是我的领导，接触就多起来了。下面，我把在工作中接触到的崔海天所做的几件事作以简单介绍。

技术人员学外语，翻译人员学技术

1983年冬季的一天，崔海天把我叫到他的办公室，听我汇报我所主管的技术干部情况。听完汇报后，他说：“从去年（1982年）到现在我们共三届新大学毕业生（1982年有春夏两届大学毕业生）几百人，可是在现场，这些大学生只能看材料，能直接用外语和外国专家交流的寥寥无几，说话还要靠翻译，可翻译的专业技术又欠缺。懂外语的不太懂技术，懂技术的又讲不出外语，这

[1] 原大庆乙烯指挥部人事处长。

是个问题。你老周主管技术干部，请你想办法办学习班，让技术人员学外语，翻译人员学技术，尽快解决这个问题。要把这项工作当做一个硬任务去完成。”根据他的指示，我们与外联办等单位领导一起研究，请中外老师办外语培训班，办技术基础知识培训班。经过一年多的培训，问题基本得到解决，这些人员都在现场发挥了骨干作用，为工程建设进度贡献了自己的力量。

在办外语培训班过程中，崔海天经常抽时间到现场指导，这对正在接受培训的人员是个很大鼓舞，同时，他自己也在坚持自学英语，在现场也用英语与外国专家交流，受到了专家的好评。经过外语培训班学习的大学生们也都受益匪浅，后来，这些人因外语好，被调到祖国各地的乙烯厂工作，有不少在外事部门工作。20 多年过去后，不少人已当了各级领导。有时，在北京见到我（从大庆乙烯调到中国石化集团公司人事部，一直从事人事工作），他们还在讲，当时在大庆乙烯参加外语班，感觉受益匪浅，长了不少知识，感谢大庆乙烯的领导培养了我们。

大胆启用知识分子

1984 年初，崔海天把我叫到他的办公室，详细询问了单位知识分子的基本情况后说：“我们现在建设的 30 万吨／年乙烯工程，拥有世界上很先进的设备和技术，没有一批技术骨干和技术管理骨干很难完成任务，在建设速度上会落后于其他几套乙烯工程的（当时齐鲁、扬子和上海都在建设 30 万吨／年乙烯工程）。这几套乙烯工程建设就客观条件讲，我们大庆是最差的，冬天太冷且时间长。所以，我们要想尽各种办法把工程的建设质量搞好，速度要加快，管理水平要上去，这才能按质按量按时完成上级交给的任务。老周，请你把设计院（乙烯直属单位）室主任、党支部书记的名单和每个人的详细情况汇总过来，我要用这批人（当时崔海天的管理人员专业化、知识化的工作思路是很超前的，给了我们很大启发，受益匪浅）。”从此以后，启用了很多德才兼备的各类专业技术人员充实到一线的管理岗位，这些人也没辜负领导的期望，他们当时都年富力强(大多数在40岁左右)，为乙烯工程的建设及后来的生产都起到骨干作用。乙烯的建设和一次投料试车成功，受到了上级的表扬，也凝聚了崔海天的指挥才能和辛勤工作。

乙烯联合化工厂的定员太多，要减员

1985年初，崔海天又一次找我到他的办公室，开门见山，提出乙烯联合化工厂定员为26000人，太多，要求你们人事部要很好研究一下（由干部处、劳资处、培训处、老干部处合起来成立的人事部，我任部长）。把各单位的定编、定员认真核查一下，定编、定员要有依据，要有科学性。在保证建设和生产任务高质量完成前提下，想尽各种办法把定员减下来，具体减多少人，要请你们给出具体意见。我领了任务，不敢怠慢，立即召开人事部部务会研究具体操作办法。在崔海天的直接指导下，经过几个月认真而细致的工作，完成了任务。举例说明，我们的自备电厂22万千瓦／小时开车时也不到900人。乙烯全面开工后总定员为15800人，比设计定员减少1万多人。现在看来，崔海天对企业减员的前瞻性是令人佩服的。

设想成立翻译公司

大庆乙烯工程在建设高峰阶段需要大量的翻译，在现场用翻译最多时达六七十个，有英语、日语、德语、法语等。1983年冬，在一次讨论经济效益的会上，在谈到如何通过改革增效益时，崔海天在讲话中把目光慢慢地转向我说："我有个想法，我们可以去成立一个翻译公司，将现有的翻译，包括笔头、口头翻译（当时乙烯工程的翻译和设计院情报室的翻译共有130多人，有英语、日语、德语、法语、俄语等5大语种，是一个相当庞大的翻译力量）都纳入公司范围。我们与翻译公司实际核算，乙烯工程现场用翻译按小时付钱，多劳多得，按劳分配。同样，翻译公司用我们办公地点要交纳租金，水电都要交钱，处处讲成本核算。这样，一是激励翻译努力学习、努力工作，二是管理也会更趋于合理。今后，把翻译公司搞好了，也为其他公司的成立做好榜样。老周，你把这事抓一下（当时，我是党委组织部副部长、主管技术干部）。"后来，因工作繁忙等多种原因，这个公司没能成立。尽管这样，也表明了崔海天的远见卓识和工作魄力。

通过上述几件工作，就可以说明：崔海天的工作有魄力，有远见，有较高的前瞻性。在他的领导下，我学到了很多，受益匪浅。崔海天整天除了工作就是思考，很少有闲下来的时间，就是在食堂吃饭也在谈工作。在他身上对工作有一股用不完的劲头。看得出来，为了保质保量地完成上级交给的任务，在建设乙烯工程中，总有一股与其他在建的乙烯工程比、学、赶、超的劲头，总想办法克服大庆的冬季长、天气冷给施工带来的困难，使各项工作走在其他在建乙烯工程的前边。在这里我想说一句发自内心的话：向崔海天学习，向崔海天致敬。

虽然只言片语，却是情深义重

——采访李景荣侧记

王海群[1]　林铁石[1]

2012年7月11日上午，我们编辑部成员一行二人，来到省级特等劳动模范、大庆著名老标兵李景荣的家中进行了采访。李景荣同志从20世纪60年代起先后被评为“大庆会战标兵”，当选为“全国五届人大代表”，被黑龙江省政府命名为十大“关爱标兵”、被中华慈善总会评选为“中国最具影响力的100位慈善人物”。

这次采访可以说是不成功的，因为84岁高龄的李景荣老先生头脑已经不是很清晰。但是，这次采访又可以说是收获颇丰，从李景荣言语的几个片段，我们看到了李景荣对崔海天的由衷钦佩以及两人深厚的友谊。

提起崔海天，李景荣首先是抬起双手，竖起了大拇指：“好人啊。”李老先生说，崔海天动员能力强，创造力强。

李老先生回忆起崔海天的往事时，情绪明显有点激动，刚要说话，就忍不住老泪纵横，抽泣起来。

待老先生平静了几分钟以后，断断续续讲了与崔海天交往的几个片段。

“文化大革命”期间，有一次，有一车2.5英寸的管子需要卸车，李景荣组织了十来个人准备工作。当时崔海天就和李景荣搭伴，一起卸车。李景荣清楚地记得，当时崔海天在前，他自己在后，两人扛着管子需要过一片水洼地，当时刚下了雨，水深齐腰。李老先生几次用手比划着：“水这么深。”但是遗憾的是，老先生说，记不清楚这是哪年哪月在哪儿发生的事了。

---

[1] 大庆市谱牒研究会理事。

半晌，李老突然冒出一句：“石油工人没冬天，天寒地冻意志坚。”老先生解释，这都是崔海天当年为激励士气而编的。可惜的是，李老实在想不起另外的两句了。

又过了一会儿，老先生又冒出一句：“抢白天，战雨天，牛毛细雨当好天，月亮底下当白天。”这都是崔海天当年的作品，都是针对特殊天气而作的。

从这些诗句中，我们仿佛看到了当年的老会战们战天斗地，克服天气的不利影响，艰苦创业的情形。同时，我们也看到了当年的老会战们勇于面对困难，苦中寻乐的革命乐观主义精神。

李老说，崔海天退休后和一些老同志办了一个老年服务公司，我也是老年服务公司的成员，“崔海天的嘴，我李景荣的腿，他说啥我办啥”，不到一年时间，我们这个公司就在大庆和省里出了名，我们不但盈利，还安排许多下岗人员。开始我们搞废物回收，我们搞非油产业，有人说是第三产业，替代产业。崔海天告诉我们，在大庆最早提出搞替代产业的是王苏民，1982 年提出的，是在政府报告里正式提出的。总之，崔海天的点子很多，多次提出我们老年服务公司要办石化总厂办不了的事。他浑身有股使不完的劲，每次开会都能提出许多新问题。和崔海天在一起干活，有奔头，有意思，等我腿好了以后还要干（李老的右腿已经不能着力）。接着，他念道：弹指一挥间，白发正当年；八十岁打底，再干二十年。

李老对崔海天佩服至极，说崔海天干得多，可得的却少，但他从来不计较这些。真有点不公平。

采访结束了，我们的思考却没有结束。崔海天和李老把青春年华奉献给了石油化工的建设事业，为现代人创造了舒适安逸的生活，他们艰难的创业历程，他们无私、无畏的精神，但愿被人们永远传承下去。

我所接触的崔海天同志

许剑浩[1]

1978 年，经国务院批准，国家计委正式批准在大庆建设一套年产 30 万吨乙烯（在 20 世纪 70 年代是世界上乙烯装置的标准规模）联合化工厂。当时的大庆市副市长、石油管理局副局长崔海天同志受命担任工程指挥部指挥，全权负责该项工程建设工作。

当时，我国只有北京燕山和上海金山两个 30 万吨／年级大型乙烯装置，它们都是集中了全国的财力、物力和技术力量建设的。在大庆建设一个大型的乙烯联合化工企业的难度是可想而知的。

从此以后，一直到 1985 年 8 月崔海天生病时止，他吃在食堂，住在指挥部办公室，全身心地投入了大庆乙烯工程建设，一直到投料试车前夕，因劳累过度，造成身体抵抗力下降，病倒在工作岗位上。

我是在 1984 年 2 月从原来的大庆石化总厂调到乙烯工程指挥部的，负责生产计划部门的准备工作。此前，对崔海天同志虽然早就闻名，但没有见过面。在他手下工作两年之后，我对他总体的印象是：工作大胆、有魄力，作风雷厉风行，勇于承担责任；尊重知识、尊重人才，能调动科技人员和管理人员的积极性；任人唯能、用人不疑、敢于用人也善于用人；性格直爽、待人真诚。

用“统筹法”科学管理工程建设

大庆乙烯工程经过停缓建后恢复建设，国家要求第一期工程在 1986 年建成投产。早在 1984 年，试运行投产的准备工作就已经提到了工作日程。

为了有条不紊地组织施工，确保到 1986 年开工时所有的单项工程都能准

[1] 大庆石化总厂原总工程师。

点到达，崔海天安排我和当时的科技处副处长聂光恒同志一起根据“统筹法”原理制订大庆乙烯第一期工程建设和投料试车网络图。这是我到乙烯指挥部后做的第一件比较大的工作。

这个网络图要将所有工程单项从设备和材料采购、施工、管道吹扫、单机试运、联合试运、工艺投料、操作调整一直到出合格产品所需要的时间和时间点一一表示出来，并且找出影响总进度的关键路线。

网络图画出来后，我们找到了最关键路线是低压聚乙烯（LDPE）装置的从施工到试运投产这条线。

大庆乙烯的产品方案做过多次修改，其中最大的一次修改是国家决定将20万吨／年乙醇装置改为14万吨／年低压聚乙烯（LDPE）装置。由于建设LDPE装置的工作开展得比较晚，而且设备制造周期长，到1986年投产，留给工程施工的时间是非常紧促的。

在网络图上另一条比较关键的路线是热电厂的投产。因为开工前要进行的管线蒸汽吹扫工作需要大量蒸汽，并且还要提前在1985年冬天对已经建成的建筑物和工程施工供给蒸汽。因此热电厂必须提前建成，而且其中一台锅炉必须在1985年入冬前产蒸汽。

崔海天得知这一情况后，立即采取措施加强了低压聚乙烯和热电厂两个项目的施工力量，并对这两个项目的施工领导班子进行了调整，充实了力量。崔海天将网络图挂在自己的办公室和总调度室内用来检查工程进度。

崔海天用科学方法管理工程建设，对1986年大庆乙烯第一期工程如期建成投产起了很大作用。

大庆乙烯第三期工程的提出与出国考察

1984年，计划处和财务处按照指挥部的要求，测算试车费用和投产后的经济效益。我们发现按当时的原材料和产品价格计算，乙烯工程投产后的盈利能力远远低于原设计。分析原因主要是裂解原料发生了很大变化。

大庆乙烯原设计是全部以廉价的油田轻烃为原料。轻烃裂解乙烯产率高，生产每吨乙烯只需要2.3吨原料。但到1984年情况发生了很大变化，经与油田有关部门落实，能够供给的轻烃数量大为减少。不足的轻烃只能用石脑油和轻柴油来代替。石脑油和轻柴油裂解生产的乙烯产率低，生产每吨乙烯需要大约 3 吨原料。

为什么上海金山石化厂和北京燕山石化厂以石脑油和轻柴油为原料生产乙烯都有很好的盈利能力？因为这两个企业的原设计流程是石脑油或轻柴油裂解多产出的丙烯、丁二烯和芳烃等都用于生产高质量的有机化工产品。但是大庆乙烯原设计的丙烯生产线能力不足，使丙烯过剩，而丁二烯和芳烃完全没有被利用。

当时虽然是计划经济时期，但企业是独立法人，投产后要承担归还国内外贷款和向国家上缴利润的任务。崔海天要求计划部门拿出解决办法。我接受这个任务后，组织处内和设计院的有关人员拿出了初步方案：

(1) 建设一套聚丙烯装置以消化多产的丙烯；

(2) 建设一套以丁二烯为主要原料的橡胶装置；

(3) 建设一套芳烃抽提及分离装置，将加氢裂解汽油中的苯、甲苯、二甲苯分离出来；

(4) 建设一套以苯作原料的苯乙烯装置和以苯乙烯为原料的聚苯乙烯和 ABS 装置；

(5) 生产聚乙烯专用原料及进行塑料后加工，提高产品的附加值。

这就是最初的三期工程方案。

当时一个工程项目从前期工作到正式报批、设计、施工建设直到投产，需要五六年时间，因此需要及早开展前期工作，还要组织调研考察。

当时的黑龙江省政府很重视这个问题，并且表示愿意投资合作建设三期工程。于是经黑龙江省政府批准，指挥部利用 1984 年底到 1985 年初施工比较空闲的时间组团出国考察，重点是考察三期工程项目的可行性。考察团的正式名称是“大庆市石油化工代表团”。团长是郑耀舜，公开身份是大庆市长；副团长是崔海天，身份是大庆乙烯联合化工厂总经理；秘书长是王瑛总工程师，团员有研究所的杨永生工程师和我，还有翻译王才杰。郑耀舜市长不大管具体业务，因此崔海天是实际的领队。

由于团长是市长，就有了一点官方性质，也就有了官方应酬。代表团会见了德国的慕尼黑、法兰克福、多特蒙德和美国的 Pensacola 和 Bartlesvill 等城市的市长和其他重要官员。Pensacola 市（在佛罗里达州，有一个很大的生产腈纶的工厂）还授予了我团全体成员荣誉市民证书。

民间应酬也不少，访问了不少家庭。原国民党著名将领白崇禧将军的女儿白先慧设家宴招待了代表团，其夫婿薛联定是美国 phillips 公司的超级研究员，曾经领导研究制成了 K 树脂。

由于团长、副团长的身份是中国的重要官员，所以代表团参加了一些公司的应酬就更多了。在美国期间，余秋里的小女儿小霞基本上是全程陪同。

由于考察的单位和内容很多，还有许多应酬，因此日程安排得非常紧。有时一天考察两个单位后晚上还要参加活动。崔海天走起路来健步如飞，我们这些比他年轻的人都有点跟不上。对于考察的项目，崔海天总能提出很多问题，有些问题还很深刻，让我这个搞技术的人自愧不如。

这次考察，三期工程项目是重点，主要考察的单位有：

（1）生产苯乙烯的孟山都（Monsando）公司的苯乙烯工厂和日本电气工业株式会社的千叶工厂；

（2）生产聚苯乙烯及苯乙烯共聚物的三井东压化学公司大阪工厂和聚苯乙烯装置、日本合成橡胶（JSR）公司的 ABS 树脂工厂和美国 phillips 公司的 K 树脂的工厂和研究部门；

（3）生产合成橡胶的工厂有日本合成橡胶（JSR）公司的四日市工厂、Goodrich 公司的丁苯橡胶厂和 HU（V）LS 的合成橡胶厂；

（4）一些塑料加工和生产无纺布的工厂；

（5）与三期工程项目有关的工程公司等。

考察中，崔海天对我是非常关心的。无论从职务还是年龄来看，我是团里的“小字辈”。王总知识面广，有丰富的外事谈判经验，职务又高，技术问题他提完了别人也就提不出什么了，即使有问题想提时间也到了。而且翻译总是跟着领导走，别人提问题也不大理会。我在考察时只有多看、多听、做好记录的份，很少有发言提问的机会。崔海天是心直口快的人，发现这个情况后找我和杨永生谈话，让我们多发言，大胆提问。我不好说什么，只有承诺。回国后崔海天对我说：三期工程方案是你做的，本来希望你能在这次考察中有很好的表现，但现在有点失望。我还是不好解释。

这次出国考察回国之后，崔海天同志忙于指挥工程建设，我负责的生产计划准备工作不归他直接领导，所以工作上的联系就少了。

实际上对我来说，这次出国考察的收获是很大的，使我能第一次亲身感受国外的石油化工情况，特别是对三期工程各装置的工艺技术和实际生产情况有了比较全面和深入的了解。这对于我在 1991 年之后担任总工程师职务并兼任三期工程领导小组副组长，解决三期工程设计、技术谈判和开工生产中遇到的技术问题是很有帮助的。

创意产业值钱啊

刘 畅[1]

77岁的崔海天老人，每天一睁开眼睛就要看报刊。见到记者时，这位老会战提出了许多深刻的话题："大庆经验学什么？'十一五'期间大庆如何发展？"

崔老说："康世恩临终的时候，还大喊3声'油！油！油！'铁人'宁可少活20年，拼命也要拿下大油田'的精神，代表了我们老一代石油人为了夺油上产的拼搏精神，可以说，我们这些'老家伙'是拼命的一代。"

崔老话锋一转，说："今天大庆缺什么？缺动脑筋的人才，缺创新'搞名堂'的人。"

在记者的一再追问下，崔老讲述了当年他那一代人"搞名堂"的几个典型事例。

"搞"名堂

大庆会战不久，康世恩就要求各级领导"搞名堂"，并且承诺："搞出'大名堂'的吃大猪，搞出'小名堂'的吃小猪，没有'名堂'的不吃猪。"

当时，在油建指挥部任指挥的崔海天，在铁管子上搞起了"名堂"。

建油水管道，要给铁管子除锈、做绝缘。工人在现场用砖头蹭、用沥青浇，又苦又累不说，进度还特别慢。

崔海天在北京石油学院教授张英那句"管道施工工厂化"的启发下，组织几个工人在厂子里给铁管除锈、做绝缘，再用特车把处理好的铁管送到工地，工人再架管线时不累了，工程进度也快了。崔海天这个机械化、工厂化、装备

[1]《大庆晚报》记者。本文摘自2006年2月10日《大庆晚报》。

化的“三化”改革，革出了“大名堂”，当时，油建指挥部吃了口大猪。

后来建井房时，他们又在工厂把框架预制好，然后拉到现场组装，省时省力，不再用砖砌了，这个“名堂”虽小，但又让他们吃了口大猪。

“水”名堂

1961年，建北二注水站时，崔海天在施工前线又搞起了“名堂”：他要求在焊接时，焊工要在焊口上焊出代号，然后登记注册。盖房时，施工员要在木头檩子上写上自己的名字。泵站建起来时，要“刻碑留名”，把施工单位、人员的名字刻上去。这些做法都出于一个目的：“哪儿出问题找哪儿，谁干的活儿谁负责。”

“刻碑留名”的名堂得到总指挥部的肯定后，崔海天又搞起了“名堂”：把“服务部”搬到工地。

北二注水站地处偏远，工期紧，工人们有许多事情都办不了。崔海天利用星期天休息的时间，把理发的、修鞋的、卖日用小百货的，都组织到北二注水站工地上，开起“服务部”来。他还把自来水接出来，弄了个澡堂子给工人洗澡。这样一来，工人们乐了，安心了，干劲更大了！

“刻碑留名”和工地“服务部”当时都算是“大名堂”，也给油田实行岗位责任制和关心工人生活开了个好头。

“火”名堂

1962年，采油一厂注水站失火，会战指挥部便以“火”为题，在全战区展开了大讨论。

大家先阐明油田火灾的危害，再找根源，最后一致认定：失火是缺乏责任心造成的。提到责任心，全战区人的目光都聚集到北二注水站“刻碑留名”的新做法上。很快，北二注水站成了典型，其做法经过整理、充实、完善，成了大庆最早的“岗位责任制”。

这一回，崔海天搞的“刻碑留名”又成了大庆会战的一个“大名堂”。

应搞啥“名堂”

“大庆经验学什么？我说就学‘搞名堂’。”崔老说，“搞名堂”就是创新。当年房东大娘评王进喜的那句“你真是个铁人！”一般人没在意，可宋振明下去把这句记回来，在大会上叫响，这价值就大啦。所以说“岗位责任制”、“三老四严”、“四个一样”等等，都是因为有创意才有价值。

要真正创造奇迹，就要发动群众的力量，“搞名堂”就需要发动。崔老列举了大庆油田早期分层注水这一创举，就是从工人到技术人员，再到总指挥部的“五级三结合”，最后，终于出来了皮球糖葫芦分层注水法。

崔老说：“会战时，所有名堂都是鼓动和发动的。鼓动是革命，也是拼命；发动则是科学，按规律办事，所以大庆经验的根本点就是‘高度的革命精神与严格的科学态度相结合’，这一条永远适用。”

提到今天的大庆，崔老说：“多动脑子，多搞创意产业。大庆的第三产业才占总产值的 11% 左右，而发达国家占总产值的 65%，我们要亲商，有了物流就有了人流，最后也就有了财流，所以还得在第三产业上搞名堂。”

我搞了一辈子油
住了大半辈子帐篷

刘　畅[1]

轮椅上的崔海天老人，依然思维敏捷、谈笑风生。一讲起会战，他更是绘声绘色、声情并茂。

1952年，第一野战军57师集体转业成为新中国的第一支石油师。石油师中，一团是学钻井的，二团是学炼油的，三团是学开车搞运输的，所以中国石油工人和解放军血脉相连。

“那时候咱国家缺油，外国人卡我们脖子。大庆发现了大油田，那咱就得拼命把油整出来。”崔老为会战交待了背景。

1960年6月，身为玉门油建公司三大队大队长的崔海天，带着全队来到大庆，成立了大庆油建指挥部，崔海天担任副指挥。

他们400多人一起从玉门来到大庆，在中七路广场搭起了帐篷。那时最紧张的是粮食，崔老说，他们400多人中，为油牺牲的第一人是“撑”死的。当时粮食不够吃，就把野菜、苞米秆煮了吃。那个人饿得不行了，就可劲儿吃，结果一下子把肠胃撑破了，死了。

那时候节日不休，口号是“不过节日过党日”，实际就是不放假还要加班搞会战。当时，每次会战开始都要放炮，开誓师会、上台发言，你争我夺喊口号表决心。

开工后，不管是刮风下雨就是个干，到时候完不成任务，自己都不好意思汇报。崔老说：“当时，大家心里想的就是要甩掉石油落后的帽子，不拼命哪行！”

[1] 《大庆晚报》记者。本文摘自2006年2月10日《大庆晚报》，转摘时做了改动。

“会战开始是分战役来打，也叫 9 热 1 冷。”崔老接着讲述道。

9 热就是用 9 天时间，热火朝天攻下一个工程（战役），用 1 天时间边休息边总结，然后再打下一个战役。

会战时，指挥部分一线指挥部和二线指挥部（总指挥部），二线指挥部是出主意、拿规划和总结经验的。二线指挥部下面的钻井、油建、运输等 8 大指挥部为一线指挥部。

崔老说 :“领导都在生产一线上指挥。我来到大庆后，基本是专门负责油建这一块，哪儿要建站、建厂，我得先去搭帐篷。住进去后，我就开始指挥。油田、炼厂、工程，这个建完建那个，我也就从这个帐篷出来，又住进那个帐篷，我干了一辈子工作，住了大半辈子帐篷。”崔老激动地说。

1961 年 3 月，油建指挥部举行誓师会。大会很热烈，很有声势。哪成想到了夜里，不少人开小差（跑）了，咋回事？

原来，新指标、新任务在大会上一公布，下面的这些人就得去完成。“5 两保 3 餐”，还得冻地刨大镐，人能受得了吗？

总指挥部知道这个情况后，进行了认真研究 :“前方打得这么紧，后方不巩固不行！”咋巩固？当时总指挥部决定，把精力转到一线工人们的生活上来，下发了《关于更好安排当前职工生活的紧急指示》。打这开始，就有了“五把铁锹闹革命”。再加上全省人民的大力支援，总算度过了会战时最困难时期。

77 岁的崔老已不能行走，但他无怨无悔。1965 年，他被提拔为大庆油田副总指挥，以后又担任石油管理局副局长、大庆市副市长和乙烯建设总指挥，一直负责基建工作，所以一直工作在前线。如今，会战时副总指挥以上的人留在大庆的，只有崔老一个人了。他说 :“大庆精神和大庆经验应该好好地总结，它对大庆到底该怎样发展，至关重要。”

大庆精神刻着“军”字印章

刘　畅[1]

余秋里有这样一段精彩论断：除了大庆，没有哪一个企业的诞生和发展能与中华民族的精神和命运联系得如此紧密；没有哪一个城市在未诞生之前，就有了自己厚重的文化底蕴；没有哪一个企业和城市走过短暂的历程，却在中华民族的历史上铭刻了一个辉煌的亮点。

精神、文化、亮点三者的逻辑关系，完成了一个重大题目的推理。精神和亮点的支撑点是文化。

大庆在没诞生之前，就有了自己厚重的文化底蕴，这个“厚重的文化底蕴”是什么？

1964 年，朱德委员长视察大庆油田时，对康世恩说：“石油师，变成了一支掌握现代技术的解放军……很好地保持了解放军的优良传统，起到了改造世界的主力军作用。”

康世恩则说：“今天看来，全国各个油田的勘探、开发和建设，石油工业的历次重要会战以及新油区的开辟，都有石油师人和以后陆续从部队复员、转业的干部战士辛勤的汗水和创造性的劳动，更重要的是他们把党的优良传统、解放军的革命精神和高尚品质，带到石油队伍中来，为建设一支艰苦创业的石油队伍，打下了基础。”

一个理性认识是对无数革命实践的总结。当我们把解放军—革命精神—重要会战—带到石油队伍—打下基础等词语联系起来的时候，我们为大庆厚重的文化底蕴找到了答案。

军旅文化，才是大庆文化的底蕴。

[1] 《大庆晚报》记者。本文摘自 2009 年 8 月 10 日《大庆晚报》。

为了真切地说明这一观点，“八一”前夕，记者采访了老石油师人——大庆市原副市长、乙烯建设的指挥崔海天老人。

老石油师人是不倒的勇士

24 年前，也是 8 月，万恶的病魔击中了正在乙烯工地指挥的崔海天。他生命垂危，几经转院，在北京友谊医院，借助呼吸机呼吸了 10 天，医生总算把患有脑炎、脊髓炎、神经根炎的崔海天抢救了过来。这是个奇迹，因为，患这种病 20 万人中能活下来的只有一个。

他的命是保住了，可接下来，还面临着痴呆关、失忆关、瘫痪关，每一道关都是很难跨越的。

“老崔呀，你光辉的一页翻过去了，另起一行吧。”孙敬文副部长在病床前含泪而语。

“另起一行……”昏迷多日的崔海天像战士接受首长的命令一样，重复着“另起一行”这句话，睁开双眼，双腿随着微微一动。

“你醒了。”爱人韩德莲不胜惊喜，从那天开始，两人如同两位身负重要使命的战士，在布满荆棘的山路上前行，爬过讲话、用餐、写字、站立、行走……这一道又一道难关。

勇士不倒。崔海天又拿起笔，写文章了。他又忙忙碌碌地开办了老年服务公司，又创造了一个人生奇迹。

3 年前，崔老跟记者谈论大庆发展的问题时，谈了一个“创意产业值钱”的问题，又约下了一个“军旅文化与大庆精神”的议题。

“队伍的建制，工程开工前的誓师会，比武打擂，立军令状。‘完不成任务提人头来见’等等，这都是人民军队的文化内核。”崔老当即就说了一大串。那时的崔老，已不能行走。轮椅上的他已经坐不直了，脸上沁出了汗，记者不能再问下去。

这次，记者推开崔老的家门，意外地发现老人坐在轮椅上，埋头书案。案头上是厚厚的一摞书——《石油师人》。

“崔老！”记者喊了一声。

“坐、坐。”老人连指沙发。这次，记者约访崔老，是要重提上次的话题。

"余秋里说的大庆文化底蕴，我认为就是文化取向，文化积淀的根源。"崔老胸有成竹，直奔话题。

他说，人民军队的军旅文化可追溯到军队的成长过程中，从南昌第一枪到井冈山的星火；从遵义会议到保卫延安，直到打过长江，推翻蒋家王朝。通过流血牺牲去过险关、战顽敌，完成的是共产党人救国救民、实现解放发展的使命，这是军旅文化的核心。

14岁那年，崔海天的父亲领着他从沈阳逃到河南，进了"国立一中"，那时叫"流亡学校"，在那里，他受到了地下党的爱国教育，他带领20多名同学参加了人民军队。在部队做宣传工作，更懂得了许多党的知识和革命道理，成了一名坚强的战士。

"历尽艰辛我为啥能挺到今天？我觉得就是靠军人的信仰，正确的趋向决定了人的命运。"崔老说。

会战大军处处军歌响亮

崔老说，1952年8月，奉毛泽东主席之命，他随19军57师转业成了石油工程师的一员。于是，在西北大漠的钻探队里，在炼油厂的运输车队里，军歌响亮，军号响处无坚不摧，无处不报捷，从而使基础薄弱的中国石油工业有了一支特别能战斗的铁军。

1960年2月下旬，中央批准松辽大会战的第二天，中央军委又作出3万军人转业到大庆参加会战的决定。整个参加会战的4万人中，90%的工人和80%的干部都是转业军人，他们成了大庆会战的主力军，并且提出，要拿出当年在淮海战场上的英雄气概，夺下大油田。

崔老说，领导大庆会战的干部十有八九是军人出身，余秋里、康世恩、张文彬，都是赫赫有名的战将。

"勘探开发油田不叫勘探开发，叫'会战'，叫'拿下'，所以，油田叫战区，领导机构叫指挥部，干部叫指挥。单位也不叫公司，叫这个队，那个队。支部建在基层队，一个阶段叫一个战役，每次战役都有比武打擂，都有总结表彰，骑马戴红花扛'帅'字旗，更是军旅那一套。出发时，排队唱歌，喊口号，有旗手，基本还是军事化，尽管那时候生活艰苦，可夜间在帐篷内外，还是阵阵军歌。人人都保持着轻伤不下火线、父母去世也不回家的军人作风。”崔老说。

大庆会战　如同淮海战役

崔老以油建十一中队为例，讲述了军旅文化在大庆的积淀作用。

1960 年 8 月 7 日，油建三大队十一中队组建的第二天，就接受了建设中四站两个 1000 立方米大罐和一个锅炉房的任务。首先是指导员闻祥德做“战斗”动员，接着是队长李德武和 98 名工人表态，会战开始了。

运料没有车辆，他们就用“铁肩膀”去抬。从火车站到工地有十几里远，草深无路，还要穿过庄稼地，他们唱着“人拉肩扛运料忙，歌声嘹亮震天响。泥泞道路不觉苦，热火朝天新气象”，把几十人的运料队连成一线，仅用了两天半的时间，就运了几十吨钢板。

8 月 10 日，建站开始了。没有脚手架和踏板，他们就用绳子把焊工吊起来一级一级往上焊。没有踏板就用床板，每天都要焊十四五个小时。

安装时没有吊车，他们就用推绞盘车的办法，慢慢地把两个大罐安装到位。

8 天苦战，提前两天完工，打响了会战的又一炮。

崔老还向记者讲述了又一次会战的例子。十一中队接受了 7.2 千米的管线铺设任务，队长李德武先领班长们沿线路勘察，把钢管逐一检查一遍，发现有 11 根不合格，110 根找圆。情况摸清后，召开全队比武打擂会，提出 12 个“怎么办”让大伙儿来解决。

于是，各小队抢任务，摆措施，表决心，生动活泼地“打”起擂来。结果，全线 760 道焊口，一次试压成功。10 天任务，7 天完成。

西油库输油会战时，党支部提出一个月任务用半个月来完成，结果，他们只用了 14 天。

崔老说，大庆会战创出了大庆精神，而大庆精神的文化底蕴是“爱国”。这也是几千年来中华民族的大文化，人民军队的军魂。所以，大庆油田当初不是勘探开发，而是拼命。有了军人的“视死如归”，才创出了大庆的业绩。

说到求实、奉献，崔老又举了十一中队的例子。

那次，是在一口井上下油管，按规程把油管根根都量了尺寸，编了号。到下管时，杨自喜又一量，发现总长度差 30 厘米，于是，他们又把 1000 多米的油管量了3次，才作业。

那次，是6级焊工李师傅对一道管口，他用锉刀代替平尺量了管口。队长发现后，停工，叫大伙讨论这件事。3级工蔡可培说 ："李师傅不用平尺也能对直，但这是制度。今天，你用锉刀代替，明天，他就用焊条代替，说不上哪一天，还会有人用苞米秆子代替呢。要说直，不同的平板尺也能直，但这是纪律，必须遵守。"

讨论明确了，李师傅笑着返回去取了平尺，认真地量完，才开焊。

那次，指导员带队去长春汽车厂支援施工，大伙谈论后说 ："草原打硬仗，到了城市不变样"。于是，制定出了3条纪律：大庆精神不能丢；上下班不坐车；吃饭、开会排队入场，保证任务按时完成。那次，他们提前完成了支援任务，赢得了赞扬。

崔老说，大庆的工人队伍有严明的纪律，有严谨的组织，领导有严细的指挥，就连科技队伍也有严格的要求，严肃的态度和严谨的作风。这些都与人民军队的纪律相一致。

"会战时，一个突出特点是连续作战"，崔老说，石油工人无冬日，也无假日。全国人民都放假欢度春节和元旦，大庆人却"元旦起步"，节日大会战。一个大会战刚结束，下一个大会战又开始了。军号声声中，大会战连着小会战。人人上阵，战战必胜，处处表现的是军人那"服从命令是天职"的作风。

大庆会战同当年淮海战役一样，锤炼了队伍，考验了将士，铸就了大庆精神。

听老会战讲大庆光荣传统

张双华[1]

"三个面向"、"五到现场"，是大庆油田的光荣传统之一，崔海天（1960年任油建指挥部副指挥）、张立中（1960年任会战工委总调度室综合组组长）、王佩恩（1960年任会战工委政治部办公室科长）回忆了这一光荣传统的由来。

5月14日下午，在崔海天老人家里，三位老会战向记者讲述了当年的情景。

1960年，来自玉门、新疆等全国各地的石油工人汇聚大庆参加石油会战。时值夏天，大庆石油会战逐渐进入了高潮，工人的干劲也逐渐高涨，一心想着多打井、快打井，为国家生产更多的石油。但由于参加石油会战的队伍来自全国各地，虽然当时有会战工委统一指挥，但各地队伍仍然是各自有各自的一套工作方法，各工种、各部门协调起来非常困难。加之工人打井心切，在工作中出现了一些盲目求快、不注重质量的现象，发生了一些生产事故。

崔海天回忆，当时西油库有一台大庆最大的20吨锅炉，工人在操作过程中，由于疏忽，致使锅炉内的水被烧干，发生爆炸；419钻井队由于过于追求速度，将一口井打斜。康世恩当时批评这种忽视质量、盲目求快的做法为"杀猪式"做法。

王佩恩回忆，会战工委要求，抓质量从基层抓起，抓基层从改变干部的作风做起。因此，会战工委在处理机关和基层的关系上提出各级领导干部在工作中要深入基层，深入一线了解生产、生活情况，做到"三个面向"、"五到现场"，即：面向生产、面向基层、面向群众；生产指挥到现场、政治思想工作到现场、材料供应到现场、科研设计到现场、生活服务到现场。

"三个面向"、"五到现场"提出后，会战工委的领导和各级领导几乎每天

[1] 《大庆油田报》记者。本文摘自2009年《大庆油田报》。

都下基层，直接深入到生产一线了解情况，发现问题及时研究解决。康世恩同志也亲自到基层了解情况，还及时解决了当时困扰工人的奖金分配问题。

回忆落实“三个面向”、“五到现场”的情形，张立中说：“‘三个面向’、‘五到现场’这一要求可以说是深入人心，有了这样的要求，领导干部对基层的情况心里有数了，指挥起来游刃有余；后勤、科技、材料等生产环节有专人负责，而工人不再为此分心，只要干好本职工作就可以了，极大地鼓舞了工人们的积极性，提高了工作效率，更重要的是质量提高了。”

张老深有感触地说：“‘三个面向’、‘五到现场’的做法非常实用，在大庆石油会战时期，为高水平、高质量地开发大油田发挥了重要的作用。”40多年过去了，“三个面向”、“五到现场”的做法没有丢，被继承并发扬光大，为油田的生产建设继续发挥着作用。

乙烯建设承包的先行者

立　萍[1]　苘　集[1]

大庆乙烯建设重新上马，崔海天大胆改革，狠抓设计，率先招标，敢于包干。工程建成后，不超概算，还有节余。

在大庆市政府附近的一间老房子里，82 岁的崔海天坐在轮椅上，温和、慈祥的目光不经意间时不时与我们相遇。他患病多年，已基本上不能用语言与我们交流。老伴韩德莲一边帮我们查找资料，一边零碎地讲起 30 年前大庆乙烯建设时的往事。

轮椅上的崔老，时而抿抿嘴唇，微微一笑，时而交叉双手手指、轻轻颔首。这是一段属于他们的历史，这是大庆石化人难以忘怀的历史……

乙烯上马

1980 年 7 月 29 日，国务院领导到大庆视察，在大庆 9 号院听取大庆原油稳产和乙烯及原料工程汇报。当汇报到乙烯工程建设时，到会的黑龙江省委书记杨易辰大声道："黑龙江是个典型的'原字'号，我们盛产了原木、原煤、原粮、原油，现在搞乙烯还是个原料型工程。您知道，生产原料不搞二次加工哪有效益？我们想拿大庆乙烯工程原定年产 20 万吨酒精装置，换一套低压聚乙烯，以调整一下产品结构。"

"这样吧，先派个调查组考察一下。既然酒精销不出去，上低压聚乙烯有利于产品结构调整，有利于提高效益，可能的话，就从南京扬子乙烯调一套到大庆来。"

国务院领导的话音刚落，会场顿时爆发出一阵掌声。

---

[1]《中国石油石化》记者。本文摘自 2011 年《中国石油石化》。

于是，国务院派专家组到大庆论证后，决定把扬子乙烯引进的两条年产14万吨低压聚乙烯生产线中的一套调给大庆。

设计先行

工程恢复建设的喜讯传到大庆乙烯工地，职工、家属奔走相告。欢庆之中人们把目光纷纷投向大庆乙烯工程指挥部总指挥崔海天。

面对这些情况，崔海天组织重新编报工程总体设计方案，争取尽早批复，以便开展施工图设计。

设计是先行、是关键。没有设计，设计施工图无法施工不说，设计水平不高，不能与引进的装置相匹配，所谓的先进技术就是一句空话。为此，组织上派外地一家设计院来大庆工作。可人家嫌大庆生活苦，条件差，就是不来。

讲到这儿，韩德莲摘下花镜，喝了一口水，说："有的女同志来这儿一看，抹起了眼泪。"轮椅上的崔老，也隐隐地笑了一下。当年，这可不是一件让他笑得出来的事。

"大庆条件是差，生活是苦，再苦再差我们也拿下了大油田。"

当时，崔海天边说边把桌子拍得啪啪直响。看得出，崔海天比谁都着急。

是啊，决定了的事情不执行，亮不亮台另论，影响工作、贻误工期谁负责任。作为主要领导，此时此刻怎能不急！

这时，办公室的门吱的一声开了，大庆石化设计院院长陶遵礼领着副院长李长文等人走进来。

"崔指挥，工程复建后，设计工作就没停……"陶遵礼向崔海天和指挥部请战。

开场白之后，陶遵礼就如何选用高新技术，如何保证设计质量，如何加强设计管理以及怎样选择专业设计单位等问题做了详尽的汇报，最后精炼地归纳出八个总，即大庆30万吨乙烯工程总平面、总平衡、总项目、总流程、总产品、总定额、总概算、总定员。

崔海天听了非常满意。他说："爹有娘有，不如自己有。乙烯工程我们是没干过，但是也不能让人牵着鼻子走。要走就走自力更生的路子，在干中学，学中干，大庆乙烯工程的'拿总'设计就依靠我们自己的专家、自己的设计院了！”

设计院职工刻苦钻研，日夜拼搏，很快蓝图出来了。接着是找队伍把蓝图变成现实的问题。选什么样的队伍来担此大任呢？工程务虚会上，崔海天强调说，要打破常规，选用一批作风顽强、技术过硬、保证质量，服从命令、听从指挥的队伍来承担我们的施工任务。不然说加快速度，保证质量就是一句空话。

然而，实行自主并非是件易事。因为安排哪支队伍承担施工任务，一律由主管部门推荐，上级指定。为了实现自主，崔海天直接向石油工业部、黑龙江省和国家计委做汇报，决定冒一次天下之大不韪，闯出一条基建新路，在国内实行公开招投标，择优选定施工队伍。

崔海天和这些队伍广泛接触，掌握第一手材料，经过若干次“面试”、“殿试”，并派出 5 个考核小组到 30 个地区、单位，进行实地业绩考核，最后择优确定了国内一流的施工队伍。

解开症结

新中国成立以来，工程超概算已成为国内基本建设上的癌症，多少年来无法根治。缓建、停建、复建，问题的症结就在一个“钱”字上。偌大乙烯工程，到底得花国家多少钱，如何有效地控制花钱？崔海天苦苦思索着，从以往 30 年搞工程建设的实践中分析，寻找问题的症结所在。

上级的期望，领导的嘱托，无时无刻不在崔海天耳边回响。不知经过多少个不眠之夜的深思熟虑，崔海天终于理出了一套控制乙烯工程花钱的办法。他决定向总公司实行概算总承包。

想法征得领导班子成员一致同意后，崔海天首先对原概算进行了重新审核。他亲自挂帅组织 40 多名专业人员成立了审核组，经过半年的审核，找出原概算可行性报告简单、存在诸多漏项的问题。调整后就原定 32 亿元投资为 42 亿元。这个盘子经崔海天审查后上报总公司和国家计委。

“好家伙，怎么会增加这么多？”于是，国家计委和有关部门的专家频频来到现场会审。与其说是调查概算，不如说是对崔海天这位总指挥是否合格的一次考核。

“承包嘛，讲究的是责任，基数不准就无法承包，如果包不住，照样没有责任。”崔海天成竹在胸，沉着冷静地汇报着情况。这次概算审核调整，是崔海天用脑、预算科长刘伯韬用心共同合作的结晶。半年的工夫耗去刘伯韬五六千克的体重，42 亿元投资的来龙去脉在他心里是滚瓜烂熟，增减多少不由你不服。

前两天，我们采访已是 83 岁高龄的刘伯韬老人。提起当时的情景，他依然记忆犹新。他说：“崔海天问我，‘老刘，能不能包下来？’我说，能！”因为刘伯韬心里明白，按施工图纸一项项抠、一件件落实，准没错。

那天，只见刘伯韬摘掉老花镜，把可行性报告简单的原因在哪，设计漏在何处，配套为什么不全，费用增加了哪些，取费采用谁家标准等，连几元几角的数额都倒背如流，分毫不差。崔海天和刘伯韬珠联璧合，把个 42 亿元的总概算汇报得有理有据，清清楚楚，让专家组成员人人点头，个个称是，使新调整的总概算得到认可和批准。

国家计委的一位局长说：“全国大小国营企业上百个，工程建设预算做得这样清清楚楚的，大概你是第一份。”

后来，审查齐鲁和扬子石化概算调整时，刘伯韬作为专家也被请了去。有家企业还要聘刘伯韬到他们那里工作。崔海天说：“这可不行！老刘，建设项目接着往下分解、细包，你这一支笔还得把好关呢！”

可以说，刘伯韬为崔海天大胆承包乙烯工程，立下了汗马功劳。

“老崔呀，这个盘子你能包得住吗？”当年，盛华仁总经理将信将疑地问崔海天。

“能！”崔海天胸有成竹地回答。

“你敢签字画押吗？”盛华仁问。

“敢！”崔海天回答得斩钉截铁。

“突破了怎么处理？”

“我认罚！”崔海天跟进一步说，“要是节余了呢？”

“节余多少，总公司就奖励你们多少！”

“好，就这么办。”

1982 年 8 月，崔海天、王瑛代表指挥部与总公司工程部主任葛立兴在北京签订了《关于大庆乙烯联合化工厂工程建设投资包干协议》。按照这个包干与总公司签订的协议精神，崔海天和指挥部领导潜心研究，又陆续推出一系列具体承包，把总投资逐一分解，落实到每个单项工作上，使项项工程有概算，有投资包干合同。

按照崔海天确定的思路，大庆乙烯两期工程建成后，经过竣工决算并经国家验收，以及国家有关部门进行长达 3 个月的审计评估，42 亿元的总投资不但没超，还节余 5000 万元。对此，国务院有关领导高兴地说 :“这么大的工程，这么多的投资，不超概算，真了不起，不愧是改革的典型、管理的典范！”

一段乙烯建设史，一代艰苦创业人。崔老夫妇与我们一同追溯这段征程，为了实现希望他们拼命去干，得到的却只有深深地回忆。然而，希望永无止境，回忆不只是留给自己……

亲情友情　情深义重

海天同学两三事

商振远[1]

崔海天是我的老同学，同班好友。我们曾就读于陕西省城固县原国立第一中学（下文简称国立一中），在校相处共五年之久。

国立一中原是一所公立的中学，抗日战争时期迁往城固县。该校专门招收当时的沦陷区的流亡青年学生，是当时颇有名气的中学。学校师资力量雄厚，教育质量很高，学生虽贫穷，但勤恳好学，我们在校受到了良好教育，受益匪浅。海天在校是位好学生，成绩优秀，他是一个活泼可爱的小伙子，深受学校方面和同学的好评。

在国立一中毕业后，我们都选择了参军的道路。后来他转业到玉门油矿，又到大庆油田，他一直在祖国的石油化工战线奋斗，直到退休。

现在回忆起来，学生时代有趣的事是很多的，可遗憾的是记得的不多了，现将海天同学有趣的两三件事摘编如下。

带头罢考挨了老师的棍子

1946年秋，我和海天在国立一中初中二年级求学时，我们的英语老师是西北大学在校求学的学生，没有教学经验，教学水平不高。同学们很不满意，

[1] 海军某部原领导。

要求换老师，未果。同学纷纷议论，想以罢课形式轰走这位老师。同学讨论在期末考试时，以罢考行动进行，并推举崔海天和刘学智两同学组织实施。议定，考试时，同学们都不动手答卷。首先由崔海天、刘学智两同学站起来向教室外跑为信号，其他同学跟进，也向教室外冲去，以达到罢考的目的。不知道是怎么搞的，消息被泄露了，老师们知道了。当日考试时，学校的教务主任吴冶民突然来到教室监视。同学们仍按原计划进行，崔海天、刘学智两同学首先站起来向教室外跑，其他同学迅速跟进。吴冶民主任劝阻，同学不听。吴老师急了，举手杖向崔海天、刘学智同学打去，他们都挨了几棍子。吴冶民威胁大家说，你们这样闹下去，就取消你们的公费补贴，还要受到严厉的处分。同学们不以为然。这时，吴冶民软了下来，进行劝说，并答应只要大家参加考试绝对不给处分，且不论考得如何都给及格的成绩。这样一来，同学们同意了，都进行了考试。最后，没有人受处分，考试成绩均及格，这场罢考事件结束了。

光脚丫子的运动员

国立一中的学生大都是从敌占区来的流亡学生，没有经济来源，也没有什么资助，都很穷困，生活也很艰苦，全部依靠学校供给，衣衫破旧，鞋袜更少。平时大家都穿草鞋。崔海天同学更是如此。

崔海天同学爱好广泛：打篮球、唱歌等等。那时候学校经常有篮球比赛，为了节省，很多同学都光着脚进行比赛，他也一样。有时，脚磕破了，受点轻伤,也不在乎,仍然乐呵呵的。同学们都叫他是光脚丫子的运动员。他性格开朗，很乐观，爱唱歌，写作业时也哼着小曲，很有趣。但他的作业很少有错。他功课很好，名列前茅。

最喜欢吃八宝饭

其实崔海天很喜欢吃肉，尤其是肥肉，如红烧肉、粉蒸肉、扣肉等。由于小时很少能吃到肉，所以就特别喜欢吃，另外，他还特别喜欢吃八宝饭。

后来，崔海天在大庆工作，每次来北京开会、出差之余，总要看望老同学，同学们团聚时，也都要吃八宝饭。他多次来北京看我，每次来我家，总要让我老伴给做八宝饭，吃得津津有味。

20世纪六七十年代时，副食品供应较紧缺，有些食品不易买到，我到大庆去时，都要给他带些做八宝饭的原料，他非常高兴。我家有一个盛八宝饭的黄色陶瓷碗，他也拿到了大庆去，至今仍保留在他家中。

由于时间久远，同学间发生的很多趣事都已经记不太清楚了，经回忆，以上这几件事还是历历在目。现在我和崔海天都已是耄耋之年，作为老同学，我衷心祝愿海天晚年幸福。

同窗三载　情义无涯

杨雨畊[1]

1947年，敝人与崔海天同在位于陕南城固县的国立一中求学，为高中34班同学。在那个特殊时期，三年同窗生涯，与海天朝夕相处，有着深厚的同学友谊。海天此人，为人正直、思想进步、热爱祖国、学业优秀、生活简朴、助人为乐。

我们高中34班同学绝大多数为来自河北省的子弟，全班40多人，大都是流亡学生。

海天同学老家在东北，小小年纪就成了流亡学生，我认识他时，他已经与家里失去联络3年多了。由于海天有着学业优秀、乐于助人等特点，班里公选海天为班长。

抗日战争时期，由于同学们来自各地，原来的学习环境不同，采用的教材有着很大差异，学习水平也参差不齐。海天学习用功，学业优秀，为了提高同学们的英文水平，在英文老师周子贞的指导下，海天组织同学编写了一本《英语会话手册》，并赠送同班同学人手一册，这对于提高同学们的英语水平起到了重要作用，我本人就深感受益匪浅。

在国立一中有进步的文艺组织，如“星火”文艺社、文苑社等等。这些文艺团体均以出壁报的形式定期出报。内容有时势评论、诗歌、漫画等等，海天为主编之一。有一次，因在时势评论方面言辞过激，海天遭到了校训导处的批评指责，并下令停止继续出报。

当时国立一中在同学中秘密传阅来自解放区的《新华日报》及一些抗日宣传品。海天为传阅者之一，并严守秘密。

[1] 全国总工会原处级调研员。

抗日战争时期，大家最爱唱的歌曲有：《大刀向鬼子们的头上砍去》、《我的家在东北松花江上》等等。海天天生有一副好嗓子，音乐学得也比较好，所以多数时间由他领唱，当唱到激动之处，他泪流满面。不仅体现了他热爱祖国、热爱家乡的热情，而且激励了同学。

抗日战争时期，流亡学生生活艰苦，尽人皆知。海天艰苦尤甚。入冬时节，学校发给同学一件“二尺半”棉袄。到第二年春天，天气热了，同学们自己动手，将袄中的棉花扒出来，改为夹衣或单衣。但仅有一件衣服，无法替换，海天就组织同学到汉江边去洗衣，洗完衣服晾上以后，洗澡、晒太阳，等衣服干了，再穿上衣服回学校。

衣服脏了，可以到汉江中洗一洗，可是脚上穿的鞋子也是一大问题。同学们均自力更生，用稻草自编草鞋，或用木板自制一双木拖鞋。上体育课，打球、跑步，穿木拖鞋太不方便，穿草鞋又太费，打一场球就要跑坏两双草鞋，于是大家就光着脚板上阵。由于海天是体育课的积极分子，每次打篮球都是光着脚满场飞奔，故有着“铁脚板”的美称。

在这样艰苦的条件下，国立一中的学习氛围是很浓厚的，校风更是严谨。学校的校训是“不敷衍、不作弊”；学校有首由一分校校长郝仲青先生作词、义务音乐教员杨绳武先生作曲的校歌：“卢沟月冷，大河无声，千里逐飘蓬。家仇国仇，遥指东瀛，悲愤总填膺。炼尔体魄，励尔学行，有志事竟成。诸君共勉，曷当有日，痛饮在黄龙。”

校训和校歌就是全校师生们的行为准则。大家都按照“训”、“歌”的精神严格要求自己，身体力行。男女同学都身穿军装、头戴军帽、腰扎皮带、脚穿草鞋。男生剃光头，女生剪短发，非常整齐。

每天早晨起床号一响，大家马上起床，晚上熄灯号一吹立刻就寝。

每天早晨，跑步、上早操，然后冷水洗脸、吃饭。吃饭时 8 个人一桌，蹲成一圈用餐。早自习时，操场上、江河边、田间地头，都有同学们朗朗的读书声。晚自习时教室里几十名同学，谁也不喧哗、打闹，都在静悄悄地做作业，只听到笔尖划在纸上的“刷刷”声。

海天的童年是在东北度过的，对亡国奴的生活有着深刻理解，青少年时代，他流亡到国立一中读书，倍加珍惜这个机会。像许多同学一样，他抱着“驱逐日寇，还我河山，还我家园，报效国家，振兴中华”的雄心壮志，自觉地发奋读书，从不浪费时间。

学习刻苦，加之海天天资过人，所以他学业优异，成绩突出，每次考试都在前三名。同学们敬佩他、爱戴他，送他外号“大海”。

1949 年 4 月，百万雄师打过长江，解放战争接近尾声，全国形势发生了重大变化。此时，国民党军节节败退，已无暇顾及各学校。地处巴山汉水的国立一中，经费已经断绝，生活极度困难。学校里已无人主持正常校务工作。学校到了一无现金、二无粮食的地步，吃饭已经极度困难，只能维持一天两顿稀饭。在这种情况下，伙夫们一无工资，二吃不饱饭，纷纷辞职走掉了。

这时，学校已经停课。师生们也各寻生路。有卖衣服换食物的，有打短工的，有挎着篮子沿街卖香烟、肥皂的，有去倒弄杂货的，八仙过海，各显神通。在这样的形势下，许多同学提前离开了学校。我也是这时离开的。

后来听说，我们高 34 班无路可退的同学们，在海天的带领下，去汉中贩卖地瓜。虽然没有挣到钱，但也解决了那段时间的吃饭问题。

直到 1949 年的 12 月汉中地区才解放。新中国成立后，海天马上带领 20 余名同学报名参军，从此走上了革命道路。

1952 年，海天所在的部队集体转业到了玉门油矿，从此，他转战南北，在新中国的石油工业生产中，大显身手，写下了一笔笔炫丽篇章。

相处 3 年，时间并不长。但因那时特殊的情况，我们的相处，友谊是深厚的，可以说此生不渝。后来，我们书信不断。回忆往昔、展望未来，感慨无限。

如今，我们都已踏入暮年，海天身体不太好，在此我祝愿他晚年生活幸福快乐。

战斗的青春 永存的友谊

张信贤[1]

我和崔海天在部队宣传队是战友。我们相识已经60多年，回忆起相识相处的点点滴滴，仍然历历在目，仿佛就在几天前。

1936年中秋佳节前三天，在陕西省褒城县（后并入勉县）西街一个普通农民家中，我出生了。因为我太奶、奶奶都是年轻时就守寡，父母生我8年后才又生了我弟弟，所以从小拿我为重。7岁时，我到当地小学读书，一晃6年过去，1949年，那时候我的家乡还没有解放，我考入褒城一中初一班。没想到刚开课不几天，学校就通知学生不许回家，不论初中、高中，男女学生都编为青年军。消息传出后，家里人急坏了，千方百计托人花钱，才把我从学校领回家。而最后没能回家的同学，经短期训练后去了四川，最后又去了台湾，从此渺无音讯。

1950年初，我的家乡解放，学校复课了，我又回到学校读书。当时学校的礼堂和闲置的教室里住满了解放军，这支部队就是解放了汉中地区的中国人民解放军57师171团，住在当地帮助地方政府进行土地改革。

1951年3月8日，庆祝三八妇女节，白天部队的文艺宣传队扭秧歌，晚上在褒城西校场大舞台演出小歌剧《红布条》和《王二嫂纺线》。剧中的女角全由男同志扮演，他们唱腔粗犷，动作笨拙，引得观众捧腹大笑。当时我想，这要由女同志扮演就好了。第二天，我到部队找到宣传队长，要求参军演剧。队长说：“你的想法很好，等我请示首长后，再答复你。”我非常高兴地跑回家，把这一消息告诉奶奶、爸爸、妈妈，没想到他们全都反对。因为当时有一种说法叫“好人不当兵，好铁不打钉”。更何况我还是个女孩，这要让人笑掉大牙

[1] 沈阳市某工厂原党支部书记。

的。一时间学校、邻里议论纷纷。我长了十几岁，第一次被爸爸狠狠地打了一顿，但这也没有动摇我参军的决心。我奶奶也劝说我半个多月，我只好假意答应他们不去参军，他们放心地让我去上学了。我又从学校跑到部队要求参军，报年龄时，负责报名的同志说我年龄不够，说什么也不批准，我只好回学校了。1951 年 4 月 3 日，那是我永远记得的一天，我再次从学校跑到 171 团部坚决要求参军，并虚报了两岁。陈宾政委问我："你会干什么？"我说："干什么都行，唱歌、跳舞什么都行。"陈政委对我说了许多有关参军的事，我都没记住，只记得最后他让通讯员把我送到团文艺宣传队，从此我参加了解放军。几天后，同学王玉霞、于齐英、邹慧芹听说我当了兵，也找到部队当了兵。5 月份，我们到黄关岭、刘坝去演出时，宋素贞、首玉莲两人又参了军。

我们被分到二分队，二分队的副队长魏蓝佑召集全体队员，给我们开了个欢迎会。经自我介绍，我们认识了战友崔海天。

后来他在生活中对新同志特别照顾，经常带领新同志学习部队的各项条例、条令。使新同志尽快适应了部队的生活。在排练和演出中，他对新同志耐心地帮助指导。当时导演很严厉，对新同志要求非常严格，新同志都害怕被导演批评。因为我们新同志都没有演出经验、乐理知识，跟不上乐队的伴奏。崔海天就想尽办法让乐队适应我们，以达到好的演出效果。当时，崔海天和刘国平多扮演正面角色，赵乃敏多扮演反面角色，王玉霞多扮演老年妇女，宋素贞多扮演中年妇女，我多扮演年轻姑娘。和崔海天一起演出时，他都能耐心地帮助新同志，把戏让给新同志。

我第一次演出的剧目是《归队》。这是崔海天针对当时有战士因怕吃苦而开小差所创作的一部短剧。描写一名战士跑回了家，他的母亲对他忆苦思甜，使他幡然醒悟，回到了部队。演出时，他扮演怕吃苦开小差回家的战士，我扮演他的妹妹，王玉霞扮演母亲。在他的帮助指导下，我演出得很成功。

为了配合土改，我们演出《田园新歌》，表达土改农民的喜悦心情，我和他担任男女角色，其中有一段对唱他帮助我反复练习：

"我问你干什么地？跑到我家乱动东西。"

"我是一个普通人，有事要找农会主席。"

"有公事给你倒茶吃，你的介绍信在哪里？"

“介绍信丢在家里，口头说是一样的。”

“趁早你回家去取，没有介绍信我爹不见你。”

“韩家庄离这几十里，来回一趟不容易。”

“防匪，防特，防奸细，谁知道你是干什么地。”

“我是个青年团员，我爹也是农会主席。”

这段唱词是最精彩的，每当唱到这段，都响起阵阵掌声。在57师转成石油师会演时曾获得表演奖。

我们新同志在崔海天的帮助下，演技迅速提高。有一次在刘坝演出《眼睛擦亮》，戏里有一段情节是村支书的儿子被地主坏分子拉拢腐蚀。台下观众里有个民兵看到这段情绪非常激动，冲动之下对台上村支书的儿子开枪。扮演村支书儿子的宋子文肩膀被子弹擦伤，血流如注。我们赶紧谢幕，把宋子文送去包扎。

1952年春节晚会刚结束，团里首长到台上和全体演员见面。当时并不知是怎么回事，因这种举动从未有过。事过两天才传说要给经过长征、抗日、解放三大战役的营以上干部们解决终身大事。但有个前提是对象必须要在部队的女同志中找，不允许找地方上的。当时团里仅有13名女同志。那时我不到16岁，我想应该不在这个范围之中吧。谁料到生活跟我开了个大玩笑：我第一次参军报名时因年龄太小未批准，第二次去报名换了个地方同时多报了两岁。我还记得接受报名的那位同志问我：“你是1934年4月出生的？为什么长的这么小？”当时我大胆地回答：“因为吃得不好，才不长。”那位同志笑着把我的名字写上报给上级。这样我的年龄就是18岁了。

1952年“五一”，白天我们在当地大街上演出，晚上回队后还没来得及吃完饭，队长通知我马上到团部。放下没吃完的饭，我就赶到团部，在门口我大声喊：“报告！”屋内回答：“进来。”我一进屋，团政委指着一个满脸带笑个子不高的男同志给我介绍说：“他是二营教导员，叫陈占元，今年31岁，是我团年龄最小、最有前途的干部。”他说到这里，话锋一转：“小张过来！和教导员握握手，今后你俩多多接触。”不等我过去，政委就笑着推门走出去了。就这样我和陈占元正式认识了。陈占元1921年出生在陕西省勉县温泉乡李家村一个贫困的农民家里。因他出生在正月，起名叫正元，当兵后改名陈占元。

1939年被抓壮丁，在国民党38军17师儿童连当兵。后来38军17师经地下党长期教育培养，思想进步，于1945年7月16日晚在地下党组织的领导下起义参加了解放军。陈占元当时任炮连军需上士，1946年1月入党，历任八路军排长、指导员，解放军19军57师171团指导员等职务。

1952年“八一”，中国人民解放军第19军57师转为中国人民解放军石油工程第一师。离开陕西汉中前，团里给营以上的13对未婚干部举行了集体婚礼，我和陈占元也在其中。婚后团里决定抽调8位年轻干部，由陈占元带队到东北各地参观学习地方管理办法。我也改行到汉中地区学医。

后来我和崔海天一同去了酒泉。不久，因工作需要，崔海天去了克拉玛依，我们战友从此分手。直到24年后才又有了他的消息。

1953年春节期间，从朝鲜前线传来消息，大批伤员急需转送回国治疗，需要医务人员前去接伤员回国。经我再三请求，上级批准了我去参加抗美援朝。我经过短时间培训，于1953年3月6日经丹东去朝鲜新义州接伤员回国。朝鲜停战后，我到空军101师卫生队工作。而这期间陈占元也接到有关部门通知，到军委等待重新分配工作。后来他被派到中国人民志愿军丹东防司政治部工作。1956年4月又调动到沈空高炮101师政治部。

在和平的环境里，没有了硝烟的味道，开始想念起当年文艺宣传队的老战友崔海天等人。但是他们随着部队的调动，已经遍布祖国的天涯海角，很难联系了。

1958年我和陈占元一起转业到沈阳地方工作，1976年“文化大革命”结束后，陈占元所在的运输公司急需用油，到辽河油田求援，遇到了石油师的老战友，从此与石油师的战友们有了联系，也得知崔海天在石油战线工作得非常出色，已经成为了局一级的领导。

2001年，当年文艺队的战友殷定江和爱人从中原油田去辽河油田探访文艺队的战友刘国平，然后又到沈阳，和我一起去大庆看望崔海天。一进崔海天的屋门，看到他的爱人韩德莲推着轮椅，他坐在上面。看到他的样子，我当时很吃惊，差一点喊出声来，热泪夺目而出。我走向轮椅，叫了一声：“崔海天”。崔海天伸出双手拉住我的手说了一声：“小张同志，你好！”他指了指身边的沙发让我们坐下来。

多少语言也无法表达这战友之情，就像歌曲《好人一生平安》里唱的那样：“有过多少往事，仿佛就在昨天。有过多少朋友，仿佛还在身边。也曾心意沉沉，相逢是苦是甜。如今举杯祝愿，好人一生平安。谁能与我同醉，相知年年岁岁。咫尺天涯皆有缘，此情温暖人间。”

看到他为了石油、为了国家、为了人民牺牲了自己的健康，我心里十分难过，他却反过来安慰我。短暂的三天，崔海天把在大庆油田的老战友徐兆麟、苗好廉、胡永玺等人请来他家，把存放在库房里好吃的、好喝的东西都拿出来让韩德莲款待我们。同时他还吩咐胡永玺在大庆高档餐厅订了两大桌酒席，请主要领导和我们一起欢聚。他给在座的所有人介绍我们在文艺宣传队的一切。他说：“小张就是我们团二营教导员陈占元的爱人。陈教导员就是1939年最早期靠近地下党、支持地下党的人，对38军17师起义起了带头性的作用。只可惜我们再没有机会见到他了。听小张说，他在1993年逝世，使人很难过，我提议有机会一定去沈阳祭拜陈教导员。”战友的真情话语，使我非常感动。

大庆一别11年，现在我们因为身体状况不能常相聚，但经常在电话里互相问候。愿我们战友的情谊天长地久，愿他战胜病魔，顽强地活着，快乐地活着，幸福地活着。

大庆代表团新疆行

韩德莲[1]

1965年国庆节，是中华人民共和国成立16周年和新疆维吾尔自治区成立10周年纪念日。中共中央决定派中共中央政治局委员、国务院副总理贺龙为团长,率领中央代表团前往新疆参加庆祝活动。代表团包括全国27个省市、自治区、中共中央和国务院17个部、委、办，是一个规格高、人数多、代表范围广的代表团。

这年9月19日，大庆油田副总指挥宋振明同志告诉崔海天说，大庆组织一个代表团前往乌鲁木齐，参加庆祝新疆维吾尔自治区成立10周年活动。大庆代表团团长是时任石油工业部副部长兼大庆油田党委书记、会战总指挥徐今强。副团长是崔海天、李云，秘书朱鼎科。大庆团由18人组成，该团去新疆的任务有三项:一是祝贺，二是学习，三是汇报。那时，正是全国“工业学大庆”的高峰期，大庆代表团人员中除先进单位的标兵之外，还有苑柏琴（后任大庆人大副主任)、呙冬英（后任大庆计生委办公室主任）等6位家属标兵，任务是宣传大庆家属“五把铁锹闹革命”的艰苦创业精神。出发前的一项工作是为苑柏琴、呙冬英等人编写汇报材料。这些材料已经有了一个初稿，临行前，崔海天主持开了一次会议，决定由朱鼎科负责系统地把这些文稿审查、修改一遍。

9月23日早8时，大庆团一行18人在徐今强团长的带领下从萨尔图站登车前往哈尔滨。一进车厢，徐部长就同崔海天、李云二位副团长和朱鼎科秘书共同讨论家属们的发言稿子，大家对文稿提了不少修改意见，崔海天以油建公

---

[1] 崔海天夫人，大庆妇联原办公室主任。

作者注：崔海天有写日记的习惯。他的日记始于1952年，有时是周记、月记，几个月记录一次的时候也有。这次新疆一行的过程，他做到了“日记”，内容详细、全面。日记原稿中详细记录了大庆团经过新疆30多个单位的实况，在摘编本文时对内容做了文字调整和节选。

司的家属们在大庆会战中起到的后勤保障、关心前线丈夫的事迹为例，提出几点意见。

中午，哈尔滨办事处招待徐部长，大家也跟着借光参加。下午4时，大家在哈站上车，徐部长照例组织大家讨论稿子。大家都很认真，你一言我一语提出不少好意见。在崔海天看来，朱秘书真苦也，趴在小桌上一个劲地改文章。一觉醒来，已是24日。到了北京，住前门永安饭店。当晚，家属同志们练习发言，练习脱稿演讲，同志们听过后，继续提出改进意见，比如说某句话的语气、某个动作等等，要求很严很细。稍后，徐部长主持会议，崔海天对大家提出一些要求：人人要自觉从严，不能丢大庆人的脸，女士的着装打扮，既不能破破烂烂，又不能过于花哨，应该朴素、干净。此外，对走路的仪态、说话的语气等，都做出了很多规定，比如说穿皮鞋的，要轻抬慢落，不能出声音。吃饭时，要求大家一起吃，吃完后要主动刷碗。在宾馆里，被子要自己叠好，要轻轻关门，见到陌生人也要面带微笑，先打招呼，做到彬彬有礼，不落俗套。

25日上午，崔海天去石油工业部向陈李中司长汇报大庆基建问题。陈司长勉励崔海天，继续推广“三化”施工作业，要做大文章，现在大庆只是开了个头，虽然有了点成绩，但不能自满，全国油田都要推广“三化”。陈司长告诉崔海天：“部里打算明年从大庆抽出4000基建人员支援其他油田，大庆的人员少了，可以补充一些半工半读学校的学生，你老崔要有思想准备。”为了适应新形势下的工作，崔海天初步打算精简大庆的基建队伍机构，要发挥中队的作用，大力减少非生产人员，充实第一线。这件事事关重大，等回去拿出一个详细办法。

9月25日晚10时，大庆团由北京乘车向乌鲁木齐进发。徐部长对汇报材料要求很高，大家继续讨论，朱秘书继续修改。大家是天天讨论，小朱是天天修改。

28日，火车经过玉门车站，打心眼里讲，崔海天他们这些曾经在玉门工作过的同志，真想到油矿看一看，怎奈公务在身，只能以后再说吧。崔海天自从1952年转业到1960年，在这里工作了8年时间，这里是崔海天搞油田基建工作的启蒙地，走上这一行，是玉门油田和玉门人培养了老崔，这里有过去的领导、老师、战友，他们一定很好吧。在这里，崔海天也算是经历了风雨，见了世面。最难忘的事情有两件——“克独管线”和“反右倾”，这两件事都对老崔的提高起到了推动作用。

1958年，崔海天去新疆单独作战，使得领导能力和业务知识都有一个较大的提高，可以说是受益匪浅。1959年的“反右倾”时，老崔虽然被错误地给予党内警告处分，受到批判，内心怨气，但仍坚持干好工作，很快就撤销了处分。大家批评老崔工作方法粗暴简单，动辄发脾气，对下级关心不够，对老崔触动很大，后来，在这方面的确改了不少，有进步，这也是收获。我们的第一个孩子在此地出生，起了“光磊”这个名字，也太政治化了。这些都过去了，今后担子更重，更要大步前进干好工作。

9月30日晚，到了乌鲁木齐，车站上举行了简短而热烈的欢迎仪式，稍后，代表团驱车前往宾馆，大家一落座，欢迎宴会立即开始。首先是自治区主席赛福鼎致欢迎词，然后由中央代表团团长贺龙副总理做主旨讲话。宴会气氛欢乐、轻松、友好，各地代表团相互敬酒。大庆代表团受到了格外关注，团里的几位家属还向团长贺龙副总理敬了一杯酒。

在相互交谈中得知，贺龙率领的中央代表团于9月27日到达乌鲁木齐时，全城人民举行了盛大的欢迎仪式。在南梁居民区，一位维吾尔族老人库兹拜抱着扎有大红花的热瓦甫（一种深受维吾尔族、塔吉克族、乌孜别克族人民喜爱的乐器），一面使劲地弹着新民歌《歌颂毛主席》，一面跳着民间舞，欢迎亲人的到来。

10月1日这天，乌鲁木齐市正是雨后初晴，秋高气爽。庆祝活动搞得很热烈，声势浩大。上午9时50分，在乌鲁木齐市的人民广场上，贺龙元帅和自治区领导在主席台上讲话。来自全国各地的代表团在观礼台上观礼。10时，在震天的礼炮和庄严的国歌声中，庆祝活动正式开始。广场中心，数万名各族儿童用8万多个花环组成了一幅“葵花向阳”的图案，自治区和乌鲁木齐市共有15万人参加了盛大的集会和游行。各族人民穿着节日盛装，载歌载舞，全城都成了鲜花、彩旗的海洋，到处洋溢着喜庆、欢乐的节日气氛。

晚上，人民广场灯火通明，五彩缤纷的各种礼花腾空而起，把城市的夜空照耀得多姿多彩。在绚丽灯火的照耀下，在贺龙元帅的带领下，各代表团同乌鲁木齐市的市民、解放军战士、生产建设兵团的职工、机关干部及学校师生一起，尽情地歌舞狂欢。

不仅仅是人民广场，在乌鲁木齐的其他地方，各族群众也举行了欢乐的庆祝活动。随团来新疆参加庆祝活动的还有中国歌剧舞剧院、中央民族歌舞团、北京人民艺术剧院、内蒙古艺术剧院歌舞团、陕西省歌舞剧院歌舞团五个文艺团体的数百人，联合在人民剧场举行了盛大的歌舞晚会，为大家献上了精彩的节目。当天的庆祝活动一直到很晚才散去。

因为此前崔海天曾到过乌鲁木齐，这次故地重游，他感到这十年间新疆发生了天翻地覆的变化，其中，生产建设兵团职工的贡献是很大的，在游行队伍中他们也是主角。

10 月 1 日到 5 日，各代表团在乌鲁木齐市活动，看骑马表演，参观工厂和市容。生产建设兵团和大庆团一起座谈，他们对大庆油田评价很高，还为大庆团举行了欢迎宴会。

10 月 6 日，大庆团离开乌鲁木齐，到新疆各地学习、参观和汇报，先后到奎屯农 7 师师部、20 团、21 团、25 团走访。在奎屯，大家参加了摘棉花劳动。13 日，到达独山子，受到 5000 多人的热烈欢迎，17 日开始走访农六师，18 日返回乌鲁木齐。21 日驱车前往南疆汇报，先后到库尔勒、库车、阿克苏、塔里木等地，为农一师、新疆石油局南疆会战指挥部等单位汇报。

一直到 12 月 10 日晚，自治区、兵团、油田领导几十人和几百名新疆各族同志到车站欢送大庆团离开，大庆团的人几乎都流下了热泪。在归途中，代表团在哈密参观汇报两天，14 日晚乘车返回，全团人员在 12 月 21 日回到大庆。

代表团在新疆期间，有近 20 万人听了大庆团的报告。代表团所到之处，都是张灯结彩，夹道欢迎。大家对毛主席树立的大庆这面红旗充满了无比的崇敬和热爱，对大庆代表团非常关怀，很多人听了报告都掉下眼泪，在座谈会上大家也激动得流出眼泪。崔海天作为大庆的老会战，听了呙冬英“大庆家属能顶半边天”的报告也很受教育，百听不厌，越听越爱听。当年大庆家属不仅仅是种地开荒，他们自力更生，没有条件创造条件，办起缝补厂、食品厂、小炼油厂，事迹感人，语言动人。老崔感觉到，家属们的报告比较好，真实动人，而基层干部的报告差一些，于是让小朱再加加工。

在回到大庆的总结会上，大家对这次出行感到很满意，大家出色地完成了任务。但回忆起来，老崔认为，对大家严格要求是对的，但有些细节的事，因不太了解情况，致使有的同志感到压力大，说明自己的工作还有不足之处。有三件事，说明老崔由于工作不细致，给同志们带来压力。

一件事是呙冬英一双新鞋背了三个月没敢穿。在大庆出发前，呙冬英买了一双新皮鞋，想到了新疆以后换上。可是，一路上，老崔讲的都是艰苦朴素，勤俭节约，讲奋斗，要求大家绝不能丢大庆人的脸。于是，呙冬英一直没敢穿这双新鞋，一直就放在背包里背着。代表团共出访了三个多月，这双鞋就背了三个多月。当时，大家背的都是那种小军用挎包，一双鞋还挺占地方的。崔海天由于太粗心，一直没有发现这一情况，还是回大庆后有人告诉了老崔这一情况，老崔本想向呙冬英解释一下，但没找到机会。

二是一位女同志在乌鲁木齐扔一双鞋的事。团里一位20岁的姑娘，还没结婚。在乌鲁木齐，她买了双新鞋，离开乌市走的时候，她就把旧鞋放在了宾馆。宾馆的工作人员很认真，发现了这双鞋，就找大庆代表团。那时代表团已经到了外地，宾馆工作人员费了很大劲，把电话打了过来，问这双鞋怎么处置。老崔根本不知道这是怎么一回事，就问是谁干的，这位姑娘吓得不行，说是她买了双新鞋，就把这双旧鞋扔在宾馆里了。老崔一听，火了，非常严厉地批评她：不要的东西为什么不自己扔到垃圾箱里？这样做，给宾馆带来多大麻烦，丢尽了大庆人的脸。当时把这女孩批得直哭。现在回忆起来，老崔觉得很后悔，太严厉了，做得有点过头。

三是买布的事。当时，物资不太丰富，在大庆买布需要布票。新疆这个地方，由于各种原因，不用布票，而且布的种类挺全。于是大家都想买点布带回来。老崔想，咱是大庆人，不能讲享受，于是要求大家，不用布票也不能随便买，每个人只允许买做一身衣服的布料。团里有个小伙子，要结婚了，于是别人说情，经老崔特别允许他可以买两套衣料。老崔和李云、朱鼎科三位同志以身作则，一尺布料也没买。后来听说大家都有点意见，后来老崔也觉得应该放宽一点，但是晚了。

干工作，老崔一贯严肃认真，这是对的，但这次出访期间发生的这几件事，老崔后来反思，真有点是严格有余，活泼不足，比起徐部长来，差距甚大。跟徐部长同行，老崔学到了许多东西：徐部长平易近人，而老崔工作方法简单粗暴，武断专行，自以为是，有时候大家不开心，感到跟老崔在一起时别扭。

总的来看，老崔觉得大庆团这次任务完成得很好，工委比较满意，但工作中还存在着诸多不足之处，还应继续好好总结经验，克服不足，努力工作。

搬 家

韩德莲[1]

在人的一生中，或因工作调动，或因住房迁建，搬家的事是不可避免的。在多数情况下，搬家是乔迁之喜，要庆贺，要“燎锅底”。我和老崔结婚后的前 12 年中，共搬了 13 次家，可没有燎过一次锅底，回忆我们搬家的心情也是酸甜苦辣，有说不出来的滋味。

1957 年 11 月 15 日，我和老崔在玉门油矿结婚。结婚前，玉门油建公司领导一片好心，找我们分别谈话，催促我们结婚。原因是当时我已经考上了北京石油高职学校，领导们认为韩德莲年轻，北京是热闹地方，上学接触人多，怕夜长梦多，入学后婚事不成，所以希望我们马上结婚。我们同意领导的意见，同意尽快结婚。当时生活条件差，住房简单，只用一周时间简单的筹备，在单位同志的帮助下用发给的布票做成两床被子，我做了一件新衣。我当时住集体宿舍，同事们知道我马上结婚了，就七手八脚地帮我把个人的几件衣物搬到“新房”里。他们发现崔海天这位新郎没有和我一同搬东西，还打趣地说韩德莲怕累着对象，不让对象搬家干活。这就是我一生中的第一次搬家。几天后，大家买些糖果，集中在会议室里热闹了几个小时，就算结婚了。

我们结婚不到两个月的时候，刚过完春节，石油工业部指令玉门油建公司搞“克独管线”（从新疆的克拉玛依到独山子炼油厂的输油管道）的施工任务。这是我国第一条长距离输油管线。那时老崔接受任务后立即开赴新疆，于是我搬回集体宿舍住，把房子腾出给新结婚的人。这是我第二次搬家，这时也没有什么家具，只有几件衣物。老崔忙着做去新疆的准备工作，我一个人在同事的帮助下就算搬了家。这样，老崔在新疆，我在玉门，两个人过了一年多的两地分居生活。

---

[1] 崔海天夫人，大庆妇联原办公室主任。

1959年春节，老崔完成了任务从新疆回到玉门，组织上给我们安排了不到20平方米的住房。房屋虽小，当时却感到很温馨，因为我们久别重逢，两人住在一起互相有个关照。这是第三次搬家。由于老崔一直有忙不完的工作，我一个人没费多大事就搬完了家。

几个月后，我怀孕了，我们二人既高兴又忧伤。高兴的是，老崔已经30岁了，马上当爸爸了，打心眼里高兴；忧伤的是，1959年，全国正处于“反右倾分子”时期，各单位都有抓“小彭德怀”的任务和指标。油建公司在一次党委会议的记录里查到了老崔的发言：“当前我们讲形势时成绩讲得太多了，找不足太少了，大有飘飘然之感，这不是辩证法。”从此老崔开始被批判，天天检讨。这时我离分娩的日期很近了，婆婆从东北辽宁来到玉门，如果小孩出世，这间小屋住不下我们四口人。油建的领导很照顾我们，又给我们调了大一点的房子。我挺着大肚子，硬是一个人搬完了家。这是第四次搬家，这时虽然家具不多，可我也真的有点气，这老崔怎么一年365天就是一个忙？人家搬家是夫妻双双齐动手，高高兴兴进新居，我怎么就总是一个人呢？更何况我现在是有孕在身，干搬家的活又不大方便，这些你老崔不会不知道吧。话又说回来，虽然有点气，我觉得老崔也是为了工作，我还年轻，作为妻子，吃点苦、受点累也不算啥大事。

这个新家离卫生所有七八里路。一天晚间，肚子痛得厉害，我知道快分娩了，我告诉老崔，可老崔没有要车，半夜里，我一个人硬是走了2个小时的路赶到卫生所，险些把孩子生到路上。初当人父的老崔给长子取名为“崔光磊”，其含义是：我老崔在反右倾时的发言是在党的会议上讲的，没有丝毫攻击党的意思，老崔是光明磊落的。

1960年6月，老崔开赴大庆油田大会战时我们是第五次搬家。当时大庆油田会战处于初期阶段，物质短缺，条件艰苦，我家是“兵分3路”：老崔和我分别住在各自的活动板房里，婆婆和孩子暂住牡丹江亲属家。不用说，搬家的事成为我的“专利”，我自己一个人把我的东西弄到了板房里，在大庆定居就这样开始了。

1960年12月，大庆油建公司刚刚盖好第一批干打垒房子，分给我们一间。当时大庆会战刚开始，各方面困难很多，能分到新干打垒很不容易，已经是福气了。于是我开始第六次搬家，当然还是我一个人搬家，因为老崔基本是天天住在工地，他知道我搬家，但是他连这个家在什么地方也不知道，当然谈不上“夫妻双双把家还”了。我也习惯了，当时会战很紧张，我理解老崔太忙。

几天后，婆婆和孩子也来到大庆。那一年雨雪特别大，据当地人讲，这是40年不遇的大雨雪和严寒，刚刚搬进新干打垒房，屋内潮湿，屋顶也不停的滴水，只好用雨伞遮挡。刚满周岁的光磊被冻得哭个不停，很难入睡。我坐在床上，抱着光磊，不知什么时间睡着了。等到早晨醒来一看，由于屋内地面没有夯实，经水一泡，四只床腿已经陷进泥土里了。

1964年初，大庆油田将原来三个基建公司合并为新的大庆油建公司，我们又连续搬了4次家，先后从文化村搬到红卫星，又从红卫星搬到让胡路。有一次我们搬到活动板房里，一次大雨过后，被子全湿了，屋里进来一大片水，白汪汪的，连鞋子都飘到门口去了。这几次搬家主要是因工作地点变动，是工作需要。因为老崔在油建指挥部是副指挥，后来成为指挥，他的工作也是越来越忙，他抽不出身和我一起搬家。但这几次搬家和以往不同的是好歹有一台车了，只要把东西装到车上拉过去，到新居再搬下来，家就算搬成了。1966年初，我搬进了位于二号院附近的砖柱土坯房，这是“局级房”，这是政治待遇。应该说，这几次搬家，对于我来讲，只是干些体力活，身体累一些，精神上还算愉快。老崔忙，我也不拖累他，我白天上班，三顿饭我做，婆婆和两个孩子的生活全部由我来照顾，生活虽然遇到一些困难，我年轻，不算啥，精神上很充实快乐。

1966年“文化大革命”开始了，乌云压顶，老崔被批斗，我在单位成为“走资派”的老婆，也时不时地遭到个别造反派的白眼。老崔的工资被扣，只给老人孩子三人每月生活费75元。好在我还有工资，当时的物价不算高，一家四口人的生活还可以维持。生活的困难是小事，可政治迫害真是让人难以忍受，备受煎熬。

1967年春节，造反派通知我们，为了现任领导的安全，你们必须搬家。于是将我们赶出二号院，在三号院给了我们一间阴暗潮湿的小房间。还算不错，搬家时造反派给安排了一辆小毛驴车。因为我是“走资派”的家属，同事们怕受到牵连不敢帮我们搬家，所以只有我一个人自己想办法搬了家。我和婆婆、两个孩子挤在一张床上，东西没地方放，我和60多岁的婆婆搭了一间简陋的、东倒西歪的木架子装东西。当天晚上，由于炉灶不通风，我们又不会修，四口人险些遭煤气中毒，第二天早晨我和婆婆勉强起床，可立莎却晕晕沉沉一直在呕吐不止。

1969 年老崔被关在油建公司接受批斗，我作为“走资派”的家属被安排到王家围子“五七干校”劳动。又得搬家了，于是我们三代四口人和三号院这个家里的东西统统被拉到王家围子的“新家”。此时 10 岁的光磊也算懂事，帮我拿点零星东西，婆婆抱着我女儿立莎，我当然成为主要劳动力了。这次搬家我对老崔没有一点怨言，他住牛棚，没有自由，我只是累一点，我知道自己的责任重大，上有老，下有小，心情不好，有泪也得往肚子里咽，我是咬紧牙关，大件小件一律我搬。

回忆起来从 1957 年至 1969 年，12 年中共搬家 13 次，每次老崔都没回来搬过一件东西，假如他能有一次帮帮我，我也很高兴。我一个女同志，做到这份上我没啥怨言，这也算我作为妻子对他工作的支持了。

时光易逝，人生苦短，我和老崔一起生活至今已有 55 个春秋了。在前 28 年中，老崔没有在家里过一个春节，没在家陪我和孩子过一个星期天。作为一个领导者的崔海天，他只顾工作，从来没把家放在心上，他几乎把这个家给忘了。老崔一直战斗在油田和石化工程的前线，住帐篷，跑野外，很少回家。我生气时曾经这样问过他：“你给我洗过一件衣服吗？你在家扫过一次地吗？你陪我逛过一次商店吗？你陪我看过一次电影吗？你领我和孩子去过一次公园吗？你在家做过一次饭吗？”其实，这样的“一次”我还可以问他许多。这 28 年中我的许多邻居多次问我的孩子们说，你爸爸是谁，我怎么没见过呀？

从 1985 年老崔有病至今这 27 年中，我真的和老崔“形影不离”了。1985 年到 1987 年，他住院治疗，我陪伴他看病、吃药、喂饭，扶他行走锻炼身体。1987 年他开始办老年服务公司，行走不方便，我鼓励他，每天扶他起床、穿衣，一直到 1999 年，他“第二次退休”。1999 年以后，老崔的身体渐渐不能自理，他的生活已经离不开我了，我们真的是形影不离了。

现在，我们都已步入晚年，面对老崔身体的残疾，我已下定决心，以最大的勇气面对生活，年轻夫妻老来伴，如果说，在前 28 年中，由于工作狂的老崔将主要精力全部用到了工作上，我们相互交流的少一些，那么，现在上帝已经安排老崔常年和我昼夜不分，我们相互厮守，你伴我，我伴你，永远永远。

聚少散多 情义不减

——兄长崔海天点滴

崔海南[1]

我出生于1941年，在我不满3岁的时候，哥哥崔海天就一个人远离家乡，成了一名流亡学生。所以，在我记事以后，只是懵懵懂懂知道有个哥哥在外求学，具体他长什么样子，在哪里，就都不知道了。那时，父亲和长兄崔海青也离家多年，失散多年杳无音讯，有的亲友认为他们可能已经不在人世了。后来得到证实，父亲与长兄确实已经客死他乡，只有崔海天幸存下来。

新中国成立前，母亲带着我和三位伯父都生活在一个大院里。后来，就分了家，但仍和三伯父生活在一个屋里，那时东北都是南北大炕，三伯父一家住在南炕，母亲带着我住在北炕。分家后，由于没有劳力，我和母亲过得也很艰难。全靠了亲友们的帮助，我们才勉强度日。

新中国成立以后，大约在1951年的春季，那时我已经上学了。突然有一天，乡政府组织的人员敲锣打鼓送到家里一份喜报。当时，家里人一时不知所措，政府的人解释说，崔海天参军了，在外边立功了。我还清楚地记得，那份喜报是粉色的。得到这一喜讯，家里人都乐坏了：崔海天不仅活着，还立了功！村里的亲友们也都跟着高兴。从此，母亲和我就成了军属。那时候，我们有十几亩地，也就不用母亲亲自劳作了，就由村里派人帮着耕种了。

和家里联系上以后，海天开始每月给家里寄15元钱，那时的15元是个不小的数目，能解决很大的问题。每次收到钱，母亲拿出一半，分给三伯父。别看后来海天取得了一定的成绩，但在当时，他也是土得很，我至今清楚地记得，

---

[1] 崔海天同父异母弟，原石家庄蔬菜公司总经理。

他给家里写的第一封信，地址是这样写的：东北沈阳姚家庄。那时的人工作认真负责，最终把信送到了。估计要是放在现在，人家早给扔一边去了。

后来，海天转业去了玉门油田，母亲和我不再享受军属待遇，但他仍然每月寄钱，也足够我们母子之用。1955 年，离家已达 11 年之久的崔海天回到了家乡。那年，他到北京参加石油工业部的先进生产者表彰大会，然后到大连参观学习，借这个机会回到了沈阳。他到沈阳的那天，我们去车站接他，因为下着大雨，母亲决定奢侈一次，于是雇了个马车回家。

回到家里，海天与伯父们相见，大家免不得悲喜交加，痛哭一番。此时，父亲崔峰云、长兄崔海青仍无讯息，大有物是人非之感。然后伯父们就是问东问西，当天很晚才睡觉。我这时才是第一次真正见到这位哥哥，本来有一肚子的话想跟他说，可是等到见了面，反而想不起来该说什么。

第二天开始，海天也显得很拘谨，每天早上吃完饭，就拿着一本书，自己到后院去看书。他爱吃荷包蛋，那时家里正好养着鸡，于是，每天给他做荷包蛋。这次，他在家住了一个星期左右，就起身回玉门了。此后，他还是每个月给我们寄钱，一直到我高中毕业。

1957 年，崔海天和韩德莲结婚后不久，就让母亲去了玉门。剩下我一个人，平时就在学校，节假日跟着三伯父一家生活。

1960 年，高考完后，我去了牡丹江的姐姐家玩。不久，舅舅家来了信，告诉我，录取通知书已经送到了他家。

我就从姐姐家动身，到大庆来找哥哥海天。到萨尔图火车站下了车，我也不认得路，就乱打听。没想到，问了两个人就问对了，我向一位司机打听油建指挥部，这位司机说，上车吧，我拉你去。见到海天，他一听说我考上大学了，连连说好，然后把口袋里的钱全掏给了我。我记得，那是当时最大的票子，是 30 元面值的。

住了一夜，第二天，他送我去了火车站。回到沈阳，学校已经开学了。

此时母亲也到了大庆，帮海天照看孩子，以后，每到假期，我就来大庆。在大庆，很少见到海天，他每天都有忙不完的工作，吃饭也基本上在食堂，很少回家。我也很难享受假期，休息两天后，海天就让我去工地干活锻炼，主要是干些如挖管沟之类的体力活。冬天，帐篷里有砖砌的火墙，不冷；夏天，最让人犯愁的就是蚊子多，尤其是到了晚上，铺天盖地的，让人防不胜防。工地的工作虽然很累，而且不给工资，但是通过与工人师傅们交流，能学到很多书本上学不到的知识，所以，心里还是很快乐的。

上大学期间，海天借着公出的机会顺便到学校看过我。一见面，就问我学习情况。问完我本人，他还不放心，就跑到系里，向老师们打听我的情况，听老师说我学习还算认真，他才放心。

1964 年，我大学毕业，被分配到了天津。当时天津正在酝酿成立直辖市，所以不久后我们一同来的几名同学又集体转到了石家庄。1966 年初，我入了党。然而紧接着，就有人张贴我的大字报，诬蔑说我父亲和大哥去了台湾。我们单位还派人到大庆了解我的家庭成员情况。正是通过这次政治审查，家里人才弄清楚，父亲和大哥早已客死异乡了。

1968 年，我结婚了，海天知道消息后，给我寄来 100 元钱。

后来，我们每有公出的机会，就在一起聚一聚。1978 年，海天在出国考察前，到了北京，我前去看他，他和同行的王可驹同志一起，请我在北京东来顺吃了一顿涮羊肉。

每次跟海天见面，主要的话题都是工作，很少谈及家庭。

在家里，他也是个什么活都不干的主儿。为此，我的嫂子、也是我的表姐（我与海天同父异母，母亲是韩德莲的姨），也经常和他磨叽、拌嘴，有时他们就谈起哪个邻居家的男人干很多家务，海天就开玩笑说，以后再搬家（在大庆初期，他们搬家很频繁），一定找个男人不做家务的做邻居。

就这样，家里除了一些诸如孩子上学、工作、结婚之类的大事他会参与外，家庭的琐事他基本上什么都不管。他对自己的事也是什么都不在意，每次开了工资，他就交给韩德莲，至于钱怎么花、买什么，他一概不过问。

1985 年，海天不幸身患重病，导致下肢瘫痪。就是这样，他还拖着病体，办老年服务公司，发挥着自己的余热。一直到身体彻底不行了，他才真正退了下来，回到家中。此时，韩德莲所面对的，是一个吃饭、穿衣都需要人照顾的残疾人了。

人生苦短，“弹指一挥间”，几十年已经过去了，回想起曾经的一点一滴，充满了苦辣酸甜，让人感慨，让人唏嘘。

在历史的坐标上更加理解、尊敬、孝敬老一辈

崔光磊[1]

作为大庆油田老会战的下一代，在陪父母参加老会战聚会的场合时，或在聆听到当年震撼心灵的、如今已是如此苍老沙哑回忆的声音时，我心里想到的是“悲壮”两个字。同时，我也常联想到我们自己的二十年或三十年之后会是个什么情景。

历史的坐标至少是三维的，甚至应该是多维的。也就是说，只有时间和事件是远远不够的。如此波澜壮阔的、直接影响新中国发展的大庆油田会战，决不能仅仅以在时间坐标上的几个重大事件就可写好这段历史的。最根本的是人，是一大批当年的大庆会战人。

最值得我们继承和发扬的精华是大庆精神，这是由大庆人创造出来的精神财富，这应该比大庆人所生产的石油更有价值。

而今，五十多年过去了，自然规律当然不可违背，老一辈人自然而然要退出历史舞台。在回忆我的父亲时，我似乎感到，我们往往丢掉了最具价值的东西，而且是不知不觉之中，丢了也不知道。就个人来说，现在我们脑子里是充满了一些东西，但丢了什么、缺了什么却说不清楚，有一天或许能意识到，或许永远也不会有感觉。但这个社会，这个国家甚至我们的民族有没有感觉到我们现在的确忘掉了很多不该忘记的东西？

作为晚辈要孝敬长辈，首先不要忘记过去。其二是要在历史的坐标上才能更好地理解那个年代、那些事、那些人，否则这个孝字是很难做到的，更难的是我们不知道应该继承和发扬父辈的什么精神。最可敬的是我们的老一辈，辛

[1] 崔海天长子。

辛苦苦奉献一辈子了，到头来一代一代晚辈在受益。父辈们不祈求一些感激和感谢，应得到应有的理解。

作为老会战父亲的后代，我现在也五十多岁了。我想，我和我们也应该自己反思、反省那些不该忘记的硬件和软件。即使是一些小事。

他们没有节假日　心里只有工作、只有工人

对父母在职在岗位上的记忆当中，只知道他们一天到晚不停地忙。从我记事开始，我印象深刻的是他从没有节假日。而且越是节假日，就一定有什么“零点起步”、“革命化春节”或者是什么“七一”、“十一”献礼。一年之中与家人吃团圆饭的时候很少。偶尔有星期天回来或许还有半天去什么现场或做什么调研，在他们退休之前我没有见过他碰过扑克或麻将。

记得大庆第一个公园刚刚开放时的情景，很多老工人领着全家去游玩，人山人海的，大门都要挤破了。我们的老一辈看到这个场面，眼泪掉了下来。

大庆会战人太好了，为国家做出了多大的贡献，过了大半辈子不知道还有公园可以去享受。他们应该得到的没有得到，却没有任何怨言。怕是他们不知道世界上还有另外一些活法。

父亲退休以后，听到他谈论回忆最多的是对当年他所带的队伍和部下的愧疚和“欠账”。时常听到，他回忆对谁批评过火了，对谁处罚重了，对谁关心不够了。这成为他晚年的一块心病。

刚刚退休的那几年，一到过年节，他就会去到一些早年一起工作过的同事和工人家里去，特别是去那些身体不好或已经有人过世的家庭看望。但很快就不去了，最主要的原因是：别人提出的要求你无法满足，你办不了。

这实际上也在潜移默化地教育着我们下一代，应该怎样为人，做事，带队伍。

随着时代、社会的发展，我们或许多少感觉到，这是否就是“以人为本”，是否就是西方民主的根本？只是就他们本人来说认识、实践得晚了一些。他们有目标、有任务、有理想、有信仰，我们这一代有没有？这个应该有！而我们这个年代最缺的就是这个。

他们脑子里刻入的是什么？

父亲1985年生病，在大庆油田职工医院住院治疗，在送北京之前，他陷入了昏迷状态。他可以一连说上三、四个小时的话，好像就是在现场演说。而且谈的完全是工作。谈得条条是道，有的是工作思路，有的是长远发展，有些还像是自言自语。

我是第一次看到人在不清醒的状态能够说出这么清楚的话。第二次是在北京友谊医院被抢救还没有完全苏醒时，父亲也是像是说胡话，讲了几个小时。再就是目前的情况，我母亲总是讲，2012年以来，父亲已经不很清醒，但有时一早醒来就瞪着眼睛问母亲：今天的调度会是怎么准备的？什么议题？谁参加？问得我母亲直愣。

有些东西在他们脑子里是深深地刻入了，难以抹掉。从这点看，很悲壮的问题是，他们是如何被刻上的，应不应该刻上？这就是历史，过几十年后人就更难理解了。而我们这一代理解否？才过了五十年，我们这些儿子辈的就不理解，难道还指望孙子辈的、甚至百年之后的人去理解？

教育子女

上初中时，一件事让我记忆深刻。父亲在家里很少发脾气，所以有这么一次对我终生难忘。20世纪70年代初大庆对外饭店不多，一天早上母亲让我去买些油条回家，当时的记忆是早上买油条的人很多，而且不排队，好不容易挤进去，交了钱拿了油条就回家，在路上一算，发现饭店多找回了一毛钱。回到家里吃早饭，我就说了多找回一毛钱的事，没想到父亲让我立即放下饭碗去退钱，而且还发脾气训斥了我。到今天，四十多年过去了，这件事我始终牢记。他很少给我讲大道理，但在生活的点滴中影响着我，让我终身受益。

我当年考上大学，父母没去送我，只是父母都经常写信询问学习、生活情况，并鼓励和要求我在学校认真读书。至今很多书信我还留着，每次读起来还能感觉到他们的关心和不放心。唯一一次父亲借出差的机会到学校去看我，在我们的宿舍里谈起了企业的发展，我才知道他来的目的是动员我的同学到大庆去工作。那一次见面，父亲给我的同学都留下了很深刻的印象。一是那种气质；

二是对国家发展和对所学专业的看法。到现在已经过去三十多年了，有些同学仍然向我提起这件事。

最大的嗜好是学习

父亲的学历是“国高”，据我姑姑说，他上学时常常拿奖，包括各类的演讲。在我记忆中比较深刻的是，20世纪80年代初期，国内刚刚出版英文版报纸《中国日报》时，他应该是大庆地区的最早订阅人之一。由于当时大庆乙烯化工工艺和设备多为国外引进，作为乙烯工程的指挥，他带头学习英语。下班晚饭后，组织英语学习班，有领导和技术干部参加，由翻译讲课。

父亲学起来很认真，自己规定每天背多少个单词。他学东西有韧劲，并坚持，不搞清楚不罢休。后来，他的英文达到可以对话交流并能阅读资料的水平。

父亲原来在会战时期是搞油田基本建设的，70年代末，搞大庆乙烯建设之初，他就开始学习化工及炼油的一些知识，从我大学本科毕业的角度看，他是花费了很多时间和功夫来学习这些知识的。

一直到2010年以前，他始终坚持看书读报，对当前一些政治问题和社会问题很敏感。对于我们在工作中的一些事务，他的看法和角度也使我很受启发。同时，也深感自愧不如。

谁是家里的顶梁柱？

不论是在父母退休前还是退休后，在家里我母亲才是顶梁柱。家里大小事情全是母亲张罗、决定，父亲一律不管。也不能说不管不问，他嘴上不说但心里有数。

听母亲说父亲有记日记的习惯，在他的日记中记载着每个孩子的出生、上学、工作和进步的每一个重大事件，所以你不能说他不管。

凡是父母的老同事、亲戚朋友和了解我们家的，都说我母亲是这个家的顶梁柱，没有母亲的辛劳，我父亲也不会在大病之后多活了20多年，大家都非常佩服和赞同我母亲。

1985年在大庆医院父亲病危的关键时刻，如果送北京抢救，路上很难说不会出现意外；但如果不送，只有等着最后一刻。母亲在几天几夜没有休息的情况下果断决策要送北京。由于病后留下的后遗症，父亲大小便失禁，几乎每天母亲都为他清理，20 多年，真不容易。

当看到住在一个大院里其他身体好的老同事一同出去旅游和活动，母亲实际上很着急，但离不开，没有办法。年纪大了，再加上有病，有时父亲无端发脾气，母亲也是在哄着他。

幸亏我有个好妹妹和妹夫，他们对父母照顾得很周到。而我们这些跑出来的儿女们确实没有尽到责任和义务，到现在也可以说后悔莫及。工作和学习谁都有，谁都有一大堆忙的理由，但是否能常回家看看，是否能常通通电话聊聊天？

不能走后门

1976 年我高中毕业，和同学一道去青年点锻炼，然后被分配到采油队当采油工。四班三倒，要求又严，也很累。当时有选送的工农兵大学生，我向父亲提出要去上学，他一直坚持要按程序由单位选拔才能去，坚决反对走后门。到 1977 年，有了考大学之说，他才同意我考试。

参加七七届的入学考试，落榜，他没有任何责备，而是鼓励我再考。就是得知我录取的消息，他只是高兴，也没有炫耀。我们那个院子里，应该说我考的算好的，但那个年代也没有摆什么宴席请客。

大学毕业，按他的意见到了生产一线，到艰苦的地方去锻炼，我就去生产车间当技术员。一路走下来，到今天，我现在体会到，这种锻炼对我本人是好事。我认为，我走到现在不是靠父亲的地位。但客观上，事实上还是有很大的影响。而我要说，对我最大的影响是他的人格、人品，是他教育、培养我如何做人、做事，影响我爱读书学习，勇于探索，追求真理。

从另一个角度说，父亲在职时做了很多事，做了很多贡献，这其中对子女的培养和教育也应该说是很成功的、很重要的一件。

我们的父亲

王　彬[1]　崔黎馨[2]

父亲真的老了，由于疾病的原因现在只能坐在轮椅上。父亲生于 1929 年，到今年已经 84 岁了。这两年由于帕金森病的折磨，他的话越来越少，但是，每当我们回到家里，他那略显消瘦的脸上总是挂着慈祥的微笑。我的女儿读高三，作业重，回家的次数少了些，老人总是挂念着外孙女："姗姗呢？""姗姗有没有吃饭啊？"每每听到这些话，我们都感慨一番。父亲是老石油，他为祖国的石油工业做了一辈子贡献，始终是我们家族后辈的骄傲和自豪。

一

父亲出生在辽宁省沈阳市外的农村。父亲少年时代的生活留给他最多的就是"落后就要挨打"、"国家落后，人民遭殃"的沉痛回忆，这也成了他日后在学习上勇攀高峰、工作上不甘人后的精神动力。

1944 年，年仅 15 岁的父亲独自一人离开家乡，去河南国统区求学，进入当时的国立一中学习。国立一中是国民政府收容抗日流亡学生、培养综合素质人才的学校，学习内容和教学水平在当时都很先进。父亲在国立一中学习了 5 年，这也导致后来他的正式讲话时带有明显的河南口音。在这所学校里，学生都是热血爱国青年，面对着日本侵略者对祖国的蹂躏，国仇家恨激励着他们发奋读书，立志报效祖国。听母亲说，父亲的老同学大都成为祖国建设的栋梁之才。父亲在上学时是一名出类拔萃的好学生，每次考试总在前几名，母亲总说，我们几个孩子在学习上的钻研劲头都赶不上他。国立一中不但教授文化知识，培养学生爱国情操，还讲音乐知识，经常组织各种体育比赛，父亲在这个时期，德、

---

[1] 崔海天长女婿。

[2] 崔海天长女。

智、体、艺得到了全面发展，尤其擅长讲演。他年轻时喜欢各种体育运动，短跑、篮球、乒乓球，他都喜欢，在学校、部队以及企业，都是篮球队业余队员。还曾经是国家二级篮球裁判员。积极的体育运动，增强了他的体魄，保证了他在几十年的繁忙工作中始终有着高昂的工作热情。这段学习经历，为他的人生建立了崭新的起点，丰富的知识，加上文艺、体育上的特长，使他在后来的工作中，始终是一位引人注目的活跃分子，显露出超乎常人的睿智和才华。

1949 年，新中国成立、百废待兴。父亲报名参加了中国人民解放军。在部队里，父亲仍然是活跃分子，由于有文艺功底，工作能力强，父亲在部队担任了文艺骨干。1952 年，毛主席签发命令，父亲所在的中国人民解放军第 19 军 57 师改编为石油工程第一师，转战到石油建设的最前沿，他当时随同部队一同转入玉门油田工作。这一干就是一辈子，他参加了一个又一个如火如荼的石油会战。在建设玉门油田时，父亲头一次接触石油工程、炼油工程建设这一全新的行业，就全身心地投入到学习当中，短短几年，就从一名军人成了一名懂技术、善管理的企业基层领导。从此他一直工作在油田基建部门，一直战斗在祖国石油及石化基本建设的最前沿。在 20 世纪的 50 年代，父亲参加了玉门油田建设、新疆油田输油管线会战；60 年代初期，父亲来到大庆，参加了大庆油田大会战、大庆炼油厂的建设；70 年代，他参加了辽宁曙光油田会战；80 年代，他在大庆负责市政规划建设，组织了 30 万吨乙烯工程建设。石油工程建设都是在极其艰苦的条件下进行的，不是荒无人烟的茫茫戈壁，就是冰天雪地的北大荒，但是父亲却总能以高昂的斗志去面对这些困难，他常说："这一辈子大部分时间工作在工地，吃、住在帐篷里，但是我们取得的成就是巨大的。"

二

在岗位上的父亲是一个忙碌的人，他对待工作是精益求精，对待困难有着大山般的坚定意志，他是一个好指挥、好局长、好市长，也是一个受人尊敬的老会战，但是对家庭，他却无暇顾及。

1960 年，父母来到大庆油田参加会战，在那个光荣的岁月里，父辈们都抱着"宁可少活二十年，拼命也要拿下大油田"的豪迈情怀，和所有老会战一样，全身心地投入到油田开发建设工作中，没有时间照顾我们。这时，奶奶来到我们家，帮助妈妈照顾我们，她在我们家生活了 30 多年，她去世以后，我们始终很怀念她。

对父亲最早的印象是在我 6 岁以后。那时，父亲在大庆油田建设指挥部工作，常年在工程一线，有时候几个星期才回家一次，回来的时候总是很晚，早上我们还没起床，他又走了，所以我们在家里和他在一起的时间很少。

后来曙光油田会战时，父亲更是常年在外，我们兄弟姐妹都很想念他。由于妹妹、弟弟整天嚷着要“看爸爸”，后来有人去曙光油田出差，就领着妹妹、弟弟去看爸爸。我和哥哥由于上学的原因，就没有去上。至今我还记得当时非常难过的情形。父亲每次出差回来，都要给我们带些小礼物，有小人书、小手绢，最多的还是花花绿绿的糖果。在那物资短缺的年代，这些小礼物带来了长久的甜蜜。我把那些糖纸收藏起来，夹在一个大本子里保存了好多年，每次打开看的时候，都能感受到童年时代对父亲的想念和依恋。

父亲担任大庆市副市长的时候，把所有的精力都放在工作上。每次回家他都拿出一个黑文件夹，里面放着好多文件，他经常在房间里踱步思考，好长时间都不出来，全神贯注地思考问题。那时候我们已经长大了，仿佛也能感受到工作给他带来的压力。我们几个孩子和他说话比较少，都感到那时的父亲很严肃。有什么事情，我们都与母亲交流。

随着城市的发展建设，我们的住处从“干打垒”搬到了平房，后来又搬到楼房。在几次搬家过程中，父亲总是因为工作忙而没有参加过，家里的一切事情全靠母亲和奶奶。在我的印象中，父亲好像什么家务活都不会干似的，也没有见他做过饭。他在家里最多的时候也就是过年那几天，每次过年的时候，他总是张罗着多买些鞭炮，回来看看家里包的什么馅饺子。这些年，他最关心的是给孙子、外孙子的压岁钱准备好了没有。

三

父亲对我们的影响很大。

虽然他和我们在一起的时间很少，但一有时间，他就教育我们要在学习和工作上努力，要积极向上，成为对社会有用的人；每当我们在学习中取得了好成绩，他都会对我们由衷地表扬和鼓励。

父亲是个善于学习的人，他用很多时间学习工程技术理论，读马列、毛泽东、邓小平选集，也喜欢看书看报，浏览《四书五经》、《史记》等国学书籍。他自学英语、日语，在他指挥30万吨乙烯工程建设的那些年，《中国日报》英文版是我们家必订的报纸。他在乙烯建设工地可以用英语同外国专家交流。

父亲善于总结经验，创造了许多自己的工作方法。在大庆油田会战时期，父亲是油建指挥部大队长、油建指挥，他摸索出工程建设预制化、模块化，事先把各种机泵组件、储罐、厂房都预制成组件，既节省在现场组装的时间，又保证了安全生产。他提出工程质量要负责一辈子的思想。在焊接管线中，不能出一点差错，并利用“五毫米见精神”的经典事例来教育干部职工。他要求对基建工程实行领导负责制，负责人要“刻字留名”，让自己干的活经得起时间的考验，真正为油田建设负责一辈子。这些思想对搞石油化工的哥哥和王彬带来了很大的启示。

父亲是个乐观豁达的人。20世纪60年代末，父亲受到了文化大革命运动冲击，被扣上了“走资派”的帽子，被关进牛棚劳动改造，面对如此大的打击，他没有消沉，还是一如既往地尽一切可能为油田建设出谋划策。他利用难得的空闲时间学习、思考、锻炼身体，结果通过三年牛棚改造，吃饭有了规律的父亲反倒是把原来的胃病养好了。坚定的意志，乐观豁达的生活态度，让他可以面对任何风风雨雨。父亲的这种品质，一直在默默地影响着我们。

父亲热爱生活、多才多艺。他的文艺功底好，吹拉弹唱样样都行，尤其擅长拉手风琴。他有着优美的男中音，高兴时总是要唱两声。尤其是退休后有时间了，经常可以听到他引吭高歌，《长征之歌》、《长江之歌》、《木鱼石的传说》、《滚滚长江东逝水》，很多很多。唱的最多的，还是那首环绕他一生的石油赞歌——《我为祖国献石油》：

锦绣河山美如画
祖国建设跨骏马
我当个石油工人多荣耀
头戴铝盔走天涯
……

哪里有石油

哪里就是我的家

父亲是一个地地道道的石油人，他喜欢这首歌，他践行这首歌，他把自己一生的青春年华、聪明才智都献给了祖国的石油工业。这两年他岁数大了，头脑有些糊涂，有时连我的名字都叫不上，但他仍然能高声唱着：《我为祖国献石油》，真是“祖国有石油，父亲的心里乐开了花！”。

四

家里有些老照片，每当大家团圆的时候，我们常翻翻这些老照片，回忆童年的温馨时光，感受家庭的温暖。

大家对两张照片印象最深：一张是父母的结婚照，尽管是黑白照片，由于年代久远有些发黄，但是父母的青春风采依然，父亲浓眉大眼，风度翩翩；母亲秀丽端庄，优雅大方。两人站在一起，显得是那么幸福。每当我们女儿看到这张照片，都会赞叹：“我姥爷太帅了，像个老电影明星；姥姥一看就是个大家闺秀。他们太浪漫了！”另一张照片是父母金婚纪念照，父亲坐在轮椅上，母亲站在他旁边，岁月的痕迹已印上了他们的鬓角，但他们的脸上却神采奕奕。

父亲和母亲从小青梅竹马，母亲初中毕业后，毅然离开沈阳，去大西北寻找父亲。在玉门他们成家了，母亲也加入了石油建设，成为一名石油老会战。从此以后，母亲一直跟着父亲转战南北，艰苦创业，成了父亲的“贤内助”。母亲退休前，一直在妇联工作，她热情、干练，是一名优秀的妇女干部。50年的共同生活，他们相濡以沫，虽然母亲在退休后也时常唠叨，批评父亲：在工作岗位时基本不顾家，没干过家务活。但是，她从内心里是理解、佩服父亲的，因为他们都是石油人，他们都有着为祖国找油而无私奉献的胸怀。她佩服父亲的清廉正直、一心为公的品德、才华横溢的智慧。

父亲的坚强，让我们懂得如何去面对困难和挫折；母亲的善良与坚韧，让我们懂得如何去包容、去关心他人。

五

1985年夏，父亲生病了，病得很重。那天我们正在哈尔滨采购衣物，回来听奶奶说父亲病了，住在油田职工医院，我们急忙赶到医院。只见父亲躺在病床上满脸通红，由于发高烧，神志不清，天南海北不停地说着。父亲的病发展很快，两天就昏迷一次。由于肠子失去蠕动，肚子鼓胀得很大，油田医院领导请来了哈医大专家，也很难确诊他得的什么病。为了抢救父亲的生命，石油工业部领导把他转到北京友谊医院抢救，到北京友谊医院他连续昏迷十几天，那些天我们都感到焦急万分，但是我们无能以助，只能默默祈祷。

在医生的精心治疗下，父亲依靠着坚强的毅力，他苏醒了，我们万分高兴，但是医生说他生命是没问题了，但他的病太重了，他还要闯过痴呆关、瘫痪关……

父亲能说话了，他的头脑开始变得清楚，但由于脊髓神经受损，他的下肢瘫痪了。为了让父亲能重新站起来，他在北京友谊医院、北京中医医院、兴城疗养院陆续康复治疗了一年半，这一段时间由于哥哥他们工作忙，主要由黎馨和母亲陪伴护理他。

一个失去神经支配的人的病苦，常人是难以理解的。刚开始是黎馨和母亲及护士，从脚指头开始帮助他按摩，帮助他屈伸，以刺激神经。脚指头能动了，腿能弯曲了，伤病一点一点地恢复，增强了我们全家的信心。父亲更是以坚定的意志开始锻炼。先是争取能坐起来，接着是练习站，几个人把他扶在墙边，靠着墙，开始是一分钟、两分钟，由于神经支配不力，他必须以顽强的毅力控制双腿，常常是每次练习都是汗流满面。神经的恢复是缓慢的，有时候还有反复，但是父亲始终坚定信念，配合医生，咬紧牙关锻炼，他创造了奇迹，他可以扶着拐棍走路了，可以上楼梯了。于是，他又回到了他热爱的工作岗位，他常说，是党，是母亲及家人让他又多活了几十年。

父亲得病后，母亲就没有离开过父亲，每时每刻关心他的身体和生活，父亲手抖，吃饭不方便，母亲就一口一口地喂，有时候父亲咬不动，母亲就嚼烂了再喂给父亲。父亲下肢瘫痪，有时大小便失禁，洗洗涮涮的事都是母亲一个人承担，连我们这些做儿女的都不让插手。我想这才是真正的相濡以沫吧。

黎馨兄弟姐妹 4 人，都已经各自成家立业，有了自己的孩子。父母现在是子孙满堂，我们已是一个 14 口人的大家庭。孙儿们在姥爷、姥姥的关爱下幸福成长，我们也更加深刻地体会到，父爱如山、母爱似海。

这两年，由于疾病的折磨，父亲的话越来越少，84 岁的老人只能坐在轮椅上；但是每当我们回到家里，他总是满脸的微笑看着我们。

我们真心希望老父亲能够战胜病魔，长命百岁，在有生之年看到石油石化行业的发展和祖国的强大。我想，到那时候，父亲一定还会高歌一曲吧！

爸爸的爱

崔立群[1]

没想到的是，已至不惑之年的我，对父亲的眷恋和思念却是越来越深，过去的记忆，就像退潮后裸露在海滩上的贝壳，岁月的冲刷使他们的纹理变得更加清晰。

小的时候，爸爸留给我的印记，是萦绕在唇齿间的豆沙包和螺丝转儿（一种北京的咸菜）的香味，是高亢的歌声和爽朗的笑声。那时候很少见到爸爸，他不是在工地就是出差在外地。听妈妈说，有一次爸爸回家，我都不认识了。但只要爸爸一回家，都会带给我们喜欢的小吃和满屋的歌声，《祝酒歌》就是我从爸爸那里学到的第一首歌，至今仍记得它的旋律，仍记得爸爸唱着那首歌走进家门的样子。

从小到大，我们几个兄弟姐妹从来没有被爸爸打骂过。难得空闲时，他也带着我们下棋、打扑克。但我们都很怕他，只要爸爸在家，我们大气儿都不敢出，我和弟弟也不打架了。我感觉自己一直被爸爸那种不怒而威的王者之气笼罩着。直到那一年我中考后，爸爸带我去廊坊，一向晕车的我那次吐得不可收拾，只觉着天旋地转，浑身抽搐，这时一只大手用力地把我揽过来，靠在他宽厚的肩膀上。闻到那熟悉的味道，我知道是爸爸，我就那样紧紧地依偎着他，久久不愿离开。

从廊坊回来后不久，爸爸就病倒了，当时谁也没有想到的是，那场病竟让他至今20多年时间里都没有离开轮椅。记得那是个晴朗的午后，妈妈告诉我爸爸在医院，让我和弟弟、奶奶一块吃晚饭。突然一种莫名的恐惧让我放了学背着书包直奔医院，也不知道跑了多久，莽莽撞撞找了多少个病房，我在心里

---

[1] 崔海天次女。

不断地呼喊：爸爸，你在哪儿呀。直到发现走廊尽头的一个病房门口站了很多人，我止住了脚步，眼泪夺眶而出。后来妈妈把我带进去，我终于看到让我害怕的那一幕：我那一向强壮的爸爸，鼻孔里插着管子、闭着眼睛倒在病床上，已经神志不清的他看到我仍在问：今天作业写了没有。

爸爸在北京住院治疗的初期，在我一生中第一次体会到了孤单和无助。那时妈妈、哥哥、姐姐都在陪护，我和奶奶、弟弟相依为命。夜深人静的时候，我总会躲在被窝里悄悄地哭一会儿。正是爸爸让我学会了坚强。记得是我和弟弟第一次放假去看爸爸，听到爸爸和来访战友的一段对话，爸爸说他自昏迷中醒来后第一个想法就是：不能就这样变成废人，要做点事情，要做出点创造价值和体现自己价值的事来。

我从来没有因为爸爸是市长而沾沾自喜，却在那一刻，让我因有这样一位坚强伟大的爸爸而自豪。

朱自清的散文《背影》中，那位苍老慈爱的父亲的身影使我动容，更让我念念不忘的，是爸爸深深低下的头。那年，为了追寻爱情，我调至南方一座小城。离开家的那天晚上，和坐在轮椅上的爸爸告别时，我分明看见爸爸眼里噙着泪水，而头——却深深低下了。

爸爸给我的爱包含了太多太多，有信任、有温馨、有坚强。爸爸，这么多年来，有句话我一直想对你说却没有说出口：我对不起你，在你渐渐老去的这些年里，我却离开了你，没有好好照顾你。我爱你，爸爸。

父　亲

崔光亚[1]

小时候对父亲一直心存敬畏，隐约觉得他是个不小的领导，不苟言笑，很威严，管着很多重要的事情，是个工作狂，家里琐事一概不理，杯子倒了都不扶。回家后基本上是三部曲：吃晚饭，看电视新闻、球赛转播，学英语（1987年病愈后改为日语）。跟孩子们的日常交流也只限于偶尔考我们一些外语或天文地理之类的小知识，高兴时也会一起下会儿军棋。他很少跟孩子们聊天，更极少打骂，长期以来母亲才是家里的执法者。可我作为最淘气的老儿子却“有幸”摊上了一次例外，那是发生在父亲难得的“视察”我的功课后发生的一件事。记得他在看到我糟糕的成绩以及本人恶劣的认罪态度后，先是一顿厉声批判，在得到不合时宜的反驳后，他使出两记大力神掌直击我的头部。那次，他和我都很伤心。那是唯一的一次。

一直认为父亲不大管孩子，我们的成长似乎也处于一种放养状态。但我总觉得他在默默地观察、记录着我们的言行举止、思想状态，当然这也少不了母亲的信息通报。每到春节或生活中的重要环节，针对诸如考试、升学、婚嫁、工作等议题，家里都会不定期地召开家庭会议，母亲主持，父亲发言，向我们灌输一些正确的应对方式，正面的人生观、价值观之类的有关做人做事的大道理。现在回想起来那的确是些大道理，但我们也尽力这样去做了，也许这样做很吃力，结局也不见得美妙，但坚持最重要，我想这就是表率的力量吧。

我对家庭生活的回忆大体分两个时期——萨尔图时期和东风新村时期，以父亲的那场轰轰烈烈的大病为分水岭，这两个时期代表了他两种截然不同的生活状态，由年富力强的工作狂状态转至养病兼发挥余热状态。可以想象这种伴

---

[1] 崔海天次子。

随着病痛急转直下的转换，接受起来是多么痛苦！可在我眼里他还是一如既往地每天上班、考察、学习，没有暴躁愤怒，从不怨天尤人。就是从这里我切身体会到了什么叫“钢铁般的意志”。

现在我已步入中年，父亲也更加苍老了，对他的感觉早已由敬畏化成了挂念。如今的老父亲已回归孩童般近乎无知无识、无欲无求的状态，所谓人生最高境界吧！只是不知道冥冥之中他是否还记得他那些人生信条——心胸坦荡、无怨无悔！他是否还希望后代们自立自强地活出一片天地，像他的名字那样——海阔天空！

附录：崔海天简历

1929.5	出生于沈阳市新城子区财落堡乡姚家庄
1937.10—1940.7	沈阳市姚家庄小学读书
1940.7—1941.6	天津市胶东楼小学读书
1941.6—1942.2	河南省淇县小学读书
1942.2—1943.9	河南省孟县小学读书
1943.9—1944.2	沈阳市财落堡小学毕业
1944.2—1944.4	河南省洛阳市西工青年训导所学习
1944.4—1949.12	国立第一中学高中毕业（该校先后在河南省淅川县、陕西省城固县办学）
1949.12—1952.5	中国人民解放军第19军第57师171团宣传队 宣传员、副队长、队长 1950年被评为团级开荒生产劳动模范 1951年被评为团级、师级劳动模范，授予二等功 1950年5月加入新民主主义青年团
1952.5—1952.10	中国人民解放军第19军第57师171团政治部干事
1952.10—1952.12	到玉门油矿参观学习
1952.12—1953.3	玉门石油管理局设计室实习
1953.3—1953.9	玉门石油管理局基建公司技术科　实习员
1953.9—1955.3	玉门石油管理局基建公司安装工程队　技术员 1953年11月11日加入中国共产党，1954年7月提前转正 1954年任工地主任并提出预制组装法施工
1955.3—1956.2	玉门石油管理局油建公司一区队　副队长
1955.5—1955.7	参加北京石油总局安全学习班，成绩优秀

	1955 年被评为玉门石油管理局劳动模范
1956.2—1958.4	玉门石油管理局油建公司第二工程队　队长
	1956 年被评为石油工业部劳动模范
1958.4—1959.5	玉门石油管理局油建公司新疆工程队　队长
1959.5—1960.6	玉门石油管理局油建公司第三工程队　队长
1960.6—1964.1	大庆油建指挥部　副指挥
	1963 年 5 月至 1963 年 7 月在黑龙江省省委党校学习
1964.1—1964.12	大庆油建指挥部　指挥
1964.12—1965.5	大庆油建指挥部　第一副指挥（安装、油建、工程指挥部合并）
1965.5—1966.12	中共大庆石油会战工委委员、大庆油田会战指挥部副指挥
1966.12—1967.4	接受批斗
1967.4—1967.8	大庆生产一线班子成员
1967.8—1970.2	接受批斗住“牛棚”
1970.2—1971.2	出“牛棚”，到大庆炼厂工地帮助工作
1971.2—1971.7	大庆炼油厂革委会　第二主任
1971.7—1973.8	大庆革委会生产部　副主任
1973.8—1975.11	大庆革委会　副主任
1975.11—1977.8	辽河曙光油田会战指挥部　指挥兼中共辽河石油勘探局党委常委、辽河石油勘探局副局长
1977.8—1980.4	大庆革委会副主任
1980.4—1983.9	大庆市政府副市长、大庆石油管理局副局长
	1978 年 3 月至 1983 年 9 月兼大庆乙烯会战指挥部指挥
1983.9—1987.4	大庆乙烯会战指挥部　指挥（中国石油化工总公司管理干部，正局级）
1987.4—1989.10	大庆石化总厂企业管理咨询委员会　主任
1989.10	中国石油化工总公司批准退休，后人事关系转到大庆市政府（正局级）

编后语

2012年4月，原石油工业部李敬副部长传来口信：今年是中国人民解放军石油师成立60周年纪念日，建议大庆市的同志能为原石油师战士崔海天同志编辑一本记录崔海天一生经历的书。大庆市原副市长、原大庆石油管理局副局长张立中，原大庆石化总厂党委书记关绍明，大庆市原副市长、原大庆石油管理局副局长郝万春，大庆炼化公司原党委书记朱鼎科等人作为发起人组织了在大庆市的一些同志商议此事，并推荐大庆市原市长、原大庆石油管理局局长王苏民同志担任本书编委会主任，成立编辑班子开始了本书的编写工作。

大庆市政府、大庆石化总厂、大庆油田公司、大庆高新区管委会给予本书的编辑工作以大力支持。新疆油田公司、玉门油田公司、辽河油田公司，以及崔海天的家人为本书提供了宝贵的资料。本书初稿完成后，编委会主任王苏民、常务副主任朱鼎科、大庆市原人大副主任赵化英同志对本书的内容作了全面审定和修改。

本书在编写过程中，参考了《宋振明纪念文集》(石油工业出版社)、《大庆油田建设五十年》(石油工业出版社)、《石油师人》(黑龙江人民出版社）以及《大庆晚报》、《中国石油化工》等有关资料。在此，我们对上述人员及有关单位表示衷心感谢。

由于时间久远，本书在编纂过程中资料的收集工作难度较大，加之时间急迫，编辑水平有限，本书的不足乃至错误之处在所难免，敬请广大读者指正。

谢谢!

本书编辑部

2013年1月9日于大庆